安徽省哲学社会科学规划项目经费资助（AHSKQ2019D090）
安徽省教育厅专项经费资助（2017jyxm0095、2019jyxm0082）

盘整与辨正

戏曲电视栏目研究

邵振奇 著

中国社会科学出版社

图书在版编目(CIP)数据

盘整与辨正：戏曲电视栏目研究/邵振奇著．—北京：中国社会科学出版社，2021.6
ISBN 978-7-5203-8520-6

Ⅰ.①盘… Ⅱ.①邵… Ⅲ.①戏曲—电视节目—研究—中国 Ⅳ.①G222.3

中国版本图书馆 CIP 数据核字（2021）第 098117 号

出 版 人	赵剑英
责任编辑	陈肖静
责任校对	刘 娟
责任印制	戴 宽

出　　版	中国社会科学出版社
社　　址	北京鼓楼西大街甲 158 号
邮　　编	100720
网　　址	http://www.csspw.cn
发 行 部	010-84083685
门 市 部	010-84029450
经　　销	新华书店及其他书店
印　　刷	北京明恒达印务有限公司
装　　订	廊坊市广阳区广增装订厂
版　　次	2021 年 6 月第 1 版
印　　次	2021 年 6 月第 1 次印刷
开　　本	710×1000　1/16
印　　张	26.5
插　　页	2
字　　数	395 千字
定　　价	148.00 元

凡购买中国社会科学出版社图书，如有质量问题请与本社营销中心联系调换
电话：010-84083683
版权所有　侵权必究

目　录

序 …………………………………………………… 周华斌（1）

摘要 ………………………………………………………………（1）

引言 ………………………………………………………………（1）

第一章　戏曲电视栏目的流变及特征 ………………………（33）
　　第一节　戏曲与电视的联姻与互动 …………………………（34）
　　第二节　戏曲电视栏目的发展历程及观念衍变 ……………（45）
　　第三节　戏曲电视栏目的特征 ………………………………（63）

第二章　戏曲电视栏目的分类及问题 ………………………（68）
　　第一节　戏曲剧场型 …………………………………………（71）
　　第二节　戏曲知识型 …………………………………………（87）
　　第三节　戏曲综艺型 …………………………………………（95）
　　第四节　戏曲电视栏目新类型——真人秀 ………………（108）

第三章　戏曲电视栏目的受众调查与收视分析 ……………（130）
　　第一节　调查过程及样本情况 ………………………………（130）

第二节　受众接触戏曲的渠道分析 …………………………（132）
　　第三节　戏曲电视栏目观众的收视行为分析 ………………（143）
　　第四节　观众收看戏曲电视栏目的形式及内容倾向分析 ……（153）
　　第五节　戏曲电视栏目的收视评价分析 ……………………（164）

第四章　戏曲电视栏目的定位 ……………………………………（174）
　　第一节　大众文化影响下的戏曲电视栏目 …………………（174）
　　第二节　戏曲电视栏目的观念定位 …………………………（186）
　　第三节　戏曲电视栏目的受众定位 …………………………（192）
　　第四节　戏曲电视栏目的内容定位 …………………………（197）

第五章　戏曲电视栏目的制作与包装 ……………………………（215）
　　第一节　戏曲电视栏目的策划与改版 ………………………（215）
　　第二节　戏曲电视栏目的主持艺术 …………………………（223）
　　第三节　戏曲电视栏目的外在包装 …………………………（236）

余论　戏曲电视栏目与新媒体的整合与互动 ……………………（246）

参考文献 …………………………………………………………（253）

附录A　戏曲电视栏目受众调查问卷 ……………………………（262）

附录B　历届电视文艺"星光奖"获奖电视戏曲栏目、节目名单 ……（270）

附录C　历届电视戏曲"兰花奖"获奖名单 ………………………（292）

附录D　若干优秀戏曲电视栏目台本 ……………………………（330）

附录E 诸种戏曲电视综艺形态 …………………………………（359）

附录F 全国戏曲电视栏目一览表…………………………………（370）

后记 ………………………………………………………………（404）

序

周华斌

1980年，我到北京广播学院（现中国传媒大学）文艺系任教，至今已40年。当时正是电视走向普及和改革开放初期，我对电视戏曲的认识与时俱进，经历了如下阶段。

一 因戏而宜

1986年8月，文艺系与中央电视台文艺部联合举办了全国第一届电视戏曲研讨会。当时上海、江苏、浙江、陕西、河南、湖南、广东等十余个电视台文艺部的领导和编导骨干参加了研讨。有同志认为，电视与戏曲是不同的艺术品种，二者联姻，可以形成新的品种。正如驴子与马杂交，能产生更强功能的骡子。我则认为，中国戏曲以"百戏"为摇篮，面对电视，可以有多种样式的选择，"但求多元，不需一统，因戏而宜"①。

二 喉舌与媒体

电视作为"机械艺术"，产生于20世纪50年代。其前身是20世纪

---

① 论文《广播戏曲——剧场戏曲——影视戏曲》及会议"简记"，《北京广播学院学报》1987年第1期。

初进入我国的电影。电影与电视相仿，不过电影以胶片拍摄，电视以磁带录制，都需要剪辑合成，其摄影摄像语言和"蒙太奇"剪辑语言同理，都属于"镜像"艺术。可以说，电影是电视的"母艺术"，电视是电影的"子艺术"。

20世纪80年代初，改革开放力度加大，1982年5月广播电视部成立，第二年3月在全国第十一次广播电视工作会议上，吴冷西部长提出广播电视不应该只限于做报刊上情下达、下情上达的"喉舌"和"传声筒"，应该提倡"自己走路"方针，"扬独家之优势，汇天下之精华"。于是，电视戏曲、电视散文、电视音乐（MTV）、电视综艺、电视专题片大行其道。1986年1月，电影划归广电部，改称"广播电影电视部"。同时，理论界开始通行与新闻、宣传不同的概念——"媒体""载体""传播"，这都是中性的科学概念。以上观点我在2000年撰写的论文《广播电视文艺沉思录》中有所阐论，我认为：新闻和文艺尽管都属文科，有共同性，却分属两个不同的学科：新闻强调客观真实，文艺重视主观情绪；新闻言简意赅，文艺情趣盎然；新闻迅速及时，"喜新厌旧"，重视追逐时代的浪花；文艺耐人寻味，"喜新恋旧"，重于探索人生价值和艺术魅力。倘若说新闻不乏冷面孔，文艺则永远有一副热心肠。①

三 传播与元素

20世纪90年代，北京广播学院改名"中国传媒大学"，新闻系和文艺系分化出"大众传播"专业。在大众传媒领域，文化传播、艺术传播涉及传播手段、传者与受众的关系。戏剧戏曲的形态表现为各种艺术元素的组合——情节故事元素、语言元素、表演艺术元素以及源于西方的音乐、绘画、雕塑等"原艺术"和现代科技元素。影视艺术不再限于原艺术的"静态图像"，更是运用现代科技手段"动态图像"的"镜像叙事"。于是，戏剧戏曲意味着不同于剧场中面对面、实打

---

① 论文《广播电视文艺沉思录》，《现代传播》2000年第4期（原《北京广播学院学报》）。

实的表演，拓展到传者与受众的关系。

我同时认为：自古以来，"戏剧"始终是人类文明普泛的表演艺术形态，至于中华文明的"戏曲"，则是东方戏剧文明的一颗璀璨明珠。面对国际，"元素"也可以有所变异，香港20世纪五六十年代盛行过40余部"黄梅调"电影和"功夫"影片，而且多在亚太地区和国际得奖。于是，在影视学理上，存在受众的"以戏就影"和"以影就戏"问题。电影主要为"看"，"听"则涉及方言声腔剧种。港台地区以电影为本体，摆脱了大陆地区声腔剧种的语言障碍——"黄梅戏"电影主要用音乐元素的安徽黄梅小调，被称作"黄梅调"电影，由香港发端的"功夫"电影同样如此。由此可以反观戏曲电视，如重在肢体语言元素的"哑背疯""滚灯"和国际认同的"猴戏"。

四　互联网与新媒体

与科技发展相适应，21世纪进入信息时代，媒体转换十分频繁。电脑作为"信息高速公路"的主要代表，新媒体、自媒体、多媒体更迭很快。当今更以传统媒体和新媒体融合，称"融媒体"。在"融媒体"的理念下，文字、音频、视频、手机、广播、电视、互联网等被综合运用于信息传播，包括动画、虚拟时空、时空特技等。多媒体领域既可以"一对一"传播，也可以"一对众""众对众"群体传播，其内容的"海量"和"多样"，今非昔比，这是前所未有的现象。目前新媒体和"互联网+"正值"正在进行时"，有待于通过实践进一步总结。

我一向认为：广播电视节目与栏目在学理上是不同的概念，二者体现了辩证关系——"节目"在总体上包括"栏目"，但微观的"节目"又是栏目的组成部分。20世纪，影视媒体的记录功能、艺术再创造功能、复制与保存功能相适应，形成了四种片型：舞台纪录片、戏曲艺术片、戏曲电视剧、戏曲文化片。21世纪，在"融媒体"的语境中，春风吹又生，电视栏目中的节目已不止这四种类型，如"竞技秀""真人秀"等。当今提倡"人类命运共同体"，思路更可放开。关于多形态的电视栏目与节目，可参见本书。

本书《盘整与辨正：戏曲电视栏目研究》，以纵向、横向的不同视角，阐论广播电视的历史和现实。作者以动态研究为抓手，对电视戏曲栏目进行了分类观照，如《梨园春》《相约花戏楼》《秦之声》《过把瘾》《叮咯咙咚呛》《国色天香》《非常有戏》等，力求分析问题，解决问题。在研究方法上，作者以感性认识与理性思维相结合，宏观上进行大数据列表统计分析、分类研究，微观上进行问卷调查和使用"范式"的研究方法。

本书将电视戏曲栏目分类为"戏曲剧场型""戏曲知识型""戏曲综艺型"，以及戏曲栏目的新类型——"真人秀""竞技秀"，细化为不同年龄段、不同文化程度、不同居住区的戏曲受众和播出时间。联系戏曲具有重"乡情"的乡土情味和"韵味"特色，又对戏曲电视栏目进行了带有"文化引导"意味的品质、品格、品位定位，认定其"本土化""平民化""人文化"特质。与传统农业社会相适应，戏曲既有固定的城乡观众，又有现代商业化社会潜在的流动观众。其栏目业已在总体上完成了"专题化→板块化→综艺化→娱乐化→竞技化"的过渡。从普遍的"大众"走向专业化的"分众"，作者提倡各地电视台成为电视栏目中的"品牌"。此外，在"应用"层面，还研究了戏曲电视栏目的策划、改版与包装，涉及"主持人艺术"。众所周知，主持人是电视媒体中传者与受众的桥梁，当今主持人已成为电视节目不可或缺的热点和亮点。本书通过受众调查和评论，对戏曲电视栏目主持人进行宏观和微观的精细考量。

作者邵振奇副教授来自广播电视教学科研第一线，因而各章的阐论较为全面深入。他曾被评为安徽省"教坛新秀"，获安徽省五一劳动奖章。又于2010年获第25届中国电视金鹰奖、2019年获安徽省第四届青年教师教学竞赛一等奖。在就读山西师范大学戏剧与影视学专业期间，他学业勤奋，独立撰写论文近30篇，先后获硕士学位和博士学位。我是他博士论文答辩的主持，答辩委员们对其论文一致通过，赞赏有加。本书便是他在博士论文基础上充实加工而成的。

该书"余论"部分，由戏曲电视栏目延伸到21世纪的新媒体、融媒体，展示其发展前景，以便继续深化研究。"附录"部分，罗列历届电视星光奖、"兰花奖"获奖名单。又附录研究中的调查问卷、优秀戏曲电视栏目台本以及全国戏曲电视栏目一览表、全国的戏曲电视的综艺形态表。全书视野开阔，可供读者和业界参考。

是为序。

2020 年 2 月 20 日于北京

摘　要

从传播学的角度看，迄今为止，人类传播的活动可以区分为口语传播、文字传播、印刷传播和电子传播四个阶段，这四个阶段并非各种媒介依次取代，而是依次叠加的过程。戏曲的传播也契合人类传播的发展进程：经历了原始口耳相传的亲身传播→→多种方式的单面传播→→一种方式兼容多面传播的三个阶段。电视的出现，使戏曲在同一平台上的多面传播成为可能。电视以其强大的传播、感召效应和无远弗届的影响力，极大地拓展了戏曲的受众群体，顺应了观众由剧场到家庭的观演方式的变化。栏目化使戏曲电视节目的编排和播出告别了杂乱无章的局面，不仅是电视编排形式上的革新，也是戏曲电视节目在制作观念、管理模式、传播策略上对电视生态演进的主动适应，是戏曲电视持续深化发展最重要、最突出的标志。它集剧场型、知识型、综艺型和真人秀等形式于一身，熔戏曲欣赏、信息传播、知识普及、休闲娱乐等功能于一"炉"，具有高度的灵活性、综合性、参与性，加之在固定的时间和频道播出，使观众的收视习惯得以养成，已然成为戏曲传播最好的平台之一。

本书的研究按照"面向问题→→分析问题→→解决问题"的逻辑线索展开。

在"面向问题"层面，主要以纵向、横向两种视角，从"历史"和"现实"两个维度，分别进行动态考察和分类观照。梳理戏曲与电视联姻的流变轨迹可见，二者的结缘以电视的主动示好为始，历经初创

(1958—1965年)、停滞和复苏（1966—1978年）、迅速成长（1979—1995年）和持续深化（1996年至今）四个阶段，二者结合更加自然，互动更加密切，合作走向深入。20世纪70年代末至今，戏曲电视栏目历经萌芽期（1978—1987年）、发展期（1988—1995年）、繁荣期（1996—2003年）、转型重塑期（2004年至今）四个时期。从"戏曲唱段，我播你看"的单一形式，到"多元共荣，采撷众华"的繁华景象，戏曲电视栏目完成了专题化→→板块化→→综艺化→→娱乐化→→竞技化的过渡，分众化、品牌化理念愈加深化，参与性日渐凸显，栏目的形式及内容亦趋向多元。在近40年的发展历程中，戏曲电视栏目始终以极强的包容性和适应性，不断汲取其他艺术的养分，并尝试与新的栏目形式结合，使古老的戏曲艺术焕发新的生机，更使戏曲栏目成为中国生命力最强的电视文艺形式之一。当前，戏曲栏目面临巨大的冲击和挑战，新办栏目数量锐减，老牌栏目停办取消，播出时间一改再改，戏曲电视栏目的主创人员在困难中探索，在探索中创新，在创新中发展，以多变的姿态迎难而上，使戏曲栏目进入转型重塑的新时期。

在"现实"层面，主要对当前开办的戏曲电视栏目进行分类观照。本书从电视类型化的意义出发，运用"使用与满足"理论，认为类型应成为传播者和接受者之间共同遵守的"契约"，同类栏目应体现出相似的文化价值，满足观众特定的需要，引导观众选择。基于此，戏曲电视栏目可分为剧场型、知识型、综艺型、真人秀四大类型。在此基础上，对各类型栏目进行了概念释义，对每一类型所包含的具体栏目形态进行细分，从媒体、时间、地理三个方面考察其分布情况，并归纳出各自的局限和问题。

在"分析问题"层面，本书力图紧扣观众的审美需求和倾向，以发放问卷的形式，采用分层随机抽样的方法对1004位观众进行了调查。对观众接触戏曲的渠道、收视行为、形式及内容倾向以及收视评价进行了统计与分析，并通过交叉分析，进一步探究不同年龄、文化程度、居住地观众的收视差异。调查发现，总体上中年以上群体对戏曲的忠诚度更高，青少年群体则普遍远离。对于接触戏曲的渠道，不同类型的受众选择差异明显，而电视、广播构成各类型受众接触戏曲的主要渠道。在收视行为方面，尽管戏曲栏目的现实受众群体庞大，但忠实受众数量偏少，总体收视状况不容乐观，其中青少年、高学历者、城市居民的收视热度更低。在形式及内容倾向上，戏曲剧场、竞赛类栏目受众群稳定，但局限性较强；戏曲教学、访谈、新闻专题类栏目备受冷落，生存空间已十分有限；而戏曲真人秀异军突起，成为戏曲电视栏目发展新的增长点。从观众对现有戏曲栏目的评价上看，整体满意度不高，"众口难调"矛盾突出；老牌栏目中，有些已进入衰退期，而以《梨园春》为代表的若干栏目收视神话仍在延续；此外，有些新兴栏目受到肯定，说明创新求变，争取年轻观众和高学历观众是当前戏曲栏目生存与发展的关键。

在"解决问题"层面，本文首先以受众调查的结论为依据，以当前此类栏目发展过程中遇到的瓶颈与问题为导向，在论述当前文化语境对戏曲电视栏目深刻影响的基础上，力求以理性、客观的态度对此类栏目的发展定位与走向进行观照，并以传播要素为基本线索，从观念、受众、内容等方面展开论析，试图解答戏曲电视栏目的定位问题。在认识上，戏曲栏目的主创人员应将大众文化与传统文化紧密联系，加强彼此的选择、介入、交流、融合，挖掘传统文化的当代价值，站在大众的立场和角度，以他们喜闻乐见的形式，使栏目"从大众中来，到大众中去"，既要正视大众文化的旺盛生命力和积极意义，又要提防和抵制其对传统文化艺术的消解和冲击，在承认大众文化合理的感性欲望基础上，唤醒人们对戏曲的审美自觉，最终实现审美超越。一方面，要使栏目具有共性特征，坚守本土化的品质、平民化的品位、人文化的品格；另一方面，要以目标观众为中心，进行受众细分，围绕"传统韵味""时代特征""地方特色""娱乐本位""多元融合"等方面进行内容定位，满足不同观众的收视需求，从而巩固忠实受众，培养流动受众，挖掘潜在受众。

在具体的操作层面，本书从策划、主持、包装等方面提出了建议。本书以为，戏曲栏目应在主题策划、特别策划和系列策划三个方面大做文章，在精心策划的基础上，加以"动态与常态"的改版，不断调整板块、改进环节、增加元素，使栏目历久弥新、长盛不衰，时刻带给观众强烈的新鲜感。同时，还应突破固有的传播模式，实现跨区域合作、跨文化传播、多媒体联袂，最大限度地拓展受众群体。主持人是电视栏目重要的品牌，应在形象气质、言语方式、文化内涵方面与栏目契合。戏曲栏目的主持人可分为表演型、平民型、专家型三种，媒体可拓展来源，广纳英才，并大胆起用跨界主持人，主持人则要不断完善素养，提升技能，以寻求延展与超越，延长其主持生涯。此外，戏曲栏目还必须在外在包装上多动心思，通过对栏目名称、形象标志、宣传口号，以及片头、片尾、片花等的设计和包装，使栏目达到特色鲜明、深入人心、内外兼修、相得益彰的良好效果。

  本书还对戏曲电视栏目与新媒体的整合与互动进行了展望。与传统的电视媒体相比，内容的"海量"和形式的"多样"构成了新媒体传播的显著特征和重要优势；移动终端，尤其是手机、平板电脑等"带体温的媒体"，弥合了戏曲欣赏特性和受众审美习惯之间的裂痕，极大地拓展了观众的收视时空；而欣赏方式的交互性更是打破了传受者之间的界限，带来信息获取方式的变革，培养了观众超链阅读的逻辑思维方式和理念，这一切都为戏曲栏目的发展带来了新的机遇。当前，加强媒介融合，实现多屏联动，应是戏曲电视栏目和新媒体整合与互动的有效手段。

关键词：戏曲；电视；栏目；戏曲传播；传统文化

引 言

一 选题的目的和意义

戏曲，作为中国传统艺术之一，萌芽于先秦，成熟于宋金时期，历经八百多年一直弦歌不断，薪火燎原，它是写意的、虚拟的、程式化的；而电视是以电子技术为传播手段，以声画造型为传播方式，通过镜头的语言将人物形象、故事情节、情感内容诉诸荧屏的艺术形态，中国电视自起步至今只有短短的几十年，却已当之无愧地成为影响力最大、覆盖面最广、受众群体最多的大众传媒工具，它是写实的、真实的、生活化的。戏曲与电视，这两种差异巨大的艺术形式，却早在电视刚刚进入中国的时候就已经开始了联姻，这是戏曲与电视的双向选择，也是必然的交汇。

从传播学的角度看，迄今为止，人类传播的活动可以区分为口语传播、文字传播、印刷传播和电子传播四个阶段，这四个阶段并非各种媒介依次取代，而是依次叠加的过程。戏曲的传播正契合着人类传播的发展进程：经历了原始口耳相传的亲身传播→→多种方式的单面传播→→一种方式兼容多面传播的三个阶段。[①] 多种方式的单面传播是指在传播过程中，一种传播渠道只能传播戏曲某一方面的信息，满足人们某一方面的需求，比如，印刷媒介侧重于戏曲的文字、图片传播，广播侧重于

[①] 参看焦福民《后戏台时期戏曲传播研究》，博士学位论文，山东大学，2006年。

声音传播，电视的出现，使戏曲在同一平台上的多面传播成为可能。电视以其强大的传播、感召效应和无远弗届的影响力，极大拓展了戏曲的受众群体，顺应了观众由剧场到家庭的观戏方式的变化。自兹以来，戏曲与电视因彼此需要而联姻，相互扶持，广度和深度也在不断拓展。

栏目化使戏曲电视节目的编排和播出告别了杂乱无章的局面，它集剧场型、知识型、综艺型和真人秀等形式于一身，融戏曲欣赏、信息传播、知识普及、休闲娱乐等功能于一"炉"，具有高度的灵活性、丰富性、参与性。戏曲电视栏目满足了不同类型受众的需求，使戏曲具备了多层面信息传播的能力。戏曲栏目在固定的时间和频道播出，使观众养成收视习惯，而极强的亲和力和参与性，又能够激发观众的主人翁意识，培养他们的收视兴趣。电视已然成为戏曲传播最好的平台之一。

然而，改革开放以来，西风东渐，国外舶来的、本国新兴的各种艺术与非艺术的时尚娱乐，如潮水般涌来，把民族戏曲冲击、挤压到了边缘地位，引起时尚与传统的深刻分裂。半个多世纪过去了，戏曲与电视结合的现状如何？二者在当今大众文化和消费主义浪潮下，是否还相互需要？它们的结合，是否一如当初那般"情愿"和"自发"，二者谁更"主动"？在急剧变化的文化语境和人们的审美情趣面前，戏曲电视衍生出了怎样的新形态，表现出了哪些新特征，它的内涵和外延应该怎样丰富和拓展？形形色色的戏曲栏目在播给谁看，不同类型的观众有着怎样的收视倾向？随着观众主体的更迭，戏曲的生命力还可以延续多久，而电视会对这一进程产生怎样的影响？栏目化的戏曲电视应该如何用年轻观众喜闻乐见的形式和他们听得懂的语言去表现中国传统文化的美？这些都是我们亟待回答，也是本文鏊力解决的问题，值得我们去探索、去实践。

二 相关概念的厘清与界定

（一）戏曲与电视

中国戏曲自成一格，它与西方的话剧、歌剧、舞剧不同，包含了文学、音乐、舞蹈、美术、杂技等多种因素，以诗、歌、舞、乐、技等手段表演故事。对于戏曲的艺术特征，古往今来，诸多戏曲理论家进行了深入的研究，形成了高度概括的结论。明代朱有燉、徐渭、李开先等对戏曲的本体内涵就已有所阐述，而戏曲理论家王骥德的研究更全面和系统，其在《曲律·杂论第三十九上》说："古之优人，第以谐谑滑稽供人主喜笑，未有并曲与白而歌舞登场，如今之戏子者；又皆优人自造科套，非如今日习现成本子，俟主人拣择而日日此伎俩也。"在这段札记中，王氏指出，戏曲是以剧本为基础，以曲、白、歌舞相结合的登场表演为中心，这一结论明确了戏曲的本质特性，确立了现代意义上的戏曲定义。近人王国维以宋元以后戏曲高度的综合性、歌舞性特征为出发点，在《宋元戏曲史》和《戏曲考原》中说："必合言语、动作、歌唱以演一故事，而后戏剧之意义始全。"[①] "戏曲者，谓以歌舞演故事也。"[②] 此话对戏曲的本质进行了更为精辟的论述。在此基础上，1979年焦菊隐先生在《中国戏曲艺术特征的探索》一文中说："中国戏曲，从艺术形式表现手法讲，它有三个特点，第一程式化，第二虚拟化，第三节奏化。"[③] 张庚先生在《中国戏曲》一文中指出："综合性、虚拟性、程式性，是中国戏曲的主要艺术特征。"[④]

综上所述，中国戏曲的艺术特征主要可归纳为以下三个方面。

1. 综合性

戏曲的综合性首先表现为它是时间艺术和空间艺术的综合，故事发展的线索属于时间艺术的范畴，而舞台、造型等方面又可归为空间艺术。其次，在艺术表现手段上，戏曲融唱、念、做、打为一身，诸种艺术表现手段有机结合，和谐统一，"它把曲词、音乐、美术、表演的美熔铸为一，用节奏统御在一个戏里，达到和谐的统一。这样，就充分调

---

① 王国维：《宋元戏曲考》，《王国维戏曲论文集》，中国戏剧出版社1984年版，第29页。
② 王国维：《戏曲考原》，《王国维戏曲论文集》，中国戏剧出版社1984年版，第163页。
③ 焦菊隐：《中国戏曲艺术特征的探索》，《焦菊隐文集》第四卷，文化艺术出版社1988年版，第267页。
④ 张庚：《文选·文摘 中国戏曲》，《中国戏剧年鉴》，中国戏剧出版社1984年版，第275—282页。

动了各种艺术手段的感染力,形成中国独有的节奏鲜明的表演艺术"①。正如梅兰芳先生所说:"它不是一般地综合了音乐、舞蹈、美术、文学等因素的戏剧形式,而且是把歌唱、舞蹈、诗文、念白、武打、音乐伴奏以及人物造型(如扮相、造型等)砌末道具等紧密地、巧妙地综合在一起的特殊的戏剧形式。"②

2. 写意性

所谓中国戏曲的写意性,其内涵是"它在创造舞台形象时不很注重和追求外部形象的逼真和原生形态,而是以提示人物的性格特征和内在气质为主要目的,在形象中则贯注着艺术家浓烈的主观感情色彩。简言之,写意的特点是夸张和变形,其美学追求是传神"③。

中国戏曲根植于民间,是在物质条件有限、舞台布景简陋、艺人地位低下的条件下逐渐发展起来的,这就形成了"重写意、轻写实,重神似、轻形似"的艺术特性。但与诸多外国戏剧发展轨迹不同,中国戏曲自始至终都没有走上写实化的路子,究其原因,这与我国传统的美学观念是不可分割的。比如,中国画就讲究"以形写神",注重"表现",不拘泥于物体外表的肖似,而多强调抒发作者的主观情趣,追求一种"妙在似与不似之间"的感觉。以中国书法举例似乎更能说明问题,同中国戏曲一样,书法艺术的形式,也极为简单,只有横竖撇捺、黑白组合,至多辅以纸张、装裱、印章的搭配和点缀。但是,这最简单的形式中,却以简驭繁、以静驭动、纵横有象,包含着无限变化、无限丰富的形态。张庚先生对戏曲艺术的虚拟性和写意性有着精辟的论述:"它不是把舞台艺术单纯作为模仿生活的手段,而是作为剖析生活本质的一种武器。它追求的是生活本质的真实,而不囿于生活表象的真实。它对生活原形进行选择、提炼、夸张和美化,尽量扫除生活中琐碎的非本质的东西,把观众直接引入生活的堂奥中去。"④

---

① 张庚:《文选·文摘 中国戏曲》,《中国戏剧年鉴》,中国戏剧出版社 1984 年版,第 275 页。
② 梅兰芳:《中国京剧的表演艺术》,《梅兰芳文集》,中国戏剧出版社 1962 年版,第 14 页。
③ 费泳:《戏曲电视研究》,上海古籍出版社 2012 年版,第 4 页。
④ 张庚:《文选·文摘 中国戏曲》,《中国戏剧年鉴》,中国戏剧出版社 1984 年版,第 276 页。

我国著名的戏剧艺术家黄佐临先生将戏曲的写意性分为"生活写意性""动作写意性""语言写意性"以及"舞美写意性"。① 在舞台时空上，中国戏曲"三五步行通天下，六七人百万雄兵""顷刻间千秋事业，方丈地万里江山""眨眼间数年光阴，寸柱香千秋万代"，这就突破了西方戏剧的"三一律"与"第四堵墙"的局限；在人物化妆上，戏曲脸谱追求"红忠白奸"的象征意义，"公忠者雕以正貌，奸邪者刻以丑形"；演员服饰上，忽略时代、季节、地域，注重身份、年龄、地位；在舞台布景上，"一桌二椅"无所不指，既可做厅堂、金殿，又可代表高山、窑门。总之，中国戏曲的写意性使其"来源于生活而高于生活"，使人物塑造和情节表现更加符合演员表演的需要，非常自由和灵活，它极大地解放了演员的创造力，激发了观众的想象力，增强了表演的感染力，从而使戏曲的审美价值得到了极大的提升。

3. 程式性

所谓程式，就是戏曲反映生活的形式，是"根据戏曲舞台艺术的特点和规律，把生活中的语言和动作提炼加工为唱念和身段，并和音乐节奏相和谐，形成规范的表演方式"②。程式直接或间接地来源于生活，又按照一定规范对生活加以提炼、概括、美化而后形成的。例如推窗、关门、登舟、上马等，都有一套固定的程式，许多程式动作具有特殊的名称，如"卧鱼""抢背""吊毛"等。京剧表演中的"起霸"，集中了基本功中的很多动作和技巧，演员们把它们有机地组合成了一套连续的舞蹈，用来表现古代将士在出征以前豪气十足地整理盔甲，准备上阵厮杀的威武气概。京剧、梆子、昆剧中的"走边"，表现武士侠客、绿林好汉轻装夜行或潜行疾走的表演程序，给人以头脑机敏、身手不凡、避人耳目的感觉。

总而言之，戏曲中的程式，是在一代又一代艺术家们大量演出实践

---

① 黄佐临：《梅兰芳、斯坦尼拉夫斯基、布莱希特戏剧观比较》，《人民日报》1981年8月12日。

② 上海艺术研究所、中国戏剧家协会上海分会主编：《中国戏曲曲艺词典》，上海辞书出版社1981年版，第169页。

的基础上，经过深入的思考总结之后形成的。程式来源于生活，但又与生活保持距离，它使戏曲具有强烈的节奏感和歌舞性，形成了戏曲独具色彩的艺术个性。

电视艺术是运用电视手段所创造出来的各种文艺样式，包括电视剧、电视综艺节目、电视游戏节目、电视"真人秀"节目、电视纪录片与专题片，以及音乐电视（MTV）、电视舞蹈、电视戏曲、电视文艺谈话节目等，每种样式又可以细分为各种不同的体裁与类型。同其他传统艺术门类相比较，电视艺术最大的特性是同时具有媒介属性和艺术属性。这决定了电视艺术的审美特性也主要表现在两大方面：一方面，作为大众传播媒介，电视所特有的兼容性、参与性、即时性等诸多特性都对电视艺术产生了极大的影响；另一方面，作为新兴艺术种类，凭借最新的传播技术与制作手段，电视艺术具有大众性、娱乐性、日常性等许多特点，使得电视艺术后来居上，成为覆盖面最广、影响最大的一门当代艺术。

（二）"电视戏曲"与"戏曲电视"

随着戏曲电视实践的逐步深入，理论层面的研究成果也不断涌现。电视上出现的所有与戏曲有关的内容应该有一个统称，目前出现了"电视戏曲"和"戏曲电视"两种说法，但学界尚未形成公认的、明确的定论。两派争论的焦点在于，其究竟应该姓"戏曲"还是姓"电视"。赞同使用"电视戏曲"的学者认为，电视只不过是戏曲艺术的传播渠道，是为戏曲服务的。作为独具特色的民族传统艺术，戏曲的艺术特征和表演方式应被尽可能保留，不能因为与电视的联姻而进行过多的改变；而使用"戏曲电视"的学者则认为，戏曲应该与时俱进，电视中的戏曲与舞台上的戏曲在欣赏环境、观众构成、传播媒介、表现手段等诸多方面都有较大的差异，戏曲是构成节目、栏目、频道的内容，应突破舞台局限，为电视服务。概括而言，戏曲本体论主张"电视为戏曲服务"，而电视本体论则坚持"用戏曲创作电视"。

这一领域的研究专家——中国传媒大学杨燕教授曾于2000年，基于"模糊概念"和"约定俗成"的原则，进行过如下界定："电视戏曲，也称戏曲电视，是中国传统戏曲艺术与现代化电视技术相结合所产生的新兴艺术品种。它指运用电视的技术手段，突破戏曲舞台的时空局限，适当采用实景及电视视听语言来表现戏曲艺术、反映戏曲文化现象的一种电视文艺形式。"① 他认为，应该允许多种称谓并行，不必执着争论姓电视还是姓戏曲谁对谁错的问题，应该约定一个大家都能够基本接受的概念，方便叙述和评论研究。

杨燕先生对这一概念的界定，总体上是科学的，对我们认识戏曲电视有积极的帮助和启示作用，也加速了戏曲电视成为独立的研究对象和研究领域。但这一概念的诞生距今已有近20年，这一时期戏曲电视的实践不断加速，各种新形式、新产物层出不穷，我们应该以发展的眼光对这一概念进行新的审视和思考。

我们发现，上述概念从表述上将"电视戏曲"与"戏曲电视"等同，这过于宽泛。

首先，二者主导不同。"电视戏曲"用"电视"修饰"戏曲"，必然继承更多戏曲的遗传成分。杨燕教授的定义，就是根据彼时戏曲电视的发展情况做出的，在某种程度上带有戏曲主体论的色彩。依照概念中的表述，电视对戏曲的改造更多停留在"视听语言""布景"等技术层面，而戏曲也只是借助电视的技术手段，突破舞台的时空局限。这种界定，是基于"戏曲为本、戏曲为尊、戏曲为主"的立场，电视更多地充当媒介和渠道。而"戏曲电视"则继承了更多电视的因子，根据节目、栏目、频道的需要，戏曲可以作为内容，也可以作为元素，甚至作为线索出现在综艺、访谈、新闻、娱乐、社教、真人秀等各种形式中，甚至形成专业频道。此时，戏曲已经根据电视的需要进行了充分的改编、创造、提炼，这就不再以戏曲而是以电视作为主导。

其次，发展历程和适用范围不同。在"电视戏曲"中，戏曲并未完全突破舞台，电视发挥的作用更多表现在"记录"和"传播"上，其对戏曲的改造停留在较为初级的阶段，某种意义上并不能称作两种艺术真正的结合，因此"电视戏曲"似乎更适合于戏曲直播、录像等舞

---

① 杨燕：《电视戏曲论纲——呼唤涅槃的火凤凰》，中国广播电视出版社2000年版，第14页。

台表演的内容。而当前，戏曲和电视的关系已经不是谁救谁的问题，而是联姻、融合、相互丰富、彼此需要，衍生的产物也相当多样，不仅有舞台演出，更有杂志性的戏曲栏目、戏曲综艺形式、戏曲电视剧，甚至戏曲真人秀，几乎遍及所有的电视形态。所以，"戏曲电视"是戏曲真正突破舞台的新开端，也是电视充分发挥艺术特性、参与深度创作的新阶段，是戏曲与电视二者在更高层次上融合的化合物。可以预见的是，随着广大观众审美需求的日益多元，以及电视形态的不断丰富，戏曲与电视的结合会朝着"戏曲电视"的方向深化和拓展。

最后，创作主体不同。"电视戏曲"作为舞台戏曲的电视呈现，其创作主体依旧是剧作家、编剧、作曲、导演、演员、伴奏、化妆、舞美等；"戏曲电视"则不同，其创作主体还要包括策划、编导、主持人、摄像等。

综上所述，本文以为，在当前阶段，作为统称，电视荧屏上出现的一切与戏曲有关的内容，适用于"模糊概念"和"约定俗成"的原则，可以称之为"电视戏曲"，或者"戏曲电视"（本文统称为"戏曲电视"）。但"以戏曲为主体"和"以电视为主体"代表了戏曲与电视结合的不同阶段，不应将"电视戏曲"与"戏曲电视"等同，尤其是对于相对明确甚至某一具体类型进行描述的时候，更应该有清晰的界定。本书以具体的栏目为研究对象，显然属于"戏曲电视"的范畴。

（三）戏曲电视节目、栏目与频道

在电视领域，"节目""栏目""频道"分别代表不同层次的内容整合。

"节目"这一概念是伴随着广播的诞生和发展而逐步形成的。早期的广播工作者认为，广播电台"是以节目为基本单位组织传播的"，"节目具有特定的名称、内容、主题、形式和一定的时间长度"，它是广播电台"播出的内容及其安排方式和播出方式"的统称。[①] 电视出现之后，人们对电视节目的认知基本延续了广播："电视节目是电视台组织、传播各种内容的基本单位、基本形式，它是电视传播中的最小单位

---

① 《广播电视简明辞典》编辑委员会：《广播电视简明辞典》，中国广播电视出版社1989年版，第30页。

或者一个类别。"①

"栏目"在英文中被称为"column",这一概念来源于平面媒体。之所以选择"栏"字,是因为在报纸的编排中,往往将版面分割成几个竖条形方块,将相互联系的内容放在一起,称为一栏。报纸栏目指的是"通常带有头花,有固定的栏目名称或总标题,以四周围框或勾线与版面的其他内容隔开,形成相对独立的格局。组成专栏的稿件都有某种共同性,或是同一主题、同类题材,或是同一特征、同一体裁"②。电视对"栏目"这一概念的移植,保留了其在平面媒体中的固有属性。学界对电视栏目的定义能够达成共识,如"电视栏目借用了报纸专栏的形式,是由固定的主持人主持、内容主题明确、风格和形式统一、定时定量定期播出的节目单位"③,又如"电视栏目指的是电视台播出的由单个节目组合而成的相对独立的信息单元,它是电视节目按照内容或性质编排在一起的表现形式。"④

"频道"一词,既指技术层面的频率范围,又指电视节目和栏目的载体和渠道,它是在某个固定频率传输的所有节目和栏目的内容集合。频道是构成电视台的基础,2002年"全国已有三千多个电视频道,一个中等城市的观众就能收看到三四十个电视频道"。而彼时的美国"已拥有多达150个有线网体系,一个家庭最多可以接收到350个频道的节目"⑤。随着通信技术的发展和分众化理念的深入,目前频道细分化的趋势更加凸显。电视媒体纷纷根据电视市场的内在规模和观众的不同需求,以频道为单位进行内容的划分,使播出内容和风格能够相对集中地满足特定观众群体的需求。专业化频道具有内容、对象上的特定性,在风格上又有统一性和独特性。我国的电视频道专业化之路发展迅速,中

---

① 殷俊:《电视栏目学导论》,四川大学出版社2009年版,第5页。
② 《广播电视简明辞典》编辑委员会:《广播电视简明辞典》,中国广播电视出版社1989年版,第31页。
③ 史可扬:《电视栏目和频道辨析》,中山大学出版社2014年版,第1页。
④ 殷俊、陈维璐:《电视栏目个性化的实现途径》,《湖南大众传媒职业技术学院学报》2008年第3期。
⑤ 彭吉象:《试论电视专业化频道的营销策略》,《现代传播》2002年第4期。

央台和省级台几乎同时开始实行差异化的生存策略，各种专业化频道应运而生。以中央电视台为例，除了大众化的 CCTV-1 新闻综合频道和 CCTV-4 国际频道之外，还有财经、体育、综艺、电影、军事农业、电视剧、记录、科教、戏曲、少儿、音乐等专业频道，其中体育类又细分成赛事频道、高尔夫网球频道等。

电视节目、栏目与频道既有联系又有区别，而栏目既是由节目组合成的整体，又是构成频道的基本框架，起到了承上启下的重要作用。本文的研究对象——戏曲电视栏目，顾名思义就是与戏曲有关的各类电视栏目的总称。

三 研究现状综述[①]

多年来，众多学者对戏曲电视栏目进行了研究，笔者拟使用科学计量学和可视化分析方法，对 1984 年至今，国内三十余年间的戏曲电视栏目研究大样本进行整体性、综合性和动态性的量化、可视化分析，以期客观展示这项研究的整体图景，明确这一领域的研究热点和演进特征，从而更好地对戏曲电视栏目的研究现状进行全面的观照和分析。

（一）数据获取与研究方法

1. 数据获取

本研究数据来源于 CNKI 数据库。

检索策略为：TI = 戏曲 AND SU =（电视 + 栏目 + 节目）- 广播 - 电视剧 OR TI =（梨园春 + 秦之声 + 走进大戏台 + 相约花戏楼 + 非常有戏 + 戏苑百家 + 叮咯咙咚呛 + 国色天香 + 九州大戏台），检索条件为"精确"，时间限定为 1984 年至 2017 年 3 月，共获得相关研究论文 1069 篇（含硕、博论文）。

其中 2017 年的数据并不完整，为获取主题上较新的研究数据，保留该年数据。

[①] 本节部分内容曾以"二十年来戏曲电视栏目研究综述"为题，发表于《长江大学学报》（社会科学版）2014 年第 10 期，有改动。

2. 研究方法

为较全面地分析戏曲电视栏目的研究现状，从外表特征和内容特征两个方面展开：在外表特征方面主要从时、空两方面进行文献计量指标分析；在内容特征方面主要从研究热点、研究主题演进角度，基于关键词共现方法进行可视化分析。分析借助的工具除内嵌于中国知网的计量可视化分析方法之外，在对研究主题演进分析时，使用时下流行的知识图谱分析软件citespaceⅢ进行补充分析。设计的分析指标体系如表0-1所示。

表0-1　　　　　　　　　　分析指标体系

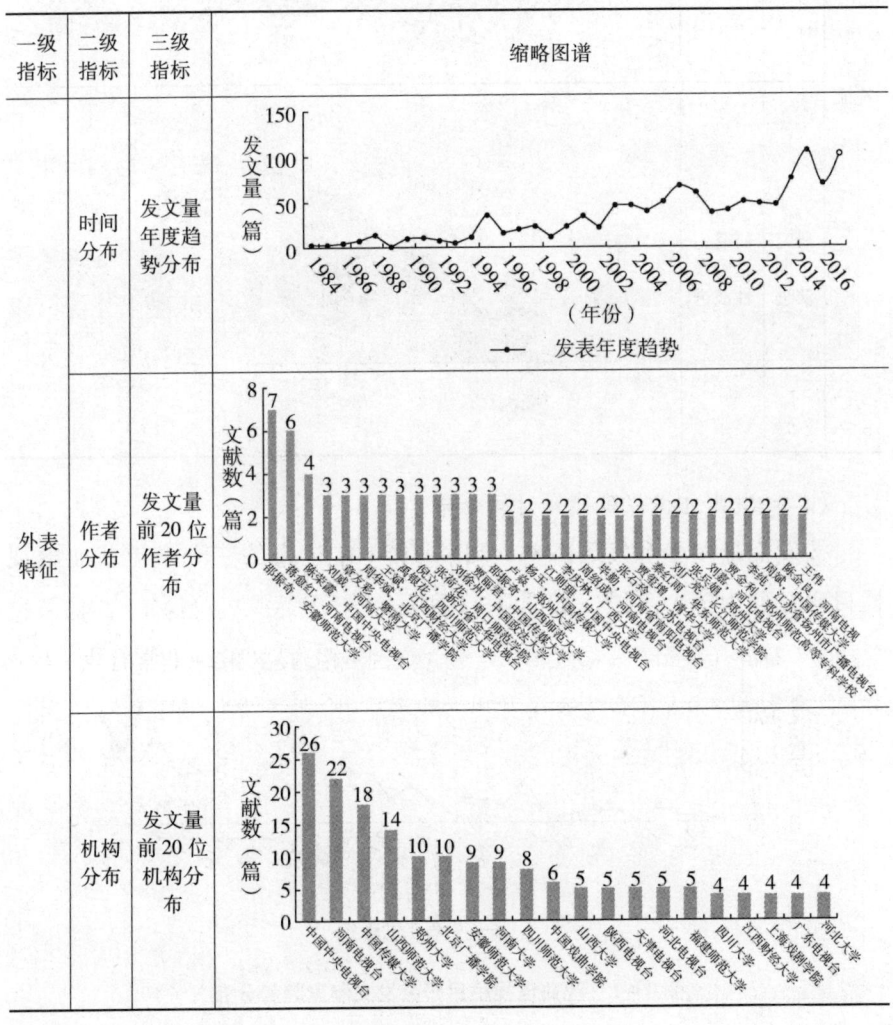

续表

一级指标	二级指标	三级指标	缩略图谱
内容特征	研究热点	高频关键词整体分布	
	研究主题演进	研究主题阶段性演进	

（二）戏曲电视栏目研究时间分布

按发文量多少和发展态势，可将1984年至今的三十余年戏曲电视栏目研究分为三个阶段，如图0-1所示：

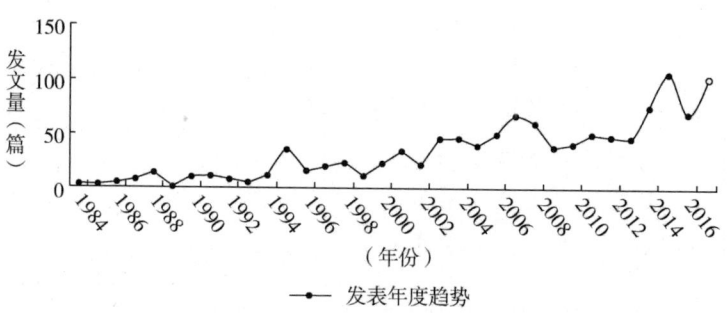

图0-1 戏曲电视栏目研究发文年度趋势分布

1. 起步期

1984—1994 年，年均发文在 7.27 篇，这 11 年累计发文 80 篇，研究成果产出量十分有限，可以认为此阶段是戏曲电视栏目研究的起步期，相关研究还未引起广泛关注，研究内容十分分散，这与媒介技术落后，电视发展程度有限，以及戏曲的媒介传播意识淡薄有关。

2. 波动上升期

与前一阶段相比，1995—2002 年的 8 年时间，有关戏曲电视研究的发文量显著增加，总量达到 186 篇，平均年发文量 23.25 篇。其中 1995 年和 2001 年更是以 36 篇和 34 篇的发文量达到了这一阶段的顶峰。总体上，这一阶段的发文量呈上升趋势，与前一阶段年均发文 8 篇相比，是前一阶段的 2.91 倍。但这种上升以波动性为主要特征，说明此时业界不断更新的戏曲电视栏目实践已引起学界一定程度的关注，但由于前期积累少和媒介类型的单一，学者们还处于摸索阶段，大部分成果是一种理论上的探索和观点的陈述，具有较高实践价值的成果不多。但这一阶段学者们对戏曲电视栏目所投入的精力和得出的一些理论分析结论，为后续的实践与理论创新提供了一定的知识储备。与上一阶段相似，该阶段的论文同样主要集中于戏剧电影与电视艺术，以及新闻与传媒领域，以上两种学科发文总量占总发文量的近八成。

3. 快速上升期

从 2003 年开始，该领域研究成果扶摇直上，从波动性发展进入持续、快速上升态势。虽然当中的部分年份（如 2005 年、2009 年）存在小幅波动（表现为下降），但不影响整体发展态势。2015 年更是以 106 篇的发文量达到顶峰，这 15 年共发文 790 篇，占总发文量的 74%，年均发文量达 55.9 篇（其中 2017 年不做年均发文统计），是第一阶段的 7.69 倍、第二阶段的 2.40 倍，研究成果丰富程度可见一斑，充分说明戏曲电视栏目研究已引起学界广泛关注。发文所依附的学科载体仍以戏剧电影与电视艺术和新闻与传媒为主。与以往不同的是：首先，研究机构不复单一，不局限于高校等教学科研单位，以电视台为主体的一些媒体机构（如中央电视台、河南电视台、山西电视台、河北电视台等）

参与到相关研究中，占到高产机构（发文量3篇以上）数量的一半，从发文数量上看，其总数已超过学界，从而极大地推动了戏曲电视栏目的实践探索；其次，研究内容更为具体，从以往的类型化研究转变为具体栏目的研究；最后，形成了一批较稳定的作者群体，发文超过3篇的作者达到11位，总数虽不高，但该领域的核心作者群正在形成，范围在拓展。发文量居前20位的作者分布情况如图0-2所示。

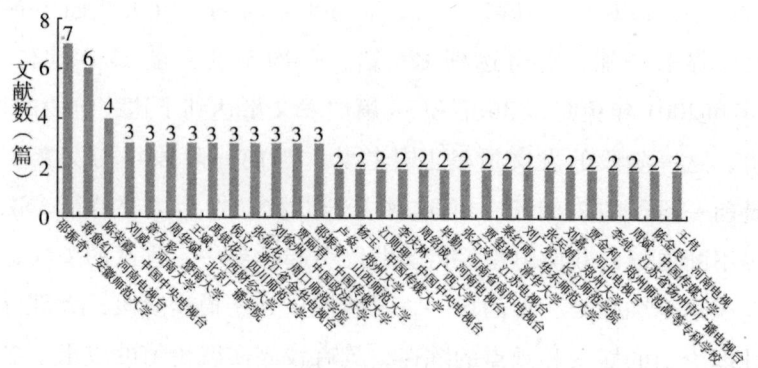

图 0-2　发文量前 20 位的作者分布

（三）戏曲电视栏目研究机构分布

按发文量多少，可将机构分布划分为以下三个梯队。

1. 第一梯队（发文量≥20篇）

这一梯队的机构有3所，分别为中国传媒大学（28篇，包括以"北京广播学院"署名的10篇）、中国中央电视台（26篇）、河南电视台（22篇）。中国传媒大学是关注戏曲电视栏目的重要机构，其研究的领域既涉及栏目编排策划、个案分析，也包括戏曲栏目的互联网传播。中央电视台重点关注的是本台戏曲电视栏目的策划、包装，并对戏曲真人秀《叮咯咙咚呛》给予了较多关注。河南电视台集中于戏曲电视栏目的实践与研究，尤其专注《梨园春》电视栏目的品牌化运作、企业化管理研究。这三所机构对戏曲的电视传播研究，甚至戏曲媒介传播的实践具有重要推动作用。

2. 第二梯队（5篇≤发文量≤19篇）

这一梯队共包括11所机构，分别为山西师范大学（14篇）、郑州大学（10篇）、安徽师范大学（9篇）、河南大学（9篇）、四川师范大学（8篇）、中国戏曲学院（6篇）、山西大学（5篇）、陕西电视台（5篇）、天津电视台（5篇）、河北电视台（5篇）、福建师范大学（5篇）。这些机构中，较有特色的是郑州大学，主要关注的是河南地方戏的传播，并与河南电视台开展了一定程度的实践合作研究。

3. 第三梯队（3篇≤发文量≤4篇）

这是一个较为庞大的梯队，共包括26所机构，这些机构既包括高等院校（21所），也包括传媒机构（5所）。

发文量在3篇以下的机构数量很多，但每一个机构发文量很少，在戏曲电视栏目研究中不占据主导地位，还没有形成稳定的研究方向。

上述机构的总体特征可以描述为：高校是戏曲电视栏目理论研究的主体，电视台在戏曲电视栏目实践中具有重要的推动作用；处于地方戏影响力较大的地方高校，在此方面研究成果更为丰富、深入和具体。下表显示了发文量排序前20位的机构，这些机构在该领域研究中具有重要的贡献，对它们发文的分析与监测，基本可以掌握这一领域研究的整体状况。虽然如此，我们也看到，高产机构之间的差异较大，中国传媒大学、中央电视台、河南电视台、山西师范大学在所有机构中占据主导地位，与其他机构拉开了较大距离，可谓是该领域研究的权威机构。高产研究机构的分布情况如图0-3所示。

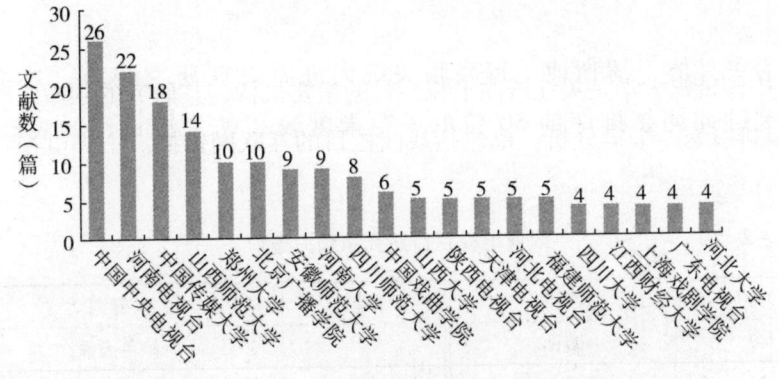

图0-3 戏曲电视栏目研究高产研究机构分布

（四）戏曲媒介传播研究热点分析

关键词是学术论文的一个重要组成部分，虽然在论文中所占篇幅比较少，但却揭示了论文的精髓。因此，可以利用关键词了解文献涉及的领域和内容。如果某一关键词在其所在领域的文献中反复出现（即关键词的词频度高），则可反映出该关键词或标题词所表征的研究主题是当前热点主题。因此，某一学科或领域的学术热点，通过关键词词频的高低大体可以反映出来。我们使用内嵌于中国知网当中的计量可视化方法，可以掌握针对戏曲电视栏目研究的高频关键词分布情况，从而据此探索这一领域的研究热点。词频≥2次的关键词分布情况如图0-4所示。

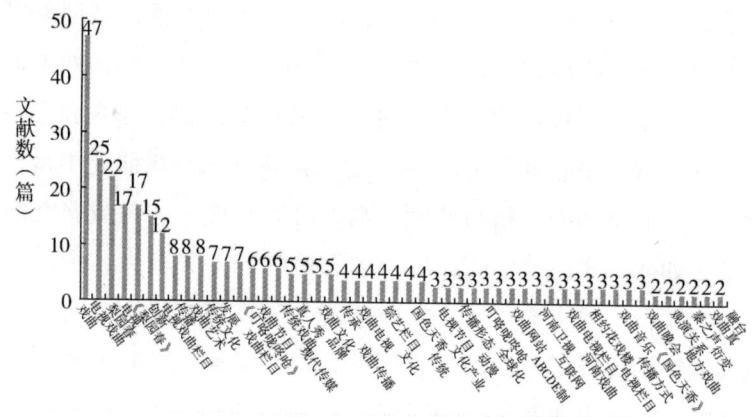

图0-4 戏曲电视栏目研究高频关键词

为更具体、清晰地了解高频关键词进而发现研究热点，本文列出了关键词词频排序前50位的、专指度较高的关键词，如表0-2所示。

表0-2　　　　　戏曲电视栏目研究高频关键词

词频	关键词	词频	关键词
47	戏曲	4	国色天香
25	电视戏曲	4	文化产业
22	梨园春	3	电视节目

续表

词频	关键词	词频	关键词
17	电视	3	动漫
17	《梨园春》	3	全球化
15	创新	3	传播形态
12	电视戏曲栏目	3	叮咯咙咚呛
8	传播	3	ABCDE制
8	戏曲艺术	3	戏曲网站
8	传统文化	3	互联网
7	发展	3	河南卫视
7	戏曲栏目	3	河南戏曲
7	《叮咯咙咚呛》	3	戏曲电视栏目
6	戏曲节目	3	电视栏目
6	现代传媒	3	相约花戏楼
6	传统戏曲	3	传播方式
5	戏曲文化	3	戏曲音乐
5	真人秀	3	《国色天香》
5	品牌	3	戏曲晚会
5	戏曲传播	2	地方戏曲
4	传承	2	衍变
4	戏曲电视	2	观演关系
4	文化	2	秦之声
4	综艺栏目	2	戏曲真人秀
4	传统	2	融合

注：本表依据知网统计数据制作，同一关键词因原文标点符号不同做两次统计，如"梨园春""《梨园春》"。

结合图0-4和表0-2可以看出，戏曲电视栏目的研究主要集中在以下几个方面。

1. 宏观层面的戏曲电视理论研究成果颇丰

在戏曲与电视的联姻过程中产生了多种电视文艺形态，如专门的戏曲栏目、戏曲电视剧、戏曲纪录片或专题片、戏曲综艺晚会等。戏曲走上屏幕可以追溯到1905年北京丰泰照相馆拍摄的谭鑫培主演的京剧无声片《定军山》。此后又出现了《四郎探母》《梁山伯与祝英台》等剧目①。1958年，北京电视台（即后来的中央电视台）戏曲节目开播，标志着戏曲走进电视。戏曲走进电视，弥补了报纸、书籍和广播等传播形式的缺陷，使戏曲更及时地以人们喜闻乐见的形式展示给大众。戏曲电视的出现，在将原汁原味的戏曲演出传达给观众的同时，也推动了戏曲知识在大众中的认知和普及，使戏曲文化得到传承和弘扬。尤其在电视制作技术落后、电视节目较为单调的时期，戏曲电视成为吸引观众的重要节目形态之一。

关于戏曲与电视的联姻，自20世纪80年代以来，一直被学界和业界所关注，对其理论层面的研究也广泛开展。1983—1995年，戏曲电视的表现形式多为舞台演出的电视录像，以及部分戏曲电视剧和戏曲专题片。因此，这段时期的理论研究也围绕着戏曲艺术电视化处理的技巧展开。20世纪90年代开始，以戏曲晚会为主要形式的戏曲电视红极一时，随后，各种专门的戏曲栏目在电视中的播出家喻户晓，如《梨园春》《秦之声》等，戏曲电视的内容和形式大为丰富，对于戏曲电视栏目的研究成果不断涌现。

1995年，《中国电视戏曲》创刊，一方面标志着戏曲电视在某种程度上已上升为一个学科，以独立的学科形态成为戏曲和电视研究的一个重要分支；另一方面也推动了戏曲电视作为一个专门领域的深入发展。除此之外，以《当代电视》《中国电视》等为主要代表的专门电视媒介研究刊物同样对戏曲电视的研究起到了重要的推动作用。这些专门的电视研究期刊刊载了大量的戏曲媒介传播研究文献。但总体上，早期的戏曲电视理论研究多为零散的观点陈述和讨论，系统的理论性研究较少。

中国传媒大学周华斌教授是较早开展戏曲电视研究的权威学者，他的成果丰富，关注面广。从1987年发表《广场戏曲——剧场戏曲——影视戏曲》②开始，先后发表了《当前戏曲专题节目走向》③《关于"电

---

① 周华斌：《戏曲与载体》，《现代传播—北京广播学院学报》2000年第2期。
② 周华斌：《广场戏曲——剧场戏曲——影视戏曲》，《现代传播》1987年第1期。
③ 周华斌：《当前戏曲专题节目走向》，《中国广播电视学刊》1997年第5期。

视戏曲"的思考》①《戏曲与载体》②《戏曲的记录、传播与再创》③《亚艺术与雅艺术——从〈相约花戏楼〉谈起》④等文章,总结戏曲电视的功能、定位、类型、艺术特性,以及电视化处理方法。周华斌教授早在1998年,就对戏曲电视进行了分类,他将戏曲与电视的联姻统称为"电视戏曲片",又将其细分为舞台纪录片、戏曲艺术片、戏曲电视剧、电视戏曲专题片,推动了这一领域朝着专门化的方向发展。他还提出,从电影中汲取经验,解决影视戏曲中"真"与"假"的碰撞,如以真补假,以实补虚;虚实结合,注重形式感;舞台纪实,突出戏曲技巧等。

中国传媒大学杨燕教授是戏曲电视研究领域的重要学者,先后编著了《电视戏曲论纲》《中国电视戏曲研究》《电视戏曲文化名家纵横谈》《中国广播电视文艺大系——电视戏曲卷1997—2000》《中国广播电视文艺大系——电视戏曲卷2001—2010》,以及数量不少的专题研究文章。对戏曲电视及其诸类型进行了概念释义,对其发展历程和现状做出了明确的界定,对其视听语言规律、传受者分析以及不同类型的戏曲电视的创作内容和手法,进行了研究和探讨。

2. 对戏曲与电视联姻的价值研究日臻完善

关于戏曲与电视栏目联姻的价值,有多位学者发文进行过论述。高频关键词中,涉及这一问题的有"传统文化"(8次)、"传承"(4次)、"文化"(4次)、"传统"(4次)等。著名学者孟繁树早在1995年就发表《戏曲与电视的结合是电视与戏曲的双向选择》一文,他强调,应该从弘扬民族文化和精神文明建设的高度,从观众是否受益的角度去思考电视与戏曲结合的必要性和必然性,并从戏曲与电视两个方面对此问题进行了分析。他首先看到了电视的媒介功能对戏曲传播力的增强,他指出"自从进入电视时代以来,戏曲艺术仅仅依靠舞台和剧场来维

---

① 周华斌:《关于"电视戏曲"的思考》,《现代传播—北京广播学院学报》1998年第1期。
② 周华斌:《戏曲与载体》,《现代传播—北京广播学院学报》2000年第2期。
③ 周华斌:《戏曲的记录、传播与再创》,《现代传播》2003年第1期。
④ 周华斌:《亚艺术与雅艺术——从〈相约花戏楼〉谈起》,《现代传播》2004年第3期。

系它与观众的关系是远远不够了,只有当它进入大众传媒之后才可能获得更广泛意义上的观众"。① 而与电视结合产生新的艺术形态,又可视为"戏曲艺术活动力的一种验证和生命力的一种延伸"②。孟氏还从电视的责任和现实需要的角度来看待二者的联姻,他指出:"电视在文化建构方面所发挥的作用是巨大的,而戏曲的兴衰则在一定意义上影响着民族优秀文化传统的命运。"③ 所以,电视对与戏曲的关注和扶持,是"现实又有远见的选择"④。此外,他还对戏曲与电视的联姻进行了展望,强调指出:"戏曲艺术将会成为电视文化的不可或缺的组成部分,这种作用和地位会随着电视文化的发展而越发显得突出和重要,眼下还仅仅是渐露端倪而已。"⑤ 应该说,这一认识具有典型性和代表性。

杨燕教授于1999年发表《电视戏曲栏目得失谈》一文,开篇就指出:"有识之士都能认识到,电视能借戏曲确立我国电视文艺弘扬民族艺术、振奋民族精神的发展方向,戏曲则借电视拓展演出舞台,获得再生的动力和机遇。"⑥ 再如中央电视台戏曲音乐部王志军的《戏曲与电视文化资源的互为》⑦、上海戏剧学院费泳博士的《是电视"救"戏曲还是戏曲"救"电视》⑧、王艳玲、谢美生的《电视戏曲:中国传统戏曲艺术嬗变的一种新形态》⑨、邵迪夫的《电视——戏曲发展的新载体》⑩,也从各自的视角论述了二者之间的相互作用。

与此同时,有学者清晰地看到,戏曲与电视联姻的意义,更多的在于功能性层面,电视不是"救"戏曲的万金油,戏曲与电视"结缘"衍

---

① 孟繁树:《戏曲与电视的结合是电视与戏曲的双向选择》,《艺术百家》1995年第4期。
② 孟繁树:《戏曲与电视的结合是电视与戏曲的双向选择》,《艺术百家》1995年第4期。
③ 孟繁树:《戏曲与电视的结合是电视与戏曲的双向选择》,《艺术百家》1995年第4期。
④ 孟繁树:《戏曲与电视的结合是电视与戏曲的双向选择》,《艺术百家》1995年第4期。
⑤ 孟繁树:《戏曲与电视的结合是电视与戏曲的双向选择》,《艺术百家》1995年第4期。
⑥ 杨燕:《电视戏曲栏目得失谈》,《现代传播—北京广播学院学报》1999年第6期。
⑦ 王志军:《戏曲与电视文化资源的互为》,《中国戏剧》2003年第12期。
⑧ 费泳:《是电视"救"戏曲还是戏曲"救"电视》,《戏剧艺术》2012年第3期。
⑨ 王艳玲、谢美生:《电视戏曲:中国传统戏曲艺术嬗变的一种新形态》,《戏曲艺术》2002年第2期。
⑩ 邵迪夫:《电视——戏曲发展的新载体》,《戏曲艺术》2002年第3期。

生的新形态终究不是戏曲本身，戏曲真正的舞台和生命应该回归剧场。山西师范大学戏曲文物研究所王志峰教授于2008年发表《戏曲与电视结缘的过渡性命运》一文，对此进行了较为精辟的概括和总结。她指出："戏曲与电视的结缘，站在戏曲的角度，多了几分悲凉的意味。各类形式的戏曲电视节目，终究不是戏曲本身，它们对于戏曲的传承发展起到的都是外因作用。退一步讲，即令戏曲与电视结合真的产生了新的艺术样式，逻辑上讲，也肯定是对戏曲的异化了。"①王氏通过举例分析，说明电视化的处理手法与传统戏曲的审美特性相距甚远。文章还援引周华斌先生对广播电视文艺所发生变化的概括："纯文艺与准文艺的交融，专业文艺与大众文艺的交错，专家导向与受众本位的交汇"②，"文学、音乐、戏曲、曲艺在各种栏目和节目中成为点缀的元素"③。"尽管这只是种现象，但现象背后反映着广播电视功能的转化"④。因此，文章的结论是，电视对于戏曲本身而言，更多充当的是传播媒介的作用，我们若要保留纯艺术上的戏曲，应更多考虑电视的功能性意义。

3. 对品牌栏目的多视角分析层出不穷

近年来，随着戏曲电视的蓬勃发展，学界和业界对其的研究也逐步加深，理论和评论文章不断涌现。这在高频关键词分布情况中可以体现出来，如"电视戏曲栏目"（12次）、戏曲电视栏目（3次）、戏曲栏目（7次）、《梨园春》（39次）、《叮咯咙咚呛》（10次）、《国色天香》（7次）、《相约花戏楼》（3次）、《秦之声》（2次）等关键词出现频率较高。

学界对包括河南卫视的《梨园春》、中央电视台的《叮咯咙咚呛》、天津电视台的《国色天香》、安徽电视台的《相约花戏楼》等影响力颇深的戏曲电视栏目产生了浓厚兴趣。这其中，尤以《梨园春》为典型

---

① 王志峰：《戏曲与电视结缘的过渡性命运》，《山西师大学报》（社会科学版）2008年第3期。
② 周华斌：《2006年度北京广播电视文艺节目评奖活动的评述》，转引自王志峰《戏曲与电视结缘的过渡性命运》，《山西师大学报》（社会科学版）2008年第3期。
③ 周华斌：《2006年度北京广播电视文艺节目评奖活动的评述》，转引自王志峰《戏曲与电视结缘的过渡性命运》，《山西师大学报》（社会科学版）2008年第3期。
④ 周华斌：《2006年度北京广播电视文艺节目评奖活动的评述》，转引自王志峰《戏曲与电视结缘的过渡性命运》，《山西师大学报》（社会科学版）2008年第3期。

代表，不仅包括该栏目的文化学思考，还包括经济学角度的探讨，如品牌化运作、企业化管理等。学界试图通过这些名牌栏目运作实践总结一些成功经验与影响因素，以期推动戏曲电视的进一步创新。

在戏曲电视栏目的编排、策划方面，学界和业界主要围绕栏目人文品格与综艺形式二者的融合展开，明确了其与一般意义上综艺栏目的差异性，对栏目的定位、风格、精神以及可移植的综艺元素基本达成共识，也明确提出了栏目存在定位不准、资源不足、内容低俗、形式"同质化"、风格"泛娱乐化"等问题，初步解答了在大众文化语境下，如何拉近传统民族艺术与现代观众审美情趣之间的距离这一核心问题。邵振奇的《论大众文化语境下戏曲与电视联姻的现实路径》[①]一文，结合当下占据主流的大众文化语境对戏曲电视的新要求，指出了戏曲电视商业化、娱乐化、通俗化、技术化和全球化发展的现实路径。邵氏于2011年再度发表《电视戏曲综艺栏目策划手段及传播模式的创新》[②]一文，从具体操作层面对戏曲栏目的策划手段和传播模式提出了一些可行性的建议：首先，采用主题策划、特别策划和系列策划等多种形式，增强栏目的广度和深度；其次，适时调整板块、改进环节，并不断融入新的元素；最后，应通过跨地域合作、跨文化传播和多媒体联袂等多种形式，打破固有的传播模式。孙以森的《言有物　行有格　节目有个性——电视戏曲发展创新之我见》[③]一文，则从戏曲电视"兰花奖"的评委角度对近年的戏曲电视栏目进行了点评，特别提出栏目应有自己的定位和独特的个性。叶龙的《浅谈电视戏曲综艺化》[④]一文，指出了戏曲综艺节目应有风格不同的板块和主题鲜明的专题策划。沈静的《电

[①] 邵振奇：《论大众文化语境下戏曲与电视联姻的现实路径》，《徐州师范大学学报》2009年第4期。

[②] 邵振奇：《电视戏曲综艺栏目策划手段及传播模式的创新》，《南京师范大学文学院学报》2011年第4期。

[③] 孙以森：《言有物　行有格　节目有个性——电视戏曲发展创新之我见》，《中国广播电视学刊》2004年第7期。

[④] 叶龙：《浅谈电视戏曲综艺化》，《中国京剧》2006年第12期。

视戏曲栏目的擂台赛策略》①一文,对戏曲电视栏目擂台赛的精神、原则、规则、形式进行了探讨。最近几年,靳梦琳的《电视戏曲栏目〈梨园春〉的创新模式研究》②,周明清、胡远珍的《市场定位语境下文化类电视栏目的差别化运营——以山西卫视〈走进大戏台〉为例》③,郝彩文的《电视戏曲栏目创作与实践——以山西卫视〈走进大戏台〉为中心》④等文章,则根据典型个案进行微观审视与剖析,对戏曲电视栏目的编排和策划进行了详细的分析与点评,探寻戏曲电视栏目的发展规律。

关于戏曲电视栏目的主持艺术,业界的研究文章较多,若干位一线主持人都根据自己的工作实践总结出了戏曲栏目的主持心得。陕西电视台《秦之声》栏目主持人陈爱美十分注重主持情感的融入,她在《情感投入 深层参与——主持电视戏曲专栏〈秦之声〉的体会》⑤一文中指出,戏曲栏目主持人的根本是充分发挥自己命运经历和生活积累的优势,把生命融入人民群众之中,还要做到贴近生活,突出民间特色,着重从人性、人情、人伦的感情热点引入,引发与观众的共鸣。河南电视台《梨园春》栏目主持人庞晓戈在主持人个性化塑造方面深有体会,她在《电视戏曲直播类节目主持人的个性化》⑥一文中指出,戏曲电视栏目主持人应做到专业性与娱乐性并重、形象与节目统一,还应注重多个主持人之间主持风格的区别。河北电视台戏曲栏目《欢乐急急风》(原《戏苑乡音》)主持人于辉在《电视戏曲节目主持人的角色定位》⑦一文中,提出了主持人的风格要依循栏目风格的观点,并对戏曲栏目主

---

① 沈静:《电视戏曲栏目的擂台赛策略》,《新闻爱好者》2006年第12期。
② 靳梦琳:《电视戏曲栏目〈梨园春〉的创新模式研究》,《四川戏剧》2014年第8期。
③ 周明清、胡远珍:《市场定位语境下文化类电视栏目的差别化运营——以山西卫视〈走进大戏台〉为例》,《中国戏剧》2015年第11期。
④ 郝彩文:《电视戏曲栏目创作与实践——以山西卫视〈走进大戏台〉为中心》,硕士学位论文,山西师范大学,2014年。
⑤ 陈爱美:《情感投入 深层参与——主持电视戏曲专栏〈秦之声〉的体会》,《中国广播电视学刊》1996年第2期。
⑥ 庞晓戈:《电视戏曲直播类节目主持人的个性化》,《新闻爱好者》2008年第5期。
⑦ 于辉:《电视戏曲节目主持人的角色定位》,《当代电视》2007年第5期。

持人的综合素质、语言风格和演唱水平提出了要求。浙江电视台戏曲版《戏迷擂台》主持人应斓扩展了主持人工作的外延,她在《论戏曲电视节目的主持艺术》[①]一文中强调,戏曲栏目主持人的工作不仅在于舞台主持,更应参与到采访和编排中,从而驾驭整档节目。广州电视台戏曲栏目《南国红豆》主持人薛莹的《电视戏曲主持人的角色换位》[②]一文则指出了,戏曲电视栏目主持人应具有一定的表演水平、广博的戏曲专业知识和在不同的角色中换位表演的能力。

4. 对栏目外在包装、营销方面的研究热度失衡

对于戏曲电视栏目的外在包装、营销方面,学界和业界的关注较少,专门论及此类问题的专著和论文为数不多,根据掌握的材料看,仅有的几篇论文均为个案点评和行业交流文章。关文彬的《继承与创新——从〈相约花戏楼〉谈电视戏曲栏目的包装》[③],从栏目结构、舞台场景、栏目宣传等方面入手,针对安徽卫视的戏曲电视栏目——《相约花戏楼》的栏目包装进行分析,介绍了该栏目在包装方面的成功经验:板块式结构、现场互动形式、中国山水画舞台布景、动感十足的黄梅戏宣传片。中央电视台赵衍雷、张宏涛的《央视戏曲频道〈青春戏苑〉栏目包装创作心得》[④]一文,则从创意和技术两个层面,针对《青春戏苑》栏目的片头制作进行了详尽的解析,具有一定的启示意义。上海广播电视台的钱骏等发表《浅谈戏曲晚会中大屏幕的应用》[⑤]一文,通过对元宵节联欢晚会 LED 视频制作过程的介绍,探讨了戏曲晚会栏目视频素材的制作经验。

5. 硕、博论文的专门研究逐年升温

通过文献检索可见,目前已有两篇博士论文、十余篇硕士论文针对

---

① 应斓:《论戏曲电视节目的主持艺术》,《戏文》2002 年第 5 期。
② 薛莹:《电视戏曲主持人的角色换位》,《中国广播电视学刊》2008 年第 8 期。
③ 关文彬:《继承与创新——从〈相约花戏楼〉谈电视戏曲栏目的包装》,《中国广播电视学刊》2003 年第 5 期。
④ 赵衍雷、张宏涛:《央视戏曲频道〈青春戏苑〉栏目包装创作心得》,《现代电视技术》2010 年第 9 期。
⑤ 钱骏、宋晓颖、姜玲:《浅谈戏曲晚会中大屏幕的应用》,《电视工程》2013 年第 1 期。

戏曲电视栏目展开了研究，热度逐年升温。

涉及戏曲电视栏目的博士论文有两篇，分别是上海戏剧学院费泳的《戏曲电视研究》①，以及山西师范大学王玉坤的《戏曲电视节目研究》②。两篇文章均以戏曲电视为外延，包含了荧屏上所有的戏曲电视形态，包括戏曲电视剧、晚会、专题片、舞台表演等。费泳博士的文章具有鲜明的实践性，偏重于策略研究，其主体章节分为三部分："戏曲电视栏目""戏曲电视人""戏曲电视艺术"，分别从"传播内容、传播主体、传播理念"的层面探讨戏曲电视的成功经验和未来走向；王玉坤博士的论文侧重于对戏曲电视节目的全方位观照和实证分析，对戏曲电视的分类、特征及发展历程进行了全面的审视和细致的研究，对戏曲电视节目受众的构成及倾向进行了分析，并对戏曲电视节目的传承意义进行了归纳。可见，这两篇博士论文既有共性，又有各自的研究侧重。

此外，还有十余篇硕士论文也对戏曲电视栏目进行了研究。其中针对河南电视台《梨园春》栏目的分析研究文章占绝大多数，还有作者针对电视媒体的地方戏曲传播和当下戏曲电视栏目的"泛娱乐化"现象展开了较为详尽的论述。郑州大学周波的《〈梨园春〉的文化分析及模式批评》③，论述了《梨园春》的戏曲电视文化特征，评价了商业和技术对该栏目的介入，并将《梨园春》与《超级女声》《相约花戏楼》和日本歌舞伎艺术进行了比较研究。他提出，该栏目的现有模式是对艺术本质和艺术欣赏的误读和扭曲，"戏迷擂台赛"和"名家名段"只能维持一时的收视率，却无法保全戏曲艺术的生命和韵味，而《梨园春》栏目当前面临的最大问题则是如何寻求新的定位与构思。河南大学黄跃鹏的《"梨园春现象"研究》④，对《梨园春》栏目的背景、内容、运作特色、受众特征、传播效果和经营策略进行了总结与分析，并指出了

---

① 费泳：《戏曲电视研究》，博士学位论文，上海戏剧学院，2010年。
② 王玉坤：《戏曲电视节目研究》，博士学位论文，山西师范大学，2014年。
③ 周波：《〈梨园春〉的文化分析及模式批评》，博士学位论文，郑州大学，2006年。
④ 黄跃鹏：《"梨园春现象"研究》，硕士学位论文，河南大学，2007年。

存在的问题及解决的对策。他指出，戏曲电视栏目要坚持民族传统文化的主流文化传播意识，在坚持传统的前提下，实现传播内容的革新，恰当地利用现代传媒，将古老的艺术跟现代的传媒巧妙地结合起来。兰州大学李彦冰的《梨园花开春意闹——河南电视台〈梨园春〉栏目的文化传播学透视》[1]，也对《梨园春》栏目的发展流变、存在问题、发展前景进行了梳理和分析，并通过该栏目的成功实践，探寻了中国传统文化传播的出路。河南大学张艳红的《论河南地方戏曲的繁荣与发展——来自"梨园春现象"的思考》[2]，对河南地方戏曲的现状和困境分别进行了总结和剖析，阐述了《梨园春》栏目的兴起过程及其为繁荣与发展地方戏曲做出的贡献，并从其节目创意、栏目宗旨、运作方式三方面探究其成功经验。她指出，《梨园春》的成功说明地方戏曲仍然具有扎实的群众基础。戏曲电视从业者应首先改变职业观念，应在创作中注重戏曲的大众娱乐性、提升艺术表演水平、创建新的运作模式，力求繁荣与发展地方戏曲。中国传媒大学周斌的《试论河南电视台〈梨园春〉栏目的设置理念》[3]，通过从一个连续的、整体的角度来观察《梨园春》两次改版过程中所表现出来的特征以及改版效果，探讨了戏曲综艺栏目发展的规律。四川大学王毅铭的《从〈梨园〉品牌塑造看电视戏曲类栏目的生存之道》[4]，以《梨园春》栏目为例，对戏曲电视的栏目化潮流作了概述，介绍了《梨园春》栏目的发展历程和品牌栏目，详细阐述了《梨园春》品牌效应给电视媒体带来的诸多启示。他指出，观众意识是品牌栏目的生存基础、创新意识是品牌栏目的活力之源、整体意识是品牌栏目的发展合力。中国传媒大学王凯的《当今戏曲传播中的

---

[1] 李彦冰：《梨园花开春意闹——河南电视台〈梨园春〉栏目的文化传播学透视》，硕士学位论文，兰州大学，2006年。
[2] 张艳红：《论河南地方戏曲的繁荣与发展——来自"梨园春现象"的思考》，硕士学位论文，河南大学，2007年。
[3] 周斌：《试论河南电视台〈梨园春〉栏目的设置理念》，硕士学位论文，中国传媒大学，2006年。
[4] 王毅铭：《从〈梨园〉品牌塑造看电视戏曲类栏目的生存之道》，硕士学位论文，四川大学，2007年。

"泛娱乐化"现象论析》①，分析了戏曲在印刷、电视和数字这三种媒介传播中的"泛娱乐化"现象。归纳了这一现象的来源、内涵和特征，挖掘了其原因和影响，并指出了应对策略。他强调，戏曲要想摆脱生存危机，求得广阔的发展空间，就必须遵循戏曲的美学原则，摆正创作的心态，在努力推出弘扬民族精神、反映时代风貌戏曲精品同时，不忘戏曲源于草根的特点，以满足不同层次观众的需求，只有这样，戏曲才可能走出低谷，摆脱包括"泛娱乐化"现象在内的各种不良社会倾向的侵蚀，可持续地发展，保持永恒的生命力。西南政法大学杨瑞的《发展传播学视角下电视媒体的地方戏曲传播研究》②，围绕发展传播学的核心理念——大众传媒在发展中国家实现现代化过程中应该发挥怎样的作用、应该如何发挥作用而展开，从大众传媒保护传统文化的社会责任出发，选择了文化发展方面存在生存困境的地方戏曲作为大众传媒的传播内容，论证了保护地方戏曲的必要性。进而提出，大众传媒传播地方戏曲最有效的方式是戏曲电视栏目。文章选取电视媒体对地域性较强的地方戏曲进行传播的典型案例——传播"二人台"戏曲文化的内蒙古电视台《西口风》栏目，对其进行了深入的分析和研究，验证了发展传播学指导大众传媒实践的可行性和有效性。

（五）戏曲媒介传播研究热点演进分析

采用时下国际流行的知识图谱分析软件 Citespace Ⅲ 作为分析工具，重点采用内嵌于其中的共现分析方法。其中，关键词共现分析法是对当前发表文献的直接统计，所寻找的是当前论文集中关注的主题，反映的是在趋势形成之后的焦点、热点。将经过筛选的"Refworks"格式的 CNKI 题录数据通过格式转换后，导入 Citespace Ⅲ，绘制本文所需知识图谱。参数设置为：时区分割（Time Slicing）设置为 1984—2017 年，单个时间分区的长度（#Years Per Slice）设置为 1 年，主题词来源选择

---

① 王凯:《当今戏曲传播中的"泛娱乐化"现象论析》，硕士学位论文，中国传媒大学，2009 年。
② 杨瑞:《发展传播学视角下电视媒体的地方戏曲传播研究》，硕士学位论文，西南政法大学，2009 年。

为标题（Title）、摘要（Abstract）和关键词（Descriptors 与 Identifiers），阈值为前 50 个高频词，词类型（Term Type）选择名词短语（Noun Phrases），节点类型（Node Types）选为关键词（Keywords）来绘制关键词共现聚类知识图谱和关键词共现时区图谱。在图谱可视化窗口中选择时区视图（Time Zone），可绘制出关键词共现时区图谱（见图 0-5）。时区视图是一种侧重于从时间维度上来表示知识演进的视图，可以清晰地展示出文献的更新和互相影响情况。时区视图实际上是将节点定位到一个二维坐标系中。根据节点首次被引的时间，节点被放在不同的时区中，并且所放位置的高度依次增加。一个从左到右、自下而上的知识演进图就直观地展示出来了，由此能够清晰地发现戏曲电视栏目研究热点的演进情况。图中节点大小与关键词词频成正比。

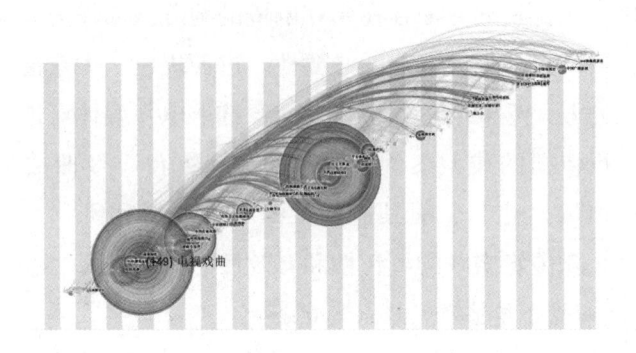

图 0-5　戏曲电视栏目研究关键词共现时区知识图谱

1. 由单纯的剧场类栏目向综艺性和娱乐化栏目研究演进

随着戏曲媒介传播研究的深入发展，以高校学者和传媒机构实践人员为主体的研究者，逐渐意识到大众需求已不满足于原有单纯的原汁原味的戏曲栏目，更愿意接受符合时代特征的戏曲形式。这其中以真人秀类栏目为代表的擂台赛节目风靡一时。

2. 从本土化、地域性传播，向戏曲的海外和跨文化传播延伸

从仅重视戏曲的本土化、地域性传播，向戏曲的海外和跨文化传播延伸；从戏曲的欣赏性、文化价值传播，向戏曲传播的产业化发展；从以戏曲本身内容为核心的传播，向戏曲的创意设计形式的传播探索。

3. 对栏目文化价值的研究再掀高潮

学界对戏曲电视栏目文化价值层面的探讨从未停歇，尤其在近年更是掀起了高潮。相关研究比较集中地在重要刊物上发表，《现代传播》《电视研究》《当代电视》等核心期刊甚至开辟专栏，对这一现象进行多个角度的探究。近年来，吉仙红的《优秀文化基因 弘扬中华美学精神——对戏曲文化节目〈走进大戏台〉的几点思考》①、张红军、王瑞的《跨文化传播视域下电视真人秀节目的创新逻辑——以中央电视台〈叮咯咙咚呛〉为例》②、何晓燕的《真人秀如何更好地向传统国粹致敬——对〈叮咯咙咚呛〉深入创新的思考》③、王敏的《〈叮咯咙咚呛〉的文化精神与美学气韵》④、李珍的《电视媒体与中国传统戏曲艺术的"新"结合——以〈叮咯咙咚呛〉为例浅谈中国电视节目的探索与创新》⑤ 等一批成果，探讨了在当前文化语境下，戏曲电视栏目如何传承和弘扬中国优秀传统文化的价值引领作用，如何传承和弘扬中华美学精神这一问题。这一时期，理论和实践相互促进，学界和业界频繁互动，大大拓展了以戏曲为代表的民族传统文化与电视媒介在更高层次上进行联姻和互动的表现空间，为我国原创娱乐节目内容和形式的创新指明了路向，具有较强的启示意义。

4. 新媒体传播研究初露端倪

21 世纪初，学界开始关注戏曲电视的新媒介传播研究。如 2006 年，焦福民分析了电影、电视和互联网戏曲传播的特点及形成原因⑥；2005 年，刘春梅通过对戏曲广播、戏曲电影、戏曲电视传播优势与传

---

① 吉仙红：《优秀文化基因 弘扬中华美学精神——对戏曲文化节目〈走进大戏台〉的几点思考》，《当代电视》2015 年第 12 期。
② 张红军、王瑞：《跨文化传播视域下电视真人秀节目的创新逻辑——以中央电视台〈叮咯咙咚呛〉为例》，《现代传播》2015 年第 7 期。
③ 何晓燕：《真人秀如何更好地向传统国粹致敬——对〈叮咯咙咚呛〉深入创新的思考》，《现代传播》2015 年第 7 期。
④ 王敏：《〈叮咯咙咚呛〉的文化精神与美学气韵》，《电视研究》2015 年第 9 期。
⑤ 李珍：《电视媒体与中国传统戏曲艺术的"新"结合——以〈叮咯咙咚呛〉为例浅谈中国电视节目的探索与创新》，《今传媒》2015 年第 9 期。
⑥ 焦福民：《后戏台时期戏曲传播论略》，《上海大学学报》（社会科学版）2006 年第 2 期。

播劣势的分析,指出了戏曲在媒体竞争中求得生存与发展的可行之路①。同时,一些学者研究了新媒体时期,戏曲电视生存根基与发展路径问题,以求戏曲电视的创新发展。

传统戏曲艺术传播载体随着时代的发展、大众的需求和媒介科技的进步而发生着前所未有的变革。这其中,戏曲的互联网传播是当前戏曲发展的一个新的重点趋向,也是戏曲适应当代社会发展和大众媒介使用习惯与需求的必然要求。相对于传统的戏曲电视,互联网传播的受众结构更加丰富和多元,受众性质更加复杂。受众通过互联网媒介接受戏曲也出于不同的诉求,即娱乐消遣需求、社会交际需求和自我认同需求。而社会交际和自我认同是传统戏曲传播的受众需求中不突出或不具备的②。

(六) 当前研究的缺憾

1. 理论性与实践性兼顾的成果较少

戏曲电视栏目的研究本身是一个实践性很强的领域,单纯的理论演绎与辨析由于缺乏实证数据的支撑而使其研究结论多少有些脱离实际;纯粹的实践探索又会缺乏理论高度的提炼,从而失去理论指导性和可持续性发展。分析发现,高校学者和以电视台为代表的媒体工作者构成了戏曲电视栏目研究的两大阵营,但遗憾的是,两大阵营各自为战,从而使理论分析处于悬空状态,实践探索缺乏理论高度的提炼。

2. 研究的全面性、规范性不足,忽视受众的需求和反馈

戏曲电视栏目研究应遵循"面向问题—解决问题—问题反馈评估"这一逻辑线索展开。目前该领域研究"掐头去尾",集中于解决问题层面,这种仅对问题解决的研究由于缺乏前期的实证调研,而对问题认识的深度显然不够;由于缺乏传播效果的反馈与评估研究,而缺乏对问题解决方案的优化。因此,戏曲电视栏目的研究一方面应向前延伸,以大众需求调研为切入点,实现面向问题的戏曲电视栏目研究;另一方面要

---

① 刘春梅:《"新媒体"时代的戏曲节目》,《现代传播》2005 年第 6 期。
② 云海辉、杨燕:《中国戏曲互联网传播的受众及其需求》,《现代传播》(中国传媒大学学报) 2011 年第 8 期。

向后拓展，通过对栏目传播效果的反馈与评估，不断改进戏曲电视栏目的策划、改版等方案。

3. 数字化浪潮下栏目的创新路径研究热度失衡

自 20 世纪 80 年代以来，戏曲电视理论研究与实践便进入研究者视野，至今，在媒介高度发达和大众需求多样化背景下，电视的内涵和外延均已有了新的丰富和拓展。戏曲电视栏目的创新发展，也在不断尝试利用新媒体（如微博、微信等）拓宽传播渠道，但这方面的研究成果与针对栏目本身的研究而言，热度明显失衡。

四 本书的创新之处

首先，本书对"电视戏曲""戏曲电视"两种概念进行了厘清和界定，对戏曲与电视的联姻过程进行了梳理，在此基础上从纵向和横向两种视角、"历史"和"现实"两个维度，对戏曲电视栏目进行动态考察与分类观照。一方面，"点面结合"，通过大量的案例分析还原了戏曲电视栏目的流变轨迹，并从宏观上归纳不同阶段的特征；另一方面，从电视类型化的意义出发，运用"使用与满足"理论对戏曲电视栏目进行分类，并对每一类型所包含的具体栏目形态和元素进行细分，从媒体、时间、地理三个方面考察其分布，并归纳出各自的局限和问题。本书通过大量的文献爬梳和资料查阅，力求全面展示戏曲电视栏目的历史进程和现实图景。其中，立足"历史"角度的考察使本书具备一定的文献性；从"现实"角度看，对"戏曲电视"的界定，对"戏曲电视栏目"的分类，则是依据最新的电视实践，对学界已有定义的补充和发展。本部分成果体现在本书的引言和第一、二章。

其次，本书力图紧扣观众的审美需求和收视倾向，自行发放问卷，运用多种统计学方法对 1004 位观众进行了调查，取得最新的第一手数据。对观众接触戏曲的渠道、对戏曲栏目的收视行为、形式及内容倾向以及收视评价等进行了统计与分析，并通过交叉分析、方差分析等方法，进一步探究不同年龄、文化程度、居住地观众的收视差异。这是目前针对戏曲电视栏目的一次较为全面、细致和深入的受众调查与收视分析，力求以新数据得出新结论，为认识栏目的现状、了解观众需求、明确发展方向、制定发展策略提供了较为可靠的依据。本部分成果体现在本书的第三章。

再次，本书的创新性还表现为视角新。本书通过对大众文化语境的概念进行梳理和定义，指出其对戏曲栏目的冲击和启示，以理性、客观的态度对此类栏目的发展定位与现实走向进行观照，并以传播要素为基本线索，从观念、受众、内容、渠道等层面对戏曲电视栏目进行定位。本书并未固守对大众文化的批判性视角，而是承认大众文化合理的感性欲望，汲取、借鉴其积极、正面的成分，以期拓展大众文化与传统文化联系、选择、介入、交流、融合的空间，挖掘和延伸传统文化的当代价值，唤醒人们对戏曲的审美自觉，从而实现戏曲栏目的大众化回归。使本书对戏曲栏目的研究不仅停留在记录、保护、传播等功能性层面，而且侧重于对其现实出路和未来发展的探究，增强了本书的现实意义。本部分成果体现在第四章。

最后，在具体的操作层面，本书结合当下电视栏目策划和运作的相关规律，广泛借鉴其他类型栏目的成功经验，并针对戏曲艺术自身特点，从策划改版、合作模式、传播渠道、主持艺术、外在包装诸方面归纳出戏曲电视栏目制作和包装的策略。此外还对其与新媒体的整合与互动进行了展望，从新媒体环境下电视观众审美习惯的变化入手，归纳了戏曲栏目新媒体传播的特征、优势和机遇，进而提出了其与新媒体整合与互动的手段。本书力求理论和实践两相兼顾，既"高瞻远瞩"，又"法从例出"。该部分成果是电视策划与制作、播音与主持艺术、网络与新媒体等领域的成熟理论在具体对象上的应用和发展，也是其他类型栏目的成功经验在戏曲栏目上的丰富和延伸，使成果具备一定的科学性、综合性和现实可行性，对业界实践也有一定的参考价值。本部分成果体现在本书的第五章，以及余论部分。

第一章　戏曲电视栏目的流变及特征

  电视在我国已经历了60年的发展历程，这是一段飞速发展、令人惊叹的过程。从接收终端来看，从1958年中国制造出第一台电视机，到1987年中国电视销量超过日本成为世界第一，中国人只花了不到30年便实现了这一伟大壮举。不仅在数量上，1985—1993年，中国实现了大规模的由黑白电视到彩色电视的更新换代，2011年中国成为世界上液晶电视最大的市场，2013年又一跃成为世界最大的4K（超高清）电视市场，在科技浪潮的强力推动下，电视的色彩越发绚丽，图像越发清晰，功能也趋于智能，可以说中国一直在创造电视的传奇。从节目内容上说，先后经历了以宣传品、作品和产品为主导的三个不同阶段，创作观念不断更新，节目的形式、类型日益丰富，市场化、产业化探索逐步深化。当前，节目娱乐化、栏目品牌化、频道专业化特征鲜明，电视的吸引力、影响力、感召力空前加大。可以说，电视已然崛起成为中国的"第一大众传媒"和影响力最大的艺术品种。

  在我国电视事业的发展进程中，戏曲始终如影随形。从一开始的"被迫直播"、简单复制，到如今形态丰富、全面介入，我们能够连续不断地听到戏曲和电视这两种艺术形态融合、碰撞的铿锵足音。总体上说，戏曲与电视的结合经历了从简单到复杂，由单一到多元的发展过程，随着文化语境的变迁和人们审美情趣的变化，二者联姻的价值和作用也不尽相同，本章拟在厘清戏曲与电视联姻历程的基础上，梳理戏曲电视栏目的流变轨迹，归纳出不同阶段传播观念的衍变，并对戏曲栏目的特征进行总结。

第一节 戏曲与电视的联姻与互动

一 初创阶段（1958—1965年）

从新中国成立到1956年，中国共产党领导人民恢复经济，努力实现由新民主主义向社会主义的过渡。1957年开始，我国进入全面建设社会主义时期。1957年8月15日北京电视实验台筹备处正式成立，次年5月1日开始试播，标志着中国电视事业的开端。①

中国电视诞生的初期，由于技术手段的局限，节目产量很小，影响力也十分有限。作为一种新生的、稚嫩的艺术形式，彼时的电视迫切需要借助成熟的艺术品种的力量以丰富自身内容，获得观众认可。而戏曲作为中国最成熟、最有魅力的艺术形式，自然而然地成为电视人选择的目标。

1958年5月1日，中央电视台的前身——北京电视台开始试播，电视文艺节目多以直播演出实况为主，而转播剧场戏曲演出也成为初创时期电视文艺的重要形式。"这个时期实况转播的戏曲演出有梅兰芳先生特意为国庆十周年献礼而排演的大戏《穆桂英挂帅》（见图1-1、图1-2），尚小云先生的代表剧目《双阳公主》，荀慧生先生的拿手好戏《红娘》，深受观众喜爱的马连良和张君秋先生合演的《三娘教子》，张君秋、叶盛兰和杜近芳合演的《西厢记》，麒派老生周信芳先生的《四进士》和著名昆曲《十五贯》等"②。最早期的电视曾被人们称为"微缩型剧院"，但

---

① 北京电视台（中央电视台前身）是我国第一座电视台，筹建工作始于1957年。1958年5月1日晚，实验播放黑白电视节目，同年9月2日正式播出。当时为观众服务的主要设备就是一套包括4部国产电子管式超正折象管黑白摄像机的电视中心设备和一部国产的1千瓦的电视发射机，一部500瓦的伴音发射机。发射线高为76米，当时接收机仅有50台左右。电视台的播送室设在广播大楼四楼，是由一个五六十平方米的排练厅临时改装的。第一次播放的节目有讲话、朗诵、舞蹈和电影。

② 杨燕：《电视戏曲论纲——呼唤涅槃的火凤凰》，中国广播电视出版社2000年版，第27—28页。

戏曲节目与今天的《空中剧院》之类有很大的不同。彼时囿于落后的技术条件，电视尚未形成自身的艺术语汇，因此这一时期，戏曲是以"被迫直播"和"照搬移植"的形式进入荧屏的，演出画面的处理十分粗疏，仅限于导播人员现场进行机位调度、角度和景别的选择，以及镜头切换。但是，戏曲的加入使观众领略了极负盛名的表演艺术家的风采，成为荧屏上除电影之外最重要的文艺样式。

图1-1 梅兰芳携子梅葆玖、女梅葆玥演出《穆桂英挂帅》

图1-2 梅兰芳《穆桂英挂帅》剧照

1960—1961年，上海、天津、广东等多家地方电视台也相继开播，越来越多的电视台建成了演播室,电视技术水平有了一定的进步。此时戏曲演出的转播开始摆脱剧场演出"照搬移植"的方式,尝试利用演播室相对先进的设备和便利的条件进行电视化加工。电视工作者根据剧情的特点和演播室的条件,创编分镜头稿本,将戏曲演员请进演播室进行排演,最后付诸直播。这一时期播出的戏曲剧目"北京有京剧《红灯记》,评剧有《双玉蝉》和《祥林嫂》,昆曲有《李慧娘》,还有川剧《燕燕》等。吉林电视台也加工演播过吉剧《桃李梅》"[1]。虽然转播过程也是一气呵成,但是场面的调度、舞美灯光的配合、上下场的形式、镜头的切换都带有电视人思考的痕迹。不仅如此,转播过程中影像资料的插入、字幕的辅助、解说的运用,更使观众获得了与剧场观戏不同的审美体验。上述种种,使电视工作者对戏曲转播有了二度创作的意识,他们不再局限在机械性的"复制"层面,而是主动思考应该如何利用电视的语言对戏曲进行转播,这是当时条件下电视工作者的伟大创造和智慧结晶。

进入20世纪60年代中期,电视技术有了进一步的发展。1964年录像设备开始应用,仅仅过了两年,中国电视就有了彩色画面,这为戏曲电视的精细制作提供了更为广阔的空间,也为戏曲录像的保存和重播创造了可能。"1994年12月底,北京电视台就录制了常香玉主演的豫剧《朝阳沟》(见图1-3)第二场和京剧《红灯记》(见图1-4)中'智斗鸠山'一场,用于1965年的迎新春元旦文艺晚会"[2],这不仅是戏曲电视,也是中国电视文艺最早的录播节目。新设备的引进和新技术的运用为戏曲电视注入空前的活力,但遗憾的是,正当戏曲与电视这两种刚过"蜜月期"的艺术形式尝试进行深层磨合与互动的时候,"文化大革命"这场遍及城乡的政治运动开始了。"文革"不仅使国民经济遭受破坏,也使文化教育事业基本停滞,这极大限制了艺术的生产,禁锢了艺术创作的空间,对戏曲电视也是一种重创。

---

[1] 杨燕:《电视戏曲论纲——呼唤涅槃的火凤凰》,中国广播电视出版社2000年版,第29页。
[2] 赵俊英:《戏曲与电视的整合趋势》,《晋阳学刊》2001年第5期。

图 1-3　常香玉《朝阳沟》剧照

图 1-4　常香玉《红灯记》剧照

总体上说，1958年至1966年是戏曲电视的初生阶段。在这八年时间里，戏曲与电视的联姻更多的是电视"主动"，戏曲以其成熟的形式和巨大的魅力丰富了电视文艺的样式，为电视赢得了观众。在电视文艺极为匮乏的时期，戏曲便与之相伴而行，从某种意义上说，戏曲更多地扮演了"救"电视的角色。

二　停滞和复苏阶段（1966—1978年）

1966年5月16日，中共中央下发了《中国共产党中央委员会通知》（又称"5·16"通知），号召全党要对混进党内的所谓资产阶级代表人物进行清理，并对学术界、教育界、新闻界与文艺界存在的资产阶级反动思想进行彻底批判。在这一政治背景下，电视媒体必须无条件服从"大局"，成为为"文革"摇旗呐喊的工具。1966年5月下旬，北京电视台规定以下内容的"坏节目"一律不准播出："歪曲历史真实，专写错误路线的；描写英雄人物却是犯错误的，歪曲英雄形象的；描写战争恐怖、渲染苦难、宣传和平主义的；专写中间人物的、丑化工农兵形象的；美化阶级敌人、模糊阶级界限、调和阶级斗争的；提倡资产阶级人道主义、宣扬人性论和所谓'人情味'的；写谈情说爱，宣扬资产阶级、小资产阶级思想感情的；传统剧目、包括帝王将相、才子佳人和鬼戏，不管中国或外国的一律不播。"① 是故，电视节目的制作一律以宣传政治方针为宗旨，内容枯燥，形式单一，电视文艺除了"老三战"电影②和"八个样板戏"之外，几乎百花凋零。

1966年11月，"中央文化革命小组"宣布现代京剧《智取威虎山》《奇袭白虎团》《沙家浜》《红灯记》《海港》和现代芭蕾舞剧《红色娘子军》（见图1-5）、《白毛女》和交响乐《沙家浜》八部文艺作品为"革命样板戏"。1967年，为了纪念毛泽东《在延安文艺座谈会上的讲话》发表25周年，"'八个样板戏'在首都各大剧场同台演出，共演出218场。1967年5月31日，《人民日报》发表《革命文艺的优秀样板》一文，提出要'把革命样板戏推向全国'，从此'八个样板戏'成为了电视台每天播出的文艺节目的重中之重"③。1971年10月起，京剧《龙江颂》《杜鹃山》和革命现代舞剧《沂蒙颂》这些新创演的样板戏也被相继选播。

这一时期的戏曲电视基本以教唱"样板戏"选段为主，因此对其总结和评价也应主要围绕样板戏展开。学界对于样板戏的评价，经历了避而不谈→→偏激否定→→心平气和的过渡，越发趋于理性和辩证。无

---

① 刘习良：《中国电视史》，中国广播电视出版社2007年版，第79页。
② "老三战"电影指三部战争题材的电影：《南征北战》（成荫、汤晓丹联合执导）、《地道战》（任旭东执导）、《地雷战》（唐英奇执导）。
③ 张波：《历史题材电视节目研究》，硕士学位论文，山东大学，2008年。

图1-5 革命现代芭蕾舞剧《红色娘子军》剧照

可否认,出于政治目的和宣传需要,样板戏的弊端显而易见:首先,在"三突出"原则下,正面人物在反面人物的映衬下达到完美,这种创作层面的"乌托邦"违背了艺术创作的规律,政治幻想的色彩浓烈;其次,样板戏采用了二元对立的叙事模式,正与邪、美与丑鲜明突出,简单划一,浅显直白,这种用镜头"标记"人物的做法显然走了极端,降低了艺术作品的思想价值。从另一个角度看,尽管政治性在一定程度上妨碍了艺术性,但绝非完全抹杀了后者。正如英国学者科林伍德所说:"形形色色的伪艺术,实际上是可以分派给艺术的形形色色的用途。为了使这些目的中的任何一个得以实现,首先就必须有艺术,然后才是艺术对某种功利目的的服从。"[①] 样板戏中,生动的情节、尖锐的冲突、浓缩的篇幅、精练的语言,戏剧艺术的内核并未因政治性而丧失。此外,样板戏的语言既有工整的曲词,也有生活化的口语,既不失工整规范,又避免了曲高和寡。这就使得样板戏的叙事效果与叙事动机产生了背离,即政治宣传的功能"潜移默化",而艺术欣赏成为观众看戏的主要动机。"就接受实际而言,人们所碰触的首先是形式,津津乐

---

① [英]科林伍德:《艺术原理》,王志元等译,中国社会科学出版社1985年版,第33页。

道的也往往是形式本身。特别是当狂热的情绪冷却下来，那些别有用心的政客们所竭力实现的政治催眠不再发挥作用时，人们所执着和乐衷的也就只有形式本身了。比如那些经典的唱词和念白"[1]。"文革"十年，样板戏在专业剧团和业余组织中几乎天天上演，电视荧屏上也轮番播出，全国上下，大江南北，上至耄耋老人，下至五尺之童，几乎人人会唱，这就使得戏曲（特别是京剧）在这种特殊的环境中意外得到了推广和普及，现在戏曲受众中的中老年群体，对戏曲的感情也与样板戏的影响密不可分。不过，从戏曲电视发展的宏观角度考量，样板戏在题材、形式、表现手法上有极强的局限性，束缚了艺术家的创作思维，也限制了观众的审美认知。在政治高压下的电视文艺工作者承受了巨大的精神压力，丧失了艺术创作的自由时空，他们无力尝试新的制作方式和拍摄手段，更无法开拓新的戏曲电视形态，这种单调的普及显然无力全面推动戏曲电视的探索和创新。

1976年10月，中共中央粉碎了"四人帮"集团，结束了长达十年之久的"文化大革命"。1978年12月18日至22日，中国共产党在北京召开了第十一届三中全会，这是新中国成立以来党的历史上具有深远意义的转折。邓小平同志在会上作了题为《解放思想，实事求是，团结一致向前看》的主题报告。全会实现了思想路线、政治路线、组织路线的拨乱反正，重新确立了解放思想、实事求是的思想路线，作出了把党和国家的工作重心转移到社会主义现代化建设上来的战略决策。这一时期，政治的禁锢被打破，文艺政策逐渐拨乱反正，音乐、戏曲、舞蹈、曲艺等各种文艺品种开始复苏和繁荣，为电视提供了源源不断的内容。戏曲传统戏恢复上演，新编历史剧和现代戏的创作也向纵深拓展。

三 迅速成长阶段（1979—1995年）

自20世纪70年代末期开始，中国家庭中电视机的拥有量迅速增加，

---

[1] 张波：《历史题材电视节目研究》，硕士学位论文，山东大学，2008年。

有线电视也已经进入迅速发展阶段。① 有线电视可以呈现清晰的图像，满足受众对电视多样化的要求，频道资源矛盾得以解决，形成了"电视热"现象。此时，荧屏上的其他文艺品种不断丰富，"戏曲假如拒绝与电视这一现代大众传媒结合，终将流失大批观众，戏曲的发展也终将走进羊肠小道"②。1979—1995年，是戏曲电视迅速成长的阶段。这一阶段，戏曲"救"电视的时代基本终结，二者相互选择，结合更加自然，互动更加密切，合作走向深化，"电视戏曲"也开始向"戏曲电视"过渡。

党的十一届三中全会以后，是我国电视剧从数量、质量，到创作实力、技术设备大发展的时期③，戏曲电视的迅速成长也突出表现在戏曲电视剧的诞生和发展上。这除了宽松的文艺政策和改革开放的大好形势之外，电视技术手段的进步也是推动戏曲电视发展的重要动因。20世纪70年代末期以后，便携式摄像机、磁带录音机、调音台的出现和量产④，使戏曲电视走出剧场和演播室，放在实景中拍摄。1979年浙江电视台和上海电视台拍摄了戏曲电视剧《桃子风波》和《孟丽君》，标志着戏曲电视剧的制作方式和拍摄手段有了革命性的突破，也使戏曲电视的形

---

① 我国20世纪60年代中期开始研究有线电视技术系统，70年代这项技术渐趋成熟，进入实用阶段，80年代迅速发展起来。据不完全统计，到1985年底，北京市已建成有线电视技术系统100多个，全国约有300多个系统。有线电视是我国国民经济和广播电视事业发展到一定程度的产物。诞生原因有三：1. 70年代末期以来，我国经济体制改革取得巨大成就，人民物质文化生活普遍提高，电视接收机逐渐普及，人们不仅要求看到电视、看好电视，而且要求节目丰富多彩，要选择自己爱看的电视节目；2. 基本建设项目增多，特别是大城市的高层建筑的出现，高架铁路、高架公路、桥梁建筑，对电视产生严重干扰，使接收图像质量下降。再加上广播电台、电视台增多，电波干扰自然增加；3. 有线电视的科学技术研究已经日渐成熟，设备和元器件质量已有保证，具备了推广条件。于是，有线电视就在较大范围内应运而生了。
② 王灏：《走向新的结合——戏曲电视化初探》，《戏剧艺术》1993年第1期。
③ 仅1983年到1985年这三年时间里，中央电视台播出的电视剧累计1667部（集），约占电视剧开播以来总播出量2270部（集）的73%。1985年全国电视剧的年产量达到1300多部（集）。从1980年以来设立的全国范围的"飞天奖"评奖活动，促进了电视剧质量的提高。每届评选出的获奖剧目都在思想内容与艺术形式的结合上有所突破。制作电视剧的单位，最初仅有北京一家，到1985年10月已扩展到广播电视系统60个单位和其他系统约122个单位。
④ 从1983年确定了中央、省、地、县四级办广播电视的方针后，广播电台、电视台所需要的专用设备迅速增加。仅1985年，开盘式录音机生产了1531部，比上年增长了29%。各种调音台共246台，各种监听机300台。广播发射机共生产了270部。广播专用磁带1985年达到10498万米。盒式录音带生产了193万盒。中华牌206型电唱机生产了17.05万台，2011型立体声电唱机4.01万台。盒式录音节目带（原声带）生产了4291.6万盒。密纹唱片108.23万张，薄膜唱片2856.7万张。

式、内容得到了极大的拓展和丰富。随后，1980—1985年，川剧电视剧《三百三》（四川电视台）、沪剧电视剧《璇子》（上海电视台）（见图1-6）、越剧电视剧《秦淮梦》（江苏电视台）、黄梅戏电视剧《郑小娇》和《双莲记》（安徽电视台）、京剧电视剧《连升店》、评剧电视剧《案中案》、秦腔电视剧《鸡鸣店》、粤剧电视剧《春满杜鹃湖》等相继问世。值得一提的是，甘肃省电视台拍摄的第一部戏曲电视剧——陇剧《燕河风波》，艺术地再现了陇南山区农村在改革中的变化和新旧观念的冲突，中央电视台将其安排在黄金时间播出，赢得了文艺、新闻界同志的肯定和好评。这些具有较强生活气息和地方特色的戏曲电视剧，赋予戏曲艺术以新的生命。1985年开始还专门组织了评奖活动，更促进了戏曲电视剧的持续健康发展。

图1-6　沪剧电视剧《璇子》选段：金丝鸟　主演：茅善玉

相较于戏曲舞台演出录像，戏曲电视剧在保留了戏曲形式美的基础上，已经介入了很多电视化的手法，突出展现戏曲艺术的魅力。拍摄场地上，戏曲电视剧打破了舞台表演的局限，采用搭景或实景拍摄；拍摄手法上，摄像机的运动更灵活，画面更丰富，镜头更多变；此外，因多机拍摄和镜头灵活切换裁剪，也使演出节奏变得更为紧凑，更贴合电视观众的欣赏习惯。

学界和业界的专家也从各自的角度肯定了戏曲电视剧这一形式存在的价值，并认为运用恰当的电视化手法是其发展的关键。1986年5月8日至9日，由中央电视台影视部主办的部分省市戏曲电视剧座谈会在辽宁省大连市召开。辽宁、陕西、福建、武汉、沈阳、丹东等省市电视台和电视剧制作中心的代表们，就戏曲电视剧的录制艺术及如何提高质量问题进行了热烈的讨论。大家一致认为应在保留戏曲固有的艺术特色的情况下，大胆、灵活地运用电视的手法和技巧，使其在原有的基础上发展得更加完美。随后，1986年8月26日至31日，由中央电视台文艺部和北京广播学院的文艺编辑系、出版社等单位联合举办的电视戏曲节目研讨会在北京召开。来自全国多个省市电视台的节目编导人员、理论工作者和有关负责同志就戏曲电视剧这一形式的理论和实践问题展开了争鸣。最后一致认为戏曲电视剧是有可为的，应不拘一格，"因戏制宜，但求多元"，以满足不同观众的多种需要。

这一时期各电视台努力振兴传统戏曲艺术，成果卓著。除戏曲电视剧外，天津电视台还对已故著名京剧表演艺术家的优秀剧目进行"音配像"，即利用已有的录音素材，由现在的著名演员配像。这项活动从1988年9月开始，当年就完成了《空城计》等5出戏。上海电视台则为范瑞娟、姚慕双、戚雅仙等在世的著名演员录制了实况录像播出。1991年，北京电视台制作了系列片《桃李满天下》以纪念徽班进京200周年；上海台与中央台联合举办"江浙闽沪青年越剧大奖赛"，为培育、发现越剧新人、振兴地方戏曲做了有益的工作。他们还制作了《话说京剧》《昆曲精品荟萃》《京剧趣谈》等介绍京剧常识和京剧历史沿革的节目。

四 持续深化阶段（1996年至今）

1995年6月14日至18日，由中央电视台主办的全国电视戏曲研讨会在云南昆明召开，时任广电部部长刘习良在会上作了题为《借电视荧屏之威力 扬民族戏曲之美名》的总结讲话，明确提出："中国戏曲的不景气状况还没有发生根本性的变化……电视要为振兴民族戏曲出把力。"① 他要求电视工作者充分发挥电视在戏曲传承中的作用，强调指出："振兴民族戏曲是时代交给电视工作者的重任和责无旁贷的义务。电视在宣传、介绍、传播中国民族戏曲方面做了一些工作，今后还要更加自觉地为振兴民族戏曲做更多的努力。电视这座'空中大舞台'在传播民族戏曲方面具有很大优势，应该视之为振兴民族戏曲的一大支柱；希望戏曲界的朋友们和我们一起努力，充分利用电视这座'空中大舞台'。"②

随着社会的进步和电视事业的迅猛发展，广大观众个性化的审美需求越发受到尊重，"频道专业化""栏目细分化""内容分众化"的观念逐步成为频道设置和栏目策划时所遵循的原则。1996年中央电视台新开播了第三套"戏曲·音乐频道"，为使该频道特点更加突出，在播出一段时间后，对栏目进行了大的调整和改造，增加了传统戏曲节目的比例。此后，戏曲节目的形态、内容日趋多元和丰富，不仅有戏曲电视剧、戏曲专题片，更是涌现出了戏曲MTV、戏歌、戏曲小品、戏曲杂技等综艺形式，形成了一批立意深刻、内涵丰富、制作精良的戏曲电视栏目，也诞生了若干个颇有影响的专业戏曲电视频道，戏曲电视进入持续深化发展的新阶段。"戏曲电视传播栏目化的实施不仅是电视编排形式上的革新，也是戏曲电视节目在制作观念、管理模式、传播策略上对电视生态演进的主动适应"③。可以说，戏曲电视栏目化，是戏曲电视持续深化发展最重要、最突出的标志。

这一时期，广大戏曲电视工作者迎势而上，中央电视台和北京、陕西、河南、安徽、山西等省级卫视创办了一批特色鲜明的戏曲栏目，越发注重娱乐性和通俗性。理性梳理三十余年来戏曲电视栏目的流变轨

---

① 刘习良：《借电视荧屏之威力 扬民族戏曲之美名——在全国电视戏曲研讨会上的总结发言》，《中国电视》1995年第8期。
② 刘习良：《借电视荧屏之威力 扬民族戏曲之美名——在全国电视戏曲研讨会上的总结发言》，《中国电视》1995年第8期。
③ 刘徐州：《传统文化大众传播的模式与路径——戏曲电视传播研究》，中国书籍出版社2008年版，第76页。

迹，总体来说是曲折向前、稳步提升的，一批批戏曲电视工作者不断摸索、尝试、总结，走过了一条艰辛与欣慰交织，迷茫与兴奋重叠的道路，为其良性发展奠定了基础。在戏曲艺术逐渐趋向边缘化的当下，有的栏目直接停播，有的内容转型，有的苦苦支撑，但这些都未能阻挡戏曲栏目前进的脚步，我们也欣喜地看到，以中央电视台《CCTV 空中剧院》《九州大戏台》《青春戏苑》、河南电视台《梨园春》、安徽电视台《相约花戏楼》、山西电视台《走进大戏台》为代表的一批立意精审、构思精巧、影响力大、竞争力强的品牌戏曲栏目脱颖而出，备受关注。对于戏曲电视栏目的流变和特征，本章的第二、第三两节将进行专门论述。

第二节 戏曲电视栏目的发展历程及观念衍变[①]

一 萌芽期（1978—1987 年）：摸索、尝试，形式单一

如前所述，1978 年"文革"过后，我国文艺事业迅速恢复，文艺工作者也开始尝试戏曲与电视结合的新形式，探索戏曲传播的新路径。也就在这一时期，电视机大量普及，节目数量剧增，为了适应观众对节目播出准时性的要求，央视率先提出"栏目化"，1984 年 7 月，栏目化播出；1985 年，全台栏目化，共 80 多个专栏。对戏曲电视栏目的编创，中央电视台和各地方电视台几乎同时起步，最早的栏目有上海电视台于 1978 年和 1981 年尝试开办的《戏曲专题》《戏剧之家》，陕西电视台的《地方戏》（1979 年），以及中央电视台创办的《戏曲常识》（1982 年）、《戏曲欣赏》（1985 年）和《电视剧场》（1986 年），栏目内容均以播出戏曲演出录像为主。中央电视台在 1986 年加强了宣传的计划性，《电视剧场》和《戏曲欣赏》等专栏节目构思的出新和节目质量都有了明显的提高。

[①] 本节部分内容曾以"电视戏曲综艺栏目的流变轨迹与阶段特征"为题，发表于《新闻战线》2015 年第 16 期，有改动。

除上海电视台外,河北、天津、广东等地方电视台也纷纷开办戏曲电视栏目。河北电视台于1985年创办的《戏曲集锦》栏目,以介绍河北省的地方戏曲为主,选编广大观众喜闻乐见的戏曲选场、折子戏、优秀演员的精彩唱段和表演,帮助观众提高戏曲艺术欣赏能力,普及戏曲知识。栏目中播出的剧目,例如河北梆子《钟馗》、老调《忠烈千秋》、传统落子戏《借髢髢》等,受到观众的普遍欢迎。这档栏目还采用节目主持人形式,介绍剧目的内容、演员、剧种等背景情况,讲解戏曲知识,回答观众的问题,使观众感到亲切。广东电视台于1987年初推出了《南粤戏曲》栏目,对戏曲的编、导、演各方面作专题介绍。同年,天津电视台创办了《戏曲之花》栏目,达到了文艺娱乐心声、陶冶情操的目的。此外,作为地市级电视台,内蒙古自治区呼和浩特电视台也于1986年开播之初,就创办了戏曲栏目《戏曲百花园》。

这一时期,电视节目的栏目化还刚刚起步,在策划、编排、串联等方面还不够成熟,资金和人才资源也相对匮乏,所以戏曲电视栏目还停留在摸索、尝试的阶段。除数量不多之外,内容上也以戏曲录像和知识讲解为主,观众的参与和互动明显不足,总体上说,"戏曲唱段,我播你看"构成了此时戏曲电视栏目的主要特征。

二 发展期(1988—1995年):灵活、分众,注重参与

20世纪80年代末期,面对戏曲危机的呼声,电视工作者普遍意识到,发扬光大传统艺术,是电视不容推卸、也无法推卸的责任。电视艺术不遗余力,为戏曲振兴做出了多种可贵的努力。随着科技手段的迅猛发展和人们对于戏曲审美多样性的要求,戏曲电视栏目化加速发展。1988开始,各类戏曲电视节目在栏目化的基础上大胆探索、刻意求新,充满活力,不断朝着专业化的方向大步前进。与上一时期相比,在以下方面呈现明显的变化。

(一)栏目化

戏曲电视栏目化,能在固定的时间里,以特定的内容、形式、风格

的文艺节目吸引稳定的观众层；同时，也有效地鼓励了文艺节目制作人员的积极性，保证了电视文艺节目的质量和数量；在丰富充实各台的自办节目基础上，促进了台际间的节目交流和节目的再度制作。这一时期，戏曲电视栏目的数量增长明显，从中央到省级、地市级、县级，四个层级的电视台办有总量可观的戏曲栏目，可以说戏曲栏目已成为观众最喜闻乐见的戏曲电视形式。

不仅是数量的增长，栏目的编排策划更为精巧，制作也更加精细。1989年1月6日，广西电视台的《家乡戏》栏目开播，子栏目《优秀剧目点评》，主持人对艺术水平较高的剧目采取夹叙夹议的方式进行讲解评论，对剧目中的一些高难度动作，则使用电视特技手法进行重放、定格，让观众加深了解、细心欣赏。此外，这一时期的电视媒体还以戏曲栏目为依托，精心编排策划戏曲晚会，取得了良好效果。陕西电视台排出了《戏曲唱腔集锦》《秦腔丑角荟萃》和《古城之光》3台晚会。河北电视台摄制了《八音茶园——迎春戏曲晚会》等。

（二）分众化

首先，剧种分众。四川电视台开办的《川剧欣赏》[①]（1989年）、北京电视台的《菊苑乐》[②]（1993年）和《戏迷天地》（1995年）、阳泉电视台的《戏曲欣赏》（1993年）、运城地区电视台的《梨园春秋》（1994年）、莆田电视台的《莆仙戏剧场》[③]（1995年）等栏目，均以展现本地独具特色的地方戏剧种为主，满足该地区受众的欣赏需求，体现出浓郁的乡土、乡音、乡情。

其次，板块分众。多档戏曲栏目将内嵌其中的板块赋予不同的内容

[①] 该栏目注重将欣赏性、趣味性和知识性结合起来，从不同的角度介绍川剧表演艺术，既注意介绍优秀的传统剧目，也注重向观众推荐新创作的剧目和整理改编的剧目；既介绍著名表演艺术家的表演特色，也让观众熟悉川剧的后起之秀。详见《附录F：全国戏曲电视栏目一览表》。

[②] 根据北京京剧迷较多的特点，《菊苑乐》特别开辟了《戏迷园地》小栏目，以展示他们的艺术才华，活跃普及京剧活动。详见《附录F：全国戏曲电视栏目一览表》。

[③] 该栏目每周播出一部莆仙戏。这些深受农村广大观众喜欢的莆仙戏，是莆田电视台与莆田、仙游一些艺术水准较高，有一定代表性的专业剧团合作拍摄的。详见《附录F：全国戏曲电视栏目一览表》。

和风格,以丰富内容,调整节奏,满足不同层次和口味受众的审美需求。中央电视台的《戏曲欣赏》栏目从1993年11月起改名为《九州戏苑》,这档深入人心的名优栏目十分注重通过板块设置达到分众效果。栏目改版后增设了一些小栏目:报道戏曲界活动的《戏曲专递》;介绍演员的小专题《舞台与人生》;《台前幕后》把编剧、导演、舞美、灯光、服装、化妆、道具等幕后工作者请来与观众见面;《今日头牌》《就听这一口》是专为戏迷一饱戏瘾的;《古韵新风》《学句行话》专为想入门的青年观众而设置,另外还有《票友天地》《点戏台》等。山东电视台创办于1992年的《五彩剧坛》栏目也是一个兼容欣赏性、知识性、趣味性、群众性的戏曲栏目。该栏目采用小板块式结构:《戏迷乐》主要表现全省各地、各个层次的业余群众性戏曲活动,戏迷和票友可在屏幕上展现他们自娱自乐的风采;《戏曲入门》属于知识性小栏目,主要介绍戏曲常识、剧种的产生、发展、行当、板式等,丰富观众的戏曲知识,提高欣赏能力;《戏曲一绝》向观众介绍各种身怀绝技的艺人;《新人新戏新曲》表现戏曲舞台上新人新作和有影响的曲子、唱腔,并融舞台上下为一体,既让观众欣赏演员的艺术风采,又了解演员的台下生活;《新笑林》由戏曲小品和曲艺节目组成,注重其娱乐性;《名家名唱》则重欣赏性,以各戏曲名家的名唱段为主,各个小栏目既独自成章,又浑然一体。类似的栏目还有湖北电视台1990年7月创办的《戏曲大看台》[①]、天津电视台1995年改版的《中华戏曲》等[②]。

(三) 参与性

自1988年开始,多家电视台便依托栏目,举办各种形式的戏曲演唱比赛,有效吸引了观众,也为戏曲栏目开创擂台赛的模式打下了基础。如上海电视台举办的《沪剧中年演员声屏大奖赛》《越剧折子戏三

[①] 该栏目内容包括三个方面:一是观众喜爱的戏曲选段、选场,适当安排全出大戏、戏曲影片、新近录制的戏曲电视剧、舞台艺术片;二是对戏曲演员编导进行介绍,报道本省市戏曲创作、演出的动态情况;三是根据观众要求,适当增加戏曲基本知识的讲解。详见《附录F:全国戏曲电视栏目一览表》。

[②] 该栏目曾用名《戏曲大观园》《金世戏曲》。主要栏目有《撷蕊轩》《沁馨园》《名家名段》《五味斋》《点将台》《畅音阁》《中华戏曲》。详见《附录F:全国戏曲电视栏目一览表》。

新奖比赛》、四川电视台举办的《泸州老窖"金鹰杯"川剧大奖赛》,甘肃电视台举办的《"兰光杯"秦腔大奖赛》及《西北五省(区)秦腔新秀电视大奖赛》,河北电视台举办的《中年戏曲演员电视大赛》,中央电视台、浙江电视台等共同主办的《1988年全国青年越剧演员电视大选赛》等。这些努力,对发扬传统艺术的精华,稳定戏曲队伍,奖掖戏曲新秀,普及戏曲艺术和扩大"知音"的观众,都是十分有益的。陕西电视台的戏曲专栏节目《秦之声》正式命名于1988年,其前身是开办于1979年的《地方戏》栏目,旨在弘扬民族文化,满足广大观众,特别是占全省人口80%的农民群众的艺术欣赏需要。1988年,该栏目举办了全省秦腔优秀青年演员"公主杯"电视大奖赛和西北五省(区)秦腔新秀"咸阳杯"电视大赛,对振兴以秦腔为代表的陕西地方戏起到了积极推动作用。

这一时期,多家电视台的戏曲栏目已经开始有意识地吸引和培养观众,展现他们的戏曲表演风采。1988年,陕西电视台新开办了一个戏曲专栏节目《陕西乱弹》。这档栏目每期只有10—15分钟,但内容丰富,题材广泛,既有名家的示范表演,又有新秀的出色演唱,还有训练班学员和业余爱好者的戏曲学唱,既向社会推出了一批戏曲新人,又为戏曲艺术培养了一批新的观众。山西电视台1992年8月推出的《戏曲舞台》栏目,辟有《各抒己见》《票友之窗》《票友信息》《点戏台》等小栏目,加强了荧屏内外与观众的联系,满足了他们参与栏目的需求。陕西电视台1994年开办的戏曲综艺性电视栏目《民乐园》,将演员与戏迷结合,突出现场观众的参与感,自娱自乐,栏目内容由多个板块组成,其中体现参与性的有:新秀踊跃展彩,专家当场评述的《乱弹》;昔日街头聚乐,今朝登台表演的《自乐班》;现场观众参与,以戏曲知识为题做游戏的《戏迷乐》等,这档栏目观众反响强烈,广受好评,曾20多次位列省电视台各类栏目收视率之首。武清电视台《富强戏苑》栏目从1995年7月开播,作为县级媒体主办的戏曲栏目,板块设置清晰明了,操作性强:《戏迷天地》专栏主要播放本台录制的本县戏曲爱好者演唱的戏曲片段;《名戏欣赏》专栏主要播放全国戏曲名家的优秀唱段，在展现群众风采的同时，也提升了他们的欣赏和演唱水平。类似的栏目还有北京电视台《戏迷天地》①（1995年）、河南电视台《梨园春》（1994年）等。其中，《梨园春》以晚会的形式，为河南豫剧提供了一个展示的平台，开播伊始就明确以戏迷擂台赛为主打，增强戏曲的感染力和表现力。虽然这一时期人们的自我表现欲望并不强烈，观众的参与性和栏目的娱乐性并未得到充分的体现。但在它的带动和影响下，以擂台模式为特色的一批戏曲栏目已经蓄势待发。

此外，多家电视台的综艺栏目中，戏曲也占有一定篇幅。比较有代表性的有乐山电视台的《文艺天地》（1989年）、上饶电视台的《荧屏欣赏》（1990年）、湖北电视台的《周末五十分钟》（1991年）、铁岭电视台的《锦绣荧屏》（1992年）、辽宁电视台的《共度好时光》（1992年）、江西电视台的《相聚今宵》（1992年）、湖北电视台的《多彩时光》（1992年）、北京电视台的《菊苑乐》（1993年）、无锡电视台的《综艺大看台》（1994年）等，不一而足。

三 繁荣期（1996—2003年）：娱乐、竞技，打造品牌

在1995年召开的全国电视戏曲研讨会上，时任广电部部长的刘习良在对戏曲电视的发展提出建议时，第一条就提出要精心办好各种戏曲栏目。他十分肯定电视栏目对戏曲传播的意义与价值，指出："固定专栏是十分重要的，有了专栏就有了阵地，就能吸引住固定的收视群。对电视戏曲工作者来说，贵在坚持，不论眼前的经济效益如何一定要做到'守土有责'，坚守阵地，多争取一些经费，坚持把戏曲专栏办下去，而且不断改进，不断创新。"② 他还进一步强调："中央电视台以及地方

---

① 该栏目板块分为两段：上半段由京剧名家结合名段讲戏，使爱好者对京剧的唱念做打和各流派的艺术特点有所了解，便于学习和掌握；下半段由京剧爱好者演唱。详见《附录F：全国戏曲电视栏目一览表》。

② 刘习良：《借电视荧屏之威力　扬民族戏曲之美名——在全国电视戏曲研讨会上的总结发言》，《中国电视》1995年第8期。

台的戏曲栏目要越办越好,越办越有特色,越办越成系统。还没有开设戏曲专栏的电视台,应该积极创造条件,开办戏曲专栏。"①

刘部长的讲话具有很强的现实性和指导性,为戏曲电视的下一步发展明确了方向,提出了切实中肯的建议。在讲话精神的鼓舞下,各地的戏曲栏目数量可观,亮点频现。上海电视台和中央电视台更是在1995年和1996年新开播了"戏剧频道"和"戏曲·音乐"频道,为戏曲艺术提供了一个专门的舞台。这是中国电视史上最早开播专门的文艺频道,标志着戏曲电视迈出了具有历史性意义的一步。戏曲栏目得以展现的时空也因此大大拓展。

这一时期戏曲栏目呈现的特点是在继承中突破,一方面,汲取和借鉴上一阶段成功栏目的经验,在保持风格的基础上优化和拓展,进行改版或形成新的栏目,多以名家名段、人物访谈、专题报道、知识普及为主要内容。如中央电视台的《CCTV空中剧院》(2003年)、《点播时间》②(2004年)、辽宁电视台的《戏剧景观》③(1996年)、浙江电视台的《百花戏苑》④(1997年)、绍兴有线广播电视台的《兰花艺苑》⑤

---

① 刘习良:《借电视荧屏之威力 扬民族戏曲之美名——在全国电视戏曲研讨会上的总结发言》,《中国电视》1995年第8期。

② 该栏目是中央电视台戏曲频道2004年8月2日改版后新开办的一档戏曲欣赏类节目。栏目根据观众点播要求,播出京剧和地方戏各剧种经典剧目、名家名剧名唱段。详见《附录F:全国戏曲电视栏目一览表》。

③ 该栏目是以中国戏曲为主体,集中国戏剧之大成的杂志性栏目。内设五个小栏目:《谈戏说角》注重知识性、趣味性、戏剧性和人物性;《知音空间》注重参与,密切戏剧与大众的联系;《百members绝活》纳戏剧名家一生心血,展中国百家戏剧绝技之精华;《戏苑扫描》注重新闻性,关注戏剧动态,透视戏剧热点,有报道、有综评;《野芳流韵》品味戏曲的原汁原味。详见《附录F:全国戏曲电视栏目一览表》。

④ 板块或杂志型戏曲栏目。根据"知识、欣赏、人物、参与"的分类,设置了《戏曲入门》《精品榜》《南腔北调》《名角素描》《台前幕后》《艺苑传真》《戏曲论坛》《戏迷》等十多个子栏目。《百花戏苑》追求创意新颖、制作精良、节奏明快、信息丰富,既保持戏曲艺术的高雅文化品质、又充分运用电视化手段努力创新,体现了现代传媒艺术与民族传统戏曲结婚之后,具有风格清新、雅俗共赏的艺术品格。1997年12月,《百花戏苑》栏目获第十一届电视文艺"星光奖"优秀栏目奖。详见《附录F:全国戏曲电视栏目一览表》。

⑤ 该栏目以弘扬绍兴乡土戏曲文化为己任,以贴近生活、贴近百姓,追求乡土韵味为特色,内设《咸亨书场》《新人新戏》《名角访谈》《戏曲沙龙》等小栏目。详见《附录F:全国戏曲电视栏目一览表》。

(1997年)、金华电视台的《婺剧漫谈》①(1997年)、陕西有线电视台的《戏曲大观》②(1998年)、铜川有线电视台的《戏剧荟萃》③(1998年)、晋城市电视台的《缤纷广场戏曲版》④(1999年)、上海有线广播电视台的《戏曲人》⑤(1999年)、河北电视台的《戏苑时光》⑥(2001年)、山西电视台的《走进大戏台》⑦(2001年)、《戏剧大观园》⑧(2002年)、《戏剧人生》⑨(2002年)、《周末名段欣赏》⑩(2002年)、

---

① 该栏目开办初期以婺剧为主,受到当地群众的热情欢迎和鼓励,当年的收视率曾达到17.57%,居金华电视台文艺节目首位。1998年开始改版,内容从婺剧扩展到浙江全省范围内的其他地方戏曲。介绍、鉴赏越剧、绍剧、甬剧等众多地方戏曲的优秀演员及其代表作品。详见《附录F:全国戏曲电视栏目一览表》。

② 该栏目是1998年3月27日推出的一个戏曲知识型栏目。该栏目以探索戏曲发展之路、普及戏曲知识、关注戏曲热点为宗旨,集知识性、欣赏性和娱乐性于一体。内设《戏曲欣赏》《戏曲常识》《新戏推荐》《院团之窗》等子栏目。详见《附录F:全国戏曲电视栏目一览表》。

③ 该栏目是1998年6月1日开办的综合性戏曲栏目。内容以陕西地方剧、豫剧为主,兼容京剧、评剧和黄梅戏精彩唱段,介绍各种剧流派及唱腔特点,为戏曲爱好者服务。内设《名家唱段欣赏》《折子戏》《戏迷乐》等小栏目。详见《附录F:全国戏曲电视栏目一览表》。

④ 该栏目1999年4月1日开播,节目宗旨为:弘扬地方剧种、推出梨园新秀、欣赏地方戏曲,介绍梨园界最新动态。子栏目有《说唱戏谱》《戏迷包厢》《梨园亲朋秀》《戏里戏外》。详见《附录F:全国戏曲电视栏目一览表》。

⑤ 该栏目是戏剧频道1999年5月推出的一档人物专题类栏目,以资料串编和人物采访相结合的形式,每期介绍一位我国戏曲界的知名演员,并穿插其表演的精彩片段。详见《附录F:全国戏曲电视栏目一览表》。

⑥ 该栏目是河北电视台文化娱乐频道于2001年7月16日创办的栏目,以中老年人为基本收视群体,同时兼顾有一定文化层次的青年人。详见《附录F:全国戏曲电视栏目一览表》。

⑦ 该栏目创办于2001年3月1日,山西电视台每周日20:00首播,每周六10:30重播。节目时长90分钟。

⑧ 该栏目以介绍和展示山西省晋文化精粹——四大梆子、舞剧、话剧、曲艺等戏剧节目为主,在播放山西四大梆子及地方小剧种的传统经典和新创精品剧目的同时,也兼顾全国的优秀剧目。每天10:30播出。是营造民族艺术氛围、建设特色鲜明的戏曲文化精品栏目。也为戏曲人才搭建起展示才华的平台。详见《附录F:全国戏曲电视栏目一览表》。

⑨ 该栏目是山西电视台公共频道2002年改版后推出的一档融知识性、趣味性于一体的访谈栏目。以曾获得中国戏剧"梅花奖"和山西戏曲"杏花奖"及在群众中有影响的演员为主,兼访著名编剧、导演、作曲、美工等各行艺术家,通过与观众的交流,展示他们的星路历程。每周六19:10播出,周一11:30重播,每次播出时长为30分钟。详见《附录F:全国戏曲电视栏目一览表》。

⑩ 该栏目是山西电视台公共频道2002年改版后推出的一档戏曲赏析栏目。在播放名人名家精彩唱段的同时,邀请戏曲名家或专业人士与主持人进行评析。通过讲解名曲名段,剖析更深层次的戏曲艺术内涵。每周日21:00播出。栏目时长20分钟。详见《附录F:全国戏曲电视栏目一览表》。

焦作电视台的《梨园风》①（2002年）等，难以尽述。另一方面，部分栏目将传统与时尚结合，将戏曲栏目与其他成功的电视栏目对接，着力打造百姓喜闻乐见的戏曲栏目形式，戏曲电视栏目进入繁荣发展的新阶段。具言之，这一时期的戏曲电视栏目呈现出以下变化。

（一）综艺化

20世纪90年代开始，偏重教化性的主流文化和偏重审美性的精英文化在对于文化语境话语权的争夺中已然不再强势，而以商业化、娱乐化、通俗化、技术化和全球化为主要特征的大众文化却对人们的社会生活和审美情趣产生了极为广泛和深刻的影响，并成为具有占据社会主流文化趋势的文化语境。在大众文化的影响下，人们的审美观念受到深刻影响，艺术本体的创作内容、风格和手段也随之改变。电视文艺已经由专题化、板块化，开始向综艺化过渡。在中央电视台《综艺大观》《正大综艺》《艺苑风景线》《东西南北中》等一批颇具影响力的栏目带动下，电视综艺类栏目迅速勃兴，上海、山西等电视台陆续开办了《今夜星辰》《五彩缤纷》等栏目，向人民群众提供日常的欣赏和娱乐。

这一时期受众对于戏曲电视栏目的审美需求已不单停留在经典剧目舞台演出的转播，或表演艺术家访谈的层面，而更加期待既能保留戏曲艺术神韵，又能带来审美愉悦和精神放松的形式。戏曲综艺极大拓展了戏曲电视传播的形态，使戏曲与电视深层融合后的产物如戏曲小品、戏歌、戏曲歌舞、戏曲MTV等有了展示的平台，使戏曲这一古老的民族艺术形式以一种时尚、活泼、亲切的姿态跃然荧屏之上，赋予戏曲新的生机和活力，更使电视观众尤其是年轻观众对传统艺术的印象由心存敬畏变得亲切可感。基于这一现实需求，多家电视台纷纷开办戏曲综艺栏目，或将现有的戏曲栏目朝综艺化方向改版。北京电视台于1999年打破了传统戏曲栏目的制作思路，开办了全新的戏曲综艺栏目《同乐

---

① 该栏目于2002年8月开播，从介绍、普及豫剧，逐渐扩展为鉴赏、欣赏全国各地方剧种的戏苑说戏。以"弘扬中华传统文化，尽显民族艺术瑰宝"为宗旨，是焦作电视台的名牌栏目之一。先后荣获全国电视文艺"兰花奖"、河南省电视文艺"牡丹奖"等奖项。详见《附录F：全国戏曲电视栏目一览表》。

园》，该栏目以"欢快、活泼、热烈火爆、竞争"为基调，融名家绝技表演、戏曲喜剧小品等形式于一身，追求轻松、欢快、热烈的现场氛围。该栏目虽然于2006年停播，但它的确为戏曲栏目抢占荧屏"制高点"进行了许多有益的尝试。南方电视台2003年初创办的《粤唱粤好戏》，于2004年进行了综艺化改版，提出"让青年人、小朋友都喜欢，让看戏就像看电视剧一样精彩"的理念。内容有讲述戏行戏事的"讲古"，有新派粤剧欣赏环节的"影视歌舞剧"，有经典重温的"笑话百出"，节目风格轻松、活泼、欢快、有趣。河南电视台创办于1994年的《梨园春》也于1998年进行了改版，增加了戏曲MTV和戏曲系列小品（见图1-7），这次改版为栏目聚拢了人气，也为其成为重点栏目奠定了基础。值得一提的还有安徽电视台1999年开播的戏曲综艺栏目《相约花戏楼》。该栏目将传统的戏曲与时尚对接，用现代舞美、灯光包装传统戏曲栏目，基调清新淡雅，风格活泼多样，向观众展示戏曲艺术的魅力。

图1-7 《梨园春》戏曲小品《妯娌斗嘴》

（二）娱乐化、竞技化

1998年开始，荧屏上游戏娱乐栏目迅速崛起，以湖南卫视《快乐大本营》和《玫瑰之约》为代表的娱乐栏目以极快的速度火爆荧屏，红遍南北。一时间，全国各地各级广播电视工作者纷纷涌向湖南"取经"，短短数月后，一大批冠之以"快乐""欢乐""总动员""大本营"等名号的游戏娱乐栏目，充斥荧屏。这种轰动效应一方面是对过去多年间电视游戏娱乐功能开发不足的一种"补偿"，另一方面也是电视适应市场机制运行方式的一套行之有效的方法。尽管人们对这种现象褒贬不一，但这些栏目的出现对中国电视文艺的娱乐化探索意义重大，许多传统电视文艺栏目的风格、形态、样式也向着娱乐化方向滑行。这已然成为世纪之交中国电视最引人注目的现象，对包括戏曲栏目在内的电视文艺产生了深远影响。自1998年开始，"娱乐、竞技、擂台"成为大多数戏曲电视栏目的关键词。

中央电视台《过把瘾》栏目（见图1-8）创办于1999年8月，原为《新视听》栏目中的一个板块。该栏目风格轻松、活泼、欢快、有趣，强调场内场外互动，注重台上台下交流参与，给广大戏迷票友朋友提供了一个充分展示自己的舞台，让观众在观赏中得到快乐，在笑声中增长知识。广东电视台于1997年7月开播的《粤韵风华》除了"好戏

图1-8　中央电视台《过把瘾》外来务工人员专场擂台赛
戏迷在抽签选择对手

推介""梨园花讯""戏曲杂谈""名曲欣赏"① 等板块之外,还特别设置了"戏曲齐齐乐"板块,把粤剧表演的各种知识融入游戏里,让观众一齐参与,推动了粤剧的发展。湖南电视台1998年6月创办了以戏曲为主的娱乐栏目《聚艺堂》,强化娱乐性、趣味性,为了增强观众的参与,该栏目还设立了"幸运戏曲大奖"和吸引观众参与的戏曲游戏。山东电视台于1999年8月创办了《好戏连台》栏目,次年1月实现现场直播,是一档以戏曲爱好者参与为主的戏曲栏目,设有《观众参与》《戏迷擂台》板块。甘肃电视台2001年1月创办的《大戏台》栏目则注重通过戏曲大赛和主题活动凸显参与性和娱乐性,先后举办了"首届甘肃戏剧红梅奖大赛""情系陇原"等活动,收视率高,社会反响热烈。南方电视台2001年10月开播的王牌戏曲栏目《好戏连台》,特邀粤剧名伶李池湘为节目主持,除每天为观众送上一部完整的大型古装粤剧外,还以游戏、来信抽奖为主要互动方式。此外,唐山电视台的《戏迷大世界》也在2001年4月改版后,增设"评剧擂台赛"板块,吸引上千名戏迷票友积极参与,并通过擂台形式不断发现新人,积极推动地方戏曲文化健康发展。以娱乐、擂台为主打的戏曲栏目还有安徽电视台的《相约花戏楼》(1999年)(见图1-9)、许昌教育电视台的《戏曲大舞台》②(1997年)、运城电视台的《蒲乡红》③(2003年)等。

(三)品牌化

这一时期的戏曲栏目已经开始注重品牌的打造,比较典型的有中央电视台的《CCTV空中剧院》、陕西电视台的《秦之声》和河南电视台的《梨园春》等栏目,在创作观念和形式内容上有诸多可资借鉴之处,

---

① 《好戏推介》,介绍剧坛好戏、曲艺名人,讲述梨园趣事;《梨园花讯》,报道戏行演出、活动动态,介绍幕后工作花絮;《戏曲杂谈》,讲述戏曲的源流、流派、趣闻,具有知识性;《名曲欣赏》,回顾介绍百听不厌的名家名段,由主持人介绍曲的背景,引导观众去欣赏。详见《附录F:全国戏曲电视栏目一览表》。

② 该栏目既有名家出场,又让戏迷登台,重点是戏迷们登台献艺。设有《热线点播》《戏迷风采》《闪亮登场》3个板块。详见《附录F:全国戏曲电视栏目一览表》。

③ 该栏目2003年10月创办,是一档戏曲综艺电视栏目。内容主要以地方剧种蒲剧、眉户剧为主,兼有其他小剧种以及歌舞、器乐等竞技比赛。是当地影响较大、收视率较高的一档电视栏目。详见《附录F:全国戏曲电视栏目一览表》。

图1-9 安徽电视台《相约花戏楼》擂主登上擂主席

产生了一定的品牌效应。

《CCTV空中剧院》是2003年元月开播的戏曲栏目,该栏目以播出经典大戏或折子戏为主,通过现场直播或录播方式呈现给广大戏曲观众。栏目播出的剧目不受地域和院团的局限,组成最强的阵容,使观众能欣赏到当代最高水平的演出,起到普及京剧、培养观众的作用。此外,该栏目十分注重荧屏上下的交流互动,立足北京,面向全国,先后到过19个城市演出(包括香港特区),取得了很好的宣传效果。同时对展示地方院团的艺术人才、开拓演出市场、加强剧目建设等方面,也起到了一定的促进作用。该栏目获第23届中国电视金鹰奖最佳文艺栏目奖。

尤其值得一提的是陕西电视台的《秦之声》(见图1-10、图1-11)和河南电视台的《梨园春》。《秦之声》栏目妙用多种策划手段,通过充满悬念的赛程设置,有效增强了观众的收视黏性。栏目内设"四大名旦争霸战""四小名旦竞美秀""戏迷大叫板"[1],在不断突出戏曲特

---

[1] 具体赛制为:"四大名旦争霸战""四小名旦竞美秀"每期由4位旦角演员通过念白、技巧、戏曲片段展示,产生一位优胜者,进入年终决赛,最终决出秦腔剧种的"四大名旦"和"四小名旦"。"戏迷大叫板"由广大喜爱秦腔的戏迷观众参与演唱竞技的戏曲比赛。每期节目有4位选手登台展示,产生一位冠军,年终在众多冠军中决出年度冠军。详见《附录F:全国戏曲电视栏目一览表》。

图 1-10　陕西电视台《秦之声》"四大名旦争霸赛"

点的基础上，融入了更多的当代意识，充分强调了当代电视丰富多彩的表现手法，连续 8 年荣获全国电视文艺"星光奖"优秀栏目奖，2004 年获中国电视戏曲"兰花奖"。《梨园春》则以"敢为天下先"的精神，瞄准市场定位，进行大刀阔斧的改革，不仅在播出方式、时间、内容上延长和拓展，① 更在形式上，强化戏迷擂台赛和场外观众参与的知识问答、观众点戏等板块，受到各级领导、专家和广大电视观众的普遍好评，收视率一直居高不下，至今仍为河南卫视的一个品牌栏目、"拳头栏目"，被誉为中国"生命力最长的栏目之一"②，其对于戏曲电视栏目

---

① 该栏目继 1998 年改版之后，又于 1999 年进行了第二次改版：在播出方式上，由录播改为直播；在时间上，由每期的 50 分钟增加到 90 分钟，延长了近一倍；播出密度上，由隔周一期增加到每周一期；在内容上，不仅有本省剧种的名家、名段，还广泛吸收了梆子、晋剧、黄梅戏、越剧、川剧、二人转等，还汲取了与戏曲相近的姊妹艺术，如相声、小品、杂技、曲艺等。详见《附录 F：全国戏曲电视栏目一览表》。

② 据河南电视台总编辑、副台长周绍成介绍，这个栏目的平均收视率达 25.85%，最高收视率达到 37.48%，观众分布面达 18 个省、市、自治区。另外，根据央视索福瑞媒介研究（GSM）统计，《梨园春》在河南省平均收视率为 25.9%，河南省农村平均收视率为 40%，地区市县平均收视率为 35%，郑州市平均收视率为 18%；安徽、山东、河北、山西、陕西、新疆、内蒙古及甘肃等省区市平均收视率不低于 15%；天津、江苏、黑龙江、四川、湖南、湖北、贵州等省区市平均收视率不低于 13%；北京、吉林、辽宁等省区市平均收视率不低于 12%。梨园春官方网站：http://www.liyuanchun.net。

的良性发展和戏曲艺术的振兴,都具有积极的启示意义。河南省部分城市电视台也在《梨园春》的带动下,纷纷创办以戏迷擂台为主打的戏曲栏目,如商丘电视台的《梨园春——商丘戏迷擂台赛》(1999年)①、开封市电视台的《戏曲大舞台》(2000年)②、驻马店电视台的《天中大擂台》(2000年)③ 等。

图1-11 陕西电视台《秦之声》"四小名旦竞美秀"

四 转型重塑期(2004年至今):创新、求变,期待突围

2004年至今,中国的电视文艺在以下几个方面呈现出明显的变化。

---

① 商丘电视台创办的第一个戏曲栏目。集知识性、趣味性、欣赏性、挑战性于一体,以戏曲擂台赛为桥梁,以丰富群众生活,弘扬戏曲文化,推动当地文艺、经济事业发展为目的。详见《附录F:全国戏曲电视栏目一览表》。

② 开封市电视台戏曲专栏,每月开办一期,以名家演唱、戏迷学戏、戏曲知识问答、戏迷登场亮相等为主要内容。详见《附录F:全国戏曲电视栏目一览表》。

③ 驻马店电视台创办的以歌曲、戏曲打擂为主的综艺型节目。栏目通过竞技形式展示参赛选手的各种才能,满足观众娱乐需求;同时兼有发掘文艺新人、培养演艺后备军的作用。栏目定位:弘扬天中文化,挖掘文艺新人,繁荣文化生活。详见《附录F:全国戏曲电视栏目一览表》。

首先，港台及国外的电视娱乐类栏目大量闯入内地观众的视线，如《康熙来了》《女人我最大》《大学生了没》《情书》等，分割了部分收视份额。大陆的若干娱乐类栏目面对挑战，积极应对，相继开办了以《非诚勿扰》《我们约会吧》《爱情连连看》等为代表的相亲类栏目，以《艺术人生》《咏乐汇》《东方直播室》《杨澜访谈录》《天下女人》为代表的娱乐谈话栏目，极力推进改革，抢占市场。

其次，我国的电视真人秀经过几年的摸索，"本土化"改造初见成效。《爸爸去哪儿》《花儿与少年》《变形记》等一批移植或改造的真人秀栏目高调登场，火爆荧屏，它们或制造悬念，或借助明星效应，满足观众的好奇心和窥私欲，抢占了荧屏制高点。

最后，选秀类节目盛行，整个荧屏俨然成了一个大秀场。从2004年的《星光大道》《非常6+1》《超级女声》，到2006年的《我型我Show》《加油！好男儿》《舞林大会》《梦想中国》，湖南卫视、东方卫视和中央电视台形成了中国娱乐选秀节目"三驾马车"的格局，拥有最多的观众和市场份额。此类栏目门槛低、成本低，社会影响力和经济效益却极高，这种低投入、易制作、高产出的节目形态迅速吸引了众多电视媒体，选秀类节目在全国大地多点开花，铺天盖地。随后，北京电视台的《红楼梦中人》、江苏电视台的《绝对唱响》、河南电视台的《武林风》等纷纷亮相荧屏。近些年，平民选秀的热潮似乎已经冷却，"明星选秀"和"明星+平民"的形式受到关注，一时间"导师""军团""战队"遍地开花。选秀节目以极大的开放性、互动性、参与性，强调平民视角和大众狂欢，平民娱乐的时代已然到来。

与上述诸种电视类型相比，包括戏曲栏目在内的专业性电视文艺专栏状态低迷，表现平平。前些年颇有市场的栏目，如电视文学类的《电视诗歌散文》，电视音乐类的《风华国乐》《经典》，尽管也使出浑身解数坚守电视文艺的一片纯净，但终究抵不过娱乐的洪流，影响力和收视率大不如前。

这一时期，传统的戏曲电视栏目表现同样不尽如人意。新办栏目数量锐减，多档栏目直接停办取消，另有许多原本高收视率的名优栏目被挤出卫视或者移至凌晨和深夜播出。更有甚者，专业化的戏曲频道自办栏目的数量几乎只有开办初期的 1/3，大量时间被重播回放、电视购物、非戏曲类电视剧填塞。面对收视率的重压，戏曲电视栏目的主创人员坚持在困难中探索，在探索中创新，在创新中发展，以多变的姿态迎难而上，使戏曲栏目进入转型重塑的新时期。

以 2004 年央视戏曲频道大改版为起点直至今日，戏曲栏目的制作观念在综艺化、娱乐化的基础上，植入真人秀、选秀等多种栏目的元素，将戏曲与各种综艺形式巧妙混搭，并大胆起用跨界主持人和嘉宾，向多元化衍变。

2007 年初，东方卫视开播了一档带有明星竞赛性质的戏曲综艺栏目——《非常有戏》（见图 1 – 12）。提出了"戏剧载体、综艺模式"及"全国视野"两大主张，由影视演员及歌手出身的明星参加比赛，内容包含京剧、越剧、川剧、粤剧、昆曲等各大剧种及不同流派。开播以来，李金斗、殷秀梅、凯丽、刘嘉玲、周杰伦、陶喆、王力宏、张信哲、李玟、梅婷等知名艺术家纷纷参与到栏目当中，而余秋雨、魏明伦、易中天等文化名人则以评委的身份出现在栏目当中。利用明星效应吸引观众的注意力，提高他们对戏曲的关注和兴趣，这是对戏曲电视栏目的全新解读。

图 1 – 12 《非常有戏》凯丽、马长礼《沙家浜·智斗》

《国色天香》是 2014 年由天津卫视原创的一档全部由明星参与竞赛的季播戏曲娱乐类栏目（见图 1-13），由相声演员郭德纲跨界担任主持人，主题曲由反串歌手李玉刚演唱。《国色天香》遵循"普通人也能唱戏曲曲艺"的理念，对完全没有接触过戏曲曲艺，并对此有热爱和向往的明星进行训练以及竞赛。自开播以来，先后邀请包括音乐界、演艺界、文化界明星如刘欢、丫蛋、杭天琪、李玲玉、叶童、黄征、张远，挑战用京剧、豫剧、二人转等 6 种艺术形式演唱改编后的歌曲，栏目得到于魁智、李胜素、小香玉、吴琼等戏曲名家的鼎力支持，并担任竞演明星们的辅导老师。在歌曲改编上，以六大曲种的唱腔旋律为基础，运用古辞赋、古文化、古旋律融合新唱法、新编曲、新概念这样的"三古三新"方式，把戏曲曲艺的韵律与现代节奏相结合，形成独具特色的中国风。

图 1-13　《国色天香》刘欢演唱戏歌《情怨》

2015 年，中央电视台推出了一档原创戏曲真人秀《叮咯咙咚呛》。第一季由董艺担任主持人，安七炫、金钟国、郭京飞、刘雨欣等十位一线明星担任嘉宾。十位嘉宾分为三组，分别奔赴北京、嵊州、重庆，拜梅葆玖、赵志刚、沈铁梅为师，学习京剧、越剧、川剧。《叮咯咙咚呛》将戏曲与真人秀形式结合，将中国传统艺术穿插在娱乐节目中，少了说教，多了趣味，让戏曲不再是"古董"，而在娱乐环境中找到了一席之地，是一档融入现代风格、时尚元素的新派戏曲栏目。

这一时期，戏曲电视栏目伴随着电视技术的成熟和娱乐类栏目的发展而逐步走向繁荣，栏目形式日趋多元，内容不断丰富，竞争也日益激烈。在收视率至上的当下，各大媒体都为吸引更多观众的眼球下足了功夫，纷纷打造自己的栏目特色，形成了"百花齐放，百家争鸣"的局面。戏曲电视栏目的繁荣发展，对于观众和媒体来说，无疑是双赢的：对于观众来说，他们的选择更多了，他们的"主人翁"地位得到了确立，审美需求得到了更大程度的满足。而对于电视媒体而言，借助传统的戏曲艺术，吸引了一批忠实的观众，举办了一系列有声有色的比赛，扩大了栏目和媒体的知名度，提高了收视率。与此同时，我们也应该看到，在"娱乐大众""取悦大众"已经成为栏目运作出发点的当下，各大栏目为了争夺观众而打起了一场没有硝烟的战争。竞争本身无可厚非，产生的各种尝试也并非没有必要，但由此带来的一些问题不得不引起我们的关注，比如戏曲栏目的"泛娱乐化"现象以及传统文化深度的消解等。对此，笔者将在下文中专门进行剖析。

第三节　戏曲电视栏目的特征

一　固定性

（一）固定的栏目名称

固定的名称犹如栏目的"名片"和"标签"，也是栏目产生品牌效应的基础。我们可以将电视栏目的名称比喻成人类的姓名，每个人的性格、职业、居住地都有可能发生改变，但是姓名一般不变。同样地，一档栏目在其生存周期内，可能呈现出不同的风格，展现多样的内容，甚至播出平台也会发生变更，但是栏目名称一旦确定下来便极少随意更改。栏目名称是观众对一档栏目最直观、最稳定、最确切的印象，比如中央电视台的老牌戏曲栏目《CCTV 空中剧院》《过把瘾》《跟我学》等（图 1-14），以及河南电视台的《梨园春》，山西电视台的《走进大戏台》，陕西电视台的《秦之声》等，这些名称使观众直观而清晰地联想起栏目的内容和风格，它们始终伴随栏目的发展，多年固定不变，成为深深烙印在观众心中的"Logo"。

图 1-14　CCTV-11 部分戏曲栏目

（二）固定的播出时间及播出时长

毋庸赘言，固定的播出时间和时长是电视栏目得以形成的重要保证。它既是电视台与观众之间的一份有形的契约（播出时间表），也是培养观众定时、定期收看的基本前提。电视频道中众多的栏目就像火车站里的旅客列车，它们的进站顺序，包括几点停靠、停站几分，都有固定的规律，这样才保证了整个铁路系统的有序运行，方便乘客的乘坐。就电视栏目而言，《新闻联播》每晚 19:00—19:30 播出，《经济半小时》每晚 21:15—21:45 播出，这些一般都不会变化。以 2016 年 9 月 6 日中央电视台戏曲频道的播出时间表为例（见表 1-1），《九州大戏台》（19:30）、《快乐梨园》（6:00）、《CCTV 空中剧院》（14:00 开始两档连播）、《过把瘾》（16:45）、《戏曲采风》（17:55）、《锦绣梨园》（18:20）等栏目都有固定的播出时间与播出时长，栏目之间又经过有机编排，构成了整个频道一天的播出时间表。

表 1-1　　　　2016 年 9 月 6 日 CCTV-11 播出时间

AM 00:00-12:00	PM 12:00-24:00
00:07 九州大戏台	12:11 康熙王朝30/46
06:06 快乐戏园	13:02 康熙王朝31/46
06:45 锦绣梨园	14:00 CCTV空中剧院
07:57 九州大戏台	16:25 CCTV空中剧院
08:22 电影 乔太守乱点鸳鸯谱	16:45 过把瘾
10:05 锦绣梨园	17:55 戏曲采风
11:20 康熙王朝29/46	18:21 锦绣梨园
	19:30 九州大戏台
	21:38 薛平贵与王宝钏高清版40/48
	22:24 薛平贵与王宝钏高清版41/48
	23:10 薛平贵与王宝钏高清版42/48
	23:55 中国京剧音像集萃

（三）固定的栏目宗旨、风格和形式

栏目的宗旨是栏目在风格、形式和内容上的集中体现和高度浓缩，体现了栏目之间的差异性。通俗地说，栏目的宗旨首先体现了主创者设置该档栏目的初衷，即为什么要办这档栏目；以及要播给谁看，以怎样的形式呈现，主要包括哪些内容等。因此，确定的、固定的栏目宗旨十分必要，对于同类栏目而言，意义尤甚。比如同样是戏曲电视栏目，《CCTV 空中剧院》与《青春戏苑》的宗旨就有区别，前者是"百花齐放、继承创新、强强联合、德艺双馨，以播出经典大戏或折子戏为主体，以京剧艺术家和中国京剧优秀青年演员研究生的联合演出，通过现场直播或录播方式呈现给广大戏曲观众"，后者是"以大胆创新的风格力推梨园新星，借青春时尚的形式传承古典厚重的戏曲文化艺术。以综艺戏曲晚会、新人新秀演绎的形式每周呈现一期，内容主要涵盖京剧、昆曲、越剧、豫剧、黄梅戏、评剧等中国几大历史悠久影响深远的剧种以及其他极具特色的地方戏，让热爱戏曲的观众朋友们获得耳目一新的零距离视听享受"。两相对比，《CCTV 空中剧院》主要面向的是资深的戏迷票友，内容以京剧为主，形式基本为单纯的欣赏；而《青春戏苑》的受众定位偏向年轻群体，覆盖面更广，内容除京剧外，还包括大量地方戏，形式上也加入了很多综艺元素，更加多变和活泼。

（四）固定的主持人

固定的主持人使栏目具有人格意义，主持人在栏目和观众之间架起了桥梁，拉近了与观众的距离，引发观众对栏目的守望和期待，因此许多栏目都将主持人作为最重要的元素。比如《星光大道》（毕福剑）和《实话实说》（崔永元），更如中央电视台的戏曲访谈栏目《戏苑百家》（白燕升），主持人的更换对栏目的收视产生直接的影响。可以说，主持人与栏目相伴而生，相得益彰，目前荧屏上的多档栏目甚至直接以主持人的姓名命名，比如《鲁豫有约》《杨澜访谈录》《撒贝宁时间》《朱轶说计》《小崔说事》等，不一而足。

（五）固定的板块

一般来说，为了满足观众多方面的收视需要，栏目会设置若干子栏目（也称板块），充分体现其杂志性特征。比如广东南方卫视的戏曲栏目《粤唱粤好戏》就设置了"想点就点""走进社区""一鸣惊人""新扎师兄""大戏派""粤剧大课堂"六个板块，融剧场性、知识性、参与性于一"炉"。值得注意的是，栏目板块的固定化，并不意味着所有的板块必须每期都要出现，编导也可以灵活调整，机动安排。

二 综合性

如前所述，电视栏目有着丰富的板块设置，因此其在内容和表现形式上表现出较强的综合性。从内容上看，可以是同一类内容的综合，比如《九州大戏台》汇聚了戏曲的多个剧种；也可以是不同内容的综合，比如《曲苑杂坛》就包含了相声、小品、魔术、杂技、评述、说唱等综艺内容；从形式上看，一档栏目既可以单一形式出现，比如《中国京剧音配像精粹》；也可以是不同形式的综合，比如前面列举的《粤唱粤好戏》就属于此类，在此不再赘述。

三 参与性

与单一的节目形态相比，"专栏节目最具有观众色彩，不仅表现为其内容的现实性、日常性、亲切性，更表现为观众走进镜头、走进演播室等，许多节目是在观众直接参与下才完成的，观众不仅仅是一个接受者，而且是节目不可缺少的一个组成部分"①。栏目的参与性在戏曲电视栏目中体现得更加明显，电视擂台赛这一形式深受广大戏迷的喜爱，很多栏目不仅将擂台搭在演播室，还搭在了学校、社区、街头巷尾、田间地头，将镜头对准各个年龄和职业的戏曲爱好者，有的还吸收了博彩的元素，以奖金或奖品作为比赛的悬念，增加了擂台赛的刺激性和趣味性。广大戏迷在栏目搭建的舞台上展现自己的戏曲表演水平，相互交流、切磋、借鉴，在充分体现主人翁意识的同时，也极大地增强了观众的收视黏性。

---

① 殷俊：《电视栏目学导论》，四川大学出版社2009年版，第6页。

第二章　戏曲电视栏目的分类及问题

"'类型'源于电影研究，最初是指好莱坞生产的商业化类型电影，比方说西部片、动作片、科幻片、侦探片、战争片等，每一种类型都遵循一定的模式，却为观众所喜闻乐见。后来，美国的媒介研究者在电视研究中引入类型的概念，形成了电视类型理论。[①]"美国学者简·福伊尔是最早讨论电视类型的学者，她认为正是"类型"将制作者、文本与观众连接起来，她将观看电视的活动视为一种反复举行的仪式，电视与观众在仪式中进行着意义与快乐的交换，而这种交换必须有一定的规则和前提，这种规则和前提最好的体现便是电视类型。美国的著名电视文化研究学者约翰·费斯克在福伊尔的基础上对电视类型进行了更清晰的表述，他认为："类型（类别）是一种文化实践。为了方便制作者和观众，它试图为流行于我们文化之中的范围广泛的文本和意义构建起某种秩序……电视是一种高度'类型化'的媒体，很少有在既定类型范畴之外的一次性节目。"[②] 类型化对电视的发展有重要的意义，法兰克福学派的文化工业理论认为，大众文化的生产是一种现代文化工业。既然如此，电视节目的生产就必然要考虑效率和成本，而类型化有助于电视以流水线式的生产方式，制作出大量的节目内容以满足观众的收视需要。不仅在经济方面，从传播和接受的角度看，类型实际上就是传播者

[①] 易前良：《电视类型与节目创新——电视节目同质化现象的理论透视》，《理论与创作》2006年第3期。

[②] ［美］约翰·费斯克：《电视文化》，祁阿红、张鲲译，商务印书馆2005年版，第257页。

和接受者之间共同遵守的"契约"。传播者根据观众的不同需求，制作不同类型的节目，每一种类型又具备一定的共性特征；而观众则根据自身的兴趣，各取所需。类型化不仅使观众对新节目的出现产生"似曾相识"的亲近感，引发收视兴趣，又能培养观众的收视习惯，所以说，"类型是引导观众选择和观众期待的首要因素"[①]。从电视实践发展的角度看，类型化衍生出了电视栏目和专业频道，使节目的编排不再杂乱无章，更使电视与观众定时"约会"成为可能。从上述意义上说，类型化使电视摆脱了"手工作坊"式的生产方式，真正进入工业化时代。

对于电视栏目的分类，从不同的角度考察，可以衍生出多种方法，常见的便不下十种。比如，从栏目的表现形态考察，根据受众需要和节目内容取向，可分为一般型、综合型、专题型、对象型四类，称为平分法；按栏目内容划分，可分为新闻、娱乐、社教、服务四类，称为内分法；按播出方式划分，可分为直播、录播两类；按是否有主持人划分，可分为主持人栏目、非主持人栏目两类；按节目来源划分，可分为自办栏目、联办栏目、交换栏目、转播栏目等；按选题范围划分，又可分为综合、时政、经济、文艺、体育、医药、文教等多种类型。

同样地，戏曲电视栏目也可以有多种分类标准和方法。杨燕教授曾基于戏曲被改造的程度，将早期的，形式相对简单稚拙，以直播、录播戏曲舞台表演为主的电视戏曲称为"原生态电视戏曲"，将后期成熟的、繁复多彩的、化合进更多电视手法的、各种新形式的电视戏曲称为"新生态电视戏曲"。[②] 在此基础上，她又进一步将戏曲电视栏目（杨氏基于"模糊概念"和"约定俗成"的原则，表述为电视戏曲栏目）分为三类："第一类是原生态型，是原汁原味的，未经电视改造过的，基本保持舞台表演原始面貌的栏目。第二类是栏目化型，经过电视栏目化改造，在节目元素材料的基础上经过了技术处理，或加评说，或加快、

[①] ［美］莫里·福曼：《电视类型出现之前的电视：流行音乐的个案》，《世界电影》2005年第2期。

[②] 详见杨燕《中国电视戏曲研究·概览》，北京广播学院出版社2002年版，第112—113页。

放慢,或有画面切割镶拼,或经动画处理。我称为'解放脚'型。第三类是'新新型',是对节目的内容和形态都大加改动的类型。编导的思路是抢占荧屏'制高点',紧跟娱乐兴奋点和电视戏曲栏目潮流,将戏曲改制、包装成时尚的各种形式。"① 这种分类方法显然将电视作为"父本",而将戏曲作为"母本",划分的标准是"父本"在多大程度上改造了"母本"。这种分类方法关注到电视对戏曲改造程度的区别,厘清了戏曲栏目发展的不同阶段,事实上也有一些受众细分的意味,自然有其合理性。但是,这一定义自诞生至今已跨越了十余年的历程,而戏曲电视栏目的实践却一天都没有停步,新的结合不断涌现,新的形式层出不穷。我们应该立足当下,从媒介现实和观众需求的实际出发,对这一概念进行新的丰富和拓展。

一方面,杨燕教授对戏曲电视栏目进行的"原生态""栏目化"和"新新型"的三种划分,是以电视为"父本"、戏曲为"母本"的,这种划分的主要原则是"戏曲被改造的程度"。在过去相当长的时间里,戏曲的电视化改造,更多地侧重于拍摄、布景、用光、镜头、剪辑等电视技术手段的运用。彼时戏曲的栏目化,也不过是在上述基础上加入主持人串联、解说等形式。而今天,戏曲与其他电视类型对接、碰撞而产生的新鲜样态越来越多,栏目化对戏曲而言不仅仅是电视化手段的"改造",更是彻彻底底的"融合"。戏曲"救"电视的年代一去不返,反而是更多借助成熟的电视栏目形态,甚至作为一种"元素"或"线索",与纷繁多样的电视栏目形式"融合"。诸如,戏曲与教学类、访谈类、新闻类栏目融合,形成戏曲教学类、戏曲人物访谈类、戏曲新闻专题类栏目;与真人秀融合,形成戏曲真人秀栏目;与闯关游戏类融合,形成戏迷擂台赛;等等。可以说,当前的戏曲栏目,"父本"与"母本"已在悄然之间完成了角色转换,所以,今天戏曲电视"栏目化"内涵和外延早已超越了当时的情况,迫切需要新的界定和细分。另一方面,电视栏目具有极强的包容性、灵活性、贴近性,戏曲的表现形式呈现综合和交叉的特点,即

---

① 杨燕:《中国电视戏曲研究·概览》,北京广播学院出版社2002年版,第136页。

使同一档栏目,也多根据平日和周末设置不同的形式,甚至同一期也会分为多个板块,比如某档戏曲栏目中,既有名家名段,又有戏迷擂台,还以戏曲小品和戏歌演唱为点缀。这些内容,有的属于"原生态",有的属于"新新型",如果按照上述分类方法,不具备很强的可操作性。

还有的学者只从大类上将戏曲电视栏目分为单一型和杂志型两种。单一型指的是整档栏目就是一个单独的节目,比如《中国京剧音配像精粹》;杂志型是由若干个短小的节目组成,这些节目构成了主题和内容相对独立的板块或单元,但又相互关联,共同为实现栏目的主题和宗旨服务。这样的划分方法虽清晰明确,但不够具体和直观。

本文以为,若要对戏曲电视栏目进行科学的分类,不妨回归到电视类型化的意义上来。正如早期电视类型研究学者简·福伊尔所说,"类型理论是研究如何把一部作品归入与之相关的某一品类。这个过程在许多方面都与生物科学中的分类学非常近似……然而,当问题涉及审美和文化价值时,这二者就分道扬镳了。生物分类学的目的不像类型划分理论所要求的那样去决定哪些品种是同类中最佳的典范,或说明某一品种如何表现其文化价值,或指出某一品种如何对观众施加影响等等"[①]。所以,我们应该从收视需求和观众接受的角度对戏曲电视栏目进行划分,即被分到同一类型的栏目是否能够体现出相似的文化价值,满足观众特定的需要,能否引导观众选择,引发观众期待,培养收视习惯,从而成为传播者和接受者之间共同遵守的"契约"。本乎此,本文尝试将戏曲电视栏目划分为如下四种类型。

第一节 戏曲剧场型

一 戏曲剧场型栏目的定义

明确戏曲剧场型栏目的定义,我们应先从戏曲剧场及其演变谈起。

---

① 简·福伊尔、桑重:《类型研究与电视》,《世界电影》1990年第4期。

戏曲剧场"广义上应该称作'演剧场所'。其特定的观演环境和观演氛围将演员与观众联系在一起，同时为演员的戏剧性表演提供了表演区（舞台）"[①]。随着戏曲的发展，剧场也在不断变革，由室外转向室内，由简陋转向精美。早在戏曲形成之前，歌舞百戏就利用自然地形条件，选择在室外开阔的广场上举行。汉唐时期，经济发展，宗教兴盛，寺庙成为人们进行娱乐活动的重要场所。民间艺人常聚于寺庙，表演包括滑稽戏在内的歌舞百戏。约到了汉代，专门为百戏演出修建了高层建筑，建筑性的演出场所已经形成。除此之外，还为官僚统治阶级修建了建筑性的观演场所，谓之看棚，使皇帝和百官即便在观戏消遣时仍可保持居高临下的地位。到了唐代，乐棚、乐楼、歌台等专供歌舞杂剧演出的建筑出现。宋代，戏曲艺术趋于成熟，演出场所也逐步完善，营业性的勾栏瓦舍已在城市出现，勾栏三面敞开，一面留作后台，观众席逐步升高，在前台与后台之间用幕幔、屏风或木板挡着，其两端有可供演员出入的门。勾栏的出现，标志着中国戏曲剧场的形制已大体具备。在乡镇和农村地区，没有勾栏这样常年演出的场所，主要在乐楼、露台、舞亭演出。元代，北杂剧成熟，北方农村地区广泛修建有戏楼，为观众提供专门的看戏场所。明清之后，戏曲演出场所逐渐转向室内，谓之茶园，因为室内演出的需要，灯光、照明等设施开始完善。1908年开始，城市的营业性剧场，由旧式茶园向新式的戏曲剧场演变。有近代化设备和镜框式舞台的剧场开始出现。辛亥革命前夕，中国的民族资产阶级和戏曲改良家们，也利用外国近代剧场设备改革戏曲，舞美、服饰、化妆、道具、灯光、音响越来越专业化，这为剧场演出进入电视创造了条件。

我们可以为戏曲剧场型栏目进行如下定义：戏曲剧场型栏目就是有相对固定的名称、播出周期、播出时长，以展现剧场或舞台上的戏曲表演（一般为专业演员）为内容的电视栏目类型。与其他类型的戏曲电视栏目相比，戏曲剧场型栏目对戏曲艺术的改造程度最低，更多地保留了戏曲艺术的原汁原味，以欣赏性和记录性为主要功能。此类栏目主要

[①] 周华斌：《戏曲与载体》，《现代传播》2000年第2期。

包括戏曲演出的实况转播、专场录像以及电视戏曲片等。

二 戏曲剧场型栏目的分布情况

(一)戏曲剧场型栏目的媒体分布

现有的戏曲剧场型电视栏目约有8档,全部集中在专业化的戏曲频道。其中中央电视台戏曲频道办有6档,分别为《CCTV空中剧院》《中国京剧音配像精粹》《中国京剧像音像集萃》《名段欣赏》《九州大戏台》和《精彩回放》。另有河南梨园频道办有《看大戏》1档,以及上海七彩戏剧频道办有《海上大剧院》1档。省市级电视台所办的戏曲栏目以杂志型为主,但部分栏目也包含戏曲剧场板块,在此不再赘述。

(二)戏曲剧场型栏目的播出时间分布

戏曲剧场型电视栏目的播出时长多在30—60分钟。

从播出频率上看,央视《名段欣赏》《精彩回放》为日播栏目,其他3档晚间合计每周播出5次,并充分考虑到同质栏目时间安排上的交叉。如《中国京剧音配像精粹》和《中国京剧像音像集萃》分别为周一和周四播出,《九州大戏台》为周二播出,而《CCTV空中剧院》则安排在周三和周六播出,基本保证了每天晚间黄金时段,观众欣赏原汁原味戏曲唱段的需求。梨园频道和七彩戏剧频道的资源和力量远不及中央电视台戏曲频道,他们的自办栏目数量有限,大量时间用于播放戏曲唱段,所以戏曲剧场型栏目的播出频率极高,诸如《海上大剧院》是每天四个时段播出,《看大戏》更是多达每天八个时段播出。此外,中央电视台戏曲频道也会在固定播出时间之外,不定期在多个时段加播此类栏目。

从播出时段上看,早中晚时间档基本均衡。除《看大戏》和《海上大剧院》两档栏目全时段覆盖之外,中央电视台戏曲频道也在各个时段安排了充裕的戏曲剧场类栏目。以2016年11月14—20日为例观照,早间时段有两档栏目:《名段欣赏》(7次)、《九州大戏台》(4次);下午时段有三档栏目:《CCTV空中剧院》(5次)、《中国京剧音配像精粹》

(3次)、《九州大戏台》（2次）；晚间时段有《CCTV空中剧院》（4次）、《中国京剧音配像精粹》（3次）、《九州大戏台》（2次）。

（三）戏曲剧场型栏目的地理分布

戏曲剧场型栏目的地理分布极不均衡，只集中在北京、上海、河南三省（市），很难满足观众收看原汁原味戏曲的需要。尤其值得关注的是，在一些戏曲文化资源丰富、地方戏剧种集中的省份，如浙江、江苏等，经济较为发达，传媒业发展迅猛，电视普及程度高，编创人才也相对充足，但没有一档属于自己省份的戏曲栏目。我国有三百多个地方戏剧种，分布广泛，地域性强，中央电视台戏曲频道不可能大面积覆盖，尤其是一些"小众"剧种，"国字号"媒体关注得就更少。毋庸置疑，电视是当今社会传播地方戏的最重要的途径之一，而这个责任不可能完全由中央电视台承担，省市级电视台应该充分挖掘富有当地特色的地方戏剧种，让戏曲剧场型栏目呈现"百花齐放"的繁荣景象，真正通过电视实现戏曲的保护和传承，满足观众的欣赏需求。

三　戏曲剧场型栏目的构成元素

（一）剧情

观众看戏，首先是冲着剧情、冲着故事来的。进入剧场演出的戏曲作品要在具备文学性的同时，重视舞台性，不仅"耐看"，更要"好看"，正如我国古典戏曲中就有"案头之曲"与"场上之曲"之说。我国元曲剧作家，被称为"元曲四大家"之首的关汉卿，就十分注重剧本舞台演出的效果，"他知道本色派的曲文易于为群众所了解，所以他不常用诗词一般的句子；他知道一个故事应如何布置安排，才能够得到演剧的效果；他知道用某一类社会人生中常发生的事项，或哪种历史故事、民间传说作题材，才能够使观众更易于和他接近"[①]。人们之所以称他的作品"更富于戏曲的性质、生命与精神"，就是因为他的《救风

[①] 转引自叶长海《案头之曲与场上之曲》，《戏剧艺术》2003年第3期。

尘》《窦娥冤》这样的作品戏剧冲突强,舞台效果好,更能吸引观众的持续关注、迎合他们的口味。

概括而言,戏曲电视剧场中的戏曲演出,应具备如下特征。首先是内容的戏剧性,所谓戏剧性,指的是那些出乎意料的、奇特的、异常的、微妙的、非同一般的、耐人寻味的事件、行动、变化、结构、人物、语言;其次是线索的清晰性,故事的发生、发展、高潮、结局要有清晰的脉络,不可令观众费解;再次,要注意故事情节的趣味性,突出故事的悬念以及矛盾冲突;再其次,要有立意的新奇性,注意"艺术来源于生活而高于生活"的真理;最后,还要注意语言的口语性,多采用生活化的语言,拉近与生活的距离。

(二) 表演

欣赏名家名段的电视转播,对各群体的戏曲观众来说,都是不可或缺的,这也是激发观众收看戏曲电视栏目的重要原因。对于戏迷来说,除剧情之外,最能吸引他们的,就是演员的唱念做打,手眼身法步,通过这些外在表现体现出他们对人物的理解,对角色的独特刻画。由各个剧种的知名艺术家表演的戏曲名段,最能保存戏曲艺术的原汁原味。如《中国京剧音配像精粹》,剧目大部分是 20 世纪 40 年代后期到 60 年代前期京剧舞台上的艺术珍品,有的还追溯到 20 世纪初,涉及京剧各个行当、各个流派,基本包括了近代京剧黄金时代大部分名家的代表作,令观众大呼过瘾,栏目也被誉为史上最牛的"假唱"。在戏曲电视剧场型栏目中演出的名家,很多都已不在人世,电视的记录性功能便发挥作用,即使现今活跃在舞台上的艺术家,观众也可以足不出户,以极为低廉的成本,在相对自由的时空中欣赏到他们的表演。

(三) 舞台

戏曲电视剧场的舞台一般遵循传统戏曲的舞台规制:"一方空场,左上右下;道具少而精,随身上下,舞台空间倾向于装饰、写意,有浓郁的唯美意境"[①]。不同剧种的舞台布置也有区别,比如京剧表演注重

---

① 周华斌:《戏曲与载体》,《现代传播》2000 年第 2 期。

虚实结合，其舞台景物造型也应虚拟出符合戏剧情境的舞台"时空"幻觉，从而达到以艺术真实感染观众的目的。台帐（或台幔）、一桌二椅和各种砌末的使用，是京剧演出表现情境的方法。演出中使用的道具和简单的景物设置，统称为"砌末"，包括烛台、灯笼、文房四宝、船桨、马鞭等。而像越剧、黄梅戏的舞台布景，则更贴近生活，常常根据需要，因情造景，增强戏曲舞台的完整性，比如搭建假山、石桥、护栏等。

（四）拍摄

戏曲电视剧场，就是用电视的拍摄手法，展现舞台戏曲表演的内容。在这里，电视摄像不应只满足于舞台记录的功能，而应致力于用电视化的艺术拍摄手法，弥补剧场观看"固定场景"和"固定视角"产生的视觉局限，并且通过画面的构图、角度的变化、景别的切换及镜头的运动，更好地配合戏曲故事的节奏和情感，更生动、细致地展现演员表演的技巧，如演员的表情、眼神等不易察觉的表演细节等，从而表现出戏曲表演艺术的特色。总而言之，电视摄像是对戏曲舞台的再创造、再提升，戏曲电视剧场是戏曲与电视两种艺术的融合。具言之，"在拍摄舞台戏曲前，电视导演和摄像应该充分了解该剧的戏曲基调、唱腔以及人物关系等等，以便在拍摄过程中更好地把握镜头语言和协调人物情绪。在实际录制中，导演和摄像配合，根据唱腔的快慢、情绪的起伏，运用电视镜头语言，或叠化、或推拉、或快切，把观众带入演员表演的特定情境。也就是通常所谓表演要在锣鼓点上，电视切换要在节奏点上"[①]。

本书选取了中央电视台播出的，由《越女争锋》总决赛冠军——青年演员张琳表演的《梁山伯与祝英台·回十八》一折（见图2-1），分析其中的电视拍摄手法。笔者通过演出录像，将其分镜头稿本还原如表2-1所示。

[①] 朱于越：《舞台戏曲电视拍摄初探》，《当代电视》2011年第5期。

图 2-1　张琳《梁祝·回十八》

表 2-1　　　　《梁山伯与祝英台·回十八》分镜头稿本

镜号	景别	角度	运动	画面内容	唱词	音乐	音响	长度
1	全景	正面	固定	跟着音乐摆动	无	配乐	无	4s
2	中景	正面	摇	移动	无	配乐	无	2s
3	远景	正面	固定	转圈	无	配乐	无	5s
4	全景	正面	摇	跟着音乐转动	过了一山	配乐	无	6s
5	中景	正面	摇	移动	又一山	配乐	无	2s
6	全景	侧面	摇	舞动	无	配乐	无	7s
7	中景	侧面	摇	挥扇	她曾说家有牡丹	配乐	无	2s
8	全景	正侧	固定	挥扇唱戏	等我攀	配乐	无	5s
9	中景	正侧	摇	挥手	下了山	配乐	无	2s
10	全景	侧	摇	移动往右走	山……	配乐	无	3s
11	中景	正侧	摇	移动	过池塘	配乐	无	2s
12	全景	背面	摇	移动转	无	配乐	无	1s
13	中景	正侧	摇	挥手	她曾说池塘的鸳鸯配成双	配乐	无	10s

续表

镜号	景别	角度	运动	画面内容	唱词	音乐	音响	长度
14	远景	正面	固定	站	无	配乐	无	1s
15	中景	正面	固定	挥手	呆头鹅	配乐	无	22s
16	全景	正面	固定	思考说呆头鹅	呆头鹅呆头鹅	配乐	无	6s
17	远景	正	固定	转身	无	配乐	无	1s
18	中景	正侧	固定	看见山伯	啊呀山伯啊	配乐	无	7s
19	全景	正面	摇	站	啊呀山伯啊	配乐	无	7s
20	全景	正面	固定	站	无	配乐	无	1s
21	中景	正侧	固定	扇子敲头	梁山伯真是呆头鹅	配乐	无	8s
22	远景	正面	固定	站	无	配乐	无	2s
23	中景	正侧	固定	蹲	无	配乐	无	1s
24	全景	侧面	摇	踏步	无	配乐	无	8s
25	中景	侧面	固定	欣喜	无	配乐	无	4s
26	全景	正面	固定	站	无	配乐	无	3s
27	中景	正侧	固定	唱	分明是兄弟携手在独木桥上她却说	配乐	无	11s
28	全景	正面	固定	站	多情的织女会牛郎	配乐	无	8s
29	中景	正侧	固定	欣喜地跳跃起来	郎……	配乐	无	3s
30	全景	正侧	固定	舞动	无	配乐	无	17s
31	远景	正面	固定	碎步小跑	无	配乐	无	4s
32	全景	正侧	摇	旋转挥袖	无	配乐	无	3s
33	中景	侧面	固定	挥袖唱戏	她曾说庄上黄犬咬红妆	配乐	无	7s
34	全景	背转侧	固定	站	井边照影她说男女一双	配乐	无	7s
35	中景	正面	固定	挥扇	双……	配乐	无	2s
36	全景	背面	固定	站	无	配乐	无	3s
37	中景	正侧	摇	往前走	进得庙来双拜堂	配乐	无	6s
38	全景	正面	固定	站	无	配乐	无	1s
39	中景	正侧	摇	站	一桩桩言语我费思量他曾说对牛弹琴这牛就是我梁兄长	配乐	无	17s
40	远景	正面	固定	站	险些儿辜负了她的美心肠	配乐	无	4s
41	中景	正侧	固定	站着摆动手	肠……	配乐	无	7s

续表

镜号	景别	角度	运动	画面内容	唱词	音乐	音响	长度
42	全景	背面	固定	背对观众	无	配乐	无	5s
43	中景	侧面	固定	站	无	配乐	无	3s
44	全景	侧面	固定	站	无	配乐	无	1s
45	中景	正侧面	摇	挥扇	无	配乐	无	1s
46	中景	侧面	固定	举扇	行不来在	配乐	无	5s
47	全景	正面	固定	站	长亭上	配乐	无	4s
48	中景	正侧面	固定	挥扇	她亲自把媒当把媒当想不到九妹就是英台女郎	配乐	无	17s
49	全景	正面	固定	站	郎……	配乐	无	4s
50	中景	正面	固定	站	无	配乐	无	3s
51	远景	正面	固定	往舞台左边走	英台她	配乐	无	4s
52	中景	正侧	固定	站	盼我花轿早日到英台她盼我梁兄长叫四九	配乐	无	9s
53	全景	正侧	固定	向左移动	无	配乐	无	2s
54	远景	正面	固定	站	无	配乐	无	2s
55	中景	正侧	固定	唱	奔祝庄我心花	配乐	无	10s
56	全景	正侧	固定	站	怒放	配乐	无	5s
57	中景	正侧	固定	唱	放……	配乐	无	9s
58	全景	正侧	摇	转圈	放……	配乐	无	8s
59	中景	正侧面	固定	站	无	配乐	无	4s
60	全景	正侧	固定	站	无	配乐	无	7s
61	中景	正	固定	站	无	配乐	无	3s
62	全景	侧面	固定	站	无	配乐	无	3s
63	特写转近景	正面	摇、推	由脚上摇，小碎步移动	无	配乐	无	8s
64	全景	正侧面	摇	向舞台右边走	无	配乐	无	31s
65	近景	侧	摇	挥扇，小踏步	无	配乐	无	1s
66	全景	背面	摇	挥扇，小踏步	无	配乐	无	3s
67	中景	正侧	摇	挥扇，小踏步	无	配乐	无	2s
68	全景	正侧	摇	摆扇挥袖	无	配乐	无	2s
69	近景	正侧	固定	摆扇	无	配乐	无	2s

续表

镜号	景别	角度	运动	画面内容	唱词	音乐	音响	长度
70	全景	正侧	固定	摆扇	无	配乐	无	2s
71	中景	正侧	摇	挥扇小碎步后退	无	配乐	无	3s
72	全景	正侧	固定	站	无	配乐	无	2s
73	近景	正侧	固定	举袖	恨不得	配乐	无	4s
74	全景	正面	固定	站	插翅飞到她	配乐	无	4s
75	近景	正侧	固定	挥袖	身旁	配乐	无	4s

这一折表现了梁山伯对"十八相送"一路上英台的各种暗示恍然大悟，遂收拾行李赶赴英台家相会。在赶路过程中，山伯一路回想英台的各种暗示，又喜又羞。本书结合画面内容和唱词，从景别、角度、运动等方面对75个镜头进行了分析。我们可以发现，现场有四个机位进行拍摄。中间一前一后各一机位，拍摄画面为全景和小远景；左右各有一机位，跟拍中近景。节目依然延续了电影电视利用中近景叙事的手法，为了规避舞台上连续两个近景切换产生的越轴，导播刻意营造了"全一中一全"的景别切换节奏。

具言之，镜头1—21，先通过一组摇镜头刻画了梁山伯翻山看到牡丹和池塘里的鸳鸯，回想祝英台曾经的暗示，继而通过一组固定镜头，配合唱词"梁山伯真是呆头鹅"，表现了梁山伯的顿悟；镜头22—58，表现了伴随着梁山伯回忆的不断清晰，心中的欣喜渐强，唱词由"一桩桩言语我费思量"到"奔祝庄我心花怒放"，动作依次为站立→→下蹲→→踏步→→跳跃→→舞动→→小跑→→旋转，摄像师和导播通过摇镜头和多机位固定镜头的切换，以及远景、全景、中景、近景的变化，恰如其分地处理了动与静、整体与局部的关系，契合人物的情感节奏，效果十分传神；镜头59—75，通过一组连续跟拍镜头的运用，细部刻画了演员的台步、扇子和面部表情，台步由小碎步缓慢移动到小踏步迅速前进，扇子由静止转为上下快速舞动，表情由沉思到舒缓直至最后的狂喜，加之叠化、特写、快切等拍摄剪辑手法的恰当运用，传达出梁山伯越来越喜，步伐越来越快的情节，更展现出演员扎实的身段技巧、多变的表情和张弛有度的情绪。总体上说，这一折通过较为规范和高明的拍摄技巧，体现出清晰的叙事节奏，丰富的层次变化和细腻的情节处理，使故事更为传神，表演极富张力，达到了"1+1>2"的艺术效果，令人过目不忘。

四 戏曲剧场型栏目的局限与问题

戏曲剧场型栏目开办时间最早，发展至今也暴露出诸多问题。以下，本文以中央电视台戏曲频道两档典型戏曲剧场类栏目《中国京剧音配像精粹》《CCTV空中剧院》为例，以2016年10月1日至12月31日为周期进行观照，并从剧种分布、题材内容、思想内涵等角度，讨论此类栏目当前存在的局限与问题。

（一）剧目重复

本文首先将2016年10月1日至12月31日，《中国京剧音配像精粹》和《CCTV空中剧院》两档栏目所播出的剧种和剧目进行整理，如表2-2所示。

表2-2 中央电视台《中国京剧音配像精粹》《CCTV空中剧院》播出
剧种剧目列表（2016年10月1日—12月31日）

日期	《中国京剧音配像精粹》剧种、剧目	日期	《CCTV空中剧院》剧种、剧目
2016-10-01	京韵大鼓《大西厢》	2016-10-02	京剧《龙凤呈祥》
2016-10-01	京剧《三打陶三春》	2016-10-03	京剧《碧波仙子》
2016-10-05	评剧《小女婿》	2016-10-03	京剧《打金砖》
2016-10-05	京剧《锁麟囊》	2016-10-03	锡剧《珍珠塔》
2016-10-06	京剧《珠帘寨》	2016-10-04	京剧《四郎探母》
2016-10-08	京剧《将相和》	2016-10-04	大型现代豫剧《朝阳沟》
2016-10-08	评剧《李双双》	2016-10-06	越剧《五女拜寿》
2016-10-08	京剧《穆桂英挂帅》	2016-10-07	京剧《伍子胥》
2016-10-10	京剧《野猪林》	2016-10-08	京剧《群英会 借东风》
2016-10-12	评剧《桃花庵》	2016-10-10	越剧《红楼梦》

续表

日期	《中国京剧音配像精粹》剧种、剧目	日期	《CCTV空中剧院》剧种、剧目
2016-10-12	京剧《乾坤福寿镜》	2016-10-10	京剧《春草闯堂》
2016-10-13	京剧《定军山》	2016-10-10	黄梅戏《女驸马》
2016-10-13	京剧《坐寨 盗马》	2016-10-11	黄梅戏《六尺巷》
2016-10-15	评剧《秦香莲》	2016-10-11	评剧《杨三姐告状》
2016-10-15	京剧《四进士》	2016-10-12	京剧《竹林计》《春闺梦》
2016-10-17	评剧《金沙江畔》	2016-10-13	话剧《雷雨》（明星版）
2016-10-19	京剧《春闺梦》	2016-10-15	京剧《杨门女将》
2016-10-19	京剧《打侄上坟》	2016-10-17	越剧《沉香扇》
2016-10-20	评剧《韩玉娘》	2016-10-17	京剧《王宝钏》（上）
2016-10-22	评剧《闹严府》	2016-10-18	京剧《王宝钏》（下）
2016-10-24	评剧《珍珠衫》	2016-10-17	京剧《秦香莲》
2016-10-24	京剧《穆柯寨 穆天王》	2016-10-18	京剧《苏武牧羊》
2016-10-26	京韵大鼓《大西厢》	2016-10-22	京剧《野猪林》
2016-10-26	京剧《抗金兵》	2016-10-24	京剧《大英杰烈》
2016-10-27	京剧《定军山》	2016-10-24	京剧《瑞蚨祥》
2016-10-27	评剧《玉堂春》	2016-10-25	京剧《状元媒》
2016-10-29	评剧《朱痕记》	2016-10-25	京剧《铁弓缘》
2016-10-29	京剧《三堂会审》	2016-10-26	京剧《白蛇传》
2016-10-31	评剧《白玉霜唱段选》	2016-10-27	黄梅戏《六尺巷》
2016-10-31	京剧《断臂说书》	2016-10-27	豫剧《穆桂英挂帅》
2016-11-02	评剧《杜十娘》	2016-10-29	京剧《大保国探皇陵二进宫》
2016-11-02	京韵大鼓《丑末寅初》	2016-10-31	沪剧《邓世昌》
2016-11-02	京剧《刘兰芝》	2016-10-31	新编京剧《狸猫换太子》（上）
2016-11-03	京剧《宇宙锋》	2016-11-01	新编京剧《狸猫换太子》（下）
2016-11-05	评剧《海棠红》	2016-11-01	越剧《红楼梦》（精彩选场）
2016-11-07	京剧《甘露寺 美人计 回荆州》	2016-11-02	京剧《穆柯寨 穆天王 辕门斩子》
2016-11-09	京剧《艳阳楼》	2016-11-03	京剧《杨门女将》
2016-11-09	评剧《临江驿》	2016-11-05	京剧《红鬃烈马》
2016-11-10	京剧《春闺梦》	2016-11-07	京剧《金缕曲》
2016-11-10	京剧《击鼓骂曹》	2016-11-07	越剧《梁山伯与祝英台》

续表

日期	《中国京剧音配像精粹》剧种、剧目	日期	《CCTV空中剧院》剧种、剧目
2016-11-12	京韵大鼓《丑末寅初》	2016-11-07	黄梅戏《牛郎织女》
2016-11-12	评剧《珍珠衫》	2016-11-07	越剧《盘妻索妻》
2016-11-12	京剧《陈三两》	2016-11-08	京剧《状元媒》
2016-11-14	京剧《打侄上坟》	2016-11-08	京剧《安国夫人》
2016-11-14	京剧《辕门斩子》	2016-11-10	京剧《诗文会》
2016-11-16	评剧《秦香莲》	2016-11-10	京剧《游龙戏凤》
2016-11-17	京剧《长坂坡·汉津口》	2016-11-12	京剧《赵氏孤儿》
2016-11-19	昆曲《十五贯》（选场）	2016-11-14	京剧《法门寺》
2016-11-19	评剧《韩玉娘》	2016-11-14	京剧《三打陶三春》
2016-11-19	评剧《家》（选场）	2016-11-14	越剧《梁山伯与祝英台》
2016-11-21	评剧《珍珠衫》	2016-11-15	越剧《盘妻索妻》
2016-11-21	京剧《连环套》（上）	2016-11-15	京剧《伍子胥》
2016-11-23	京韵大鼓《丑末寅初》	2016-11-16	藏戏《六弦情缘》
2016-11-23	京剧《秦香莲》	2016-11-17	京剧《赵氏孤儿》
2016-11-24	评剧《海棠红》	2016-11-19	藏戏《白玛雯巴》
2016-11-26	京剧《清风亭》	2016-11-21	京剧《状元媒》（选场）
2016-11-26	京剧《打渔杀家》	2016-11-21	京剧《荒山泪》
2016-11-26	评剧《玉堂春》	2016-11-21	京剧《六出祁山》
2016-11-28	京剧《连环套》（下）	2016-11-22	京剧《红娘》
2016-11-28	京剧《斩郑文》	2016-11-22	京剧《铁弓缘》
2016-11-30	西河大鼓《穆桂英接印》	2016-11-23	藏戏《卓娃桑姆》
2016-11-30	评剧《桃花庵》	2016-11-24	京剧《伍子胥》
2016-12-01	评剧《杜十娘》	2016-11-24	京剧《珠帘寨》
2016-12-03	京剧《望江亭》	2016-11-26	京剧《红鬃烈马》
2016-12-07	京剧《打侄上坟》	2016-11-28	越剧《新巡按斩父》
2016-12-07	评剧《起解 会审》	2016-11-28	京剧《杨家将》
2016-12-07	京韵大鼓《丑末寅初》	2016-11-28	京剧《窦娥冤》
2016-12-07	京剧《韩玉娘》	2016-11-29	京剧《棋盘山》（片断）
2016-12-08	评剧《珍珠衫》	2016-11-29	京剧《杨靖宇》
2016-12-10	评剧《闹严府》	2016-11-30	京剧《荀灌娘》

续表

日期	《中国京剧音配像精粹》剧种、剧目	日期	《CCTV 空中剧院》剧种、剧目
2016-12-10	京剧《孙安动本》	2016-12-01	新编京剧《香莲案》
2016-12-12	评剧《劝爱宝》	2016-12-01	黄梅戏《六尺巷》
2016-12-12	京剧《朱仙镇》	2016-12-05	越剧《梁山伯与祝英台》
2016-12-14	京剧《托兆·碰碑》	2016-12-05	京剧《十三妹》
2016-12-14	京剧《竹林记》	2016-12-06	京剧《雏凤凌空》（选场）
2016-12-14	评剧《李双双》	2016-12-06	京剧《大保国探皇陵二进宫》
2016-12-15	评剧《韩玉娘》	2016-12-07	豫剧《程婴救孤》
2016-12-17	京剧《壮别》	2016-12-08	京剧《清风亭》
2016-12-17	京剧《金玉奴》	2016-12-08	越剧《红楼梦》（精彩选场）
2016-12-17	京剧《大保国 探皇陵 二进宫》	2016-12-10	京剧《武则天轶事》
2016-12-19	京剧《蝴蝶杯》	2016-12-12	现代沪剧《雷雨》
2016-12-19	京韵大鼓《将相和》	2016-12-12	京剧《八大锤》《断臂说书》
2016-12-21	京剧《打金砖》	2016-12-13	大型现代豫剧《朝阳沟》
2016-12-21	评剧《家》（选场）	2016-12-15	话剧《霓虹灯下的哨兵》
2016-12-22	评剧《临江驿》	2016-12-15	越剧《红楼梦》
2016-12-24	京剧《赤壁之战》（精编版）	2016-12-17	京剧《三打祝家庄》
2016-12-24	京韵大鼓《丑末寅初》	2016-12-19	京剧《曹操与杨修》
2016-12-28	评剧《秦香莲》	2016-12-19	京剧《狸猫换太子》（上）
2016-12-29	评剧《朱痕记》	2016-12-20	京剧《狸猫换太子》（下）
2016-12-31	京剧《龙凤呈祥》	2016-12-21	吉剧《生母养母》
		2016-12-22	京剧《洪洋洞》
		2016-12-22	京剧《击鼓骂曹》
		2016-12-26	越剧《梁山伯与祝英台》
		2016-12-26	豫剧《穆桂英挂帅》
		2016-12-27	豫剧《朝阳沟》
		2016-12-27	京剧《群英会 借东风》
		2016-12-28	京剧《杜十娘》
		2016-12-29	越剧《孟丽君》
		2016-12-31	京剧《真假美猴王》

从表 2-2 可见，两档栏目共播出剧目 187 出，其中重复 89 次，重复率高达 47.6%。这两档栏目播出京剧数量最多，重复的剧目也最高，主要集中在《秦香莲》《狸猫换太子》《大保国 探皇陵 二进宫》《打侄上坟》《打金砖》《野猪林》《清风亭》《定军山》《红鬃烈马》《赵氏孤儿》《伍子胥》等；评剧重复的剧目主要集中在《秦香莲》《李双双》《桃花庵》《珍珠衫》《玉堂春》《朱痕记》《杜十娘》《海棠红》《临江驿》等；越剧、豫剧和黄梅戏的重复率也很高，主要有《梁山伯与祝英台》《红楼梦》《盘妻索妻》《穆桂英挂帅》《朝阳沟》《六尺巷》等剧目。

戏曲电视剧场的剧目重复率高，主要是因为观众熟知并喜爱的名家名段数量有限，新编戏、现代戏的数量远远不能满足需要，而且有很多新编戏、现代戏就是为了评奖，缺少真正进入百姓生活、迎合观众口味的剧目。这些剧目从创编到公演，历时至少一年，甚至两三年，但很多剧目只演一两场就被搁置，一旦评奖结束就匆忙为下一个赛事创编排练，这些耗资巨大的剧目缺少与观众的交流，也缺少在舞台上打磨的过程，演员很难通过真正的舞台演出实践对作品产生深度体悟，极大限制了他们对剧情和角色再认识、再挖掘、再理解、再创造。这曾是一个时期以来，戏曲新戏编创的痼疾，这样急功近利的创作心态违背了戏曲艺术生产的规律，导致精品力作难以拿得出、留得住、传得开。

（二）选题狭隘

从表 2-2 对剧目的统计可见，在题材的选择上，大多集中在爱情故事和历史故事。其中爱情故事最多，如《秦香莲》《韩玉娘》《玉堂春》《红楼梦》《梁山伯与祝英台》《白蛇传》《杜十娘》《女驸马》《状元媒》等，其中有《女驸马》《玉堂春》这样的爱情喜剧，也有《杜十娘》《韩玉娘》等爱情悲剧。其次，历史故事和历史人物的题材也较多，如《穆桂英挂帅》《四郎探母》《四进士》《杨门女将》《伍子胥》等。

中国戏曲绵延千年，剧目众多。1956 年首次剧目统计时，剧目总数就达 51867 个，当前，大力挖掘传统剧目，努力开拓新剧目，已成为广大戏曲和电视工作者必须正视的课题。

(三) 脱离时代

戏曲电视剧场的剧目脱离时代，首先表现在传统戏居多，尤其以唐、宋、明、清为主，而新编戏、现代戏极少。根据上表的统计，传统戏超过了九成，这些故事发生的年代距今已十分久远。即使有类似《香莲案》《朝阳沟》这样的新编戏，故事中的人物和时代也与今天的观众尤其是年轻观众的生活状态疏远。

除此之外，故事中体现的思想情感和价值观也与当今观众存在距离。一出戏能否打动观众，美的形式固然重要，但关键还在于其情节和内容能否引发观众的深层思考；在于能否透过久远的故事，感受到历史与现实、过去与现在的激烈碰撞；在于能否与历史中的人物隔空对话，产生精神的寄托、价值的判断与自我的审视；在于能否在当代人物身上，获取情感的慰藉、精神的营养和前行的动力。然而，传统戏曲中体现出来的精神气质，如抵御外侮、存亡继绝、为国效节的浩然正气；惩恶扬善、鄙夷高贵、怜悯卑贱的社会良知；以及背叛封建礼教，自择佳偶，对父母之命、媒妁之言的摒弃，对门第和功名观念的否定；等等。这些以封建社会为背景的故事，其中蕴含的思想和价值观念严重脱离当今时代，虽然有些包含着中华传统文化的精髓，但有些价值观已令今天的观众费解和质疑，甚至夹杂着糟粕，对观众的震撼、引导、感染、启迪作用十分有限。

兹举一例，京剧《赵氏孤儿》，讲述了春秋时期，晋国权臣屠岸贾怂恿晋灵公荒淫无道，不理朝政。丞相赵盾奏本进谏，面斥屠岸贾迷惑君王。屠岸贾向晋灵公进谗言，抄斩赵盾满门三百余口。晋灵公之妹庄姬公主是赵盾儿媳，身怀有孕，被接入宫中，免于一死。屠岸贾听说庄姬分娩，欲杀婴儿，对赵氏斩草除根以绝后患。程婴献出自己的亲生儿子顶替孤儿，并将孤儿赵武抚育成人。大将军魏绛还朝，得知孤儿尚在人世，与程婴定计，使赵武（孤儿）明白了自己的身世和赵家的深仇大恨，亲手杀死屠岸贾，为赵氏报仇雪恨，与庄姬母子团圆。《赵氏孤儿》这出闻名中外的大悲剧，彰显出的是以程婴为代表的一群古代英雄大忠大义、舍生取义的献身精神。但是，现代社会的观众似乎并不会为这种"伟大"的道与义"埋单"。孤儿赵武凭什么一来到人间就带着"复仇机器"的身份；程婴又有什么资格结束自己儿子的生命，逼疯自己的妻子？在价值观念多元化、思想自由化的今天，诸如此类剧目当中传达出的情感和价值观恐怕已难以令年轻观众顺利接受。与之类似的还有《四郎探母》等剧目，篇幅所限，不再赘言。

第二节 戏曲知识型

一 戏曲知识型栏目的定义

戏曲知识型栏目，顾名思义，就是以传递戏曲资讯、传授戏曲知识、普及戏曲文化为目的的一种电视栏目形态。一般包含戏曲新闻，对剧种、流派、唱腔特色的介绍，名家艺术生涯回顾，近期涌现出的新作品推介以及戏曲教学等内容。可以帮助观众，特别是刚刚接触戏曲的观众更好地了解戏曲知识，使得那些刚刚对戏曲艺术产生兴趣的观众向更深的层次发展，是戏曲传播由普及化向专业化过渡的桥梁。

二 戏曲知识型栏目的分类

（一）戏曲新闻专题类

戏曲新闻专题类栏目主要报道戏曲界的新闻消息，并对典型人物（包括演员和观众）、剧团和事件进行专题报道的一类栏目。目前，此类栏目只有中央电视台戏曲频道办有一档——《戏曲采风》。这个栏目开办至今经过数次改版，总体看，播出时间一再压缩，板块界定趋于模糊，内容设置越来越少，功能也越发单一。

早期的《戏曲采风》每周首播四期：周一《人物周刊》，周三《新闻周刊》，周五《宣传周刊》，周日《文化周刊》。周一的《人物周刊》主要讲述演员背后的故事，其中有小板块艺人追踪，报道戏曲界演员的最新近况；周三的《新闻周刊》跟踪报道戏曲界的大事小情、台前幕后、提供第一手的戏曲资讯,其中有小板块《院线风云》,主要介绍北京、上海等地剧院的演出情况;周五的《宣传周刊》主要是精品栏目《CCTV空中剧院》的播出盛况,其中有小板块《回音壁》,为观众回复来信,反馈意见和建议等,为观众与节目之间架起桥梁;周日的《文化周刊》主要回顾戏曲界历史长河,引导观众拜读经典,品读戏曲人生。可见早期的《戏曲采风》定位清晰,板块明确,内容集中,涉及面广,杂志型特色十分鲜明。

改版后的《戏曲采风》定位于一档集新鲜戏闻、丰富资讯、深入报道于一体的新闻专题类综合栏目,下设六个板块:《剧院风云》主要展现《CCTV空中剧院》台前幕后;《梨园快递》以新为特色,网罗戏曲界第一手新鲜事件;《戏曲地图》以海量内容为主打,探索藏匿戏曲的大街小巷;《翰墨戏韵》充满精致写意的特色,解析书画艺术与戏曲的深厚情缘;《戏曲长镜头》是专题特写,深入剖析梨园里新鲜的人和事;此外还有《今日我上镜》,尽显爱戏者的百态人生。从板块划分和内容定位来看,《戏曲采风》的改版是成功的。栏目保留了改版前的精华,在主体内容未受冲击的前提下,更加注重贴近性和参与性,尤其是《戏曲地图》和《今日我上镜》两个板块,从地理和人物两个维度,以平民化的视角,对生活中的戏曲和人物进行挖掘,使得栏目以更加鲜明的特色与亲和的姿态出现在观众面前。

遗憾的是,《戏曲采风》并未坚持特色,发挥优势,却逐渐放弃了清晰的定位,模糊了板块设置。《戏曲采风》的栏目介绍在央视网戏曲频道首页并未更新,但在栏目的官方微博中,却悄然替换为"CCTV-11唯一一档资讯、专题类栏目,所有梨园界大事小情都囊括其中"[①]。看似包罗万象,实际的播出情况却大相径庭。如今的《戏曲采风》为日播栏目,每期15分钟,虽然不定期穿插戏曲赛事和活动的侧记,但以"新闻资讯+演出预告"为常态,极少深入挖掘戏曲艺术家、剧种、剧团的故事,做有"营养"的专题报道。

---

① 《戏曲采风》官方微博,http://weibo.com/xiqucaifeng.

（二）戏曲人物访谈类

对于戏迷来说，舞台上游刃有余的演员就是他们心中的明星。广大戏迷对他们的喜爱已经从台上转到了台下，他们的从艺经历、心路历程、人生感悟都是戏迷感兴趣的内容。在戏曲人物访谈类栏目中，演员们放下"刀枪"、卸下装扮，从舞台之上"来到"寻常百姓家的客厅，以平等的身份与戏迷"面对面"，分享自己的经验、体会和对戏曲的理解，这就拉近了演员与戏迷的距离。所以说，戏曲人物访谈是平易近人的一类栏目，很容易走进观众的内心。

中央电视台戏曲频道曾办有一档老牌戏曲访谈栏目《戏苑百家》，由白燕升主持。栏目以访谈的形式，让无数观众了解戏里戏外、人生百态。白燕升本身就是戏迷票友，提问专业，深中肯綮，能够很好地将嘉宾和观众"黏合"在一起，栏目中的"谈话场"营造得很好。嘉宾还时常即兴表演，边聊边唱，效果常常超过预期。此外，栏目还经常邀请各界名人，畅谈他们对戏曲的理解，充分彰显出主持人、演员、观众对戏曲的挚爱深情。本书列举2012年3月13日《戏苑百家》栏目《莫言的乡音乡情》中，白燕升与嘉宾莫言的一段对话：

> 白燕升：尊敬的各位来宾、各位朋友，欢迎大家光临《戏苑百家》。今天我们将要为大家介绍一个特别的剧种，这个剧种不算大，但是有人形容它"每当听到它的旋律，饼子贴在锅台上，锄头锄到庄稼上，花针扎到指头上"。今天我们为您请到的嘉宾，还有您听到的故事，这个有魔力的剧种，都来自同一个地方，全都扎根在这片火热的土地上。
>
> （电影《红高粱》片头，茂腔）
>
> ……
>
> 莫言老师，我很想问问您，您离开家乡这么多年，如果让您想到您的家乡高密，您脑海里浮现出的第一个画面会是什么？
>
> 莫言：我想一个人对于故乡的情感，实际上是很具体的，尤其是一个作家，对于故乡的情感更加具体。具体到你村后的一条小

河,村前的一条小路,村头的一棵大树,甚至具体到你家房梁上的一窝燕子。我对家乡的感觉,首先想到的就是我梦幻当中出现的一眼望不到边的红色的高粱地,还有跟高密茂腔相关的旋律。故乡是有声音、有颜色的。

白燕升:说得非常好!莫言老师提到故乡,是有声音、有颜色的。说到声音,莫不如我们高密本土的剧种——茂腔了。今天,我们就和莫言老师一道,跟在座的高密的朋友,和电视机前不太熟悉高密,不太了解茂腔的朋友,一块来欣赏《赵美蓉观灯》。

在这期节目中,主持人的目的是介绍茂腔,但没有生硬地推介。而是通过莫言这一家喻户晓的人物,通过他原著的电影《红高粱》片头的高粱地和茂腔旋律,通过每个人都难以割舍的故乡情感,巧妙引出了茂腔这一地方戏剧种。接着,主持人引导莫言从童年谈起,聊到他伴随着茂腔的旋律放牛等故事,直到莫言感慨茂腔是他"梦中的旋律",引起观众强烈的共鸣。可见,栏目将地方戏与我们熟知的人和事联系起来,体现出主持人高明的提问技巧和主创人员的独具匠心。

此外,《戏苑百家》栏目的很多期都给观众留下了深刻的印象,如《我们的易俗社》《于丹说昆曲》《依本多娇·史依弘》《箫声过后·张建国》等。《戏苑百家》片头的话很能概括栏目的风格和宗旨:"他(白燕升)不是梨园中人,却执着一份大梨园的情怀;他不做新闻评述,却追求着一种真实的人格和真实的感慨;善意的剖析,回望的沉吟,浑然在无关尘染的人文对话。和风云百家,同享时光;与燕升碰撞,悠长智慧。燕升访谈,戏苑百家。"应该说,《戏苑百家》是一档广角度、重深度、有温度的栏目。

遗憾的是,2003年随着戏曲频道改版及白燕升离职等原因,《戏苑百家》停办取消,目前荧屏上专门的戏曲访谈类栏目已经不复存在。但《CCTV空中剧院》栏目增加了访谈的板块,一般在剧目推出之前,采访主演或者剧团领导,主持人和嘉宾会围绕剧情、排演过程、演员特色以及欣赏侧重进行对话,引导观众欣赏。不过,访谈的深度、时长、形式跟昔日的《戏苑百家》远不可相提并论。

(三) 戏曲教学类

戏曲教学类栏目目前只有中央电视台戏曲频道办有两档——《跟我学》和《快乐戏园》。

《跟我学》这档栏目为日播，每期30分钟，以普及戏曲艺术、弘扬传统文化为己任，以教授京剧和地方戏为宗旨。《跟我学》从2001年央视戏曲频道开播之日起就一直与频道相生相随，至今已有16年的历史。从教学主体和内容上看，主要包括以下几个方面。首先是戏曲名段教唱，栏目针对戏曲观众的欣赏特点，选取经过岁月淘洗千锤百炼的经典名段作为教唱选段，由戏曲名家进行示范、讲解和点评，有时也会开设"小老师洋学生"之类的特殊课堂，在增强栏目的贴近性和参与性的同时兼顾国外观众；其次是戏曲知识讲授，内容涉及历史背景、梨园掌故、诗词歌赋、逸闻趣事、戏曲表演、唱腔、流派，以及人物性格、人物命运、对当下的影响等多方面。除戏曲专家讲解之外，栏目还不定期邀请田连元、常贵田等喜欢戏曲的名人来说戏，通过他们声情并茂的讲述，可使观众在学唱的闲暇之余听听戏里戏外的故事，使观众在一种愉悦的心境中获取知识，增强学戏的兴趣，达到"学戏也轻松"的目的。从学员构成上看，除普通戏迷外，栏目经常将名人戏迷、外国戏迷请进课堂，发挥他们的带动作用。

《跟我学》一直坚守栏目的宗旨，在戏曲知识普及和传承方面发挥着自己的价值。16年来，栏目也先后进行了数次改版，例如2004年将原《知识库》中的内容吸收进来，使栏目兼具教唱学唱和戏曲知识普及的功能；2007年，栏目开设《周末大家唱》板块，为广大戏迷票友提供了一个交流切磋的平台，突出了参与性。但当前，人们获取戏曲知识的途径空前便捷，这档栏目生存和发展日益强烈地受到来自网络等新媒体的冲击。

《快乐戏园》是一档以少年儿童为特定对象的戏曲栏目，2011年1月1日开播，日播栏目，每期30分钟，由赵保乐主持。栏目以娱乐化风格，通过充满趣味的形式吸引观众，使传统的戏曲艺术以一种全新的方式，陪伴中小学生们快乐成长，引导他们发现戏曲艺术的独特魅力，自觉地接受戏曲、爱上戏曲、传承戏曲。

《快乐戏园》栏目在全国范围内选取在综合素质教育、戏曲进课堂特色教学方面有突出成绩的学校，请来戏曲名家走进校园传授戏曲知识，与爱好戏曲的同学们进行互动，展现学生才艺。让同学们在体验中感受戏曲带来的快乐，在快乐中发现戏曲艺术的魅力。节目分为"快乐我知道""快乐面对面""快乐我登台""名家开讲"等几个板块："快乐我知道"板块主要以问答方式向孩子们介绍戏曲基础知识；"快乐面对面"邀请戏曲名家与小朋友们互动，体现戏曲的传承；"快乐我登台"板块是孩子们展现的平台，此外还融入了戏曲名家的现场指点；"名家开讲"则侧重于知识性，主要邀请戏曲名家，讲述台前幕后的动人故事，传授戏曲知识、播放经典名段、赏析戏曲艺术。

《快乐戏园》栏目侧重于普及戏曲知识，寓教于乐地提高青少年观众对戏曲的了解，富有时代感和趣味性。坚持高品位和精制作，采用新颖有趣的评选模式，赢得更多少年观众的喜爱，让忠实的学生戏迷和其他戏迷观众更加热爱戏曲，以弘扬古老的戏曲艺术。

三 戏曲知识型栏目的局限与问题

（一）形式单一，内容匮乏

戏曲知识型栏目从红火到萧条，是与社会快速变化、发展，老观众、老戏迷日益减少，而资源有限，栏目改进不大，显得其形式单一、内容匮乏分不开的。当前，此类栏目的受众趋于减少似乎是一种难以逆转的事实，在这一背景下频道普遍轻视对这类栏目的打造。如前文所述，多档栏目虽保留了相应的板块设置，但基本不按照既定板块去谋划选题、深入挖掘，而是"有什么播什么"。任意改动栏目板块、改变播出周期的现象司空见惯，因内容匮乏，甚至在原定的播出时间临时停播，改用戏曲唱段或非戏曲类电视剧填充时间。

当前，戏曲知识型栏目如同"鸡肋"，一方面作为专业化的戏曲频道和国字号媒体，为了顾及专业性和全面性，不愿彻底放弃此类"装点门面"的栏目；另一方面，又不愿在深度和广度上下功夫。《戏苑百家》作为唯一一档访谈类栏目直接停办取消，极大地伤害了戏迷的心。《戏曲采风》也越来越"四不像"，据笔者观察，该栏目的《戏曲新闻》板块选取的新闻随意性大，时效性和全面性比较差。例如在范围上，这档栏目在关注点上过度集中在京剧上，对其他剧种的关注热度明显失衡；在时效性上，居然对戏曲界最高奖梅花奖比赛及其颁奖活动的新闻延迟了数天才以简单的新闻消息的形式报道，实属不该；从深度上，新闻专题越来越少，新闻消息以外的篇幅大多都被戏曲频道的节目预告占据，更有甚者，对很多活动的专题报道充斥着过多语汇单调的称赞，诸如"很多观众早早来到剧场""演出取得圆满成功""精彩的演出赢得了观众热烈的掌声"云云，采访环节也很随意，所得到的信息量很小，多为"很兴奋、很开心、很满足、很感恩、很受教育和启发"等溢美之词。而对于《快乐戏园》这种面向少年儿童的知识型栏目，其中的知识性成分也多以主持人介绍或专家讲解为主，形式单一，且无太多艺术性可言。事实上，对此类栏目的打造也不是无法可想，比如不妨将戏曲故事、剧种介绍、艺术历程等内容做成专题片，甚至将有趣的戏曲故事做成 FLASH 动画的形式，用时尚、先锋的动画手法，演绎中国经典，使原本就充满传统色彩的戏曲故事增加丰富的视觉效果，给人耳目一新的感受。这样，就使得原本枯燥的知识性内容有了恰当的表现形式，易于被少年儿童接受。

（二）参与性差，忽视反馈

从传播效果的角度来分析，以往传播媒介的地位是高高在上的，受众只是被动接收来自大众传媒的信息。人们曾用"魔弹论"来形象地形容早期的传授关系，这一理论的核心观点是"传播媒介拥有不可抵抗的强大力量，它们所传授的信息在受传者身上就像子弹击中躯体，药剂注入皮肤一样，可以引起直接速效的反应；它们能够左右人们的态度和意见，甚至直接支配他们的行动"。[①] 时至今日，广大电视观众再也

---

① 郭庆光：《传播学教程》，中国人民大学出版社1999年版，第193页。

不甘愿做被媒介"魔弹"所射中的靶子,现代社会的信息传播也更多地实现了由"推"到"拉"的转变。伴随着观众主体意识的增强,一方面,他们对大众传媒的传播内容有了能动的选择权,他们更倾向于选择那些符合自己欣赏习惯和口味的媒介产品;另一方面,他们也希望通过表达自己的建议和要求,改变媒介产品的内容和形式,使其更加满足自己的审美需要。

相比其他类型的电视观众,戏曲电视的观众往往具有较高的忠诚度,正是这种对戏曲的热爱和忠诚使得他们有了融入栏目、充当栏目主人翁的意识。戏迷们的来信、邮件、电话不计其数,参与热情甚至都超乎编导的想象。他们希望通过沟通表达自己的诉求,在栏目中能看到自己喜欢的内容或领略某位戏曲大师的风采,更希望能在栏目以外,跟编创人员和主持人有更多的互动,甚至参与到栏目当中。

客观地说,目前的戏曲电视栏目对于观众的重视程度在逐步提高,但是对于戏曲知识型栏目来说,这种程度还远远不够。中央电视台戏曲频道编导冰弦表示:"年轻的,受过高等教育,对戏曲痴迷但有理智,并愿意为其付出的观众,恰恰正是《戏曲采风》及戏曲频道最最应该争取的观众群。"在戏曲频道经费少、任务重的背景下,电视媒体正需要借助广大戏迷的力量,丰富和拓展栏目的线索和内容。事实上,随着科技的发展,如今已经进入自媒体时代。戏迷的文化水平和综合素质显著提高,加之设备的进步,那些分散全国、遍布城乡的戏迷对演出、赛事和群众性戏曲活动所发布的文字、照片及视频质量颇高,甚至直逼专业水准,往往比习惯了"流程化""生产线"式报道的记者更及时、更全面、更生动、更有诚意,戏曲电视栏目应该广泛吸收并利用这些线索,拓展信息来源;此外,戏迷严肃认真的观后感、发自内心创作的散文诗歌等内容,都可以在栏目中选播。我们应该寻求栏目与观众更高层次的融合,而不是仅停留在观众点戏那样简单的层面上。随着技术手段的不断进步,给观众的参与和互动带来了前所未有的便捷,科技发展的日新月异将会给荧屏内外的交流带来许多新变化和新机遇,广大戏曲电视工作者只有迎头跟上,想观众所想,急观众所急,在"贴近性"上做足文章，在满足受众需求的同时，给予他们广阔的舞台和参与的空间，使他们对栏目产生"归属感"，从而更好地推动栏目的健康发展。

第三节　戏曲综艺型

一　戏曲综艺型栏目的定义

关于戏曲电视综艺，杨燕教授在她的专著《电视戏曲论纲：呼唤涅槃的凤凰》一书中进行了如下定义："电视戏曲综艺，指戏曲艺术因子与其他艺术元素（如歌舞、小品、音乐 MTV 等）结合，充分运用电子技术手段对戏曲艺术进行二度创作①，既突出发挥戏曲的艺术价值与魅力，又充分体现电视技术创作功能的一种电视综艺节目。"② 杨燕教授的这一定义，是基于各种独立存在的戏曲电视综艺形式而言的，而栏目便是全面、集中地表现这种形式的最好平台。我们探讨的戏曲电视综艺栏目，是以整档栏目作为研究对象，站在宏观的视角将戏曲电视综艺的不同形式进行组合与拼接，放在一档由不同板块构成的栏目当中。本书尝试对现有的戏曲电视综艺形式进行了以下划分。

二　戏曲综艺型栏目的元素

（一）戏曲唱段

戏曲综艺栏目中的戏曲唱段与"清唱"相近，脱离整个情节进程，与剧场演出的录像转播应该有一定的区别，或者说，应加以改造与创新。戏曲电视综艺栏目当中的戏曲唱段具体来说，应着力于以下几点：首先，戏曲综艺栏目当中的戏曲唱段一般应以现场表演为主，既可以满

---

① 这里的"二度创作"含义与戏曲界不同，后者指的是导演、演员将剧本搬上舞台的创作活动。
② 杨燕：《电视戏曲论纲：呼唤涅槃的凤凰》，中国广播电视出版社 2000 年版，第 25 页。

足观众欣赏戏曲的现场感,使他们身临其境,又能充分体现戏曲表演的互动性,以调动观众欣赏戏曲的积极性,增强他们的主人翁意识;其次,表演的名家来源应该多样化,既可以是老一辈的戏曲表演艺术家,又可以是各大比赛中涌现出来的新人新秀;最后,演唱的唱段既可以是未经改编的、原汁原味的老唱段,也可以是新创作的经过改编的、具有一定时代特色的新唱段。本书认为,对于名家名段的理解应该与时俱进,随着时代的发展,我们应该不断为其注入新的内涵,并拓展和丰富它的外延。戏曲艺术的推广和普及,就应该不断涌现出具有一定艺术造诣和表演特色的"名家",不断推出有一定的推广价值和代表性的新作品。利用名家的影响力和名段的感染力,去鼓舞和吸引更多的观众。所谓"江山代有才人出,各领风骚数百年。"我们不仅仅要欣赏经典,更重要的是再造经典。

(二)戏曲小品

所谓小品,就是通过有声语言和肢体语言表现一个比较简单的场面或艺术形象的单人表演或组合表演。戏曲小品则是融进了戏曲艺术元素的小品,用各具特色、乡土气息浓郁的地方戏唱腔去表现生活中常见的事情,或者重新演绎文艺作品中那些诙谐、幽默、惹人发笑的情节,这类小品大多比较贴近现实生活,使人备感亲切,也容易产生共鸣。

马克思曾对文艺作品提出:"在更高的程度上用最朴素的形式把最现代的思想表现出来。"[①] 而戏曲小品便很好地践行了他的这一美学思想。"戏曲小品内在的某种由小到大、由表及里、由浅入深、由近而远的情致是戏曲小品的意蕴之美。他们与形象水乳交融,放射出启悟于人、点化心灵、陶冶情操的艺术灵光"[②]。

作为独特的小品形式,戏曲小品不仅应具备小品独特的审美共性,还应具有其自身鲜明的艺术个性和审美功能。笔者认为,与戏剧小品不同,戏曲小品应具有较为浓烈的写意审美功能以及诗化的艺术总体处理

[①] 马克思:《马克思恩格斯文集》第 10 卷,人民出版社 2009 年版,第 169—171 页。
[②] 乔慧斌:《〈戏曲小品〉教学实践与展望》,《艺术教育》2009 年第 12 期。

原则，我们应充分利用戏曲艺术中唱、念、做、打等艺术手段，为展示剧情内容和刻画人物形象服务。

除此之外，放在戏曲电视综艺栏目中的戏曲小品应具有如下基本特征。首先，应该做到短小精悍，情节简单。根据受众审美的耐性和专注力维持的时间，我们一般将一档独立栏目的总时长控制在一小时左右。而一个戏曲小品所占的时间不宜超过 10 分钟，它在整档栏目中充当着一碟用来调味的"小菜"，更讲究对生活的提炼和艺术的加工。在较短的时间内运用最简朴的形式，反映出丰富而深刻的内涵。其次，应该做到雅俗共赏，题材广泛。小品反映的是源于基层和老百姓中间的小题材、小事件。人世冷暖、世间百态、悲欢离合、喜怒哀乐都是小品描写的对象。再次，应该做到幽默风趣，滑稽可笑。有人说小品是一门"笑"的艺术。好的小品大多有足够的笑料，让人在笑声中受到启发，得到教益。最后，还应做到视角独特，小中见大。进入栏目的戏曲小品，因时长限制，故只能在短促的时间和单一的空间内表现社会生活的一个侧面和人生的一个瞬间，只能把事件和人物关系浓缩为一个"点"集中表现和升华。这就要求我们选择最具代表性的时空和人物，抓住最能反映本质和深意的事件进行描写，站在独特的视角，探究事件的本质，以期在短时间内集中体现对观众有一定启示、能引发观众深入思考的内容，做到"言有尽而意无穷"。

（三）戏歌

最初的戏歌，是指戏曲演出大幕开启前的小前奏曲。北方梆子等戏曲常以本剧种音乐与信天游等民歌融合，在演出前先高歌一曲，用以揭示剧作主题或人物命运，预先告知观众题旨并营造戏剧氛围。后来范围扩大，一些与戏曲剧目或演出无涉，但带有戏曲音乐风味或音韵的小歌曲，都可以称为戏歌。关于戏歌的概念，我们可以这样定义：带有戏曲音乐曲式特征，且运用多元演唱方法结合戏曲润腔特色综合演绎的一种歌曲类型。它是戏曲的音乐形式与时下各类表演风格有机结合的时代产物，其歌词大多以当代人的生活和情感为主要内容，而曲调和旋律则带有浓郁的戏曲韵味。

许多戏歌作品经久不衰，在人们心中留下了深刻的印象，如《前门情思大碗茶》①《说唱脸谱》《涛声依旧》等。这样的戏歌刚一诞生，就立即让人耳目一新，传遍大江南北，受到人们的追捧与喜爱。这说明，戏歌完全可以作为一种艺术形式得到大家的承认并登上音乐殿堂，借助戏曲的独特韵味和流行歌曲的鲜明时代感吸引观众，二者相得益彰，风格独特，在提升流行歌曲品位的同时，又促进了戏曲的复兴。

在戏曲电视综艺栏目中加入戏歌演唱，是非常合适和必要的。除了其时长符合栏目要求之外，至少还有以下几点原因：首先，戏歌本身就带有流行音乐元素，而流行音乐是被大众广为接受并喜爱的艺术形式，这种传统和现代的融合符合戏曲电视综艺栏目的定位；其次，演唱者不拘泥在戏曲演员范畴，可以由当红明星或者具有相当声望的老一辈艺术家演唱，这就利用了演员的影响力，使戏歌被更多观众接受；最后，戏歌的歌词贴近现代生活，缩短了观众的审美距离感，做到了雅俗共赏、老少皆宜。总之，戏歌是传播普及戏曲艺术的使者，用其特有的艺术魅力感染着和打动着那些原本对戏曲艺术鲜有关注的观众。

（四）戏曲 MTV

"戏曲 MTV 是把优秀的戏曲唱段与不断变化的电视画面结合为视听一体的艺术形式。不仅能充分发挥唱段自身固有的魅力，进一步强化演唱效果的冲击力和渗透力，而且还能扩展其情感的和理性的内涵，使观众在较短的时间内得到更丰富、更饱满的审美享受。②"它通过先进的电视技术手段的运用，将戏曲唱腔转化为流动的、有意味的画面形象。通过不断变换的画面组合，产生了虚实结合、生机盎然的艺术境界。这样的创造，既保留了戏曲唱段中鲜明的戏曲化和舞蹈化的韵味，又打破了舞台表演的束缚，体现出了音乐电视节奏转换快、镜头时间短、景别跳跃频和时空变换多的特点，丰富了戏曲艺术的表现形式，给观众带来多方位的视听美感（见图 2-2）。

---

① 其歌词、曲谱见《附录 E：诸种戏曲电视综艺形态》。
② 黄在敏：《戏曲 MTV 创意断想》，《中国电视戏曲》1995 年第 1 期。

图2-2 李谷一演唱戏歌《前门情思大碗茶》

随着人们欣赏方式和习惯的不断更新,现代观众更加倾向于那种情节凝练集中、节奏转换迅速、画面丰富多元的艺术形式。而戏曲MTV则是传统和现代之间的调和剂,它可以借助现代电视技术所带来的信息量大、多维空间、运动摄影、多变光效、时空转换、声音特效等手段,弥补传统戏曲艺术单一、枯燥的弊端,在不失韵味的前提下,从选景、拍摄、灯光、服装、道具、装扮等诸多方面精雕细琢,创作出更贴近现代观众审美品位的作品。

具言之,除了电视技术手段的运用之外,编导还应该在充分理解唱段的音乐内容和文学内容的基础上发挥创意,使画面不仅局限在演员本身,而是通过唱段背后的故事、情节、环境和舞台表演的画面,对唱段起到烘托和提升的作用。正确处理声画对位的关系,可从以下几个方面入手:一是从情节入手,在演唱中加入戏曲舞台表演的场景画面,引发观众回忆和联想,增强唱段的故事性;二是从情景入手,利用电视化手法展现故事发生的情景,将唱段中的意境还原成生动形象的画面,给予观众直观的印象和感受,以达到情景交融的艺术效果;三是从文化氛围入手,选取服饰装扮、乐队、乐器、舞台装置和砌末等,还可包括诸如老街、园林、古建筑、版画、剪纸等蕴含民族文化特色的场景和元素;

此外，对于知名演员，还可以在唱段中展示其生活场景、装扮过程、舞台演出片段等，通过对其自身形象和演出经历的深入挖掘，更好地实现戏曲 MTV 的审美效果。

有观点认为，戏曲 MTV 并不属于舞台表演的形式，而是运用多种技术手段，经过复杂的后期制作而产生的作品，因此并不适合以戏曲电视综艺栏目作为其展示的平台。事实上，当下的戏曲电视综艺栏目大多采用了晚会的形式，本书以为戏曲 MTV 作为一种独立的戏曲综艺形式，可以直接用于栏目头尾作为点缀，或在板块间起到分割和过渡的作用；另外，戏曲 MTV 精审的画面选择和成熟的电视手法，对于现场演唱的节目形式也有积极的借鉴和启示意义，比如在演播室 LED 屏幕素材的选择、镜头运动、拍摄角度以及现场导播镜头的切换，等等。

（五）戏迷擂台赛

众所周知，观众和演员是构成戏剧的两大必要条件，他们是戏剧的实质与核心。而戏剧作为一种审美客体，它所具有的审美功能也就是演员的表演和观众的审美接受之间的关系。对此，波兰著名戏剧理论家耶日·格洛托夫斯基在他的《迈向质朴戏剧》一书中有着直接的论述："经过逐渐消除被证明是多余的东西，我们发现没有化妆，没有别出心裁的服饰和布景，没有隔离的表演区（舞台），没有灯光和音响效果，戏剧是能够存在的。没有演员与观众中间感性的、直接的、'活生生'的交流关系，戏剧是不能存在的。当然这是一条古老的戏剧真理。"[①] 因此，我们不难看出，对于戏剧而言，观众的地位始终是至高无上的。戏剧审美活动中，观众不仅是欣赏者，更是参与者，这在传统的戏曲演出与观赏的进程中就有，而对于戏曲电视来说，更是如此。当下的电视观众在欣赏戏曲栏目时，不满足于被动地接受，他们的主体性地位日益增强。他们期待着与演员交流和互动，甚至加入表演当中，由被动的欣赏者转变为主动的参与者，得到他人的关注与认可。在大众文化语境的影响下，广

---

① ［波］耶日·格洛托夫斯基：《迈向质朴戏剧》，魏时译，中国戏剧出版社 1984 年版，第 9 页。

大观众不仅需要高雅的艺术欣赏与享受,也需要对文化的亲身体验和宣泄,他们不仅满足于在台下看戏,还要上台唱戏,这就是当代电视观众的文化心态。从这个意义来说,观众本身兼具了审美主体和客体的双重身份,这也是戏曲艺术作为雅俗共赏的通俗艺术形式的自身特质所决定的。

为了满足广大观众的主体性特征,也为了让更多的观众参与到戏曲的表演当中来,普及戏曲文化,各大电视台都在知名的戏曲综艺栏目当中开设了"戏迷擂台赛"板块,收到了很好的效果。笔者选取了同一时间段的几档戏曲电视综艺栏目,对其"擂台赛"板块进行了观照和分析。

首先,在"擂台赛"所占比重和比赛形式方面,笔者通过记录,制出了表2-3:

表2-3　　部分戏曲电视栏目擂台赛的时长及形式统计

栏目名称	总时长（分钟）	擂台赛时长（分钟）	所占比重（%）	比赛形式
《过把瘾》	60	60	100	每期共五名选手,先由观众指定二人比赛,败者淘汰,胜者从另外三名中选择一人与之比赛,直至决出冠军
《梨园春》	90	70	78	★戏迷擂台赛:每期二十名选手,电脑抽取守擂者与自愿打擂者比赛,败者淘汰,胜者与剩下的自愿打擂者继续比赛,经过四轮,最终选出本期擂主。 ★少儿戏迷擂台赛:每期三位选手,轮流演唱,由观众打分决出冠军
《相约花戏楼》	60	60	100	每期共四组选手,分别表演,表演过程中评委若亮灯则表示淘汰,表演时间越长则得分越高。本工演唱过后,面向观众进行才艺展示,由观众打分。评委打分加上观众打分,最高者为本期冠军
《走进大戏台》	60	40	67	每期共四位选手,分三轮进行表演,评委分别打分。三轮得分最高者为本期擂主
《秦之声》	60	60	100	每期共四位选手,分成两组分别比赛,由评委投票选出胜者,之后二位胜者进行比赛,获胜者再与上期擂主进行比赛,最终选定本期擂主

由此,我们可以得出至少两个结论。其一,擂台赛环节在戏曲电视综艺栏目中占有举足轻重的地位,至少占据了栏目总时长的2/3,有的

甚至占据了栏目的全部时长。其二，擂台赛的形式多样，有电脑随机抽取擂主的，也有观众指定擂主的；有评委打分决出胜负的，也有选手拉票，由现场观众一锤定音的；有面向成年人的舞台，也有专门向少儿戏迷敞开的"少儿戏迷擂台赛"。总之，通过擂台赛的形式，以戏曲为贯穿比赛的主线，把名家名段、专家点评、名人说戏等众多生动活泼的元素有机结合在一起，浑然一体，光彩照人。

在戏曲电视综艺栏目当中，擂台赛有如下几点重要作用。

首先，擂台赛营造了整个节目的高潮，提高了收视率。对于参与比拼的选手来说，他们的自我价值通过比赛得到了极大的实现。选手们只需表现得精彩一点，就能够得到热烈的认同，并能吸引现场和幕后的观众为自己加油。这种广泛的参与性使得电视有了本质的依托，直接或间接地提高了收视率，也符合广播电视的时尚潮流。对于广大电视观众来说，通过观看选手的激烈比赛，思想感情全都沉浸在擂主和攻擂者那紧张激烈的竞艺氛围里。他们或为自己喜欢的选手呐喊加油，或为某位选手的淘汰出局而黯然神伤……擂手不断更迭，你方唱罢我登场；高潮迭起，张弛有度，给观众造成一种应接不暇、亮点频现的视觉效果。加之选手们演唱的大多是自己喜爱的，具有浓郁地域性特征的地方戏，观众也会不时跟着选手一起唱，甚至手舞足蹈。这一切，都会给观众带来极大的审美空间和更多的审美期待，无形中营造了栏目的高潮，满足了选手和观众的欲求。

其次，擂台赛极大地调动了观众的参与热情。例言之，在河南电视台大院里，每到周末《梨园春》栏目录制的日子，都可以看到从几岁孩童到耄耋老人所构成的庞大群体，他们散布在电视台周边各处，表情丰富地演唱，这其中，除了本省戏迷，尚有许多专程赶来的外省观众，形成了火爆的气氛。笔者在观看某期《梨园春》栏目时，看到了一位85岁的老人，专程从外地赶来参与攻擂。他字正腔圆，唱腔优美，演唱了若干传统唱段。在其他选手演唱时，他也不在后台休息，就坐在舞台上应和着其他选手的演唱，并点着头打着节奏。主持人询问他如此执着的原因，他饱含深情地说："唱戏是我今生的追求，我在这一唱，认识我的人一看，这老头还没有死。"这种参与的热情和对待戏曲艺术朴质、纯粹的情感令现场观众为之动容。可以说，在擂台赛现场，众多不同层次、不同年龄、不同职业、不同性格的观众，因为有了戏曲这一共同爱好而亲如一家，积极探讨演唱和欣赏戏曲的感受和经验，完全成了栏目的主人，更深层次地融进了栏目之中。通过由观看他人表演到鼓起勇气，自己登台竞技的跨越，一种渴望表达、渴望肯定的精神在选手当中传递着。擂台赛不仅调动了观众与观众、演员和演员之间的互动，还通过现场观众打分、短信投票、网络投票等多种形式，充分调动了荧屏内外的互动，极大地增强了栏目的影响力和生命力。

最后，擂台赛充分体现了栏目"以人为本"的思想。每个人都有一个梦想，擂台赛就为广大戏曲爱好者创造了一个可以共同展示梦想和实现梦想的巨大空间，为观众们搭建了一个实现梦想的平台。在擂台赛中，观众看到了与自己一样的普通人，他们中，有工人、农民，也有军人、学生，甚至还有刚会说话的孩子……一张张质朴的脸上，充满了最真实的表情，充满了对戏曲艺术的真挚情感。无论是哭是笑，也不管成功还是失败，他们都在用真情打动着观众。逐渐地，人本思想在无形中成为栏目的核心价值观。以这种价值观作为指导，戏曲电视综艺栏目才会坚定不移地走"百姓栏目"的路子，"让百姓听戏，让百姓唱戏，让百姓圆梦，让百姓成名。[①]"总而言之，综艺娱乐类栏目的宗旨是让大众获得愉悦，享受乐趣，大众的舞台就应该平民参与。唯其如此，戏曲电视综艺类栏目才会赢得更多的观众，擂台赛才会焕发出更加炫目的光彩。

三 综艺型栏目的局限与问题

（一）定位不准，"同质化"现象严重

随着广播电视事业的蓬勃发展，广大观众可收看到的频道和栏目

---

① 贾丽君：《娱乐大众与大众娱乐——论〈梨园春〉戏迷擂台赛的美学效应》，《四川戏剧》2007年第5期。

越来越多，观众的选择决定了频道和栏目的生存，而他们手中的遥控器使他们在广播电视的传播过程中有了更多的话语权。面对激烈的竞争，广大电视工作者唯有坚持精品化、分众化、个性化的发展方向，以独具特色的文化产品吸引特定的受众群体，走"差异化生存"的路子。

2003年对于各省级台来说，着实是一个不平凡的年份。这一年，几乎各大省级卫视都在向着特色化频道的方向大力推进。湖南卫视提出了"快乐中国"的口号，确立了"锁定全国、锁定年轻、锁定娱乐"的频道定位；安徽卫视不断探索"以剧兴台"的经营思路，全天推出"八大剧场"的做法，在业界产生了不小的影响；东方卫视借助上海这个国际大都市所占据的资讯、时尚、流行元素的资源优势，确立了"新闻见长、影视支撑、娱乐补充、体育特色"的内容定位；江苏卫视则致力打造"以资讯为核心、以情感为特色"的中国情感特色频道；而广西卫视则将自己定位为"女性频道"，在节目编排和频道包装上突出女性的特色……由此可见，"成功的电视频道需要通过确定不同的观众需求来明确自己的独特价值，繁杂的节目只意味着目标观众的混乱"[①]。

对于频道来说，明确了各自的特色，对于有着某种爱好或者兴趣的观众而言，可以产生明确的收视指向性，那么，对于每一档具体的栏目，这种意义就更加明显。根据栏目定位的不同目的，我们可以将其分为功能定位、受众定位、内容定位、形式定位等若干个层面，每个层面都有其各自的目的和意义。我们以中央电视台的几档法律类栏目的不同定位来说明这一问题。在功能定位上，《今日说法》通过具体案例，采访法律界专家和学者，得出的结论对大众有着借鉴和警示的作用，我们可以说，这档栏目偏重于普及性和教化性；《法制资讯》的主要内容是对重大法制事件和大案要案的报道，偏重于新闻性；《法律讲堂》则是通过一个个法律故事详细和生动的讲述，潜移默化地教会人们知法、用法，其偏重于故事性。在受众定位上，《今日说法》属于典型的宽众型

---

① 李蓁、王松：《电视频道品牌的建立和作用》，《中国广播影视》2004年第11期下。

栏目，面向群体较为广泛，他们可以是知识分子、干部、学者，也可以是学生、农民、工人；《法制资讯》则针对有一定的文化背景，对法律问题有研究和探讨意愿的人群，以及对法制事件和警方动态感兴趣的观众，比如民警和法律工作者等；而《法律讲堂》则是面对那些时间比较充裕、文化层次较低的中老年群体。可以说，通过不同的定位，满足了不同类型观众的收视需求，也避免了"众口难调"的难题。

若以此标准来观察当下的戏曲电视综艺栏目，我们便会发现，在内容定位上，有的栏目做到了按照地域的差异进行不同的定位，比如《梨园春》主要展示豫剧的风采，而《走进大戏台》则更多表现了山西四大梆子的特色，等等，这是值得肯定的。但从总体上说，栏目定位不准仍是制约戏曲电视综艺栏目发展的一大问题。具言之，在功能定位上，若干档栏目都在传播经典戏曲文化和注重"草根"阶层的娱乐性这一问题上失去了平衡，在"雅"与"俗"之间徘徊不定，使求"雅"的观众不能过瘾，求"俗"的观众无法尽兴，栏目不伦不类，达不到应有的效果。在受众定位上，有些栏目已经注意到了按照观众的年龄层次设置不同的板块，比如《梨园春》的少儿戏迷擂台赛和《过把瘾》的少儿戏迷专场。但是，对于大多数栏目而言，仍旧缺乏明确的传播指向性，尚未针对不同年龄、不同文化背景、不同欣赏品位的观众各自不同的审美偏好进行定位。在形式定位上，现有的几档戏曲综艺栏目仍旧停留在擂台赛、嘉宾表演等陈旧的形式上，鲜有创新。戏曲MTV、戏歌、戏曲小品、戏曲动画等一批既融汇了戏曲艺术神韵，又带有现代色彩的娱乐性表现形式未能被充分运用。

总之，戏曲电视综艺栏目若要得以长足的发展，首先面临的就是定位的问题。解决了这一问题，我们就可以更加明确我们在做什么，我们在给谁看，给谁做，从而在激烈的竞争中找准自身的位置，寻求可能的发展空间。

（二）内容陈旧，资源不足

作为常态的栏目，人们总希望看到常变常新的唱段。但是，优秀的传统剧目数量是有限的，所以，现在出现在荧屏上的唱段，无论是名家演唱，还是擂台赛中的选手演唱，总会出现一定比例的重复，甚至在同一期栏目当中，不同的选手都会选择同一个唱段。河南卫视的名牌栏目《梨园春》为了鼓励选手演唱新唱段，采取了加分政策，但是，问题也随之而来：选手们所唱的何为新段子戏？是在《梨园春》栏目当中第一次出现的段子，还是前多少次出现的，有无硬性的规定？仅仅依靠主持人的感觉就难免会出现偏差。笔者注意到，在同一期栏目中，有位选手演唱的《穆杨会》应该算新段子，但主持人没有给他加分，而另一位选手演唱的《狸猫换太子》则被视为新段子，获得了加分。后者演唱的那一段"今日里出门来天气清爽"，在各种比赛中已经数次被演唱，不应被视为新唱段。另一期栏目中，《对绣鞋》是新段子，却未获加分，而《红灯记》选段"爹爹给我无价宝"，却被视为新段而加分，甚至出现了同样是《清风亭》中的一段戏，有成人组中加分而少儿组未加分的现象。因此，通过比赛加分来更新戏曲的唱段并不是一个根本的途径。

目前，戏曲电视综艺栏目内容陈旧、资源不足的现象主要体现在以下两个方面：首先是演员或者选手演唱的唱段与时代脱钩，情节、环境都不适应现代观众的审美习惯，而符合现代观众审美情趣、具有浓郁时代感、表现现代社会生活状况的现实题材作品却很少被改编成戏曲；其次是戏曲综艺形式过于单一，戏歌、戏曲MTV、戏曲小品、戏曲动画等综艺形式，因缺乏创作力量而很少出现在栏目当中。可见，不从根源上拓展作品的来源，建立专业的创作团队，很难改变内容陈旧、资源不足的现状。

（三）风格"泛娱乐化"，低俗倾向抬头

戏曲是中华文化百花园中的一朵瑰丽的奇葩，其历史源远流长，凝结了中华文化的精髓。但是"戏曲艺术也具备着综合能力极强、善于吸收其他艺术优点的好品性"[1]，并且"能够不断适应时代的发展"[2]。

---

[1] 杨燕：《电视戏曲论纲——呼唤涅槃的火凤凰》，中国广播电视出版社2000年版，第2页。
[2] 杨燕：《电视戏曲论纲——呼唤涅槃的火凤凰》，中国广播电视出版社2000年版，第3页。

所以，戏曲在传播的过程中一直处于动态发展和变化之中。不同历史时期的文化现象和文化思潮，都会在戏曲发展与传播的过程中留下深深的烙印。

随着大众文化语境的不断渗透，"快餐文化"日益盛行，全民狂欢的时代已经到来。越来越多的戏曲电视综艺栏目也纷纷引入娱乐元素来吸引受众的关注。娱乐是一把双刃剑，一方面，它可以在一定程度上缓解了戏曲艺术的刻板和呆陈的弊端，使其风格更加活泼，形式也更加多样；另一方面，倘若过度地把娱乐化因素引入表现传统文化的戏曲栏目中，盲目模仿其他类型的综艺娱乐栏目的形式，不加甄别地"拿来主义"，不仅无法达到拓展受众群的目的，还会失掉既有的核心受众。

目前的戏曲电视综艺栏目普遍存在一种"泛娱乐化"的错误倾向。我们注意到，《相约花戏楼》栏目每期都以热舞开场，穿着比较暴露的舞群伴随着快节奏的动感摇滚扭动身姿（见图2-3）。虽然这样的开场造成了热烈、激情的气氛，但是热舞毕竟与戏曲艺术毫无关联，令那些冲着戏曲来的观众摸不着头脑。在《梨园春》栏目的戏迷擂台赛板块，很多选手在才艺展示环节表演流行串唱、韩国街舞，甚至HIP HOP，这不得不令人对其未来的发展表示担忧。需要指出的是，笔者并不否定将娱乐元素融入戏曲栏目（娱乐功能是传播固有的功能之一），只是这种植入要重视度的把握，过度的娱乐必然会使栏目流于庸俗，丧失了其自身的个性色彩，甚至走向低俗，走向衰败。

图2-3 安徽电视台《相约花戏楼》栏目开场"热舞秀"

第四节 戏曲电视栏目新类型——真人秀

一 戏曲真人秀栏目概述

在为戏曲真人秀下定义之前,我们应该首先厘清几个问题。比如,什么是电视真人秀?戏曲真人秀与戏曲擂台赛又是什么关系,而戏曲擂台赛能否被真人秀所包含?

关于电视真人秀的概念,清华大学新闻与传播学院尹鸿教授等在其专著《娱乐旋风——认识电视真人秀》(我国第一部研究真人秀的专著)中曾进行过如下的界定:"电视真人秀作为一种电视节目,是对自愿参与者在规定情境中,为了预先给定的目的,按照特定的规则所进行的竞争行为的真实记录和艺术加工。"① 这一定义强调了真人秀所应具备的"人造情境"和"真实记录"的特质,如"预先给定的目的""特定的规则""竞争行为""真实记录"等,这对我们认识电视真人秀有着极大的启示作用。但若据此分析,荧屏上几乎所有的游戏类、谈话类、相亲类栏目都属于真人秀的范畴,比如《幸运52》《开心辞典》《我们约会吧》《非诚勿扰》等。很显然,这种界定范围太大,失去了真人秀专有的特性。上海交通大学人文艺术研究院谢耘耕教授于2007年出版专著《真人秀节目:理论、形态和创新》,开篇就对真人秀节目的概念进行了界定:"所谓真人秀节目,就是指由普通人而非扮演者,在规定情境中按照制定的游戏规则展现完整的表演过程,展示自我个性,并被记录或者制作播出的节目。"② 这一概念基本延续了尹著中的观点,如对"规定情境"和"真实记录"的强调,但也略有区别。他更加强调参与者为"普通人"(或被还原了普通人角色的演员、明星),以及

---

① 尹鸿、冉儒学、陆虹:《娱乐旋风——认识电视真人秀》,中国广播电视出版社2005年版,第6页。

② 谢耘耕、陈虹:《真人秀节目:理论、形态和创新》,复旦大学出版社2007年版,第1页。

在展现表演过程时要展示自我个性。谢耘耕指出："真人秀节目将人性展示作为核心……十分强调参与者本身的个性，节目给所有的参与者足够大的空间把自己的个性淋漓尽致地表现出来，让选手成为节目真正的主角……'人'是真人秀节目的核心、根本。"[1] 在此基础上，他还将真人秀与游戏节目进行了区分："《幸运52》《今天谁会赢》这类节目中，参加者的表现空间非常狭窄，模式也非常固定，参加者只是作为节目中的一个元素，但不是核心。在这类节目中，个性展示并不重要……真人秀节目传达的不仅是选手比赛的过程，而且还关注了选手在比赛时的言行举止、内心活动。"[2] 归纳而言，谢耘耕注重参加者的个性张扬、人性展示，将参加者能否构成节目的核心作为界定真人秀的重要依据，这对真人秀的界定更加贴近其本质特性，进一步厘清了真人秀与其他类型节目的区别。中国传媒大学苗棣教授将上述两种概念具体化，提出了一个颇具操作性的界定原则，他主张真人秀的充分必要条件除"人造情境"和"真实记录"之外，还需同时"拥有一个非常自由的表现时空"[3]，标准的现场模式只可用来表现小型事件，真人秀的表现方式，打破了线性时间和明确、有限的空间限制，在时空上得到了充分的自由。[4] 在电视栏目"泛真人秀"现象日益突出的当下，苗棣教授这一补充及时而必要。我们不应将所有游戏类、竞赛类、综艺类、相亲类、闯关类、才艺类等包含某些真人秀元素的栏目全部归为真人秀的范畴，或者一窝蜂地将真人秀作为栏目创新的法宝。只有那些打破了传统现场模式的藩篱、展现出参与者鲜明个性特色、具有强烈戏剧性的节目形式才属于真正的真人秀。

至此，本书尝试为戏曲真人秀栏目进行如下界定：所谓戏曲真人秀栏目，就是指由普通人或被还原了普通人角色的演员、明星，在规

---

[1] 谢耘耕、陈虹：《真人秀节目：理论、形态和创新》，复旦大学出版社2007年版，第10页。
[2] 谢耘耕、陈虹：《真人秀节目：理论、形态和创新》，复旦大学出版社2007年版，第10页。
[3] 苗棣、毕啸南：《解密真人秀——规则、模式与创作技巧》，中国广播影视出版社2015年版，第6—7页。
[4] 苗棣、毕啸南：《解密真人秀——规则、模式与创作技巧》，中国广播影视出版社2015年版，第7—8页。

定情境和自由时空中，按照既定的游戏规则展现完整的，以戏曲为内容的竞争或表演过程，充分展示自我个性，并被真实记录和制作播出的栏目类型。

根据以上定义，以传统现场模式为主的戏迷擂台赛虽包含某些真人秀元素，例如参加者多为普通人，有既定的比赛规则，比赛或表演内容与戏曲有关等，但参与者的表现空间通常比较狭窄，个性的张扬十分有限，擂台的模式相对单一，叙事性和戏剧性也不够突出，因此不应被视为真正的电视真人秀。但值得关注的是，某些戏迷擂台赛已经开始逐渐向真人秀的形式靠拢。比如《梨园春》的"擂响中国"，就对以往比赛的时空进行了较大程度的突破，加入了海选、复选等环节，空间已不再局限在演播室，编导也越发注重挖掘参赛者背后的故事与他们的个性特质，为参赛者贴上各不相同的身份标签。

真正意义上的戏曲真人秀栏目当属由中央电视台的《叮咯咙咚呛》（第一季）。这是该台精心打造首档原创真人秀栏目，也是目前为止唯一一档典型的戏曲真人秀栏目。下面，本书结合这档栏目，对戏曲真人秀这一戏曲电视栏目的新类型加以分析。

《叮咯咙咚呛》是由中央电视台精心打造的原创性首档户外真人秀节目，由周聪等人担任导演，董艺担任制片和主持人，金钟国、安七炫、刘雨欣、熊黛林等中韩明星担任嘉宾（故亦被行内人士称为中韩明星跨界的体验类真人秀栏目），北京爱享文化传播有限公司倾力制作。该节目以受过良好教育的中青年观众为主要目标群体，第一季从2015年3月1日首播，每周一期，于同年5月3日完美收官。该节目经由央视综艺、中文国际、军事农业、戏曲、音乐五个频道轮番播出，最高创下黄金时段0.74%的收视率，市场份额达到2.22%，全国累计到达率达44%，有近6亿中国观众收看过该节目。与此同时，该节目在互联网上的表现同样优异。截至2015年5月底，节目的官方微博已拥有36万粉丝，新浪微博话题总讨论量接近4亿，并占据"疯狂综艺季"榜单的第二位——这一连串可喜的数字，显示出戏曲电视近年来罕觏的人气指数与传播效应，博得了业界人士的一致赞誉（见图2-4）。

图 2-4 《叮咯咙咚呛》栏目宣传海报

二 戏曲真人秀栏目的构成元素①

作为真人秀栏目,《叮咯咙咚呛》的构成元素首先具有所有真人秀栏目的共性特征,如注重现场性,尊重真实记录的原则,追求艺术加工、后期制作的效果以强化情感冲击力等,本书不再展开论述。值得深入研究的是,作为古老的戏曲艺术与现代流行电视栏目形式相结合的产物,这档堪称"现象级"的栏目究竟具有哪些个性特质,主创人员在将"传统"与"时尚"交会的过程中进行了哪些突破和坚守,这对戏曲与电视、戏曲与娱乐的融合有怎样的启示作用。下面侧重于从参与者、悬念、竞争、淘汰与选拔、时空等构成元素加以分析阐释。

(一)参与者:故事主体

以往的戏曲电视栏目,包括戏曲擂台赛、戏曲知识竞赛、"CCTV

---

① 本节部分内容曾以"立足国际视野 传承民族文化——央视真人秀《叮咯咙咚呛》的突破与创新"为题,发表于《电视研究》2016年第2期,有改动。

全国青年京剧演员电视大赛"等一些带有真人秀性质的栏目,其表演者和参与者多为专业演员或戏迷,这固然可以确保戏曲的原汁原味和精神化、高雅化的品格和一定的收视率,却很难吸引其潜在受众和流动受众。不少观众之所以对戏曲虽口无异词,却"敬而远之",究其原因,就在于戏曲过于程式化,面孔陈旧,始终以一种"不变"的姿态应对来自不同层次观众的审美需求,而缺乏求新求变、与其他传播媒介与异质元素之间进行文本互动的创新意识。其实,就戏曲本身而言,它是典型的"俗文化"形式,具有"戏乐"本性。《叮咯咙咚呛》的主创者充分认清这一点,自觉地破除"惯性思维",独出心裁地邀请中韩明星的跨界参与,创作出时尚、多变、耐看、好玩、"接地气"的戏曲栏目,从而赢得了受众,并逐渐培养起受众深度参与的兴趣。栏目在创意上的这种大胆突破,至少起到以下两个方面的作用。

首先,跨界明星的参与增强了栏目的贴近性。

《叮咯咙咚呛》的主创者邀请韩国跨界明星学戏、唱戏,无疑是一个大胆的混搭实验,同时也是突破旧规、创新求变的一次积极尝试。从审美接受的角度看,任何审美活动,都关乎审美主体的品位、判断力与艺术趣味,但这一切都不是天生的,获得这一切的前提来自审美主体在时间、精力甚至是财力上的投入。借助明星效应,既可以扩大观众对传统戏曲文化的认知,引发他们对传统戏曲的兴趣,使其产生新的收视动机,从而大大增强戏曲与大众的贴近性和亲和力,使栏目变得更"接地气",更能聚拢人气,更能获得口碑上的传播度。说到底,这一切都要归功于特别热衷于艺术形式创造的栏目主创人员,他们既是大众审美实践的引路人,又是时尚话语的打造者,同时还是与大众灵魂相通并与之产生互动的知音。正如尹鸿等所指出的那样:"出现在真人秀节目中的普通人员结构构成,就是对现实世界中人类社会的'拟态'。因此只有那些能够引起我们关注、关心和情感好恶的人,那些与我们的生活、我们的情感状态、我们的社会认知需要相关的人,才可能最大限度地引起人们的兴趣和情感投入,才能成为包括真人秀在内的叙事作品的主角,才具有故事主体的所谓

'资格'"。① 此言极是。基于此种识见,《叮咯咙咚呛》的主创人员,极力将不同层次的受众组成如本尼迪特·安德所言的"想象共同体",并使其产生一种虽素未谋面,却休戚与共之感。从大众的审美心理特征看,以往那种泛政治化的审美观念早已消解,他们只是通过对"叙事游戏"的参与,从现实的拘囿中摆脱出来,通过对艺术文本的认同,投射着他们的爱憎、勇气与智慧,实现着他们的期待与梦想,释放着他们被压抑的潜意识,并满足着弗洛伊德所谓的"快乐原则"。《叮咯咙咚呛》的主创人员正是充分考虑到大众审美的这一特点,故不安排任何一位专业的戏曲演员充当栏目嘉宾,所有的明星均褪下光环,从各自的领域脱离,进入戏曲这一陌生领域。他们以"匿名者"的身份进入故事主体,成为非角色扮演状态下的"真实的人"。这种"真实"和"匿名",使明星具备了"普通人"的特性,更使观众产生"代入感",跟随所喜爱的明星,从零开始,感受戏曲,学习戏曲。从观众的收视心理看,无论是他们对已经还原成普通人的明星的本色出演所抱有的浓厚兴趣,还是看到明星出丑时的虚幻性满足,抑或是潜藏在他们心中的强烈的颠覆欲望,这一切都使戏曲之于观众的印象从心存敬畏变得亲切可感,有效地突破了传受双方的心理隔阂,并取得众口交赞的收视效果。

其次,差异性和个性化的人物构成增强了栏目的戏剧性。

如果说,贴近性是让受众"进得来";那么,差异性便是扩大节目收视群体的重要手段。栏目选中的参与者,不论是国籍、年龄、性别还是各自的专业领域均有差异,外表、性格也不尽相同。《叮咯咙咚呛》的选手结构配置情况,可参看表2-4。

从表2-4中可以看出,《叮咯咙咚呛》紧扣目标受众群体,高度注重有一定文化素养和知识水平的年轻群体的收视倾向,围绕这一群体的审美兴趣,选取具备一定的舞台经验、敢于在镜头面前表现特定"自我"的明星作为嘉宾。所选嘉宾既有共性,又凸显差异。从年龄上

---

① 尹鸿、冉儒学、陆虹:《娱乐旋风——认识电视真人秀》,中国广播电视出版社2005年版,第77页。

看，从43岁的金圣洙到27岁的吉克隽逸，虽然主体都为年轻群体，但跨度也有16岁；从10位嘉宾所擅长的专业领域看，虽都与舞台艺术相关，但具体门类又覆盖了影视表演、演唱、模特、街舞、小剧场表演、喜剧表演、主持等多个领域；而在角色定位方面，栏目组更是力求突出较强的差异性。比如越剧组强壮有型的金钟国与耍宝搞笑的曹世镐，性感妩媚的熊黛林与精明可爱的刘雨欣，风格迥异，各有看点。栏目组对嘉宾的配置吸引了不同层次、不同性格、不同偏好的观众，在提升人气方面起到了积极的作用。正如制作团队的中方导演周聪所说："十个明星，总有一款你喜欢。"

表2-4　　　　　　《叮咯咙咚呛》栏目选手结构配置

嘉宾	组别	性别	国籍	年龄(岁)	职业领域	代表作品	角色定位
郭京飞	京剧	男	中国	36	影视演员	《大男当婚》	诙谐小生
金圣洙	京剧	男	韩国	43	模特、演员	《浪漫满屋》	浪漫暖男
安七炫	京剧	男	韩国	36	歌手、演员	《面具》	潮流始祖
熊黛林	越剧	女	中国	35	模特、演员	《叶问》	梦幻女神
刘雨欣	越剧	女	中国	27	演员、舞者	《步步惊心》	精灵女王
金钟国	越剧	男	韩国	39	歌手、主持	《一个男人》	肌肉男、能力者
曹世镐	越剧	男	韩国	33	喜剧演员	《来自星星的你》	耍宝男、搞笑王
张赫	川剧	男	韩国	39	演员	《明朗少女成功记》	武打型男
朴宰范	川剧	男	韩国	28	歌手、舞者	《Nothing on you》	韩国"范爷"
吉克隽逸	川剧	女	中国	27	歌手	《不要怕》	女汉子、好声音

此外，这种差异性也强化了参与者之间戏剧性的对比和冲突，产生了一系列故事情节和情感副线，增强了真人秀的叙事感染力。

（二）悬念：叙事动力

如果我们将真人秀栏目视为一个叙事性文本，那么其故事的核心情节都必须遵循"开端→→发展→→高潮→→结局"的经典叙事模式。由于这类栏目的播出周期一般较长，且存在播出间隔，因此，其成功的关键就在于叙事过程中能否始终使观众处于亢奋状态，并对接下来的内容充满期待。《叮咯咙咚呛》在时尚中加入悬念的元素，大大增强了栏目的艺术魅力与收视效果。

关于悬念，英国著名的小说批评家戴维·洛奇曾对其形成机制进行过最本质的概括："小说就是讲故事，讲故事无论使用什么手段——言语、电影、连环漫画——总是通过提出问题、延缓提出答案来吸引观众读者的兴趣。问题不外乎两类：另一类涉及因果关系（如：谁干的？）；另一类涉及时间（如：后来会怎样？）。"① 所谓"提出问题、延缓提供答案"，无疑是对包括真人秀在内的所有叙事作品的悬念生成所进行的生动描述与高度概括。从具体的操作层面看，《叮咯咙咚呛》的主创人员充分考虑观众的收视心理和情感状态，利用时间切割，制造延宕效果；并以京剧、越剧和川剧三组之间甚至是小组内部各成员之间的竞争为线索，将悬念的主线分解成若干彼此联系、环环相扣的单元，在推动情节发展的同时，使观众始终保持强烈的兴奋感和好奇心。下面我们不妨从具体的文本入手，探究《叮咯咙咚呛》在悬念设置上的匠心所在。

首先，从整体看，在两个半月的播出周期中，三组队员能否克服困难、跨越障碍，获得"最佳表演奖"，这本身就构成了栏目的最大悬念，所有明星的努力都朝向这一目标，最终京剧组获胜，悬念解除，栏目结束。其次，在章节上，第一季共播出十期，每期又按照叙事情节进行悬念设置，分为齐聚大观园、寻师路漫漫、戏曲第一课、谁来唱主角、团队大作战、更上一层楼、锋从磨砺出、功到自然成、向经典致敬等十回。从每一集的命名上我们可以看出，栏目围绕情节主线设置了一个又一个悬念，营造了一个又一个高潮，使观众始终保持"入戏"的状态。比如在第三回：寻师路漫漫中，明星为了见到导师，可谓历经考验：京剧组要完成穿针引线、筷子夹豆的任务；川剧组在金刀峡爬山攀岩，而吉克隽逸恐高无力，花容失色，却只能咬牙坚持，最终安全脱险；越剧组更可谓一波三折，在经由男女组合完成了抬轿运水、蒙眼猜物的任务后，因曹世镐失误弄丢了通关钥匙，直到艰难完成顶水碗这一加试任务后才被赵志刚收入门下。最后，在细节上，栏目充分挖掘人与

---

① ［英］戴维·洛奇：《小说的艺术》，王峻岩等译，作家出版社1998年版，第14页。

人、人与环境、人与内心之间的竞争、矛盾和冲突，并以此设置悬念。又比如第五回：究竟应当由谁来唱主角？为此，金钟国与曹世镐争夺梁山伯一角，他们送零食、秀腹肌、举牌游说，使尽浑身解数讨好学生进行拉票。在第六回的团队大作战中，重庆火锅、星级宾馆的奖励和泡面、露宿的惩罚也为川剧组的能否完成任务制造了悬念。由此可见，大凡精心结撰的艺术精品，在艺术上总有令人足资揣摩与称赏之处。无论是"游戏"还是设置悬念，在《叮咯咙咚呛》中皆体现为"娱乐本位"的回归和对艺术精品的不懈追求。

通过以上分析，我们不难对该栏目所延伸的美学启示作如下归纳：一方面，我们要确认"娱乐"的合理性，充分给予观众"必要的娱乐"的权力，避免重蹈极权主义和泛政治化的旧途；另一方面，又必须制止"过度娱乐"和泛娱乐化；为纠正这一偏差，影视工作者必须创造出大量的优秀文本，才能有效地调节大众的审美趣味，重建包括娱乐在内的多元的文化精品，借以扩展大众文化选择的空间。从这个意义上说，《叮咯咙咚呛》的主创人员可谓厥功至伟，他们以其创造性劳动的涔涔汗水，重新诠释着关于"大众文化"的定义与内涵。

（三）竞争：叙事情节

真人秀的主体是"人"，核心是"秀"，而这场"秀"的内容，恰恰是明星们几乎从未接触过的戏曲。作为《叮咯咙咚呛》的叙事主线，如何学戏自然成了栏目最大的看点。栏目组别具匠心地将戏曲的程式化动作和唱念做打等基本功训练设计成充满趣味性和刺激性的游戏，以团队协作完成任务的形式进行闯关比拼。即以明星们齐聚大观园为例，他们为了获得京剧、川剧、越剧三个剧种的优先选择权，必须完成"抱女生做蹲起""头碰腿盖印章"和"斗鸡比赛"等游戏任务；为此，他们又必须进行体力和柔韧性测试。在之后的分组训练中，栏目组更是把"学戏"和"游戏"融为一体，笔者将栏目中具有典型性的游戏任务及其训练目的归纳如下（见表2-5）。

表2-5　　　　　　　《叮咯咙咚呛》栏目部分游戏任务

剧种	师父	学员	游戏任务	训练目的
京剧组	梅葆玖	安七炫 郭京飞 金圣洙	1. 穿针引线、夹豆子	手部稳定性和力度
			2. 躲沙包	反应能力
			3. 穿藤蔓、避铃铛	柔韧性
			4. "假戏真做"扮女生	反串
越剧组	赵志刚	金钟国 熊黛林 曹世镐 刘雨欣	1. 抬轿运水、蒙眼辨物	稳定性、耐力、协作力
			2. 金鸡独立、单腿顶碗	基本动作
			3. 拥抱、绑手体验"一日情侣"	情感投入
			4. 团结运动会	协作力
川剧组	沈铁梅	吉克隽逸 朴宰范 张赫	1. 金刀峡攀岩寻师	勇气、耐力、协作力
			2. 剑击铃铛奏乐	把子功
			3. 野外寻脸谱	基本知识
			4. 山谷传音不走样	发声

由此可见，利用游戏来串联明星学戏这一主线，既能展现出明星的个性，又充分满足了受众的视听快感和好奇心、窥视欲、参与性和时尚感，大大改变了观众对戏曲陈旧、呆板、程式化的印象，有助于栏目文化价值的提升和实现。同时，《叮咯咙咚呛》还充分重视戏曲的"戏乐"本性和电视综艺的"娱乐本位"，自觉地追求一种既轻松有趣又雅俗共赏、既紧张刺激又寓教于乐的收视效果，取得了可喜的成功。在《叮咯咙咚呛》的主创者看来，娱乐本身绝非可畏之物，它只是那种需要加以节制与净化的审美快感而已。

（四）淘汰与选拔：戏剧命运

在真人秀栏目中，胜利与失败、晋级与淘汰是最具戏剧性变化之处，也是构成竞赛魅力的重要因素。"真人秀往往在每一个环节中，都要决定优胜和失败者。而在每一环节都要采用层层淘汰的方式，逐渐减少参与者，直到决出最后的甚至是唯一的胜利者"[①]。《叮咯咙咚呛》栏

---

① 尹鸿、陆虹、冉儒学：《娱乐旋风——认识电视真人秀》，中国广播电视出版社2005年版，第95页。

目制造了一系列"关口"和难题，有多样化的奖励和惩罚措施，导师的要求也十分严格，每一环节的任务对于从未进行过专业戏曲训练的明星而言，堪称"难以想象"。作为戏曲真人秀栏目，《叮咯咙咚呛》在对选手进行"淘汰"设计时，一个最为突出的特点就是在巧妙构思"淘汰"环节，充分注重过程的紧张性和刺激性的基础上，却不是以最终将选手淘汰为目的，而是借助情感元素，推动剧情发展。京剧、越剧和川剧三组共十个队员经历了无数次资格考核和"淘汰赛"，准备的过程充满了艰辛，他们住在学生宿舍，坚持早功训练，甚至负伤应试，三位导师虽平日里要求极为严格，但最终均以包容的胸怀，使淘汰赛的结果以"通过"告终，充满浓浓的人情味。

（五）时空性：规定情景

不同民族的文化特质往往呈现为非常具体的形态，有鉴于此，除了上述所谓跨艺术形式的融合外，《叮咯咙咚呛》的主创人员还在礼仪风俗、生活饮食、自然景观等多个方面下功夫，拓展栏目的表现时空。在拍摄场地的选择上，将明星学戏的主阵地选定在中国戏曲学院、嵊州越剧艺术学校、四川省川剧院，使观众有一种"身临其境"的"现场感"，从中进一步感受到学戏的艰辛，也展示出戏曲艺术后继有人的光明前景。此外，栏目还选择了正乙祠和施家岙的古戏台作为外景地，呈示出戏曲艺术丰富的文物遗存和深厚的民间基础。演员演出的场地则特地选取最具传统韵味与文化特色的场景——大观园，以便为中韩两国的电视观众展现更多的异域文化和风情；在这样一个灯光璀璨、美轮美奂的舞台上，配以戏曲艺术华丽的服饰装扮，使得整个演出成为一种令人歆享不尽的视觉盛宴。为了进一步提升演员的文化品位，《叮咯咙咚呛》的主创人员还特别安排两国的明星们游览北京长城、杭州西溪湿地、重庆金刀峡等名胜古迹，并参观北京最知名的古戏楼之一——正乙祠戏楼和中国女子越剧的发源地——施家岙的古戏楼，让他们在尽情地观赏中，深刻体味中国传统文化的深厚底蕴与独特风采。基于这一主旨，《叮咯咙咚呛》的主创人员所安排的看似不经意的场外"花絮"都具有了拉近两国文化差异的意义，如在寻师路上随手买来的冰糖葫芦，历经艰辛终于吃到重庆火锅,宋茜探班时为京剧组亲手制作的韩国特色饮食炒年糕,等等。至于作为师父的梅葆玖老先生亲设家宴款待徒弟,而作为徒弟的韩国明星拜师时会行敬茶礼,拉票时会行跪拜礼,这些独具匠心的细节也都变得余味曲包,耐人寻绎。——在这里,游览与审美、生活与艺术,它们之间的边界是模糊的,不过是以一种转换了的形式,完成了一种文化观念与生活习俗上的融合,并最终取得"美得让人落泪"的演出效果。

如果进一步寻绎,我们还会发现,《叮咯咙咚呛》的主创人员在整个节目的打造中皆倾力追求一个"化"字,此乃艺术创造的最高境界。就"化"字本身而言,其与"讹"字仅多一偏旁,欲求"化境",绝不能太功利,太矫饰,太随心所欲;不然"化"而不成,反倒有"讹"之嫌,可不慎诸?在这方面,《叮咯咙咚呛》可圈可点,在兼蓄并收、熔铸中外上起到了积极的示范和推动作用,这无疑是十分难能可贵的;唯其难能,所以可贵。

三 戏曲真人秀的文化坚守与传播效应[①]

对于戏曲艺术当下的传承与发展问题,《叮咯咙咚呛》节目制片人、主持人董艺提到的一个细节令人深思:"在接触这些韩国明星时,问他们是从哪里知道戏曲的,他们无一例外全部回答是陈凯歌的电影《霸王别姬》。"的确,在娱乐节目梦想遍地、"导师"泛滥、集体"井喷"之际,戏曲传播的有效途径实在少之又少。著名学者孟繁华慨乎言道:"世纪之交,在市场经济中解放了的'众神'迎来了狂欢的时代……。与此同时,所谓的'主流文化'、'知识分子文化'和'市场文化'在相当复杂的关系中纠缠不休,大众文化令人炫目的流光溢彩掩饰不了我们的失落与伤痛。对于经典、传统,我们是否还应怀着尊崇和敬畏?理想的坍塌与内

---

① 本节部分内容曾以"突破与坚守——央视原创真人秀《叮咯咙咚呛》的创作追求与传播效应"为题,发表于《中国电视》2015年第10期,有改动。

心的困惑应该到哪里去寻找和倾诉？我们的心灵是否正逐渐演变为五颜六色的荒漠？"①孟繁华以诗意的笔触对狂欢时代中国传统文化的传承问题表现出失落和忧虑，已然成为有识之士的共识。习近平主席在批评学生课本存在的不良倾向时，亦曾深刻地指出："'去中国化'是很悲哀的。"笔者认为，习主席的这一论断也可以用于传统戏曲上。基于这一历史语境，作为一种主流媒体，电视文化工作者究竟应当如何通过节目的制作，注入人文的内涵，积聚文化精气，净化人文精神，提升民智民情？究竟应当如何在引导人们弘真、弘善、弘美的同时，坚守媒介应有的文化责任，有效地传播中华传统文化自身的精髓，更好地体现传统的、民族的文化价值和意义，这确实是每位电视工作者都必须严肃思考的问题。优秀的传统文化（包括传统戏曲中的精华部分）是中华民族的精神命脉所在，是涵养社会主义核心价值观的重要源泉，也是我们在世界文化激荡中站稳脚跟的坚实根基。下面，笔者拟就此予以论析。

（一）文化引导

《叮咯咙咚呛》节目的主创者在重视大众文化通俗化、娱乐化的同时，十分重视发挥文化引导的功能。在嘉宾选择上，他们特地邀请了京剧表演艺术家梅葆玖、越剧"小王子"赵志刚、川剧代表性传承人沈铁梅作为明星学员的师父，亲自示范，师生同台表演，使观众既感受到中韩文化碰撞融合之后的"先锋"戏曲作品，又领略到大师表演的原汁原味。在内容的编排设置上，为了照顾到不同层次的观众，所选择的剧目皆为通俗易懂的经典剧目，如京剧《杨门女将》《白蛇传》，越剧《春香传》《梁祝》，川剧《金山寺》《李亚仙》等。为了进一步加强文化引导的作用，栏目组还特意制作了若干部介绍经典剧目和表演大师的专题片，并以横飞字幕的方式介绍戏曲知识，普及戏曲文化。举凡上述一切努力，无非是为了避免将栏目降格为一种仅具娱乐性、供大众消遣的文化游戏，强化文化引导的作用，充分体现出《叮咯咙咚呛》的主创者传承传统文化的自觉担当与人文精神价值的不懈追求，这在以大众

---

① 孟繁华：《终身狂欢：世纪之交的中国文化现象》，中央编译出版社2003年版。

化、娱乐性甚至畅销性来衡量同类影视作品的意义的时下,尤具价值引领、提振民气的现实意义。

(二)异质组合

《叮咯咙咚呛》的主创人员在创作理念上,极力追求对中华民族核心价值观的坚守。他们站在弘扬民族传统文化的高度,以国际化的视野,很好地处理了文化传播过程中"本土化"与"全球化"的关系。所谓文化全球化,实际上是一个"去本土化"的过程,在这一背景下,发达国家正在大力进行文化扩张和文化输出,美国、日本、韩国等国家的电视综艺模式几乎一成不变地被国内媒体移植和模仿,并纷纷拉拢国内明星助阵,而央视却并未在异域文化的强烈冲击下迷失方向,而是自拓衢路,独具匠心地邀请韩国一线明星加盟自己的原创真人秀,拜中国戏曲艺术家为师,学习中国的传统艺术,彰显出泱泱大国的文化自信。另外,《叮咯咙咚呛》自觉地追求自主创新,而这种"自主创新"正是通过将两种异质文化的元素进行巧妙的组合来实现的。日本著名创造学家多湖辉教授曾经指出:"策划内容里的96%是任何人都知道的,非常常见的东西,当他们被一种新的关系体系重新组合起来,具有相当的有效性时,就能发展成策划。"多氏又进一步指出,"组合在创新中起到两大作用:一是通过组合产生综合效应;二是通过组合,让一些似乎不相关联的事物经过有序的思维碰撞产生创意"[①]。多氏此论对我们不无启示,事实上,"中国电视的生产和传播,离不开'本土化'的现实性资源、民族性资源、文化性资源作为基础和支撑"[②]。只有在此基础上,以一种全球化的文化视野,将本民族的传统、风俗、历史、文化精髓与异质文化的多元因子与丰富形态进行组合,才能实现真正的自主创新。

戏曲是中华民族精神文化产品中的瑰宝,有着深厚的历史积淀、文化内蕴与极高的审美价值。《叮咯咙咚呛》将戏曲作为节目创新的灵感源泉,使传统戏曲与当下最流行的真人秀节目进行创造性的组合。一方

[①] 谢耘耕、陈虹:《真人秀节目:理论、形态和创新》,复旦大学出版社2007年版,第192页。
[②] 胡智锋:《电视传播艺术学》,北京大学出版社2004年版,第96页。

面，它通过中韩两国明星的跨界参与以聚拢人气，另一方面也大力促进了异域文化的交流碰撞。这种自出机杼的突破和创新，既为栏目寻找到新的增长点，又使民族文化焕发出新的光彩。由是我们不难看到影视戏曲类栏目在艺术形式上的一个本质特点，即它并不只是表现为某种表面化的"进步"或"保守"，而往往是某种融合与转化的结果。关键在于，究竟应当如何成功地完成这种融合与转化。从《叮咯咙咚呛》的内容上看，栏目选取的戏曲唱段除了中国传统剧目《白蛇传》《梁山伯与祝英台》《凤仪亭》之外，还选取了在韩国文学史上占有重要地位的《春香传》。故事的主题与中国传统戏曲的多部作品相似，极易被两国观众接受。从形式上，川剧组的张赫和朴宰范将韩国街舞动作化融入川剧表演当中。而越剧组则采用了中韩两国语言来演唱，并将韩国传统的长鼓舞作为越剧的伴舞。在编排过程中，节目组别具匠心地采用韩国明星探班助阵的形式，使中韩两国明星切磋技艺，取长补短。在京剧组的编排过程中，韩国EXO组合的黄子韬和CHEN赶来探班，不仅提升了栏目的人气，还在京剧《盗仙草》中加入了K–POP元素，而韩舞《咆哮》中的部分动作则植入京剧表演，两种艺术互通互融，交相辉映，从而生发出令人醉心的"混搭"效果。总之，《叮咯咙咚呛》的主创人员为了共同打造一个文化精品，别具匠心地吸引各种优质资源加入，最终形成了一股螺旋上升的强大力量带动了周边各种元素的升值。无怪乎网友们会不约而同地发出如下的热评："《叮咯咙咚呛》展现了别样的戏曲，一样锣鼓，百种唱法，让韩国人唱疯了，让中国人听傻了！"

（三）情感推动

"感人心者，莫先乎情。"（白居易语）"情感"在中国观众的收视心理中占有极为重要的地位。它既是娱乐节目重要的噱头，又是激发收视兴趣、引发观众共鸣的关键元素。《叮咯咙咚呛》围绕戏曲的传承发展这一主题，始终追求一个"情"字的感发功能，从师生情、朋友情、民族情等多个角度，打造出若干条情感性强的故事副线，使经典触碰心灵。

首先是京剧大师或名家对传统戏曲的那份令人感佩的至爱。我们的这些戏曲大师，他们毕生将全副精力都寄托在"戏"上，这"戏"可以是精神的，可以是艺术的，也可以是感情的，他们的"托"是托以终生之"托"。不论是对一字一腔的美感陶醉，还是对一招一式的精心研摩，皆体现出他们对"戏"的至爱。明乎此，我们也就不难理解梅葆玖大师何以会亲设家宴款待徒弟，沈铁梅老师为何会对受伤的徒弟如此怜爱和关怀，裘继戎助教在基本功教学时甚至会对徒弟进行善意的体罚，这种独特的"授徒"方式，也正是中国文化的某种精髓所在。我国戏曲表演艺术的传承，不是靠现代化、规范化、标准化的批量生产，而是师徒间手把手的教习，情与情的交流，心与心的默契，讲求的是"口传心授"，是纯属个人化、个性化、个别化的"因材施教"；在授受之间所流贯的那份浓浓的师生情背后，所体现的正是一种对古老艺术的至性深情；而这种至性深情，也同样打动了受众。（见图2-5）其次，在韩国明星来中国学戏的这段时间，中国的明星、戏友和百姓都表现出"有朋自远方来"的热情和好客，并与韩国明星结下了深厚的友谊。尤其是越剧组与嵊州越剧艺术学校的学生联合举办的"团结运动会"，以及在明星们离开嵊州时同学们写下的一封封饱含真情的书信，赚足了观众的笑声与泪水。在这里，古老的戏曲承载着中韩两国人民的深厚友情，成为加强两国人民相互了解的使者与文化认同的纽带。最后，栏目通过诸多触动人心的情感细节，展现出人们对传统文化的坚守、热爱和对戏曲艺术"重获新生"的期盼，触发人们对戏曲生存与发展的思考。

图2-5 《叮咯咙咚呛》梅葆玖先生在为京剧组指导

尤其在第十回"向经典致敬"中,梅葆玖先生以81岁的高龄携最小的徒弟——9岁的巴特尔同台表演(见图2-6),既让观众过足了戏瘾,同时也充分感受到戏剧大师对戏曲传承的殷切期望——此"一石数鸟"之效,正是主创人员着力追求和深情期待的。

图2-6 《叮咯咙咚呛》梅葆玖携最小徒弟巴特尔演唱《贵妃醉酒》,成为其人生最后一次彩唱

(四)主题升华

2015年7月22日,国家新闻出版广电总局发出了《关于加强真人秀节目管理的通知》,要求各级广播电视部门根植于中华优秀传统文化,大力推动创新创优。该通知指出:"各级广电部门要积极鼓励具有鲜明中国特色、中国风格、中国气派的原创节目模式,大力提倡将当代艺术理念与现代技术手段相融合的集成创新,对引进节目模式要适度控制数量,要避免过度集中在某一地区或国家。要充分利用中华文化元素、中华美学精神对引进节目模式进行本土化改造,坚持以我为主、开拓创新。要树立文化自信,摆脱对境外节目模式的依赖心理,坚决纠正一窝蜂式的盲目引进,对于以合作方式变相引进的现象要坚决治理。"[①]作为国字号媒体,央视并未在异域文化的强烈冲击下迷失方向,而是通过坚持原创、自拓衢路的创新,实现了流行趋势与主流价值的平衡与统

---

① 国家新闻出版广电总局:《关于加强真人秀节目管理的通知》,http://www.sarft.gov.cn/art/2015/7/22/art_ 113_ 27532.html,2015年7月23日浏览。

一，并充分发挥了媒体对社会价值的引领和带动作用。作为央视的首档户外真人秀节目，《叮咯咙咚呛》的可贵之处还在于它虽然在娱乐性上下足了功夫，却并未失去弘扬传统文化的主旋律色彩。笑过、乐过的观众猛然发现，韩国明星对于中国传统文化的尊崇程度竟远远超过了我们自己！不少网友惊叹地表示："原来我们的传统文化这么美，这么牛！"这一声声称赞，既是对《叮咯咙咚呛》栏目的主创者们最高的褒奖，同时也喻示着他们所罄力追求的主题价值与深层意义得到了完美的艺术实现：借助娱乐的手段向传统致敬，在回归戏曲"娱乐"本性的同时，推动戏曲文化的传承与发展。从这个意义上说，《叮咯咙咚呛》更像是一档励志类栏目。它将戏曲发展与文化传承的主题由认知上升为行动，由一个点上升为整个面，由一种精神的呼吁上升为一种与民族、社会、文化共生同行的"正能量"。从更为宏大的视野看，这种传承之力，正是人类创新与进步的表征，它昭示着人类前进的巨轮将永不停歇。从这里，我们欣喜地看到国字号媒体巨大的传播与感召效应与无远弗届的影响力。

　　行文至此，笔者不禁感从中来。长期以来，由于戏曲在内涵精神领域以及外在表达形式上的高度成熟，逐渐凝结为一种近乎完备的表演体系，这已然成为制约其进入电视等通俗文化领域的瓶颈。有鉴于此，《叮咯咙咚呛》的主创者们迎难而上，其艺术实践与创作追求之间取得了契合无间的视听效果，这首先表现为通过电视节目，把人们对戏曲"回归娱乐""回归通俗"的认知和期待付诸实践；其次，栏目展现的虽为戏曲艺术，却通过戏曲这扇窗，为传统文化在大众文化和消费主义浪潮下的传播开辟了新路；最后，《叮咯咙咚呛》在艺术上博采众长，妙用多种娱乐手段和策划技巧，打造出真正为广大观众所接受和喜爱的、独放异彩的艺术晶石。由此所引发的一个显性的传播效应，便是使戏曲的传承与保护不再仅仅停留在相关部门大力疾呼"挽救"的舆论层面上，而是如前所述，已然内化成国人审美上的认同与精神上的自觉，进而大大增强国人对本民族的文化坚守、文化自信与文化担当感，而这，正是栏目的终极追求之所在。下面，我们不妨拈举节目组精心制作的一则短片，其中有京剧组与中国戏曲学院的学生们在宿舍里夜谈的一番对话：

  郭京飞 作为一个影视演员来说，我真的是很愧疚。何德何能，现在我们的拍摄环境，我们的待遇，我们的收入，都要比戏曲演员高成百倍，成千倍，但他们却吃了那么多苦。

  学 生 但最重要的是，现在戏曲不是主流了。

  （经典戏曲选段集锦）

  【字幕：那个因为一场戏而观众哭泣的年代……

  已经在岁月的长河中渐渐远去……

  但是仍然有许多人，

  在为这门艺术坚守阵地。

  为了它的华彩，

  而付出青春与汗水。

  希望更多的年轻人走上这条"不平凡的路"。】

  金圣洙 其实心态很重要，想要继承传统文化的那种心态，所以看到这些年轻朋友还在学习戏曲，感到非常欣慰。

  郭京飞 （买来炸鸡和啤酒）你知不知道，韩国的《来自星星的你》在中国播完以后，起来了多少卖炸鸡和啤酒的店。

  金圣洙 所以，其实这也可以说是电视的力量，所以如果我们把节目做好，可以让很多人去了解京剧，让更多人喜欢京剧。

  【全体击掌，干杯。】

  是应当为那些"让更多人喜欢京剧""为这门艺术坚守阵地。为了它的华彩，而付出青春与汗水"的有志之士而"击掌，点赞！"与此同时，笔者还是愿意发出一种纸上的声音：随着影视文化的大众化转型，亦即从深度文化向平面文化转型的过程中，不少影视作品都呈现一个共同特征，即对崇高感、庄严感、使命感、责任感的放弃与疏离，传统文化中那些曾被人们引以为豪的东西，如神圣、敬畏、仁爱、担当、坚守等亦日益淡化，娱乐性电视节目不同程度地走向了"生产化""产品化"，追求利润成为衡量影视文化产品的重要参数，在文艺界创作乱象丛生与文艺批评失语这样一种当下语境中，《叮咯咙咚呛》的主创人员能够"于风云中立定精神"，既顺应时代，又创辟新途，锤炼出无愧时代的、以传承与弘扬中华优秀文化为主旨的艺术精品，嘉惠艺坛，为功岂细！文史载笔，自当大书深刻。

　　习近平总书记在主持召开文艺工作座谈会上的重要讲话中，首次向文艺工作者明确提出："要结合新的时代条件传承和弘扬中国优秀传统文化，传承和弘扬中华美学精神。"这是习近平总书记站在文化强国建设的高度对于文艺如何传承中华优秀文化的价值引领，旨在充分发挥文艺在国民素质提升和人文精神传播中的重要作用。《叮咯咙咚呛》的主创人员将此奉为圭臬，在创作理念上坚守中华民族的核心价值观，以传承与弘扬中华优秀文化为职志，积聚文化精气，彰显信仰之美。在艺术创作上取精用宏，熔铸中外，独出机杼，自主创新。既谐趣其表，又守正于中；既敢于突破，又不忘坚守。在时下国内同类节目纷纷争相"模仿""引进"的潮流中，《叮咯咙咚呛》逆势而行，一扫艺坛陈陈相因、低俗萎靡之风，大大改变了在影视节目创作中所存在的有数量缺质量、"有意思"没意义、有"高原"缺"高峰"的现象。于是我们欣喜地发现，《叮咯咙咚呛》主创者的不懈追求，已然迹化为一种蕴涵着巨大"正能量"的卓越文本，故《叮咯咙咚呛》甫一播出，便产生了巨大的社会效应与文化效应。它标示着以戏曲为代表的民族传统文化与电视媒介在更高层次上进行联姻和互动的肇始，由此所引发的舆论上的如潮好评与空前的人气指数，又为我国原创真人秀栏目内容和形式的创新指明了方向，具有相当的启示意义。

四 戏曲真人秀栏目的局限与问题

从《叮咯咙咚呛》栏目中，我们也能归纳出戏曲真人秀当前存在或将要面临的一些问题。

首先是栏目原创和移植的关系问题，《叮咯咙咚呛》作为央视原创的第一档真人秀栏目，虽然以戏曲为内容，但在环节和叙事上与浙江卫视的真人秀《奔跑吧兄弟》（引进自韩国《Running man》）存在重复，能够体现模仿痕迹。其次是戏曲和娱乐的关系问题，突出表现在娱乐的内容所占篇幅过多，某些竞赛和游戏的内容与戏曲完全无关。在《叮咯咙咚呛》中，用在学员选拔、组合的篇幅过长，直到第三回才开始正式学戏，而且其中诸如"韩国 EXO 组合跳街舞"等内容设置与戏曲主题毫无关系，这就使得栏目主题过散，定位不准，主次不分，节奏拖沓。此外栏目还打造了一系列奇观景象，吸引观众的眼球。艳丽妖娆和英武俊朗的男女嘉宾，搭配上绚丽奢华的舞台效果，栏目的可视性达到巅峰。尤其是熊黛林和刘雨欣，她们出身于模特和舞者，被栏目组打上了"梦幻女神"和"精灵女王"的标签，以供观众进行"视觉消费"和"视觉体验"。她们在栏目中衣着性感，风姿绰约，艳丽动人，熊黛林与金钟国、刘雨欣与曹世镐之间那些有意或无意的"暧昧"，皆被栏目放大，进行夸张的渲染，而这些做法令冲着戏曲来的观众摸不着头脑。这些问题的存在客观上降低了栏目的质量，与栏目的最初追求产生负面作用，其实如果减少1/3或更多的长度，问题也许不会存在，问题出在求大、求长，以博眼球。

客观地说，《叮咯咙咚呛》栏目所进行的多种构想、创新、探索和实践，仍是以戏曲为代表的传统文化与电视媒介在更高层次上进行联姻和互动的开始，其启示意义更远远大于成功经验。如何让传统文化和高雅艺术走下云端，借助电视多样的策划手段和制作技巧，适应时代与人民需要的步调，满足人民群众不断变化和增长的欣赏习惯与审美渴求。这既是文艺工作者的社会责任与现实课题，也是全体电视人所应努力追求的目标，更将成为当代审美文化的一个重要命题。明星参与的戏曲真人秀解决的是戏曲的普及和引入问题，从长远来看，戏曲真人秀如果摆脱了明星应该怎么做？靠什么吸引观众？如何打造百姓参与的，令包括戏迷在内的广大观众认可和喜爱的栏目，是戏曲真人秀面临的真正挑战。

第三章 戏曲电视栏目的受众调查与收视分析

第一节 调查过程及样本情况

为了解不同省市观众对戏曲电视栏目的收看与需求情况,笔者于2016年7月至10月,以问卷调查的形式,对戏曲电视栏目的传播渠道、受众收视行为、收视形式倾向、收视内容倾向进行调查,并对中央电视台、省级卫视播出的有一定影响力的戏曲电视栏目,以及上述栏目的主持人进行了评估。

本次调查共发放问卷1050份,收回问卷1050份,其中有效问卷为1004份,有效率为95.62%。调查采用分层随机抽样的方法确定样本。样本性别均衡,年龄、收入、文化程度、职业的覆盖范围较为广泛,地域方面涉及天津、上海、安徽、山西、陕西、河南、广东、河北、山东9个省市,不同省份间样本分布均匀,每个省份的城乡比例约为城市40%、乡镇40%、农村20%。总体而言,本次调查效果符合预期。问卷回收后,运用SPSS统计分析软件对所有有效问卷进行了数据统计分析。

本次调查样本的性别、年龄、收入、文化程度、职业、居住地、所在省份等基本指标的情况如表3-1所示。

表3-1 被调查样本的基本情况

变量	类别	频数	百分比（%）
性别	男	473	47.1
	女	531	52.9
	总计	1004	100.0
年龄	15岁及以下	16	1.6
	16—25岁	35	3.5
	26—35岁	130	12.9
	36—45岁	258	25.7
	46—55岁	194	19.3
	56—65岁	177	17.6
	66岁及以上	194	19.3
	总计	1004	100.0
收入	2000元及以下	150	14.9
	2001—2999元	367	36.6
	3000—3999元	397	39.5
	4000元及以上	90	9.0
	总计	1004	100.0
文化程度	小学及以下	102	10.2
	初中	306	30.5
	高中/中专/技校	300	29.9
	大专	151	15.0
	本科	109	10.9
	硕士及以上	36	3.6
	总计	1004	100.0
职业	各级政府部门、企事业单位、党政机关和公众团体的领导者	71	7.1
	专业技术人员（教师、医生、工程技术人员、作家等专业人员）	90	9.0
	产业工人	60	6.0
	商人/私营企业主	45	4.5
	第三产业服务工作者	106	10.6
	农业、牧业和林业工作者、渔民和猎人	255	25.4

续表

变量	类别	频数	百分比（%）
职业	学生	20	2.0
	职员（从事一般性事务工作的人员）	126	12.5
	家庭主妇	52	5.2
	军人	1	0.1
	离退休人员	159	15.8
	无业	19	1.9
	总计	1004	100.0
居住地	城市	377	37.5
	乡镇	416	41.4
	农村	211	21.0
	总计	1004	100.0
所在省份	天津	98	9.8
	上海	127	12.6
	安徽	124	12.4
	山西	109	10.9
	陕西	101	10.1
	河南	113	11.3
	广东	114	11.4
	河北	95	9.5
	山东	123	12.3
	总计	1004	100.0

第二节 受众接触戏曲的渠道分析

一 问卷的设计及拟解决的问题

关于受众接触戏曲的渠道，问卷设计了一个问题，即：您通过哪些渠道接触到戏曲？提供了剧场、电视、广播、网络、手机平板电脑等移动客户端、民俗节庆活动演出、自娱演出等7个选项，涵盖了目前受众接触戏曲的主要渠道,题型为多选题。力求通过本题目调查所反映出的数据,观照当前受众接触戏曲的渠道的情况,并通过不同年龄、文化程度、居住地与戏曲传播渠道的交叉分析,探究不同类型受众对戏曲传播渠道的选择倾向,以及不同渠道对受众吸引力的差异。统计情况如表3-2所示。

表3-2　　　　　　　　受众接触戏曲的渠道统计

选项	类别	频率	百分比(%)
剧场	是	351	35.0
	否	653	65.0
	总计	1004	100.0
电视	是	807	80.4
	否	197	19.6
	总计	1004	100.0
广播	是	610	60.8
	否	394	39.2
	总计	1004	100.0
网络	是	133	13.2
	否	871	86.8
	总计	1004	100.0
手机平板电脑等移动终端	是	109	10.9
	否	895	89.1
	总计	1004	100.0
民俗节庆活动演出	是	635	63.2
	否	369	36.8
	总计	1004	100.0
自娱演出	是	116	11.6
	否	888	88.4
	总计	1004	100.0

二　总体情况分析

如表 3-2 所示，在受众接触戏曲的渠道中，电视、民俗节庆演出、广播位居前三位，所占比例分别为 80.4%、63.2%、60.8%，应为受众接触戏曲的主要渠道，其中电视居首位；剧场位居第四位，占比 35%；网络、自娱演出、手机平板电脑等移动客户端位居后三位，所占比例分别为 13.2%、11.6%、10.9%，明显不构成受众接触戏曲的主要渠道。

电视普及率高、声画兼顾、接收方便，加之戏曲电视不断走向成熟，栏目、节目形式多样、内容丰富，专业化的戏曲电视频道层出不穷、各具特色，所以最受戏曲受众青睐；民俗节庆活动连接着戏曲的消费和生产，自古就是传播戏曲文化的重要媒介之一，春节、元宵节、清明节、端午节、中元节、中秋节、重阳节以及各地的庙会，加上地方性民俗节日如龙王节、地藏节、真元节、祭灶节，这些数量庞大、遍及城乡的民俗节庆活动吸引了众多百姓参与，为戏曲演出创造了良好的发展空间与时机，娱乐性、狂欢性的戏曲表演也吸引了很多潜在受众和流动受众；广播具有伴随性强、成本低廉的优势，其接触率更是伴随着汽车数量的增长在众多传统媒体中逆势上扬，近些年广播媒体分众化、窄播化、专业化改革扎实推进，戏曲栏目有声有色，戏曲频率风生水起，更使其成为戏迷听戏的良好选择；剧场里的戏曲演出现场感、互动性强，无疑能给观众带来原汁原味的观戏体验，但因其受到票价、时间、交通、演员名气等条件的限制，普及性略低；网络、手机及平板电脑等移动终端成本较高、戏曲网站体验不佳、应用软件开发滞后，且戏曲的主要受众中老年人使用不便，所以不具优势；至于自娱演出，也因娱乐样式的增多、城市化进程的推进、生活节奏的加快、工作压力的增大而风光不再。

三 不同年龄受众接触戏曲渠道的差异分析（见表3-3）

表3-3　　　　年龄与接触戏曲渠道的交叉分析统计

不同渠道	不同年龄段	选项				卡方值	P值
		是		否			
		频数	百分比（%）	频数	百分比（%）		
剧场	15岁及以下	4	25.0	12	75.0	81.705	0.00000
	16—25岁	4	11.4	31	88.6		
	26—35岁	14	10.8	116	89.2		
	36—45岁	73	28.3	185	71.7		
	46—55岁	99	51.0	95	49.0		
	56—65岁	83	46.9	94	53.1		
	66岁及以上	74	38.1	120	61.9		
电视	15岁及以下	9	56.3	7	43.8	34.593	0.00001
	16—25岁	23	65.7	12	34.3		
	26—35岁	91	70.0	39	30.0		
	36—45岁	197	76.4	61	23.6		
	46—55岁	165	85.1	29	14.9		
	56—65岁	153	86.4	24	13.6		
	66岁及以上	169	87.1	25	12.9		
广播	15岁及以下	5	31.3	11	68.8	20.177	0.00258
	16—25岁	11	31.4	24	68.6		
	26—35岁	77	59.2	53	40.8		
	36—45岁	160	62.0	98	38.0		
	46—55岁	122	62.9	72	37.1		
	56—65岁	112	63.3	65	36.7		
	66岁及以上	123	63.4	71	36.6		
网络	15岁及以下	2	12.5	14	87.5	28.963	0.00006
	16—25岁	2	5.7	33	94.3		
	26—35岁	13	10.0	117	90.0		
	36—45岁	40	15.5	218	84.5		

续表

不同渠道	不同年龄段	选项				卡方值	P 值
		是		否			
		频数	百分比（%）	频数	百分比（%）		
网络	46—55 岁	45	23.2	149	76.8	28.963	0.00006
	56—65 岁	17	9.6	160	90.4		
	66 岁及以上	14	7.2	180	92.8		
手机、平板电脑等移动终端	15 岁及以下	2	12.5	14	87.5	20.727	0.00205
	16—25 岁	6	17.1	29	82.9		
	26—35 岁	23	17.7	107	82.3		
	36—45 岁	38	14.7	220	85.3		
	46—55 岁	16	8.2	178	91.8		
	56—65 岁	10	5.6	167	94.4		
	66 岁及以上	14	7.2	180	92.8		
民俗节庆活动演出	15 岁及以下	3	18.8	13	81.3	5.052	0.00000
	16—25 岁	13	37.1	22	62.9		
	26—35 岁	55	42.3	75	57.7		
	36—45 岁	139	53.9	119	46.1		
	46—55 岁	153	78.9	41	21.1		
	56—65 岁	127	71.8	50	28.2		
	66 岁及以上	145	74.7	49	25.3		
自娱演出	15 岁及以下	0	0.0	16	100.0	9.991	0.00004
	16—25 岁	2	5.7	33	94.3		
	26—35 岁	8	6.2	122	93.8		
	36—45 岁	16	6.2	242	93.8		
	46—55 岁	37	19.1	157	80.9		
	56—65 岁	30	16.9	147	83.1		
	66 岁及以上	23	11.9	171	88.1		

该部分是年龄与接触戏曲渠道的交叉分析。从结果看，所对应的 P 值均小于0.05，这表明受众接触戏曲的渠道与年龄显著相关。总体而言，中年（46—55 岁）、中老年（56—65 岁）、老年（66 岁及以上）群体通过剧场、电视、广播、民俗节庆活动演出和自娱演出接触戏曲的比例较高，而中年以下

群体则在网络、手机及平板电脑等移动终端等渠道上体现出一定的优势。

四 不同文化程度受众接触戏曲渠道的差异分析（见表3-4）

表3-4　　　　文化程度与接触戏曲渠道的交叉分析统计

不同渠道	不同文化程度	选项				卡方值	P值
		是		否			
		频数	百分比（%）	频数	百分比（%）		
剧场	小学及以下	27	26.5	75	73.5	25.273	0.00012
	初中	103	33.7	203	66.3		
	高中/中专/技校	86	28.7	214	71.3		
	大专	66	43.7	85	56.3		
	本科	49	45.0	60	55.0		
	硕士及以上	20	55.6	16	44.4		
电视	小学及以下	89	87.3	13	12.7	23.778	0.00024
	初中	265	86.6	41	13.4		
	高中/中专/技校	243	81.0	57	19.0		
	大专	120	79.5	31	20.5		
	本科	77	70.6	32	29.4		
	硕士及以上	23	63.9	13	36.1		
广播	小学及以下	56	54.9	46	45.1	20.635	0.00095
	初中	188	61.4	118	38.6		
	高中/中专/技校	207	69.0	93	31.0		
	大专	89	58.9	62	41.1		
	本科	55	50.5	54	49.5		
	硕士及以上	15	41.7	21	58.3		
网络	小学及以下	9	8.8	93	91.2	35.415	0.00000
	初中	30	9.8	276	90.2		
	高中/中专/技校	27	9.0	273	91.0		
	大专	30	19.9	121	80.1		
	本科	26	23.9	83	76.1		
	硕士及以上	11	30.6	25	69.4		

续表

不同渠道	不同文化程度	选项 是		选项 否		卡方值	P 值
		频数	百分比（%）	频数	百分比（%）		
手机、平板电脑等移动终端	小学及以下	10	9.8	92	90.2	8.7023	0.12064
	初中	41	13.4	265	86.6		
	高中/中专/技校	38	12.7	262	87.3		
	大专	9	6.0	142	94.0		
	本科	9	8.3	100	91.7		
	硕士及以上	2	5.6	34	94.4		
民俗节庆活动演出	小学及以下	67	65.7	35	34.3	21.562	0.00063
	初中	210	68.6	96	31.4		
	高中/中专/技校	192	64.0	108	36.0		
	大专	98	64.9	53	35.1		
	本科	53	48.6	56	51.4		
	硕士及以上	15	41.7	21	58.3		
自娱演出	小学及以下	17	16.7	85	83.3	7.401	0.19248
	初中	40	13.1	266	86.9		
	高中/中专/技校	34	11.3	266	88.7		
	大专	14	9.3	137	90.7		
	本科	10	9.2	99	90.8		
	硕士及以上	1	2.8	35	97.2		

该部分是受众文化程度与接触戏曲渠道的交叉分析。从结果看，手机及平板电脑等移动终端、自娱演出两种渠道所对应的 P 值分别为 0.12064 和 0.19248，均大于 0.05，表明受众是否通过上述两种渠道接触戏曲与其文化程度无显著关联，而不同文化程度的观众选择剧场、电视、广播、网络、民俗节庆演出的比例有明显差异。相对而言，高学历群体选择剧场、网络的比例较高，而低学历群体更倾向于通过电视、广播、民俗节庆活动演出等传统方式接触戏曲。

五 不同居住地受众接触戏曲渠道的差异分析（见表3-5）

表3-5　　居住地与接触戏曲渠道的交叉分析统计

不同渠道	不同居住地	选项				卡方值	P值
		是		否			
		频数	百分比（％）	频数	百分比（％）		
剧场	城市	164	43.5	213	56.5	19.404	0.00006
	乡镇	123	29.6	293	70.4		
	农村	64	30.3	147	69.7		
电视	城市	306	81.2	71	18.8	1.560	0.45841
	乡镇	327	78.6	89	21.4		
	农村	174	82.5	37	17.5		
广播	城市	236	62.6	141	37.4	1.105	0.57551
	乡镇	251	60.3	165	39.7		
	农村	123	58.3	88	41.7		
网络	城市	73	19.4	304	80.6	21.089	0.00003
	乡镇	35	8.4	381	91.6		
	农村	25	11.8	186	88.2		
手机、平板电脑等移动终端	城市	58	15.4	319	84.6	12.889	0.00159
	乡镇	35	8.4	381	91.6		
	农村	16	7.6	195	92.4		
民俗节庆活动演出	城市	201	53.3	176	46.7	25.732	0.00000
	乡镇	286	68.8	130	31.3		
	农村	148	70.1	63	29.9		
自娱演出	城市	19	5.0	358	95.0	28.851	0.00000
	乡镇	57	13.7	359	86.3		
	农村	40	19.0	171	81.0		

该部分是居住地与接触戏曲渠道的交叉分析。从结果看，电视、广播两种渠道所对应的P值分别为0.45841和0.57551，均大于0.05，表明不同居住地居民通过电视和广播两种渠道接触戏曲的比例无明显差异。但是，

城乡居民通过剧场、网络、手机及平板电脑等移动终端、民俗节庆活动演出、自娱演出接触戏曲的比例差异明显。具体表现为：城市居民通过剧场、网络、手机及平板电脑等移动终端接触戏曲的比例较高，而农村和乡镇居民通过民俗节庆活动演出、自娱演出接触戏曲的比例又远高于城市居民。

六　结论及启示

（一）中年以上群体对戏曲的忠诚度更高，青少年群体则普遍远离

通过分析可知，不同年龄组受众接触戏曲的渠道普遍存在差异性。

首先，中年（46—55岁）、中老年（56—65岁）、老年（66岁及以上）人群中，通过电视、广播、剧场、民俗节庆演出、自娱演出等渠道接触戏曲的比例明显高于其他年龄段人群。其中通过电视、广播收看（收听）戏曲的分别超过80%和60%，说明电视和广播在戏曲传播方面扮演着无可替代的角色；这部分人群通过剧场、民俗节庆演出观看戏曲的也超过或接近半数，说明其对戏曲的忠诚度和依赖性更强，闲暇时间更多。

其次，少年（15岁及以下）、青年（16—35岁）、中青年（36—45岁）人群中，通过网络、手机及平板电脑等移动终端接触戏曲的比例虽高于其他年龄段人群，但仍为较低水平，反映出戏曲网站、戏曲应用软件的建设和开发仍处在起步阶段。上述群体到剧场看戏的比例较低，青年（16—35岁）和青少年（16—25岁）人群进入剧场看戏的比例甚至仅有一成，除了娱乐方式多样化的冲击之外，更加说明戏曲的发展与时代发展严重脱节，戏曲的普及教育刻不容缓。

（二）高学历群体通过剧场、网络接触戏曲比例高，低学历群体更倾向于电视、广播、民俗节庆演出、自娱演出等渠道

首先，文化程度高的受众通过剧场、网络等渠道接触戏曲的程度高于文化程度低的受众。到剧场看戏及上网看戏需要一定的艺术审美基础和经济投入，高学历者的经济收入相对宽裕，比低收入人群在文化方面的消费要高。

其次，文化程度低的受众通过电视、广播、民俗节庆演出、自娱演出等渠道接触戏曲的程度高于文化程度低的受众。这一方面与低学历人群的闲暇时间充沛有很大的关联；另一方面，戏曲的忠实受众中，中老年人占有很大的比例，因时代和历史原因，他们的学历水平整体呈现偏低的状态。

（三）电视、广播为城乡居民接触戏曲的重要渠道，剧场备受冷落；城市居民进入剧场看戏的比例高于农村，但选择民俗节庆演出和自娱演出的比例远低于农村

通过以上分析可见，城乡居民通过电视、广播媒体收看（收听）戏曲的比例无差异，但通过剧场、网络、手机平板电脑等移动终端、民俗节庆活动演出、自娱演出等渠道接触戏曲的比例有差异。

首先，城市、乡镇、农村居民通过电视、广播媒体收看（收听）戏曲的比例均较高，且无差异，其中电视达到80%左右，广播60%左右。电视作为普及率高的大众传媒，覆盖面广，深受城乡居民喜爱；就广播而言，城市居民拥有私家车的比例虽远高于农村，但在经济欠发达的农村地区，广播的优势依然存在。

其次，城市居民选择剧场、网络、手机平板电脑移动终端的比例最高，乡镇次之，农村最低。比较而言，城市的文化繁荣、交通便捷、设施健全、资讯发达、人才集中，比乡镇和农村居民有更好的条件去剧场看戏或者使用网络和移动终端看戏，这一结果符合预期。但值得注意的是，城乡居民剧场观戏的比例均未超过半数，城市居民的比例刚过四成，而乡镇和农村居民的比例只在三成左右，令人颇感遗憾。戏曲作为一种现场感很强的艺术形式，观众进入剧场观摩最能原汁原味地领略其精髓，但现在有不少观众宁愿去影院观影，也不愿选择看戏。《中国文化报》曾进行过一次家庭文化调查，结果显示"149户中全年只有211人次观看剧场演出，平均每户为1.42人次；全年总支出5005元，平均每户支出33.59元。而与其相似的文化艺术娱乐形式情况则要乐观得多。如到电影院看电影的人次为15.62，是它的11倍，平均每户支出为253.29元，几乎是它的8倍；在家看影碟或录像平均每户支出217.85

元,几乎是它的7倍"。① 更令人唏嘘的是,经常进入剧场的观众中,有相当一部分是文化艺术工作者或者有渠道接受赠票的观众。"在回收的149份调查表中,关于'到剧场看演出'一栏,2人次看过演出的有38份,其中11份说明是持赠票看演出;3人次看演出的有8份,其中2份是赠票;5人次看演出的有4份,其中3份是赠票;6人次看演出的有6份,其中3份是赠票;4人次、7人次、10人次、15人次看演出的各1份,且均为赠票。作为普通观众购票看演出的只有24人次,不到总观摩人次的1/3"。② 上述调查中,"演出"既包括戏曲,也包括话剧、歌舞、音乐会等形式,如果仅以戏曲为对象,恐怕数据会更糟糕。

　　本书及《中国文化报》的调查所反映出的情况,与现实生活中人们的感受是一致的。形成这一现象的原因固然是多方面的,但有一点可以肯定,老百姓在文化投入上不是不舍得花钱,而是不愿意把钱花在到剧场看戏上,说明他们对当前的戏曲舞台现状不满意。人们并不否认戏曲的艺术价值,但在他们的固有印象中,戏曲情节老套,剧目陈旧,方言对白晦涩难懂,因而疏离它。事实上,许多剧团都在排演传统剧目的同时,努力打造新编现代戏,他们以"打造让老百姓看得懂的戏曲"为己任,在故事改编、舞台布景、演员表演诸多方面都在进行大胆的创新和尝试,使戏曲更贴近现代百姓的生活。兹举一例:山西临汾蒲剧院2000年上演的蒲剧新编现代戏《土炕上的女人》,改编自贾平凹的小说《土炕》,该剧结构精练,风格朴实,表演真挚,动人心魄,蕴含了相当高的文学和美学价值。任跟心和郭泽民两位首届梅花奖得主担任主演,但任跟心既没有展现她拿手的椅子功,郭泽民也没表演其擅长的帽翅功和跑圆场。他们深入挖掘人物的内心,其表演既有生活的内涵,又兼有戏曲的程式感,真正做到了内情真、外形像、直观美,成为近来现代戏中最为出色的剧目之一。该剧累积演出超过千场,久演不衰,观众爆满,甚至大幕落下仍不愿离去,主演更是以连续谢幕表达对观众的感激。借此一

---

① 易木:《剧场演出失宠　赠票观摩严重》,《中国文化报》2000年6月29日第7版。
② 易木:《剧场演出失宠　赠票观摩严重》,《中国文化报》2000年6月29日第7版。

端可以看出,若要把流失的观众拉回剧场,真正解决戏曲舞台演出尴尬的处境,使市场经济的规律发挥作用,唯有增强戏曲艺术的创造性,使其具有无可替代的魅力,让观众进得去、看得懂,乘兴而来,尽兴而归。

最后,通过城乡居民与接触戏曲渠道的交叉分析我们还发现,农村和乡镇居民选择民俗节庆演出和自娱演出的比例高于城市。其中,民俗节庆演出城乡间的比例差距不到20%,说明城市近年来对民俗、节日等非物质文化遗产传承和保护的重视,这也为戏曲演出搭建了良好的展现平台。但在自娱演出方面,城市居民的比例却仅占乡镇的1/3左右、占农村的1/4左右,说明城市居民娱乐样式多,闲暇时间少,城市居民参与和观看戏曲演出的热情不断降温。事实上,即使在城市,群众性的戏曲自娱演出也并不缺乏演员和观众,其数量虽不及广场舞之类文化健身活动,但只要社区、街道、居委会、业主委员会加强组织,群艺馆等文化机构适时指导,激发起广大群众的热情,因地制宜,循序渐进,戏曲这门来源于民间的艺术有望在街头巷尾再度活跃起来。

第三节 戏曲电视栏目观众的收视行为分析

一 问卷设计及拟解决的问题

在对戏曲电视栏目的收视行为进行考察之前,应该首先对这类栏目的观众进行分类。按照当前受众接触媒体的分类方法,主要有两种。一是按照接触媒体的可能性,将受众划分为现实受众和潜在受众,划分标准为"已经使用媒体的受众称为现实受众;具备正常的媒体接触能力,但是还没有使用媒介的称为潜在受众"。[1] 二是按照接触媒体的频率,将受众划分为忠实受众和流动受众。对于戏曲电视栏目的观众而言,若按接触媒体的可能性划分,已经收看栏目的为现实受众,并未收看的为潜在受众;而按接触媒体的频率划分,经常收看并呈现一定规律性的称

---

[1] 葛进平:《受众调查与收视分析》,浙江大学出版社2005年版,第8页。

为忠实受众，否则即为流动受众。

关于戏曲电视栏目收视情况的分析，问卷设计了四个问题。

A. 您是否收看戏曲电视栏目？提供了"是；否"两个选项，题型为单选题。这一问题主要是调查戏曲电视栏目的到达率（传播活动所传达的信息接收人群占所有传播对象的百分比），明确此类栏目现实受众及潜在受众所占的比例。

B. 您平时收看戏曲电视栏目的频率如何？以下哪项最符合您的情况？提供了"平均每天收看1次或更多；平均每周收看1次；偶尔收看；很少收看；从不收看"五个选项，题型为单选题。这一问题主要是调查戏曲电视栏目的收视频率（特定期间内对象接触信息的次数）。以期明确此类栏目忠实受众及流动受众的比例，判断当前戏曲电视栏目的收视热度；在此基础上，通过交叉分析，了解不同年龄、不同文化程度、不同居住地类型观众收视热度的差异。

C. 您喜欢收看戏曲电视栏目的原因是什么？提供了"足不出户，花费很少；剧种丰富，选择性大；名家名段；形式多样；时间自由；对传统文化的兴趣；其他"七个选项，题型为多选题。这一问题主要是调查观众收看戏曲电视栏目的收视动机。

D. 您收看戏曲电视栏目的时段一般是什么？提供了"06：00—08：00；08：00—10：00；10：00—12：00；12：00—14：00；14：00—16：00；16：00—18：00；18：00—20：00；20：00—22：00；22：00—24：00；24：00—06：00"十个选项，题型为多选题。这一问题主要是调查不同时段的竞争力，明确戏曲电视栏目的黄金时段。

二 戏曲电视栏目的到达率（见表3-6）

表3-6　　　　　　　　戏曲电视栏目到达率统计

类别	频率	百分比（%）
是	869	86.6

续表

类别	频率	百分比（%）
否	135	13.4
总计	1004	100.0

表 3-6 统计数据显示，有 86.6% 的观众收看过戏曲电视栏目，这部分受众属于此类栏目的现实受众；同时，也有 13.4% 的观众选择"从不收看"，属于戏曲电视栏目的潜在受众。总体上看，戏曲电视栏目的到达率为 86.6%，表明收看过此类栏目的观众数量总体较多。

三 观众对戏曲电视栏目的收视热度分析

（一）总体情况分析（见表 3-7）

表 3-7　　　　观众收看戏曲电视栏目频率统计

类别	频率	百分比（%）
平均每天收看 1 次或更多	135	13.4
平均每周收看 1 次	254	25.3
偶尔收看	266	26.5
很少收看	242	24.1
从不收看	107	10.7
总计	1004	100.0

表 3-7 统计数据显示，选择"平均每天收看 1 次或更多""平均每周收看 1 次"的分别达到 13.4% 和 25.3%，参考戏曲电视栏目的播出周期，上述群体应属于忠实受众，其他观众则属于流动受众。

从调查结果看，戏曲电视栏目的现实受众占 86.6%，潜在受众占 10.7%，说明当前此类栏目总的受众群比较广泛。同时我们也应注意到，戏曲电视栏目的现实受众共有 897 人，而忠实受众只有 389 人，说明在收看戏曲电视栏目的观众中，有近 60% 不成规律，随意性大，他们极易受到其他类型电视节目的冲击而分流。

(二) 不同年龄观众收看戏曲电视栏目频率的差异 (见表 3-8)

表 3-8　　年龄与收看戏曲电视栏目频率的方差分析统计

年龄段	频数	均值①	标准差	F 值	P 值
15 岁及以下	16	1.6250	0.6191	19.157	0.000
16—25 岁	35	2.3143	1.2781		
26—35 岁	130	2.5615	1.1276		
36—45 岁	258	2.8062	1.0810		
46—55 岁	194	3.2629	1.1508		
56—65 岁	177	3.3446	1.1331		
66 岁及以上	194	3.4581	1.2545		

表 3-8 是年龄与收看戏曲电视栏目频率的方差分析。从结果看，F 值为 19.157，对应的 P 值为 0.000，小于 0.05，表明不同年龄组间收看戏曲电视栏目的频率不同。从不同年龄组频率均值看，青年组和少年组较少，中年组和老年组较高，总体呈现随着年龄增加频率增加的趋势。

(三) 不同文化程度观众收看戏曲电视栏目频率的差异 (见表 3-9)

表 3-9　　文化程度与收看戏曲电视栏目频率的方差分析统计

文化程度	频数	均值	标准差	F 值	P 值
小学及以下	102	3.2745	1.2199	22.193	0.000
初中	306	3.2026	1.1699		
高中/中专/技校	300	3.1867	1.2125		
大专	151	3.1722	1.1762		
本科	109	2.1284	0.8509		
硕士及以上	36	2.0833	0.8062		

表 3-9 是文化程度与收看戏曲电视栏目频率的方差分析。从结果看，F 值为 22.193，对应的 P 值为 0.000，小于 0.05，表明不同文化程度的观众收看戏曲电视栏目的频率不同。从不同文化程度组频率均值

---

① 该题使用方差统计的方法。均值为总得分/该组频数。选择"平均每天收看 1 次或更多"=5 分；选择"平均每周收看 1 次"=4 分；选择"偶尔收看"=3 分；选择"很少收看"=2 分；选择"从不收看"=1 分。下同。

看,总体呈负相关,即文化程度越高,频率越小的趋势。

(四)不同居住地观众收看戏曲电视栏目频率的差异(见表3-10)

表3-10　　　居住地与收看戏曲电视栏目频率的方差分析统计

居住地	频数	均值	标准差	F值	P值
城市	377	2.8462	1.1636	29.861	0.000
乡镇	416	2.9447	1.2041		
农村	211	3.5924	1.1317		

表3-10是城乡居民收看戏曲电视栏目频率的方差分析。从结果看,F值为29.861,对应的P值为0.000,小于0.05,表明城乡居民收看戏曲电视栏目的频率存在明显差异。从不同居住地频率均值看,农村高于城市。

四　观众收看戏曲电视栏目的动机分析(见表3-11)

表3-11　　　　观众收看戏曲电视栏目动机统计

选型	类别	频率	百分比(%)
足不出户,花费很少	是	558	55.6
	否	446	44.4
	总计	1004	100.0
剧种丰富,选择性大	是	700	69.7
	否	304	30.3
	总计	1004	100.0
名家名段	是	557	55.5
	否	447	44.5
	总计	1004	100.0
形式多样	是	643	64.0
	否	361	36.0
	总计	1004	100.0
时间自由	是	304	30.3
	否	700	69.7
	总计	1004	100.0

续表

选型	类别	频率	百分比（%）
对传统文化的兴趣	是	239	23.8
	否	765	76.2
	总计	1004	100.0
其他	是	11	1.1
	否	993	98.9
	总计	1004	100.0

表3-11统计数据显示，关于收看戏曲电视栏目的动机，观众选择较多的分别是"剧种丰富，选择性大"（69.7%）、"形式多样"（64.0%）、"足不出户，花费很少"（55.6%）、"名家名段"（55.5%），这几个选项均有超过半数的观众选择，构成观众收看戏曲电视栏目的主要动机。其中，"剧种丰富，选择性大"及"足不出户，花费很少"均得益于电视作为大众媒介容量大、范围广、接收便捷、成本低廉的优势和特性。"形式多样"和"名家名段"则从一定程度上反映出观众对戏曲电视栏目的形式内容倾向。观众通过电视，可以用极少的代价看到当红演员甚至已故戏曲名家的表演，还可以欣赏到电视和戏曲两种艺术形式联姻之后，多种异彩纷呈的"化合物"，这都是吸引观众观看此类栏目的主要原因。

五 观众收看戏曲电视栏目的时段分析（见表3-12）

表3-12　　　　　观众收看戏曲电视栏目时段统计

选项	类别	频率	百分比（%）
06:00—08:00	是	97	9.7
	否	907	90.3
	总计	1004	100.0
08:00—10:00	是	233	23.2
	否	771	76.8
	总计	1004	100.0

续表

选项	类别	频率	百分比（%）
10:00—12:00	是	256	25.5
	否	748	74.5
	总计	1004	100.0
12:00—14:00	是	299	29.8
	否	705	70.2
	总计	1004	100.0
14:00—16:00	是	296	29.5
	否	708	70.5
	总计	1004	100.0
16:00—18:00	是	439	43.7
	否	565	56.3
	总计	1004	100.0
18:00—20:00	是	519	51.7
	否	485	48.3
	总计	1004	100.0
20:00—22:00	是	423	42.1
	否	581	57.9
	总计	1004	100.0
22:00—24:00	是	335	33.4
	否	669	66.6
	总计	1004	100.0
24:00—06:00	是	19	1.9
	否	985	98.1
	总计	1004	100.0

表3-12统计数据显示，关于收看戏曲电视栏目的时段，观众选择最集中的三个分别是"18:00—20:00"（51.7%）、"16:00—18:00"（43.7%）和"20:00—22:00"（42.1%）。其中，18:00—22:00为晚间黄金收视时段，这与电视媒体的黄金时段吻合，目前中央电视台和各省级卫视的主打戏曲电视栏目也大多选择在这两个时段开播，"16:00—18:00"为中老年观众，尤其是离退休观众午休过后的时段，所以收视也比较集中。除此

之外,"22:00—24:00"(33.4%)、"12:00—14:00"(29.8%)、"14:00—16:00"(29.5%)、"10:00—12:00"(25.5%)等时段占比也较高。其中"22:00—24:00"是晚间黄金时段的延续,"12:00—14:00"为午高峰时段,上班族得以闲暇;"14:00—16:00"及"10:00—12:00"为两餐之间的闲暇时段,非上班族的收视比较集中,上述四个时段构成戏曲电视栏目的次黄金时段。

六 结论及启示

(一)忠实受众数量偏少,收视状况不容乐观

CSM媒介研究数据显示,2015年戏剧类节目在全国市场各类节目的收视份额中仅占0.4%,远低于电视剧30%、新闻/时事类14.1%、综艺类13%;[①]从不同类型电视栏目的人均收视时长来看,2015年人均每日收看新闻栏目的时长为21分钟,[②]人均每日收看综艺栏目的时长为19分钟,[③]均远远超过戏剧类栏目。

从本书调查数据上来看,尽管戏曲电视栏目的现实受众达到86.6%,但其中有50.6%的观众选择"偶尔收看"或"很少收看",只有36%的观众平均每周收看1次以上。这反映出戏曲电视栏目的忠实受众数量偏少,整体收视状况不容乐观。

(二)不同年龄观众收视差异明显,青少年群体收视热度低

2015年全国电视观众整体构成显示,"35—44岁和15—24岁这两个群体在所有电视观众中所占的比例分居前两位,分别为19.1%和17.6%,二者之和占据了超过1/3的份额;25—34岁和45—54岁观众群所占的比例分列第三位和第四位,分别达到了15.5%和14.6%,

---

① 数据来源:CSM媒介研究,引自徐立军《中国电视收视年鉴2016》,中国传媒大学出版社2015年版,第44—45页。
② 数据来源:CSM媒介研究,引自徐立军《中国电视收视年鉴2016》,中国传媒大学出版社2015年版,第107页。
③ 数据来源:CSM媒介研究,引自徐立军《中国电视收视年鉴2016》,中国传媒大学出版社2015年版,第124页。

二者相加占据了超过30%的份额"。① 但反观戏曲电视栏目的收视情况，却呈现出与之相悖的景象。中年、中老年、老年人群收视热度逆势上扬，对戏曲电视栏目表现出较大的收视黏性，但随着年龄的减小，观看戏曲栏目的热度逐渐降温。占据收视市场主体地位的年轻群体对戏曲电视栏目不感兴趣，这对其未来的生存与发展敲响了警钟。

现代营销学之父菲利普·科特勒曾说："谁在市场上的问题将涉及三个特性：兴趣、收入和通路"②，探讨青少年群体远离戏曲电视栏目的原因同样可以参照这一标准。

首先，从兴趣方面说，当前对戏曲存在审美偏好的多半是中老年人。老年人对戏曲的热情源于20世纪60年代之前戏曲的鼎盛。以京剧为例，20世纪20年代至40年代，诸多流派产生，梅程尚荀、余言高马及金郝侯萧等，争奇斗艳。新中国成立后，祖国大地万象更新，京剧演员阵容强大、梯队完整，《白蛇传》《将相和》《穆桂英挂帅》《野猪林》等优秀剧目的出台，也将京剧推上了又一个发展高峰。老年人对戏曲的喜爱，源于一招一式、一颦一笑，源于那份特殊的怀旧情怀；加上他们接受新事物和新思想的能力有限，与当下荧屏上分分合合的情爱故事、光怪陆离的综艺栏目、娱乐狂欢的选秀博彩相比，更愿意追求安稳和不变，即使剧情熟知，他们听的还是那个"味儿"，看的还是那股"劲儿"，欣赏的还是那个"韵儿"。中年人对戏曲也有特殊的情感，他们对戏曲的感情是在20世纪70年代"8亿人民8个样板戏"的环境中培养起来的。但时至今日，人们接触的艺术样式空前多元，古今中外，异彩纷呈，年轻人对戏曲的"负需求"现象严重。

其次，从收入和通路方面说，老年人特别是退休人群工资收入可能低于年轻群体，但他们在住房、子女教育等方面的负担也远远低于年轻人，有能力承担戏曲等文化消费，闲暇时间也更多。而年轻人忙于成家

---

① 数据来源：CSM媒介研究，引自徐立军《中国电视收视年鉴2016》，中国传媒大学出版社2015年版，第15页。

② ［美］菲利普·科特勒：《营销管理》，上海人民出版社1990年版，第258页。

立业，收入往往捉襟见肘，他们当中加班族、外出务工人员日益增多，既无走进剧场的时间与机会，也已经远离以家庭为单位的电视欣赏环境。更为重要的是，年轻人比老年人可支配时间少得多，这也在一定程度上影响了他们观看戏曲电视栏目的频率。

（三）观众主要集中在低学历人群，高学历观众则日渐疏离

本书调查显示，不同文化程度观众收看戏曲电视栏目的热情差异较大，随着学历增长，观看频率呈现下降趋势。他们远离戏曲电视栏目的原因与青少年群体有部分重合，除此之外造成这一现象的原因主要有两个方面：其一，高学历群体本就不属于电视的主体观众群。CSM 媒介研究数据显示："从全国电视观众的文化程度构成来看，中低学历观众占据了绝对优势。所占比例位居前三位的依次为初中文化程度观众，比例高达 35.9%，其次为小学文化程度的观众，比例为 25.8%，位居第三位的是高中文化程度的观众，比例为 18.1%；排在第四位的是大学以上文化程度的观众，所占比例为 10.3%。"① 而在戏曲观众更多的农村地区，本科及以上学历的观众仅占 5.2%。② 这是因为，对文化程度较低的观众而言，戏曲承担了传播历史知识、增长百姓见识的重要社会功能，从而达到寓教于乐的效果。而对于高学历观众来说，戏曲的这种优势便不会存在，他们的文化水平、社会阅历和艺术素养甚至超过了戏曲演员。其二，高学历群体中对戏曲感兴趣的观众，追求的是精品化的文化艺术内容，他们不属于电视文化的主要面向群体，因此他们会更多选择剧场等方式更直接地感受戏曲的艺术价值。CSM 媒介研究关于"2015 全国市场不同受教育程度观众对各类节目的收视比重"数据显示，"大学及以上"文化程度的观众收看戏剧类节目的比重为 0.2%，远低于"未受过正规教育"的 0.7%，小学 0.6%，初中 0.4%，高中 0.3%。③ 这一数

---

① 数据来源：CSM 媒介研究，引自徐立军《中国电视收视年鉴 2016》，中国传媒大学出版社 2015 年版，第 16 页。

② 数据来源：CSM 媒介研究，引自徐立军《中国电视收视年鉴 2016》，中国传媒大学出版社 2015 年版，第 17 页。

③ 数据来源：CSM 媒介研究，引自徐立军《中国电视收视年鉴 2016》，中国传媒大学出版社 2015 年版，第 48 页。

据与本书的调查结论是一致的。

（四）城乡观众收看热度有所差异，农村居民收视热情高于城市

本书调查显示，农村地区仍是戏曲电视栏目观众最集中的区域，这与农村居民偏爱戏曲艺术有关。但从数据来看，城市、乡镇和农村之间的差距并不大，这与当前城市化进程的加快，城乡壁垒正在悄然瓦解有关。值得注意的是，尽管农村地区戏曲演出团体更活跃，民俗、节庆、庙会活动更多，但农村百姓外出打工的人数逐年增多，据统计，我国农村总人口共6.75亿，其中外出务工人员及其家属有2.3亿，占34.1%，戏曲在农村地区的牢固根基正悄然松动。看电视属于客厅文化，观看戏曲电视栏目往往以家庭为单位，而越来越多的农民群体离开农村，缺少农村戏曲文化的浸润，以及家庭中喜爱戏曲成员的带动和影响，这也是戏曲电视观众数量萎缩的原因。因此，加强对农村观众，尤其是农村青少年观众的培养已迫在眉睫。

第四节 观众收看戏曲电视栏目的形式及内容倾向分析

一 问题设计及拟解决的问题

关于观众收看戏曲电视栏目形式及内容倾向的调查，问卷设计了一个问题，即"您最爱看/您最期待看到的戏曲电视栏目的形式和内容是什么？"提供了"戏曲欣赏（名家名段）类、戏曲真人秀（明星、选秀）类、戏曲竞赛（戏迷演出、擂台赛）类、戏曲教学类、戏曲人物访谈类、戏曲新闻专题类、戏曲综艺（戏曲小品、戏歌、戏曲 MTV 等）类"七个选项[①]，题型为多选题。目的是了解观众对当前荧屏上出现的不同形式及内容的戏曲栏目的收视倾向，观照和分析各类戏曲栏目的生存现状、面临压力、发展空间；并通过交叉分析，比较不同年龄、文化程度等条件观众收视倾向的差异性。

---

① 问卷中的选项，与本书对戏曲电视栏目的分类有所不同。考虑问卷内容对受众而言的直观性，问卷的表述略有差异；此外，问卷对同一大类中部分差异较大的栏目形式进行了细分。

二 总体情况分析（见表 3-13）

表 3-13　观众收看戏曲电视栏目的形式及内容倾向统计

选型	类别	频率	百分比（%）
戏曲欣赏（名家名段）类	是	543	54.1
	否	461	45.9
	总计	1004	100.0
戏曲真人秀（明星、选秀）类	是	514	51.2
	否	490	48.8
	总计	1004	100.0
戏曲竞赛（戏迷演出、擂台赛）类	是	623	62.1
	否	381	37.9
	总计	1004	100.0
戏曲教学类	是	310	30.9
	否	694	69.1
	总计	1004	100.0
戏曲人物访谈类	是	232	23.1
	否	772	76.9
	总计	1004	100.0
戏曲新闻专题类	是	215	21.4
	否	789	78.6
	总计	1004	100.0
戏曲综艺（戏曲小品、戏歌、戏曲 MTV 等）类	是	432	43.0
	否	572	57.0
	总计	1004	100.0

表 3-13 统计数据显示，在问卷所列的七种类别中，观众选择率最高和最低的差距达到 41%，说明观众对形式和内容的选择存在较大的差异性。从具体排序来看，戏曲竞赛（戏迷演出、擂台赛）类（62.1%）、戏曲欣赏（名家名段）类（54.1%）和戏曲真人秀（明星、选秀）类（51.2%）位居前三位，选择率均超过 50%，前两类属传统栏目类型，

开办的数量也最多,而戏曲真人秀作为近些年戏曲电视栏目的创新形式,异军突起,表现不俗,从百分比看已接近戏曲剧场类栏目,表明戏曲真人秀这一传统与现代结合的形式已被观众接受。欣赏性戏曲综艺类栏目选择率为43%,位居第四,表明戏曲与其他艺术形式的结合仍有一定的观众基础。而戏曲教学类、戏曲人物访谈类、戏曲新闻专题类处在第五位至第七位,选择率均不足1/3。从数量上看,这三类栏目只有中央电视台戏曲频道分别办有一档(《跟我学》《戏苑百家》《戏曲采风》),其中《戏苑百家》已停办、取消,《跟我学》和《戏曲采风》也鲜有创新,勉强支撑,这三类栏目的生存空间已十分有限。

三 不同年龄观众收看戏曲电视栏目的形式及内容差异(见表3-14)

表3-14　　　　年龄与形式及内容倾向的交叉分析统计

形式与内容	不同年龄段	选项				卡方值	P值
		是		否			
		频数	百分比(%)	频数	百分比(%)		
戏曲欣赏 (名家名段)	15岁及以下	2	12.5	14	87.5	176.209	0.00000
	16—25岁	8	22.9	27	77.1		
	26—35岁	33	25.4	97	74.6		
	36—45岁	121	46.9	137	53.1		
	46—55岁	85	43.8	109	56.2		
	56—65岁	141	79.7	36	20.3		
	66岁及以上	153	78.9	41	21.1		
戏曲真人秀 (明星、选秀)	15岁及以下	9	56.3	7	43.7	61.044	0.00000
	16—25岁	22	62.9	13	37.1		
	26—35岁	87	66.9	43	33.1		
	36—45岁	163	63.2	95	36.8		
	46—55岁	96	49.5	98	50.5		
	56—65岁	61	34.5	116	65.5		
	66岁及以上	76	39.2	118	60.8		

续表

形式与内容	不同年龄段	选项				卡方值	P值
		是		否			
		频数	百分比（%）	频数	百分比（%）		
戏曲竞赛（戏迷演出、擂台赛）	15岁及以下	10	62.5	6	37.5	79.204	0.00000
	16—25岁	13	37.1	22	62.9		
	26—35岁	47	36.2	83	63.8		
	36—45岁	167	64.7	91	35.3		
	46—55岁	153	78.9	41	21.1		
	56—65岁	125	70.6	52	29.4		
	66岁及以上	108	55.7	86	44.3		
戏曲教学	15岁及以下	5	31.3	11	68.7	85.930	0.00000
	16—25岁	5	14.3	30	85.7		
	26—35岁	18	13.8	112	86.2		
	36—45岁	47	18.2	211	81.8		
	46—55岁	64	33.0	130	67.0		
	56—65岁	73	41.2	104	58.8		
	66岁及以上	98	50.5	96	49.5		
戏曲人物访谈	15岁及以下	0	0	16	100	75.722	0.00000
	16—25岁	0	0	35	100		
	26—35岁	17	13.1	113	86.9		
	36—45岁	37	14.3	221	85.7		
	46—55岁	45	23.2	149	76.8		
	56—65岁	52	29.4	125	70.6		
	66岁及以上	81	41.8	113	58.2		
戏曲新闻专题	15岁及以下	0	0	16	100	71.799	0.00000
	16—25岁	2	5.7	33	94.3		
	26—35岁	9	6.9	121	93.1		
	36—45岁	34	13.2	224	86.8		
	46—55岁	46	23.7	148	76.3		
	56—65岁	52	29.4	125	70.6		
	66岁及以上	72	37.1	122	62.9		

续表

形式与内容	不同年龄段	选项				卡方值	P值
		是		否			
		频数	百分比（%）	频数	百分比（%）		
戏曲综艺（戏曲小品、戏歌、戏曲 MTV 等）	15 岁及以下	3	18.8	13	81.3	15.400	0.01736
	16—25 岁	20	57.1	15	42.9		
	26—35 岁	67	51.5	63	48.5		
	36—45 岁	109	42.2	149	57.8		
	46—55 岁	85	43.8	109	56.2		
	56—65 岁	62	35.0	115	65.0		
	66 岁及以上	86	44.3	108	55.7		

表 3-14 是年龄与形式及内容倾向的交叉分析。从结果看，每组所对应的 P 值均小于 0.05，表明不同年龄观众收看戏曲电视栏目的形式及内容有显著的差异。宏观来看，年龄与选择戏曲欣赏（名家名段）、戏曲人物访谈、戏曲新闻专题的比例呈现正相关趋势，而与戏曲真人秀、戏曲综艺（戏曲小品、戏歌、戏曲 MTV 等）则负相关；值得关注的是，从具体百分比上看，部分组呈现"波谷型"的结果，即除中年以上人群之外，少年儿童的收视比例也较高，比如戏曲竞赛（戏迷演出、擂台赛）、戏曲教学，这说明戏曲进教材、进校园、进课堂取得了一定的效果，也与电视台针对这一群体设置的栏目和板块有关，比如中央电视台戏曲频道的《快乐戏园》、河南卫视《梨园春》中的"少儿戏迷擂台赛"，等等。

四 不同文化程度观众收看戏曲电视栏目的形式及内容差异（见表 3-15）

表 3-15　　　　文化程度与形式及内容倾向的交叉分析统计

形式与内容	文化程度	选项				卡方值	P值
		是		否			
		频数	百分比（%）	频数	百分比（%）		
戏曲欣赏（名家名段）	小学及以下	79	77.5	23	22.5	68.201	0.00000
	初中	202	66.0	104	44.0		

续表

形式与内容	文化程度	选项				卡方值	P值
		是		否			
		频数	百分比（%）	频数	百分比（%）		
戏曲欣赏（名家名段）	高中/中专/技校	143	47.7	157	52.3	68.201	0.00000
	大专	61	40.4	90	59.6		
	本科	45	41.3	64	58.7		
	硕士及以上	13	36.1	23	63.9		
戏曲真人秀（明星、选秀）	小学及以下	50	49.0	52	51.0	3.551	0.61569
	初中	155	50.7	151	49.3		
	高中/中专/技校	162	54.0	138	46.0		
	大专	79	52.3	72	47.7		
	本科	54	49.5	55	50.5		
	硕士及以上	14	38.9	22	61.1		
戏曲竞赛（戏迷演出、擂台赛）	小学及以下	86	84.3	16	15.7	172.559	0.00000
	初中	235	76.8	71	23.2		
	高中/中专/技校	206	68.7	94	31.3		
	大专	60	39.7	91	33.8		
	本科	27	24.8	82	75.2		
	硕士及以上	9	25.0	27	75.0		
戏曲教学	小学及以下	70	68.6	32	31.4	97.976	0.00000
	初中	98	32.0	208	68.0		
	高中/中专/技校	71	23.7	229	76.3		
	大专	52	34.4	99	65.6		
	本科	14	12.8	95	87.2		
	硕士及以上	5	13.9	31	86.1		
戏曲人物访谈	小学及以下	39	38.2	63	61.8	28.396	0.00003
	初中	85	27.8	221	72.2		
	高中/中专/技校	62	20.7	238	79.3		
	大专	20	13.2	131	86.8		
	本科	20	18.3	89	81.7		
	硕士及以上	6	16.7	30	83.3		

续表

形式与内容	文化程度	选项				卡方值	P值
		是		否			
		频数	百分比（%）	频数	百分比（%）		
戏曲新闻专题	小学及以下	26	25.5	76	74.5	4.647	0.46046
	小学及以下	26	25.5	76	74.5		
	初中	69	22.6	237	77.4		
	高中/中专/技校	57	19.0	243	81.0		
	大专	37	24.5	114	75.5		
	本科	21	19.3	88	80.7		
	硕士及以上	5	13.9	31	86.1		
戏曲综艺（戏曲小品、戏歌、戏曲 MTV 等）	小学及以下	38	37.3	64	62.7	3.058	0.69104
	初中	131	42.8	175	57.2		
	高中/中专/技校	137	45.7	163	54.3		
	大专	61	40.4	90	59.6		
	本科	50	45.9	59	54.1		
	硕士及以上	15	41.7	21	58.3		

表 3-15 是文化程度与形式及内容倾向的交叉分析。从结果看，戏曲真人秀、戏曲新闻专题、戏曲综艺（戏曲小品、戏歌、戏曲 MTV 等）三组所对应的 P 值分别为 0.61569、0.46046 和 0.69104，均大于 0.05，表明观众是否收看上述形式与内容与其文化程度并无显著的关联，各种文化程度的收视比例比较平均。而在其他组别中，均呈现负相关趋势，即观众的文化程度越高，收看戏曲欣赏（名家名段）、戏曲竞赛（戏迷演出、擂台赛）、戏曲教学、戏曲人物访谈的比例越小，说明传统的戏曲电视栏目对高学历观众的吸引力已十分低下，这种现象应引起栏目主创人员的高度重视。

五　不同居住地观众收看戏曲电视栏目的形式及内容差异（见表3-16）

表3-16　居住地与形式及内容倾向的交叉分析统计

形式与内容	居住地	选项				卡方值	P值
		是		否			
		频数	百分比（%）	频数	百分比（%）		
戏曲欣赏（名家名段）	城市	167	44.3	210	55.7	48.260	0.00000
	乡镇	220	52.9	196	47.1		
	农村	156	73.9	55	26.1		
戏曲真人秀（明星、选秀）	城市	231	61.3	146	38.7	24.839	0.00000
	乡镇	191	45.9	225	54.1		
	农村	92	43.6	119	56.4		
戏曲竞赛（戏迷演出、擂台赛）	城市	184	48.8	193	51.2	53.004	0.00000
	乡镇	275	66.1	141	33.9		
	农村	164	77.7	47	22.3		
戏曲教学	城市	102	27.1	275	72.9	4.430	0.10915
	乡镇	141	33.9	275	66.1		
	农村	67	31.8	144	68.2		
戏曲人物访谈	城市	87	23.1	290	76.9	1.089	0.58013
	乡镇	91	21.9	325	78.1		
	农村	54	25.6	157	74.4		
戏曲新闻专题	城市	82	21.8	295	78.2	0.636	0.72760
	乡镇	79	19.0	327	81.0		
	农村	44	20.9	167	79.1		
戏曲综艺（戏曲小品、戏歌、戏曲MTV等）	城市	178	47.2	199	52.8	6.434	0.04008
	乡镇	160	38.5	256	61.5		
	农村	94	44.5	117	55.5		

表3-16是居住地与形式及内容倾向的交叉分析。从结果看，戏曲教学、戏曲人物访谈、戏曲新闻专题三组所对应的P值分别为0.10915、0.58013和0.72760，均大于0.05，表明观众是否收看上述形式与内容与

其居住地并无显著的关联，城乡居民的收视比例比较平均。而在其他组别中，均呈现不同程度的差异性，其中农村居民对戏曲欣赏（名家名段）、戏曲竞赛（戏迷演出、擂台赛）的收视热度明显大于城市居民，而对于戏曲真人秀、戏曲综艺（戏曲小品、戏歌、戏曲 MTV 等）等新兴样态而言，城市居民的接受度较高。

六　结论及启示

（一）剧场类、竞赛类栏目受众群稳定，但局限性较强

剧场类、竞赛类栏目是最常见的戏曲电视栏目类型。此类栏目开办历史最长，从数量上看也最多。剧场类戏曲栏目最大限度地保留了戏曲舞台演出风貌，展现了戏曲表演艺术家的风采。中央电视台戏曲频道办有《CCTV 空中剧院》《中国京剧音配像精粹》《名段欣赏》《九州大戏台》《精彩回放》《戏曲影视剧场》六档戏曲剧场类栏目，既有戏曲名家的怀旧经典，也有民间戏迷的倾情演绎。从具体百分比看，剧场类栏目受众的总选择率为 54.1%，排名第二。特定的受众群体对欣赏类戏曲栏目有极高的忠诚度，其中中老年（56—65 岁）及老年观众（66 岁及以上）的选择率均接近 80%，小学及以下、初中两种文化程度的观众选择率分别为 77.5% 和 66.0%，农村居民的选择率为 73.9%，足见在上述人群中，剧场类栏目的地位无可替代。

竞赛类是戏曲电视栏目中数量最为庞大的一种类型，目前中央电视台戏曲频道开办了《过把瘾》等五档竞赛类栏目，各省级台的戏曲栏目也多以戏迷参与、擂台赛形式为主。这类栏目激发了戏迷的参与意识，提供了交流切磋和一展身手的平台，在观众中广受欢迎。从具体百分比看，竞赛类栏目受众的总选择率为 62.1%，排名第一。与剧场类栏目类似，特定的受众群体对竞赛类戏曲栏目的忠诚度高，其中中年（46—55 岁）和中老年（56—65 岁）观众的选择率均超过 70%，小学及以下、初中两种文化程度的观众选择率分别为 84.3% 和 76.8%，农村和乡镇观众的选择率也高达 77.7% 和 66.1%，说明在上述人群中，

竞赛类电视栏目的受欢迎程度较高。

但与此同时，我们不能忽视的是，剧场类、竞赛类栏目虽在特定人群中拥有较为庞大的收视市场，但局限性较为明显。作为传统的戏曲栏目类型，这两类栏目对少年儿童、青年、中青年群体的吸引力明显不足，呈现随年龄减小而衰减的趋势，高学历群体尤其是本科及以上群体的收视状况很不乐观，此外城市居民的收视热度较之于农村和乡镇也明显偏低。以剧场类栏目为例，其在少年儿童（15岁及以下）、青少年（16—25岁）、青年（26—35岁）群体中的选择率平均只有两成，在大专以上人群和城市人群的比例也只有四成左右。这令我们不禁要思考，随着人口结构的变化、学历的提升、城市化的推进，此类传统的、以还原舞台演出为主的栏目究竟应该何去何从？可以肯定的是，作为电视与戏曲联姻最原始、最本真的"化合物"，欣赏类和竞赛类的栏目形式在未来相当长的一段时间内不会消失，但内容必然要发生变化。名家名段的资源并非用之不竭，戏迷擂台也不是"终南捷径"，那种"音像库中轮番放映、选几个戏迷就搭起擂台"的陈旧思路在当前尚可维持一定的收视率，但警钟已经敲响。电视唯有发挥自身的资源、人力优势，从内容出发，才是赢得观众的不二法门。就目前而言，剧场、竞赛类栏目应以"分众化"为导向，一方面照顾中老年群体的口味，完成传承、记录、保存的使命；另一方面，应更多地将视角转向贴近社会生活、适合年轻人口味、"讲述老百姓自己的故事"的好戏，为未来的变革积累经验、打下基础。

（二）教学、访谈、新闻专题类栏目备受冷落，生存空间十分有限

与上述欣赏类、竞赛类栏目不同，观众对教学、访谈、新闻专题类栏目的收视状况呈现两个方面的特点：一是总体收视水平低，位居所有栏目类型的后三位；二是各类型观众收视水平差异不明显，缺少忠实受众群。从具体百分比看，戏曲教学类栏目比例最高，只有30.9%，最低的戏曲新闻专题类只有21.4%，反映出这三类栏目备受冷落，生存空间已十分有限。

媒介技术的更新发展是造成此类栏目收视萎缩的重要原因。随着互

联网的深入影响，电视的信息传播、教育教化的功能逐渐弱化，如今的人们学戏、了解戏曲新闻和戏曲人物的渠道空前多样，信息获取方式由"推"到"拉"的转变也越发使广大受众感受到第四媒体的自由、便捷。这就导致戏曲教学、访谈、新闻专题类栏目在多个年龄和文化程度受众中的收视水平均不足10%，甚至为0，而从长远看，这种趋势已很难逆转。物竞天择，广大电视媒体也在及时调整，逐步压缩此类栏目的时长或者停办、取消，应为明智之举。

（三）戏曲真人秀异军突起，成为戏曲电视栏目发展新的增长点

戏曲真人秀是近些年新兴的一种栏目样态，其借助植入、混搭、移植等手段，将综艺、娱乐、时尚、益智元素注入传统的戏曲栏目，并邀请影视、歌唱等明星加盟，以学戏、闯关等为叙事线索，寓教于乐，令人耳目一新。本书调查发现，戏曲真人秀在众多戏曲栏目中独树一帜，观众的选择率达到51.2%，仅次于竞赛类和剧场类栏目。除此之外，相比其他戏曲电视栏目类型，戏曲真人秀还受到年轻群体、高学历群体和城市观众的青睐。本书调查数据显示，其在15—55岁年龄层的观众中的选择率超过了60%，在大专以上文化程度的观众中的选择率接近50%，在城市的收视状况甚至高于农村，超过60%。

数据背后是广大戏曲电视工作者的艰辛付出和新鲜创意，近年来戏曲真人秀《叮咯咙咚呛》，以及《梨园闯关我挂帅》《国色天香》《非常有戏》等含有真人秀元素的若干档立意宏大、构思精巧、阵容强大的栏目均有不俗表现，叫好又叫座，实现了传统与现代、固本和求新、坚守与突破、流行趋势与主流价值的平衡统一，成为戏曲电视栏目新的增长点。可见戏曲电视栏目的长远发展，应借鉴其他栏目策划手段，与异质元素巧妙嫁接、融合，以不断创新的形式拓展受众群体。综上所述，风格上"两极分化"，形式及内容上"采撷众华"，将成为未来一段时期戏曲电视栏目的特征。

第五节　戏曲电视栏目的收视评价分析

一　问题设计及拟解决的问题

为了解当前戏曲电视栏目收视评价情况，问卷设计了六个问题。

A. 您对当前的戏曲电视栏目的总体评价？提供了"非常满意；比较满意；感觉一般；不满意"四个选项，题型为单选题。这一问题主要是调查观众对当前戏曲电视栏目的收视满意度。

B. 您认为制约您观看戏曲电视栏目的原因有哪些？提供了"家庭成员不喜欢戏曲栏目；栏目形式老套，缺少娱乐元素；剧目陈旧，脱离时代；有更好的收视选择；缺少所喜爱的剧种，不过瘾；不是'原汁原味'的戏曲演出；专业性强，看不懂；播出时间不符合收视习惯；过度娱乐，低俗倾向"九个选项，题型为多选题。这一问题主要是调查影响观众收看戏曲电视栏目的因素，以期明确当前戏曲电视栏目存在的问题及改进方向。

C. 下面是部分 CCTV-11 的戏曲电视栏目，请您根据您对平时收看该栏目的频率及喜好程度进行评分，5 分为最高分，1 分为最低分。提供了中央电视台戏曲频道在播的影响力较大的十档栏目，并兼顾到各种栏目类型，选项有："《过把瘾》《九州大戏台》《中国京剧音配像精粹》《叮咯咙咚呛》《CCTV 空中剧院》《梨园闯关我挂帅》《青春戏苑》《跟我学》《一鸣惊人》《戏曲采风》"。这一问题主要是调查观众对中央电视台戏曲频道栏目的收视满意度，重点观照观众对近年来创办的，如《叮咯咙咚呛》等创新性强、突破度大的新栏目形态的态度，为进一步剖析打下基础。

D. 下面是部分省级电视台的戏曲电视栏目，请您根据您对平时收看该栏目的频率及喜好程度进行评分，5 分为最高分，1 分为最低分。提供了省级电视台在播的影响力较大的九档栏目，选项有："河南：《梨园春》、天津：《国色天香》、上海：《非常有戏》、陕西：《秦之声》、安徽：《相约花戏楼》、山东：《金声玉振》、广东：《粤唱粤好戏》、河北：《绝对有戏》、山西：《走进大戏台》"。这一问题主要是调查观众对省级电视台戏曲栏目的收视满意度，为进一步剖析打下基础。

E. 作为一名优秀的戏曲电视栏目主持人，您认为最重要的特质是什么？提供了"亲和力强；形象气质与戏曲栏目定位吻合；戏曲表演水平；戏曲知识；普通话水平及声音条件；语言诙谐幽默，善于调动气氛"六个选项。这一问题主要是调查观众对戏曲电视栏目主持人的要求和期待。

F. 下面是部分颇具代表性的戏曲电视栏目主持人，请根据您对的他们喜好程度进行评分，5 分为最高分，1 分为最低分。提供了"倪宝铎、庞晓戈、董艺、关枫、刘芳、白燕升、郭德纲、赵保乐、韩露、徐进、张靓婧"十一位主持人作为选项。这一问题主要是调查观众对戏曲栏目主持人的喜好，为进一步发掘和分析优秀戏曲栏目主持人特质打下基础。

二 观众对戏曲电视栏目的总体评价（见表 3 – 17）

表 3 – 17　　　　观众对戏曲电视栏目的总体评价统计

类别	频率	百分比（%）
非常满意	135	13.4
比较满意	244	24.3
感觉一般	575	57.3
不满意	50	5.0

表 3 – 17 统计数据显示，对于当前的戏曲电视栏目，有 13.4% 的观众选择"非常满意"，24.3% 的观众选择"比较满意"，二者合计为 37.7%，选择"感觉一般"的观众占半数以上，达到 57.3%，另有 5.0% 的观众选择"不满意"。总体上看，观众对此类栏目的整体满意度处在偏低水平。

三 当前戏曲电视栏目所存在的问题（见表3-18）

表3-18　观众对当前戏曲电视栏目所存在的问题统计

选型	类别	频率	百分比（%）
家庭成员不喜欢戏曲栏目	是	354	35.3
	否	650	64.7
	总计	1004	100.0
栏目形式老套，缺少娱乐元素	是	485	48.3
	否	519	51.7
	总计	1004	100.0
剧目陈旧，脱离时代	是	523	52.1
	否	481	47.9
	总计	1004	100.0
有更好的收视选择	是	664	66.1
	否	340	33.9
	总计	1004	100.0
缺少所喜爱的剧种，不过瘾	是	379	37.7
	否	625	62.3
	总计	1004	100.0
不是"原汁原味"的戏曲演出	是	338	33.7
	否	666	66.3
	总计	1004	100.0
专业性强，看不懂	是	625	62.3
	否	379	37.7
	总计	1004	100.0
播出时间不符合收视习惯	是	137	13.6
	否	867	86.4
	总计	1004	100.0
过度娱乐，低俗倾向	是	177	17.6
	否	827	83.4
	总计	1004	100.0

本次调查所列出的九个制约观众收看戏曲电视栏目的原因，基本可

分为两类问题。第一类是外部原因，如"家庭成员不喜欢戏曲栏目"；"有更好的收视选择"；"不是'原汁原味'的戏曲演出"；第二类是栏目本身的原因，如"栏目形式老套，缺少娱乐元素"；"剧目陈旧，脱离时代"；"缺少所喜爱的剧种，不过瘾"；"专业性强，看不懂"；"播出时间不符合收视习惯"；"过度娱乐，低俗倾向"，大致包含了影响观众收看的因素。

从上表统计数据看，占比较高的几个因素分别为"有更好的收视选择"（66.1%）、"专业性强，看不懂"（62.3%）、"剧目陈旧，脱离时代"（52.1%）、"栏目形式老套，缺少娱乐元素"（48.3%），这四种因素有超过或接近半数的观众选择，应为制约观众收看的主要因素。这其中既有外部原因，也有栏目自身的原因。比如，有66.1%的观众选择"有更好的收视选择"，表明戏曲栏目受其他电视栏目的影响较大；有62.3%的观众选择"专业性强，看不懂"，其中45岁以下年龄段中选择率均超过80%（不再另外进行交叉分析），说明戏曲电视栏目未能很好地争取潜在受众和流动受众；关于栏目内容和形式的因素也较明显，主要体现在剧目的选择和栏目的形式方面。

此外，"缺少所喜爱的剧种，不过瘾"（37.7%）、"家庭成员不喜欢戏曲栏目"（35.3%）、"不是'原汁原味'的戏曲演出"（33.7%）、"过度娱乐，低俗倾向"（17.6%）、"播出时间不符合收视习惯"（13.6%）构成了制约观众收看的次要因素。

四 观众对中央电视台戏曲电视栏目的评价（见表3-19）

表3-19　　　　观众对中央电视台戏曲电视栏目评价统计

栏目	N值	最小值	最大值	平均值	标准差
过把瘾	1004	1.00	5.00	4.34	1.05
九州大戏台	1004	1.00	5.00	3.51	1.00
中国京剧音配像精粹	1004	1.00	5.00	4.11	1.10
叮咯咙咚呛	1004	1.00	5.00	4.38	0.85
CCTV空中剧院	1004	1.00	5.00	3.84	1.11

续表

栏目	N值	最小值	最大值	平均值	标准差
梨园闯关我挂帅	1004	1.00	5.00	3.63	1.39
青春戏苑	1004	1.00	5.00	3.42	1.14
跟我学	1004	1.00	5.00	3.38	1.19
一鸣惊人	1004	1.00	5.00	4.26	0.95
戏曲采风	1004	1.00	5.00	3.16	1.32

2015年中央电视台在全国戏剧类电视市场的收视份额为61.6%[①]，对中央台戏曲频道自办栏目的调查分析，对研究戏曲电视栏目意义重大。上表统计数据显示，观众对中央电视台不同戏曲栏目的评价有所差别，但分差不大，说明国字号媒体由于人力、资源、经费方面的投入充足，戏曲栏目总体上的编排创意和制作水平较高。其中《叮咯咙咚呛》排名最高，平均得分为4.38，这档栏目是央视首档原创真人秀，吸引了著名戏曲艺术家梅葆玖和中韩两国明星加盟，得到了戏内戏外观众的喜爱，它与参与性栏目《过把瘾》和竞赛类栏目《一鸣惊人》共同跻身前三甲。《中国京剧音配像精粹》《CCTV空中剧院》两档传统剧场类栏目分别位居第四位、第五位，与前三位分数差距不大，表现稳定。后五位的栏目分别是选秀栏目《梨园闯关我挂帅》、剧场类栏目《九州大戏台》、竞赛类栏目《青春戏苑》、教学类栏目《跟我学》以及新闻专题类栏目《戏曲采风》。

五 观众对省级电视台戏曲电视栏目的评价（见表3－20）

表3－20　　　　观众对省级电视台戏曲电视栏目评价统计

栏目	N值	最小值	最大值	平均值	标准差
河南：梨园春	1004	1.00	5.00	4.25	0.58
天津：国色天香	1004	1.00	5.00	3.55	1.33

---

① 数据来源：CSM媒介研究，引自徐立军《中国电视收视年鉴2016》，中国传媒大学出版社2015年版，第46页。

续表

栏目	N值	最小值	最大值	平均值	标准差
上海：非常有戏	1004	1.00	5.00	3.40	1.07
陕西：秦之声	1004	1.00	5.00	3.63	1.17
安徽：相约花戏楼	1004	1.00	5.00	3.72	1.17
山东：金声玉振	1004	1.00	5.00	3.18	1.24
广东：粤唱粤好戏	1004	1.00	5.00	2.79	1.44
河北：绝对有戏	1004	1.00	5.00	2.95	1.39
山西：走进大戏台	1004	1.00	5.00	3.92	1.26

表3-20统计数据显示，观众对省级电视台戏曲栏目的评价差别较大，其中河南卫视《梨园春》排名最高，平均得分为4.25分，这档栏目是河南卫视重点打造的王牌栏目，立足中原大地，辐射全国。在戏剧类节目市场，2015年河南省电视台戏剧类节目成为本省收视份额中唯一超过中央台的类型，以54.9%的收视份额居市场第一，[①] 同年河南市场戏剧类节目收视份额为1.3%，远超全国平均值0.4%，[②] 造成了轰动电视界的"梨园春现象"。除《梨园春》外，山西台的《走进大戏台》、安徽台的《相约花戏楼》、陕西台的《秦之声》等老牌戏曲栏目也有稳定的收视群体，分居第二位至第四位。天津台的《国色天香》、上海台的《非常有戏》、山东台的《金声玉振》三档以戏曲为内容的真人秀和综艺娱乐栏目也在戏曲电视市场占有一定的份额，位居第五位至第七位。最后两位分别是河北台的《绝对有戏》和广东南方卫视的《粤唱粤好戏》。《绝对有戏》以河北梆子为主要剧种，很少涉及其他剧种，加之其播出频道为河北农民频道，不属于上星频道，因此受众群体有所局限。《粤唱粤好戏》栏目在广东的收视份额实际上很高，但因其主要剧种为粤剧，主持人和嘉宾均以粤语对话，这也使该档栏目在全国的知名度和影响力稍显逊色。《粤唱粤好戏》的创办单位南方传媒集团，其

---

① 数据来源：CSM媒介研究，引自徐立军《中国电视收视年鉴2016》，中国传媒大学出版社2015年版，第51页。

② 数据来源：CSM媒介研究，引自徐立军《中国电视收视年鉴2016》，中国传媒大学出版社2015年版，第369页。

戏剧类节目的收视份额却占广东戏剧节目市场的 71.9%，是中央电视台的 3 倍多，[①] 这也从另一个侧面说明了以《粤唱粤好戏》为代表的广东电视人编创的戏曲栏目在本省的影响力是不容忽视的。

六　观众对戏曲电视栏目主持人素质的要求（见表 3-21）

表 3-21　　观众对戏曲电视栏目主持人素质的要求统计

变量	类别	频率	百分比（%）
亲和力强	是	438	43.6
	否	566	56.4
	总计	1004	100.0
形象气质与戏曲栏目定位吻合	是	598	59.6
	否	406	40.4
	总计	1004	100.0
戏曲表演水平	是	476	47.4
	否	528	52.6
	总计	1004	100.0
戏曲知识	是	664	66.1
	否	340	33.9
	总计	1004	100.0
普通话水平及声音条件	是	285	28.4
	否	719	71.6
	总计	1004	100.0
语言诙谐幽默，善于调动气氛	是	351	35.0
	否	653	65.0
	总计	1004	100.0

戏曲栏目的主持人应有自身的特质。本书调查显示，"戏曲知识（66.1%）""形象气质与戏曲栏目定位吻合（59.6%）""戏曲表演

[①] 数据来源：CSM 媒介研究，引自徐立军《中国电视收视年鉴 2016》，中国传媒大学出版社 2015 年版，第 65 页。

水平（47.4%）"占前三位，这说明观众对戏曲栏目主持人的要求和期待是相当高的。而"亲和力强（43.6%）""语言诙谐幽默，善于调动气氛（35%）""普通话水平及声音条件（28.4%）"这些一般综艺类和娱乐类栏目主持人的特质，戏曲观众并不十分看重，因此居后三位。

七 观众对戏曲电视栏目主持人的评价（见表3–22）

表3–22　　　　　观众对戏曲电视栏目主持人的评价统计

主持人	N值	最小值	最大值	平均值	标准差
倪宝铎	1004	1.00	5.00	3.71	1.05
庞晓戈	1004	1.00	5.00	3.84	1.25
董艺	1004	1.00	5.00	3.53	1.03
关枫	1004	1.00	5.00	3.80	1.12
刘芳	1004	1.00	5.00	3.61	1.25
白燕升	1004	1.00	5.00	4.13	1.15
郭德纲	1004	1.00	5.00	4.02	1.15
赵保乐	1004	1.00	5.00	3.64	1.20
韩露	1004	1.00	5.00	3.46	1.18
徐进	1004	1.00	5.00	3.28	1.23
张靓婧	1004	1.00	5.00	3.32	1.20

表3–22统计数据显示，观众对不同戏曲栏目主持人的评价存在差别，但分差不大，说明当前戏曲栏目主持人各具特色，观众接受程度整体尚可。其中，白燕升、郭德纲、庞晓戈等主持人观众评价较高。这三位主持人中，白燕升和庞晓戈均为全国播音主持界最高奖"金话筒"奖获得者，前者以戏曲知识和戏曲表演见长，后者主持戏曲栏目十余年，气质优雅、戏曲积淀丰富，他们排名靠前说明专业型戏曲主持人最受观众的认可和喜爱。另外，郭德纲作为相声演员排名第二说明跨界主持人已被戏曲观众所接受。

八 结论及启示

（一）观众整体满意度不高，"众口难调"矛盾突出

观众对当前戏曲电视栏目的整体满意度不高，这一结论可以通过调查统计数据清晰地反映出来。除去一部分不喜爱戏曲和从不观看戏曲栏目的潜在受众之外，现实受众的评价也不尽如人意。本节的第二个问题主要调查观众心目中戏曲栏目存在的问题，笔者在选项中并未回避那些看似有"矛盾"的内容，如："栏目形式老套，缺少娱乐元素"与"过度娱乐，低俗倾向"，又如"不是'原汁原味'的戏曲演出"和"专业性强，看不懂"等。调查结果并非一边倒，既有人对栏目形式老套、缺少娱乐不满，又有人反对娱乐化的倾向；既有人要看"原汁原味"的舞台表演，又有更多人反映这样的戏让他们看不懂，这说明"众口难调"已成为当前戏曲电视栏目的突出矛盾。

笔者随后进行了交叉分析，发现不同年龄观众对戏曲栏目存在的问题有截然不同的看法。比如，在26—35岁年龄段观众中选择"栏目形式老套，缺少娱乐元素"的占69.2%，而在66岁及以上观众中这一比例只有24.2%。借此一端，足以说明不同人群的审美口味和需求是不同的。这就启示我们在进行栏目定位的时候要瞄准目标人群，根据不同人群的需要明确传播的形式和内容，走精细化、差异化、分众化的路子。现在的多档戏曲栏目，尤其是省级台的栏目，普遍存在定位不准、形式游离、风格混淆、"大锅乱炖"的问题，这种贪大求全的错误倾向不得不引起我们的高度警惕。

（二）老牌栏目中，有些已进入衰退期，而以《梨园春》为代表的若干栏目收视神话仍在延续

调查发现，戏曲教学类、戏曲人物访谈类、戏曲新闻专题类栏目不仅总体选择率最低，而且在观众评价中的排名也居于后三位。这三类中的戏曲人物访谈栏目《戏苑百家》已经退出荧屏，教学类和新闻专题类只有中央电视台戏曲频道分别办有一档，为《跟我学》和《戏曲采

风》，这部分老牌戏曲栏目目前的生存空间有限。

与之形成鲜明对比的是，河南卫视《梨园春》、安徽卫视《相约花戏楼》、山西卫视《走进大戏台》等几档栏目虽开办较早，却历久弥新，仍然保持较高的收视率和满意度。如前文所述，这几档栏目都有各自的制胜法宝，但对精品化、品牌化的不懈追求永远是栏目获得成功的基础。

（三）有些新兴栏目受到肯定，说明创新求变，争取年轻观众和高学历观众是栏目生存发展的关键

戏曲这种昔日遍及城乡、老幼，传唱街头巷尾的大众艺术形式在今天已有超过六成的观众认为"专业性强，看不懂"，有超过或接近半数的观众认为"栏目形式老套，缺少娱乐元素""剧目陈旧，脱离时代"，这说明戏曲艺术的"断代"现象严重，也说明戏曲电视栏目未能在戏曲的普及和推广中起到应有的作用。

与此同时，部分新办栏目却异军突起，受到观众认可。颇具代表性的有中央电视台戏曲频道的真人秀栏目《叮咯咙咚呛》，以及大型团队竞技类戏曲栏目《一鸣惊人》，平均得分分别达到 4.38 分和 4.26 分。这些栏目受到认可，与其定位准确、广泛借鉴其他成熟栏目形态和综艺娱乐元素、紧跟年青一代的审美潮流密不可分。这也充分说明，创新求变，争取年轻观众和高学历观众是栏目生存发展的关键，戏曲电视工作者只有大胆探索，勇于改革，敢于突破，才有可能在激烈的竞争中赢得一席之地。

第四章 戏曲电视栏目的定位

如前文所述，目前戏曲电视栏目在数量和形式上均较以往有了很大的飞跃，但就总体而言，其未来发展并不容乐观。原因当然是多方面的，但栏目的创作观念从总体上说仍比较陈旧，电视和戏曲各自的艺术语汇未能很好地融合，戏曲电视的产业化链条仍未理顺，传统与现代结合、戏曲艺术与其他艺术形态的结合、电视与新媒体的结合尚比较生硬，已然成为制约其发展的瓶颈。基于此，如何利用好电视这个大众传播媒体，增强戏曲文化的传播效果，增加戏曲的受众群，丰富电视文艺栏目形态，让电视栏目成为人们全方位观照戏曲艺术的"第三只眼睛"，便成为摆在戏曲和电视工作者面前的现实课题。对此，本章拟以戏曲电视栏目受众调查的结论为依据，以当前此类栏目发展过程中遇到的瓶颈与问题为导向，在论述当前文化语境对戏曲电视栏目的深刻影响的基础上，力求以理性、客观的态度对此类栏目的发展定位与走向进行观照，并以传播要素为基本线索，从观念、受众、内容等方面展开论析，试图解答在当前的语境下，戏曲电视栏目应该走什么样的道路的问题。

第一节 大众文化影响下的戏曲电视栏目[①]

加拿大著名的传播学者麦克卢汉所提出的"媒介即讯息""媒介也

[①] 本节部分内容曾以"论大众文化语境下戏曲与电视联姻的现实路径"为题，发表于《徐州师范大学学报》（哲学社会科学版）2009 年第 4 期，《新华文摘》2009 年第 22 期"论点摘编"栏目转摘。有改动。

即生存"学说,非常强调媒体对于现实社会的影响以及人们一整套生存方式的改变。事实上,任何一种艺术形态的传播都无法脱离其所处的文化语境孤立地进行,都与当下社会的政治经济情况、审美文化潮流、大众的欣赏习惯密不可分。文化语境的嬗变也在深刻影响着人们的审美观念,甚至正改变着艺术本体的创作内容、风格和手段。因此,我们在研究戏曲电视栏目的过程中,必须时刻关注当下社会的文化语境,以此来引导戏曲与电视的联姻,从而创作出为大众喜闻乐见且具有鲜明时代特色的优秀作品。

当今中国处在主流文化、精英文化和大众文化交织的文化语境中,尤其是大众文化的迅速勃兴、蔓延,对艺术的生存与发展产生了极大的影响。大众文化所宣扬的草根狂欢、娱乐至上的审美享受取代了戏曲艺术丰富的文化内蕴,以一种气势磅礴的斑斓色彩和多变样态征服了受众的艺术感官,戏曲艺术已然被搁浅在边缘地带。在"注意力经济"时代,受众更容易被形式多样、气氛活泼、充满现代气息和青春色彩的综艺形式吸引,而对长歌曼舞的传统戏曲敬而远之。各级宣传文化部门对"振兴戏曲、保护戏曲"高度重视,甚至将其上升到继承和发扬民族传统文化的高度。长期以来,我们给予其必要的政策倾斜、优厚的扶持条件、充足的经费支持,部分剧种的生存危机得以暂时性的缓解。但我们也注意到,戏曲的发展仍停留在被非遗保护"哺育"的层面,其内在调节机制尚未充分发挥活力,其衰败之势仍未从根本上得以扭转。

近些年来,处于低谷的戏曲文化借助现代化的电视手段进行了传播和推广,涌现出一批代表性栏目。但多档戏曲栏目在红火了一段时间后,便呈现不温不火的发展状态,有些甚至不得不停办、取消。学界和业界在戏曲电视栏目的定位上出现了两种截然不同的观点:戏曲传播领域的部分学者认为,戏曲栏目衰落的原因在于外来文化的冲击,娱乐样式的增多,商业浪潮的席卷,这部分学者坚守着戏曲的"原汁原味",对于"全民娱乐""全民狂欢"嗤之以鼻;另一部分学者则主张寻求突破,他们认为,当今社会人们的审美情趣和欣赏习惯已经使他们很难主动地、积极地接近戏曲,戏曲电视栏目只有放下架子,借助新的形式变旧为新，"得意忘形"，才有可能将受众"拉"回来。

归纳来看，两种观点的主要分歧集中在对大众文化的态度上，即大众文化对戏曲而言究竟是只有冲击还是有所启示。要回答这一问题，我们应首先对大众文化概念进行梳理和归纳。

一　大众文化的概念释义

关于大众文化的概念，历来是一个众说纷纭的问题，广大学者分别从不同侧面给出了多种定义。下面，本书对具有一定代表性和影响力的若干种定义进行梳理，试图从理论上初步回答"什么是大众文化"这一问题。

毛泽东在特定历史时期曾提出"无产阶级的、革命的、普及的、面向工农兵的大众文化"[①] 这一带有一定阶级性和意识形态色彩的定义。这一定义虽注意到了文化的传播应该是"普及的"，但缩小了"大众"这一概念的外延，将其局限在"工农兵"这一特殊群体的范畴内，已与当前的现代社会的现实情况有了一定的距离。

英国的文化研究学派认为："大众文化是来自于人民的文化，是人民群众积极创造的他们所需要的一种民间文化。"[②] 与之一脉相承的美国文化研究学者费斯克认为："民间文化是从下面长出来的，是人们自发的土生土长的表达，是根据自己的需要创造出来的。几乎没有得到高雅文化的益处。"[③] 他们对于大众文化的这种定义，看到了其中的民间性和通俗性，也认识到了人民群众对于文化的创造性作用。但是，这种定义将大众文化与民间文化等同，与我们所要表达的大众文化存在一定的区别。首先，从传播对象来看，民间文化是由劳动群众自己创造的，它与特定的社会群体相关，被具有相同生活状况、情感经历的受众所接

[①] 毛泽东：《毛泽东选集》第二卷，人民出版社1991年版，第708页。
[②] 转引自蔡尚伟《影视传播与大众文化：文化工业时代的影视方法论》，四川大学出版社2005年版，第2页。
[③] 金元浦：《定义大众文化》，《中华读书报》2001年7月26日。

受,民间文化的指向性是有限的,并不是面对所有社会大众的;其次,从传授关系上看,民间文化是一种劳动群众自娱自乐的文化,其主要功能是群众缓解劳动的压力和增添乐趣,广大劳动群众既是文化的生产者,也是消费者,因此,民间文化主要是在前工业时代存在的,而大众文化显然是工业化社会以后,在市场经济条件下产生和发展的;最后,从传播范围来看,民间文化主要是在一定的范围内流行的,而现代社会的文化产品则经过先进的复制和传播技术,经过工业化批量生产和现代科技广泛传播的。综上所述,这一定义也并不全面。

英国文化研究学派的著名学者雷蒙·威廉姆斯(Raymond Williams)在他的《关键词》一书中对大众文化进行了四种界定,第一种就强调:"大众文化是广受欢迎或者众人喜好的文化。"① 这种定义注意到了传播的效果,强调了该种文化要被受众普遍接受并广泛喜爱。但是,"喜爱""接受"属于质的规定性,而喜爱和接受的程度则属于量的指标。那么,究竟被多少人喜爱,才算是符合大众文化的要求?是一个具体数量,还是一个百分比?这里所指的"众人"有没有地域和年龄的区分?

除此之外,还有学者认为:"大众文化是次标准文化或剩余文化,即去除了高雅文化(high culture)之后剩余的那部分文化。"② 这一定义中的大众文化是一种与高雅文化相对的概念,或者至少是低于高雅文化的。若按照这一定义,庸俗的、低俗的文化都属于大众文化,或者说,大众喜爱的文化都是非高雅的文化。显然,这一定义从概念上降低了大众的审美标准,也缺乏一定的说服力。

进入21世纪,广大学者结合日臻成熟的传播、复制技术以及不断涌现的文化现象,对大众文化进行了新的归纳和解读。金民卿先生指出:"大众文化是反映工业化技术和商品(市场)经济条件下大众日常生活、在社会大众中广泛传播、适应社会大众文化品位、为大众所接受

---

① 金元浦:《定义大众文化》,《中华读书报》2001年7月26日。
② 金元浦:《定义大众文化》,《中华读书报》2001年7月26日。

和参与的意义的生产和流通的精神创造性活动及其成果。"① 文化学者张文生、李宏斌进行了更为细化的描述，指出："所谓大众文化，就是指现代都市和大众消费社会里流行的文化类型（诸如流行音乐、娱乐消遣的影视片、世俗文学、广告文化等等）。它是在工业社会产生，以都市大众为消费对象，并通过大众传媒无深度、易复制、模式化的特点，按照市场规律而批量生产的文化产品。同时，它也是当代竞争社会中从个人领域生长出来的一种新的消费性文化。"②

以上诸种定义分别从不同方面阐释了大众文化的一些基本特征。在此基础上，笔者尝试为大众文化进行如下定义：大众文化是指在现代工业和市场经济充分发展以后，以社会上普通的"一般人"作为消费对象，以满足他们感性娱乐为目的，按照市场的需要，通过现代大众传媒的模式生产，并按照市场规律批量复制的一种日常文化形态。大众文化是一种独立于"他类"文化的具有自身质的规定性的文化形态，它来自最广大的人民群众，并被他们不断改造。与偏重教化性的主流文化和偏重审美性的精英文化不同，大众文化则更多地关注世俗人生，具有追求通俗、愉悦至上的特性。本书对于大众文化的论述，将基于这一概念之上。

二 大众文化对戏曲电视栏目的冲击

大众文化在中国的发展和蔓延特别迅速，苏联文艺理论家巴赫金的"狂欢节理论"似乎可以给我们一些启发。狂欢文化作为一种庆典和仪礼文化有着悠久的历史。狂欢节的主要仪式就是戏谑地为狂欢国王加冕和随后脱冕，象征着交替与变更、死亡和新生的精神。伴随文化的发展，狂欢节的宗教意味逐渐减弱，戏谑成分得以保留。巴赫金曾经对狂

---

① 金民卿：《大众文化论——当代中国大众文化分析》，中共中央党校出版社2002年版，第34页。
② 张文生、李宏斌：《试论市场经济条件下大众文化的人文提升》，《延安大学学报》（社会科学版）2002年第2期。

欢活动的本性进行过精辟的描述，这与后现代语境中的审美文化特征极其相似："狂欢节语言的一切形式和象征都充溢着更替和更新的激情，充溢着对占统治地位的真理和权力的可笑相对性的意识。这种语言所遵循和使用的是独特的'逆向'、'反向'和'颠倒'的逻辑，是上下不断换位、面部和屁股不断换位的逻辑，是各种形式的戏仿和滑稽改编、戏弄、贬低、亵渎、打诨式的加冕和废黜。"① 狂欢文化所打造的"完全颠倒的世界"及其宣扬的快乐、平等的精神，打破了人与人之间的等级、财富及地位的界限，开创了一种空前自由的生活方式，对现实生活中的人们具有强大的吸引力。"因为在中国文化和中国文明的历史进程中基本没有狂欢。大众文化的兴起，这种'解放'所释放出来的力量是超乎寻常的惊人！中国的大众文化所表现出来的是'狂欢'和'暴富'，如暴发的山洪，如汹涌的潮水，对传统文化和经典文化的冲击要远远大于西方"② 伴随着大众文化的兴盛，"在市场经济中解放了的'众神'也迎来了狂欢的时代，各路神侣都戴着各自的鲜亮面具兴味盎然地在这场盛大而隆重的假面舞会上尽情狂欢"③。

大众文化过度的快感追求和功利倾向削弱了文化的传统性、深刻性，使观众对应有的审美品格的追求受到了漠视。"在功能上，它成为了一种游戏性的娱乐文化；在生产方式上，它成为了一种由文化工业生产的商品；在文本上，它成为了一种无深度的平面文化；在传播方式上，它成为了一种全民性的泛大众文化"④。麦克唐纳认为，大众文化是最好的消遣和最坏的文化，人们缺乏什么，它就提供什么，从功能上说是娱乐的，本质上来说它是消费和商业化的。这就很容易理解今天通俗歌曲、综艺栏目、贺岁电影的大行其道。以通俗歌曲为例，万人以上规模的演唱会几乎每天都在各地上演，歌唱明星拥有数量庞大的忠实

---

① [苏联] 巴赫金：《巴赫金文论选》，佟景韩译，中国社会科学出版社 1996 年版，第 106 页。
② 马也：《大众文化包围中的艺术——兼谈作为国粹的中国戏曲的命运》，《文艺研究》2004 年第 2 期。
③ 孟繁华：《众神狂欢》，今日中国出版社 1998 年版，第 13 页。
④ 焦晓军：《电视综艺节目娱乐性的误区》，《东方艺术》2004 年第 7 期。

"粉丝群",票价高达千元以上的前排座席仍一票难求,炫目的灯光、华丽的服饰、夸张的造型,烘托出热烈火爆的氛围,观众挥手呐喊,扭动肢体,边舞边唱,几近癫狂。演唱会结束,观众仍沉醉其中不愿离去,久久回味着自己方才欣赏的艺术。

在大众文化的影响下,"中国戏曲及其他类型的民族文化和传统文化,都受到了程度不同的冲击:生态恶化、资源破坏、结构失衡、剧种消亡、剧团倒闭、演员失业、编导改行、创作枯萎、技术绝活失传、艺术水平下降……"[①] 而它对电视文化的影响更甚,中国传媒大学隋岩教授对此做出了较为精准的阐释。他指出,"电视大众文化在物质话语僭越的当代中国社会最根本的特征,就是以大众文化的商业性稀释、消解着高雅文化的艺术性,具体表现为那些具有大众文化倾向的电视文本以商业目的的直接功利性替代着高雅文化的无功利性;以程式化、复制化、平面化、无深度感对抗着高雅文化的个性、独创性、典型性;以情感策划的虚假性拆解着高雅文化的情感判断的真实性和深沉感;以享乐性、消遣性置换着高雅文化的启蒙性、先驱性。"[②]

当前我国媒介娱乐文化盛行,人们沉迷于各种泛娱乐化形式和感官享乐的麻醉中无法自拔。精神世界原本纯粹高远的理想情操,也在现实社会喧嚣浮躁的消费刺激中垮塌。有的媒体价值取向失衡,它们在传播活动中盲目追逐经济效益,无暇顾及社会责任,践踏传统、调侃崇高、以丑为美、趣味低级,大肆宣扬庸俗、媚俗、拜金、享乐之风,甚至频频触及社会道德的底线;有的媒体社会责任淡漠,它们无视导向、搜奇猎艳,过度放大社会的阴暗面以博得受众的关注,造成媒介应有的公信力、权威性大大降低;更有甚者,盲目追求对受众的感官刺激,铺张浪费、过度包装、主题空洞、内容浮浅。来源于境外的引进节目日益增多,本土化的文化、戏剧等节目越来越少,难以维系。部分媒体"把

[①] 马也:《大众文化包围中的艺术——兼谈作为国粹的中国戏曲的命运》,《文艺研究》2004年第2期。

[②] 隋岩:《当代中国电视文化格局》,北京大学出版社2004年版,第94页。

关人"缺位，疏离和放弃了传播先进文化的使命，漠视社会责任，将市场化等同于"自由化"，将"受众中心论"曲解为迎合受众低级趣味。这种片面追求眼前利益的短视行为无异于杀鸡取卵、竭泽而渔，使人们因缺乏共同的信仰体系而深陷道德真空之中。

受大众文化的影响，中国电视荧屏上的传统电视文艺，如音乐电视、电视散文自21世纪初就开始丧失市场。就戏曲电视栏目而言，部分栏目尝试转型，多档栏目直接停办、取消或转为地面频道播出，如中央电视台《戏苑百家》；山东电视台《金声玉振》；陕西电视台《秦之声》；甘肃电视台《大戏台》；吉林电视台《好戏登场》《乡村戏苑》；河北电视台《戏苑乡音》《绝对有戏》；云南电视台《俏花灯》；浙江电视台《戏曲红茶坊》《百花戏苑》；北京电视台《同乐园》《北京大剧院》《好戏周周看》；辽宁电视台《戏苑景观》；等等。还有大量的戏曲栏目频繁更改播出时间，比如陕西电视台自2006年先将品牌戏曲栏目《秦之声》从黄金时段移出，改为16：40播出，后又干脆将其移出卫视频道。甚至连中央电视台戏曲频道，每天也会播出两集到三集《康熙王朝》《芈月传》等非戏曲类的电视剧，甚至加播大量的电视直销广告。面对质疑，中央电视台副总编、戏曲频道总监张华山说："这是为了追求广告效益而不得已的选择。"与之类似，北京电视台也面临栏目经费不足和收视率低下的巨大压力，曾在2007年停办过所有的戏曲类栏目，此举曾激起观众的强烈不满。后重新整合推出《北京大剧院》，宣称不受收视率的"干扰"，工作人员不用考虑广告收入和因收视率浮动造成工资待遇的变化等问题。然而好景不长，这档栏目也迫于收视率的重压而淡出荧屏。

三　大众文化对戏曲电视栏目的启示

在大众文化的冲击下，戏曲昔日的辉煌已踪影难觅，只好走下"主流"文化殿堂，苟延残喘。但以此就鼓吹戏曲消亡论，倒也不致那么悲观，因为文化是一个动态过程。荷兰学者皮尔森在其专著《文化战略》一书中明确表示,"文化不是名词,而是动词"①。"每一历史阶段的文化都会随着社会形态以及随之而来的人们审美观念的变化而不断发生变化。特定历史阶段的文化总是为下一阶段的文化做积淀,每一种新的文化形态并非是对前一阶段的文化形态的简单否定或重复,而是在不断否定、重塑和多元交汇中逐渐成长"②。戏曲艺术与大众文化并非格格不入,水火不容,事实上,戏曲本身就是极为普及的大众文艺,只是今天它的样态、节奏、情节、唱腔不再被大众普遍接受,原先的大众艺术变成了小众艺术。今天,我们传承和弘扬戏曲不能仅仅依靠小众传播,不能仅仅依赖政策导向,电视遵循的是价值规律,长远看也绝对不是"救"戏曲的"灵丹妙药",况且这也不是戏曲与电视联姻的本意。那么,为了戏曲艺术向大众回归,我们能否在保护的同时,向大众文化适当"靠拢"或暂时"投降"。关于戏曲与大众文化的关系问题,中国艺术研究院戏曲研究所研究员马也先生慨乎言之,"我们应该对传统的戏曲欣赏经验以及艺术史经验进行某种反思,如果我们还不能找到或创造出具有当代生活质感的艺术形式,和当代大众所能理解易于接受的艺术表达形式,那么戏曲的不幸命运还是难以避免。今天你如果完全背离了大众的通俗表达形式和艺术语言,拒绝世界性的人类共有的艺术观念和国际性的通行的通常的审美形式,那就等于拒绝走向交流和沟通,拒绝走向国际市场,无异于新的闭关自守,自暴自弃"。③法兰克福学派中文化批判的主将阿多诺,不管他对大众文化如何深恶痛绝,但他还是认为:"今天,如果谁要是不能运用自如地按照规定的方式说话,这种方式可以轻而易举地产生大众文化的各种熟套和各种评价,谁的生存就会受到威胁——会被人怀疑,他要么是一个白痴,要么是一个知识分子。"④

---

① [荷] C. A. 冯·皮尔森:《文化战略》,刘利圭等译,中国社会科学出版社1992年版,第3页。

② 赖黎捷:《媒体奇观视域下的中国电视娱乐文化转型研究》,暨南大学出版社2013年版,第102页。

③ 马也:《大众文化包围中的艺术——兼谈作为国粹的中国戏曲的命运》,《文艺研究》2004年第2期。

④ [德] 阿多诺:《文化工业"大众文化纲要"》,转引自《文化理论和通俗文化导论》。

所以，我们应该汲取大众文化积极、正面的成分，尝试适当改变戏曲的面目，使它的程式、表演符合现代百姓的欣赏口味，趋向通俗。使戏曲更多关注世俗人生、世俗人情，注重生活的真实和百姓的真情，以感性的形式进入当代生活，"只要能提高对观众的吸引力，即使招来内行观众或鉴赏家的批评，也无须却步。内行观众和鉴赏家是诤友，但他们养活不了戏曲。真正能证明戏曲这一生命体之存在的，是大量普通观众。如何激活传统是戏曲电视艺术在新时代面临的一个课题，生活体验、文化观念、时尚艺术都是激活的要素。艺术是人创造的，如果没有人的开放，艺术的开放就是一句空话。戏曲既要规避对时尚的盲目屈从而丧失自我，又要从时尚中洞察时代，以更加积极的推陈出新，力争成为当代文化消费的一种特殊的时尚"①。正如著名剧作家魏明伦所言："在鼎盛和消亡之间还有很宽阔的弹性地带，民族民间艺术如能努力保持其精髓，而不被无情的经济大潮淘汰，并将这种大潮当成洗礼，相当一部分的民族民间传统艺术还会大放光彩。"②

四　大众与精英的审美互动

对于戏曲的大众化回归，这是一个宏大和棘手的课题，更是一段漫长的过程。姑且不论这一理想的结果能否实现，可以肯定的是，这样的努力意义重大且刻不容缓。戏曲电视栏目在这一过程中肩负着不可推卸的责任，这不仅因为电视是目前普及率最高的大众媒介，更因为戏曲栏目的灵活性、丰富性、亲和力使其成为观众最易接受的戏曲传播形态之一。栏目的主创人员理应以精英人群的文化担当，引领社会的文化风潮，提供文化导向，修正审美偏差，帮助大众找回因过度的快感追求而日渐迷失的审美情趣。在此基础上，将大众文化与传统文化紧密联系，

---

①　龚和德：《从〈非常有戏〉的热播看戏曲的传统和时尚》，《中国艺术报》2007年5月22日第4版。

②　转引自刘晓林《电视戏曲综艺栏目〈梨园春〉的传播学研究》，博士学位论文，北京师范大学，2005年。

加强彼此的选择、介入、交流、融合，挖掘传统文化的当代价值，站在大众的立场和角度，以他们喜闻乐见的形式，使栏目"从大众中来，到大众中去"，既要正视大众文化的旺盛生命力和积极意义，又要提防和抵制其对传统文化艺术的消解和冲击，在承认大众文化合理的感性欲望基础上，唤醒人们对戏曲的审美自觉，最终实现审美超越。

　　当然，这个过程也需要政策、制度、路径等多层面的努力，更需要媒体在经济效益（包括收视率、广告收入等具体指标）的重压下敢于承担。可喜的是，党的十三五规划建议明确指出："坚持'两手抓、两手都要硬'，坚持社会主义先进文化前进方向，始终以人民为中心的工作导向，坚持把社会效益放在首位、社会效益和经济效益相统一，坚定文化自信，增强文化自觉，加快文化改革发展，加强社会主义精神文明建设，建设社会主义文化强国。"① 这一纲领性文件为媒介生产和经营活动指明了方向。要求我们始终把媒介产品的社会价值放在首位，在努力实现经济效益的同时坚守社会效益。2014年10月15日，习近平总书记主持召开文艺工作座谈会，明确了"一部好的作品，应该是经得起人民评价、专家评价、市场检验的作品，应该是把社会效益放在首位……同社会效益相比，经济效益是第二位的，当两个效益、两种价值发生矛盾时，经济效益要服从社会效益，市场价值要服从社会价值"。② 他生动地指出："文艺不能当市场的奴隶，不要沾满了铜臭气……要坚守文艺的审美理想、保持文艺的独立价值，合理设置反映市场接受程度的发行量、收视率、点击率、票房收入等量化指标，既不能忽视和否定这些指标，又不能把这些指标绝对化，被市场牵着鼻子走。"③ 由此可见，"双效统一"是文化事业发展的前提，更是媒介传播的原则。衡量媒介产品的好坏和媒介传播的效果不可仅以产值、数量和门类论，更应以其是否为人民群众提供精神营养论。

---

　　① 习近平：《中共中央关于制定国民经济和社会发展第十三个五年规划的建议》，《人民日报》2015年11月4日第1版。
　　② 习近平：《在文艺工作座谈会上的讲话》，《人民日报》2015年10月15日第2版。
　　③ 习近平：《在文艺工作座谈会上的讲话》，《人民日报》2015年10月15日第2版。

优秀的传统文化（包括传统戏曲中的精华部分）是中华民族的精神命脉所在，是涵养社会主义核心价值观的重要源泉，也是我们在世界文化激荡中站稳脚跟的坚实根基。我们应该强化媒介对于文化传承的责任担当，站在文化强国建设的高度，下大力气办好以戏曲为代表的传统文化类栏目，充分重视戏曲在传承中华传统文化和人文精神传播中的重要作用。

作为精英文化的倡导者，戏曲栏目的主创人员也应清醒地认识到，当前戏曲栏目在观念、风格、受众、内容定位上的游离不定、雅俗不清、单一陈旧等问题显然构成制约其生存与发展的重要原因。对于今天的戏曲栏目应该坚守"原汁原味"还是大胆突破创新，我们可以也应该不断探讨和争鸣，但可以肯定的是，它绝不可能一成不变。因为时代不同，媒介技术、文化环境和观众的审美需求都在变化，新的栏目形态层出不穷，戏曲与其他艺术样式融合的化合物不断诞生。我们的确很难清晰地勾勒出未来戏曲栏目的具体内容和形式，也许在未来的荧屏上，纯粹以唱段欣赏为内容的戏曲栏目会走向衰亡，戏曲频道和戏曲栏目有朝一日也会完成它们的历史使命，甚至戏曲只会作为一种"元素"出现在其他类型的电视栏目当中。但无论怎样，电视的出发点还是观众，"需要"就是需要，关键在于，我们应该安排什么样的栏目去满足观众的这种"需要"。

本书之所以对《叮咯咙咚呛》《非常有戏》《国色天香》之类创新的戏曲栏目形式"击掌、点赞"，就是因为它们在精英文化与大众文化之间找到了雅俗共赏的结合点，拓展了大众文化选择的空间，这不仅是电视媒体对弱势戏曲的"文化扶贫"，更是精英文化与大众文化的审美互动，是时尚与传统的一次沟通。我们欣喜地燃起了希望，虔诚地期待今天的戏曲还能以平等的身份进入电视，二者的联姻回到当初那般自发、主动，相互需要的理想状态。

必须强调的是，在大众与精英审美互动的过程中，要充分发挥精英群体的引导作用，使戏曲电视在保持戏曲艺术原有神韵的基础上，固本求新，决不能一味迎合受众、满足他们的视听之娱而忽略了文化内涵和整体格调，更不可出于"醉心潮流"或"一领风骚"的心理，标新求异，片面追求票房价值。在一个解构主义风行的年代，用一种伪艺术的低俗文本来愚化大众，糊弄大众，必将受到大众的无情鄙弃。近年来，媒体经常出现所谓"审美疲劳"一词，来形容某些低俗拙劣的影视作品，这其实并不准确；因不少作品，我们还没来得及对其进行"审美"，谈何"疲劳"？准确地说，应当说是"审美期待"的落空！广大戏曲电视工作者应通过不断地总结、改进、提升、内化，使戏曲规避对时尚的盲目趋从而丧失自我，又从时尚中洞察时代，以更加积极地推陈出新，力争成为当代文化消费的一种特殊的时尚，从而为传统文化在大众文化和消费主义浪潮下的传播创辟新途。如此，使戏曲的传承与保护不再仅仅停留在相关部门大力疾呼"挽救"的舆论层面上，而是通过调节大众的审美趣味，内化成国人审美上的认同与精神上的自觉，进而大大增强国人对本民族的文化坚守、文化自信与文化担当感，重建包括娱乐在内的多元的戏曲文化精品。

本乎此，下文将围绕观念、受众、内容三个方面对戏曲电视栏目的定位展开探讨。

第二节　戏曲电视栏目的观念定位[①]

一　品质本土化

随着当今世界政治、经济、文化交流的日益频繁，加拿大传播学者麦克卢汉预言的"地球村"的概念正在逐步变为现实，广大电视观众接触到的电视节目形式逐渐趋向多元，内容也日益丰富。全球化已使地球村中的每个成员所面对的文化不仅仅是他们的本土文化，还有许多外来文化，本土文化和外来文化在各自的生存区域中不断发生摩擦、融

---

① 本节部分内容曾以"传媒视野下戏曲传播的观念定位及产业化探究"为题，发表于《新闻战线》2014 年第 11 期。有改动。

合，深刻影响着每个成员的欣赏习惯和审美方式。发达国家利用先进的传媒手段和多样的传媒产品，大规模地向发展中国家进行文化倾销，渗透和灌输着他们的意识形态、价值观念甚至流行口味，不仅在经济上受益，更使得发展中国家面对强势文化的侵袭迷失了自我，日益走向"趋同化"和"一体化"。长期受到外来文化"浸润"的受众，逐渐丧失了本民族的文化自尊、自信、担当、坚守的意识，甚至为外来文化呐喊助威。电视作为传媒产业的一个极为重要的组成部分，"其产品既可作为可以进入市场的商品，一方面符合一般商品的普遍市场规则，另一方面由于电视节目这一产品特殊复杂性——即它同时更是一种具有民族性、社会性、文化差异与审美差异的特殊精神产品，这便使其进入市场时受着多种因素的限制，而呈现出独特、丰富而复杂的内涵"①。我国电视节目生产历经近六十年的历程，如今却在大规模的"引进""移植"潮流中沉迷，为短暂的高收视数据沾沾自喜，忘却了本国浓厚的民族特色、文化特色和地域特色。

有鉴于此，2015年7月22日，国家新闻出版广电总局发文，要求各级广播电视部门根植于中华优秀传统文化，大力推动创新创优。指出："各级广电部门要积极鼓励具有鲜明中国特色、中国风格、中国气派的原创节目模式，大力提倡将当代艺术理念与现代技术手段相融合的集成创新，对引进节目模式要适度控制数量，要避免过度集中在某一地区或国家。要充分利用中华文化元素、中华美学精神对引进节目模式进行本土化改造，坚持以我为主、开拓创新。要树立文化自信，摆脱对境外节目模式的依赖心理，坚决纠正一窝蜂式的盲目引进，对于以合作方式变相引进的现象要坚决治理。"②

中国电视"本土化"战略目标的实现，首先在于实现节目品质的"本土化"。"电视节目的'品质'指的是电视节目自身的某些自然属

---

① 胡智锋：《中国电视节目生产"本土化"的战略目标与对策》，《当代电影》2001年第3期。
② 国家新闻出版广电总局：《关于加强真人秀节目管理的通知》，http://www.sarft.gov.cn/art/2015/7/22/art_113_27532.html，2015年7月23日浏览。

性，或电视节目'原料'本身的某些特征、特质。对于一个电视节目来说，其选题以及拍摄素材本身所具有或蕴含的那些特征、特质，就是电视节目的'品质'"①。众所周知，中国戏曲是传统的、东方的、古典的；就文化价值而言，戏曲是中华民族文化的有机构成者，是人类文化百花园中一朵充满古老神韵的奇葩，是全人类共同的财富。对于戏曲电视栏目而言，坚持本土化的传播观念，可从以下两个方面理解。一方面，我们应将戏曲元素融入具有时代特征的创新性栏目形态当中，将中国传统文化艺术以百姓喜闻乐见的形式进入观众视野，但我们所进行的任何创新、吸收、借鉴、"移植"，都不可疏离戏曲的"品质"，应该在栏目选题、表现内容、文化构成等方面坚持"本土化"的传播观念，以增强戏曲电视栏目的贴近性，使观众加深对栏目的认同感。不能为了满足观众的感官刺激、娱乐消费而远离戏曲的民族艺术特质，随意改编，不伦不类。另一方面，树立戏曲电视栏目的本土化传播观念，也要求广大戏曲电视工作者立足其各自所处的地域，掌握该地域内戏曲剧种存在与发展的不同情况，依照我国电视栏目生产和运行的规律，充分遵循该地区观众的收视习惯和审美需要，策划、制作、播出具有鲜明地域特色、风格和口味的戏曲电视栏目。广东电视台曾进行过一次"珠江三角洲观众文艺节目选择意向"的受众调查，结果显示，同为该地区的戏曲电视栏目的《南国剧场》和《戏曲园地》收视率差别很大。《南国剧场》收视率为40.2%，《戏曲园地》的收视率仅为15.0%，后者观众不及前者的40%。这两档水平大抵相当的栏目缘何会产生如此巨大的收视差异？归根结底还是文化心理的问题。《南国剧场》全是广东地方戏，是地方文化，《戏曲园地》多是外省市戏曲内容，对岭南观众来说，属"域外文化"。除了人们心理上的认同差别，习惯于看地方戏之外，还有一个艺术形式上喜欢不喜欢、合不合胃口的问题。借此一端，足见本土化的传播观念的树立对戏曲栏目发展意义重大。

---

① 胡智锋：《中国电视节目生产"本土化"的战略目标与对策》，《当代电影》2001年第3期。

二 品位平民化

　　戏曲本是农业文明时代的产物，它的诸要素：说唱文学、歌舞、杂技、武术等均起源于民间。在广大农村，由于经济尚不发达，社会的整体文化水平较低，戏曲无疑是在当时的生产力水平下一般民众自娱自乐的最好方式。可以说，戏曲正是伴随广大群众对于娱乐的要求而产生的。伴随经济的发展，戏曲逐渐进入城市，在酒楼茶肆、勾栏瓦舍等较为固定的场所演出。此时，戏曲的娱乐功能仍然占据主导地位。逐渐地，戏曲拥有了固定的演出场所和各种文化层次的观众，这种艺术形态也被人们广泛认可并造就了一批专业艺人。在他们的千锤百炼之下，又经过文人的插手改造、士大夫和达官贵人审美意识的渗透，部分剧种出现"雅化"倾向。随后，剧场和剧院开始出现，戏曲表演失去了往日的随意性，变得庄重优雅、秩序井然。渐渐成为富家盛宴时附庸风雅的清赏之物或只有少数文化水平较高的人才能鉴赏的东西。时至今日，戏曲艺术差不多已成了高雅的精英文化，开始脱离大众，逐渐走向衰退。从这个意义上来说，戏曲艺术的衰落，正是由于平民化特征的丧失。

　　黑格尔曾强调指出：艺术作品"不是为着一些渊博的学者，而是为一般听众，他们须不用走寻求广博知识的弯路，就可以直接了解它，欣赏它。因为艺术不是为一小撮有文化修养的关在一个小圈子里的学者，而是为全国的人民大众"。① 在大众文化和消费主义盛行的今天，如何解决戏曲普及与提高的问题，进一步激发普通观众，尤其是年轻观众的兴趣，使其能够"直接了解它，欣赏它"，这关乎戏曲的生存与发展，实在未可小觑。从传播学的角度分析，所谓大众传播，"就是专业化的媒介组织运用先进的传播技术和产业化手段，以社会上一般大众为

---

① ［德］黑格尔：《美学》第一卷，朱光潜译，商务印书馆1979年版，第346—347页。

对象而进行的大规模的信息生产和传播活动"①。我们经常提到的"受众"这一集合概念,指的是社会上所有的"一般人",这与性别、年龄无关,也无社会地位、职业收入、文化层次高下的区分。受众群体的广泛性,就要求媒介产品尽可能以满足社会上大多数人的信息需求和审美追求为目的。从文化生态学的角度来说,当代中国的文化格局也呈现主流文化、精英文化和大众文化共存的态势。并且,随着工业化水平的提高、传播和复制技术的成熟和现代科技的飞速发展,大众文化正处于兴盛时期,成为受众群体最为广泛的共享文化。金民卿先生在《大众文化论——当代中国大众文化分析》一书中指出:社会大众性是大众文化最突出的特征,主要是指大众文化从大众生活中来、直接面向社会大众、由大众参与作品的创造和意义的生成。② 可见,当下社会的文化生态环境越发关注最广大、最普通的"人"的价值。电视作为重要的大众传播媒介,也越发注重这一群体的审美旨趣,反映他们的生活状态,期盼他们积极参与,并以他们的喜好程度和收视情况作为衡量节目成功与否的重要标准。而带有强烈意识形态色彩的主流文化和以学术文化和高雅文化作为主要传播内容的精英文化占据主导地位的时代一去不返。这一切,都迫切要求广大电视工作者将平民化的创作观念贯穿到策划、选材、制作等整个传播过程中。

对于戏曲电视栏目这一具体研究对象来说,其存在的最主要的目的和价值,就是通过与戏曲有关的传播内容,满足广大电视观众的娱乐需求。"受众的审美趣味和价值取向更直接地决定着戏曲的现实的文化选择。所有这一切无疑都使得戏曲不能不经受巨大的冲击,面临着新的选择,产生着新的蜕变,甚至面临着走向消亡的危险"③。戏曲走进电视,延展了自身的发展空间,但如果仍保留其"精英文化"的定位,不能从根本上走平民路线,这种延展便毫无意义,电视和戏曲的联姻也只能

---

① 郭庆光:《传播学教程》,中国人民大学出版社1999年版,第111页。
② 金民卿:《大众文化论——当代中国大众文化分析》,中共中央党校出版社2002年版,第40页。
③ 施旭升:《中国戏曲审美文化论》,北京广播学院出版社2002年版,第352页。

是一种勉强的、无味的结合。

三 品格人文化

"人文"这一概念,初见于《周易·贲卦·彖传》:"【刚柔交错】,天文也;文明以止,人文也。观乎天文,以察时变;观乎人文,以化成天下。"① 这段话阐明了"人文"的内涵和宗旨。古人倡导"人文"精神,其目的就在于用文明的方式化育和成就天下之人。基于此,"人文精神从本质上说,就是指那些关爱'人'的思想观念,或者说:一切关爱人的理念,都可以称之为人文精神"②。

从传播学的视角来看,人文化的传播观念,主要体现为受众本位传播观的形成和确立。对于戏曲电视栏目来说,应该在增强栏目的贴近性、服务性和互动性的基础上,感知社会心理,捕捉流行情感。在栏目中树立以人为本、尊重观众、理解观众的思想,满足观众的心理和审美需求。

戏曲艺术本是农业文明的产物。农业社会中的人们长期受到生产方式和物质条件的限制,生活和艺术审美活动极其单调,形成了喜欢简单而排斥复杂的心理,所以戏曲的情节也大同小异。戏曲的发展打上了时代的鲜明烙印,在特定的年代发挥过重要的作用。但现代社会中的人们则早已习惯于从众多的生活和娱乐方式中寻求适合自身的方式,养成了喜欢"多"而拒绝"少"的习惯,那些诸如"小姐私会后花园,落难公子中状元,欢欢喜喜大团圆"的老套的情节和套路已然不再适应当今社会人们的审美渴求。戏曲是一门"以歌舞演故事"的艺术形式,其历经千年而不衰,自然有着不可替代的独特魅力和韵味,眼下的关键问题是以何种形式的歌舞演哪个年代的故事。关于此,前文已进行过较为详尽的论述,不再赘言。

---

① 周振甫:《周易译注》,中华书局1991年版,第80页。
② 黄钊:《论先秦人文思潮及其深远影响》,《湖南社会科学》2009年第6期。

此外，还应注意栏目文化品格的塑造。大众文化是一把双刃剑，倘若我们重新审视当下的戏曲电视栏目，不难发现，当下部分戏曲电视栏目以擂台赛、选秀、闯关为主打，以比赛过程中的悬念吸引着观众的关注，以获胜者所获得的巨额回报为卖点，形而下的快感被过分张扬，形而上的美感受到忽视，文化的认知功能、教化功能和审美功能在一定程度上受到抑制，导致了节目人文元素的缺失。因此，戏曲电视栏目应以人文精神为旨归，积极倡导以人为本的娱乐理念，同时坚守栏目的文化品格，致力于打造富有文化内涵的绿色娱乐，开拓出适合自身发展的生存空间，这对电视内容生产意义重大，更是打造戏曲电视栏目的前提。

第三节 戏曲电视栏目的受众定位

在传播学领域，学者对受众的研究一直都在不断丰富和拓展，他们分别在不同时期从不同角度归纳出了诸多受众理论。若按时间线索，分别经历了个人差异论→→社会分化论→→社会关系论→→文化规范论→→社会参与论，直至今天的使用与满足理论。"使用与满足理论把受众成员看作是有着特定'需求'的个人，把他们的媒介接触活动看作是基于特定需求的动机来'使用'媒介，从而使这些需求得到'满足'的过程"[①]。

在电视领域，所谓受众定位，就是以受众本位为思想基础，确定目标观众，并以目标观众为中心，满足他们需要的行为。对电视栏目而言，其受众定位总体上包含宽众型（如新闻类栏目）和窄众型（如少儿、老年类等对象性栏目）两种基本类型，前者面向全社会的各个阶层和群体，后者则主要面向某些特定的受众群。

就戏曲电视栏目而言，其虽具备一定的窄众型栏目特征（如老年观众、低学历者、农村观众居多，表现内容相对单一等），但从宏观

[①] 郭庆光：《传播学教程》，中国人民大学出版社1999年版，第180页。

上，仍应属于宽众型栏目。其一，从受众的区域定位看，从东北吉林到南国广东，从京、津、冀、晋、陕、皖、豫等内陆重地到上海、山东等沿海省市，都办有戏曲电视栏目，栏目已通过卫星、网络传遍了祖国各地、大江南北，甚至全球的各个角落；其二，从受众的职业身份来看，戏曲栏目的观众遍及各行各业，覆盖各个阶层；其三，从受众的年龄定位来看，戏曲栏目观众上至耄耋老人，下到五尺之童，横跨各个年龄段。

宽众型的栏目定位决定了戏曲电视栏目具备"全国视野、全民视野"的空间，尤其是中央电视台和省级卫视的某些影响力大的名优栏目，可以利用栏目"杂志性"特点，在板块设置上注重多样性和丰富性，兼顾各个层次受众的需要。此类戏曲栏目没有明确的传播指向性，各个阶层的受众群体都是它们的收视对象，应该在不同的子栏目或是栏目编排上有所区分，设置若干个迎合不同受众审美口味的板块，对于不同类型的观众都应做到投其所好。比如安徽台的戏曲栏目《相约花戏楼》就照顾到了不同层次的观众。编导采用了解剖法：当介绍一个剧种时，第一步先采用电视专题片的形式做背景介绍，让观众对该剧种有一个大致的了解，这个叫作"戏外戏"的板块既扩大了观众的视野，也增加了节目的信息量；第二步则是请该剧种的代表性人物到现场接受主持人的采访和观众的提问，围绕剧种的生存发展与艺术特色，大家可以畅所欲言，以期加深对该剧种的了解，这个板块叫"面对面"；第三步便是请该剧种的代表性人物表演该剧种一些代表性剧目的精彩片段，让观众对该剧种的声腔及表演艺术产生直观的感受，这个板块叫"名家名段"；第四步是请现场观众代表上台跟戏曲表演者学一些戏曲动作和声腔，让观众亲身体会戏曲内在的讲究和程式，这个板块叫"学一招"；第五步是戏迷擂台赛板块，来自不同地方的不同剧种的戏迷同台竞技，以示高低。在这五个板块中，有偏重知识性的专题介绍、话题讨论，也有偏重欣赏性的"名家名段""学一招"，更有突出娱乐参与性的戏迷竞赛。这样一来，通过小板块的分众化传播，使得竞技性、观赏性和知识性在栏目的进行中得以有机的结合，对各个层次的观众都有所兼顾，栏目的知名度和社会美誉度也在逐渐上升。

但是，并非每家媒体、每档栏目都要"贪大求全"。"使用与满足"理论告诉我们，每个观众都是有着"特定"需求的个人，他们观看戏曲栏目的动机各不相同，获得"满足"的标准也千差万别。从总体上看，分众化传播仍是当下广播电视媒体的共识，从中央台的新闻综合、经济生活、戏曲、农业、军事等专业频道的设置，到省级卫视各自明确的办台特色，再到每一频道之中针对不同受众开设的风格各异的栏目。"受众本位"思想已经渗透到了每一位电视工作者的心中并成为策划创意的指导思想。如今伴随专业化的戏曲频道和戏曲栏目的开办，受众定位出现了由大众到分众的趋势。因此，我们必须明确不同的栏目要做给谁看，目标受众的特质都有哪些（包括年龄层次、文化程度、经济状况、欣赏倾向等），他们的收视动机各是什么，并在此基础上对戏曲栏目的受众定位进行细分。唯其如此，才能更好地满足受众各不相同的审美渴求。

本书按照观众接触戏曲电视栏目的可能性和频率（划分标准前文已述），尝试对该类型栏目进行受众定位。

一 巩固忠实受众

通过前文受众调查数据可知，戏曲栏目的忠实受众以中老年、农村观众、低学历者为主体，收视黏性大，期待度高，选择单一。这部分群体的收视动机多为消遣娱乐，满足精神、情感需求。除此之外，还具备以下特点。

首先，中老年群体和低学历群体收视黏性大，他们有着较为充足的闲暇时间，往往可以持续关注某档栏目，且不易流失；其次，忠实受众对戏曲抱有浓厚的兴趣，甚至很多本身就是资深票友，他们对栏目的期待度高，往往将戏曲欣赏作为获取精神娱乐的重要途径，收视更为专注，"守望"感强，主人翁意识以及参与栏目的欲望都最为强烈；最后，这部分群体接触的娱乐样式相对单一，接受新潮事物的欲望也不强烈，因此他们更倾向于选择以戏曲欣赏类和戏迷擂台赛为主要形式的栏目，对创新性强的戏曲真人秀、闯关竞技等形式的栏目收视热度较低。

戏曲栏目的主创者应充分认识忠实受众对栏目生存发展的重要意义。戏曲电视栏目的主要面向群体是中老年人。对这部分群体，应充分尊重他们的收视习惯和审美口味，从他们的实际需要出发，始终站在他们的角度思考栏目的方方面面。兹举一例：河南卫视《梨园春》栏目之所以能在众多戏曲栏目中享有盛誉，与其主创者清晰准确的受众定位密不可分。该栏目的副制片人蒿援成在接受采访时的一席话值得我们深思：

> 最初，领导要求我们的选手一定是质量最高的，唱得最好的，长得最漂亮的，形象是最好的，服装也是最好的。但是我们栏目的宗旨是什么？不要不承认，我们一开始，就开诚布公地说我们是农民的栏目，给农民看的，"土、粗、俗"是我们栏目的特点。所以，我们不是不想让青年观众喜欢，但是这个节目就是根植于老百姓的，老百姓能够参与的最平民化的平台，我们不能有意地丑化它，但也不能有意地去拔高。戏曲本身就是一种俗文化，是最具有人民性、群众性的艺术形式之一，它的生存和发展依赖于广大市民阶层和农民群众……因此，要振兴戏曲艺术就一定要认清现阶段戏曲基本的受众层面，并努力地满足他们的要求。如果一味追求过高的文化层次，而忽略了它的基本观众，背其道而行之，其结果必然是悲哀的。①

足见，《梨园春》的主创者并没有全盘接受领导的思路，而是站在客观调查分析的基础上，从忠实观众（采访中蒿援成称之为"基本观众"）的真实需要为出发点和归宿，稳扎稳打，而不是贪大求全，取得了明显的效果。

---

① 转引自杨燕《电视戏曲文化名家纵横谈》，中国传媒大学出版社2009年版，第195页。

立足忠实受众的收视需要，我们应在栏目策划到播出的全过程坚持以下原则：在时间上，要根据他们的作息规律安排播出时段；在风格上，要坚守戏曲的艺术美感，以质朴大气的整体风格为主，并保持稳定，重视观众来电、来信，谨慎改版；在栏目以外，应激发观众的参与热情，拓展交流空间，栏目的主创者、主持人应通过进广场、进社区、进厂矿、进乡村的形式，开展丰富多样的场外录制、群众擂台或观众联谊活动，及时倾听他们的需求及对栏目可持续发展的建议，以增强栏目的贴近性，激发观众的主人翁意识。

二 培养流动受众，挖掘潜在受众

通过前文受众调查数据可知，戏曲栏目的流动受众和潜在受众数量庞大，以青少年、城市居民、高学历者为主体，收视波动性大，易流失，审美挑剔。这一部分受众的收视动机不复单一，但总体来说，信息获取和娱乐消遣仍占据主导地位。

首先，对于戏曲栏目的流动受众和潜在受众而言，他们对戏曲的兴趣有限，收视时段分散，收视黏性远远低于忠实受众，很难对戏曲栏目有持续的关注，甚至不会完整收看一期栏目；其次，这部分群体信息获取便捷，且易受到其他娱乐样式的影响，对戏曲栏目的收视表现出随机性强、容易流失的特点；最后，这部分群体自我意识强烈，审美挑剔，往往对栏目的形式、内容有着更高的要求，对栏目的创新和改版有相对较强的接受度。

对于流动受众和潜在受众，栏目的主创人员应该考虑加以吸引、培养，虽然忠实观众对栏目收视率的贡献大，但他们毕竟代表着相对陈旧的审美观念，他们的审美原则和习惯也是在20世纪二三十年代培养起来的，对新的审美环境和社会文化的适应性较弱。与之相反，广大青少年群体、城市居民和高学历群体，他们接触戏曲也许源于偶然因素，或者最初只是出于好奇，但当他们厌倦了纷繁复杂的娱乐样式和外来文化，他们对于中华民族文化的向往会表现在对于传统、经典的回归上。

关键在于，这种回归的过程是缓慢长期的，方式是潜移默化的，效果是难以言表的。如前所述，这种回归绝不仅仅源于观众的"自觉"和"自发"，而是需要媒体在这一过程中充分发挥价值引领作用，担当起文化传承的责任。媒介的担当和引领，既是观念和导向问题，又是具体操作层面的问题，观众向传统文化艺术形式"回归"，向民族特色"靠拢"，恰恰需要媒介制作出更多精神化和通俗性并存的文化产品。基于这一识见，广大戏曲电视工作者应扩大宣传力度，力争使栏目"有主题、成系列"，以丰富内容和现代观众乐于接受的形式，展现戏曲艺术之美，极尽视听之娱，培养起观众尤其是年轻观众对戏曲甚至整个民族传统文化艺术的兴趣，并将这种长期"有意"的浸润，内化成观众的自觉意识。而在这一过程中，我们要允许实验、允许先锋、允许失败，允许"非驴非马"、允许"混搭移植"、允许"得意忘形"，以包容和理解的心态面对各种避免"断代"的尝试。

第四节 戏曲电视栏目的内容定位[①]

根据前文调查分析，"多元共融""采撷众华"将会在未来相当长的一段时间内成为戏曲电视栏目的内容特征。但针对不同栏目，或栏目的不同板块进行内容定位的时候，我们要充分考虑不同类型观众的收视动机和收视需求，进行差异化的设计，避免视同一律、等量齐观。

基于此，戏曲栏目的内容定位应围绕以下几个方面。

一 传统韵味

戏曲舞台演出搬演到电视荧屏，观众收看经典戏曲唱段，体验戏曲艺术之美，是收看戏曲栏目最基本的动机和需求。我们要通过名家名

---

① 本节部分内容曾以"大众文化语境下电视戏曲的发展瓶颈及现实走向"为题，发表于《四川戏剧》2014年第2期。有改动。

段、深度访谈、知识专题等内容满足观众对戏曲"原汁原味"的欣赏需求,强化观众"深度体验"的意识。

在对戏曲电视栏目进行内容设置的时候,我们通常会出现一种倾向,即片面鼓吹和夸大"戏曲过时论",强调"变",推崇"新",鄙夷"保守",醉心"追逐潮流",提倡所谓"与时代接轨""与综艺接轨"。在这种倾向的影响下,栏目的大部分时段都被戏迷擂台、知识闯关占据,而"原汁原味"的名家名段反而成了栏目的"点缀"。这种错误的倾向无疑是基于某种深刻的思想文化根源与社会心理背景。整个20世纪,对人类影响最大的基本思想就是所谓"进化""维新"。作为一种理论主张或一种救国之策,它当然有其存在的合理性。但逮至20世纪中叶以后,"进化""维新"已然变成国人的一种基本价值观,并习焉不察地以这种价值观来审视艺术,由此所导致的一个最基本、最常见也是最严重的错误,即人们普遍信奉一种进化论的、表面的时间观,即:总以为现在比过去好,将来比现在好;新的就是好的,"变"胜于"不变"。但是,戏曲艺术作为一种文明形态,一种智性品质,其本身是无所谓进化与不进化的;更不能用一个简单的前后序列来界定其高下。如果这种"求变求新"是出于一领风骚的心理则更显荒唐。作为人类灵智领域的产物,中国戏曲有着独特的、不可替代也不可重复的美,历久弥新正是这一艺术遗存的价值所在。而西方古典主义艺术的被颠覆与最后彻底丧失,其原因是艺术进化论代替了艺术本体论,谬误掩盖了本真之性。

在上述倾向的影响下,人们已然失去了自己独立的审美能力与趣味,越来越多地被动地受到来自媒体的影响,信奉一种表面的时间观。正是在这种观念的支配下,不少人把传统戏曲视作一种价值可疑的东西,从而远离戏曲。如果反观历史,我们便会发现一个饶有意味的事实:在20世纪的前六十年,那些来自北大、清华的鸿儒硕学,几乎都有看戏的爱好,个中缘由,大可寻绎。或曰:那些名重一时的教授、学者们,由于当时资讯不发达,娱乐活动少,故而才去看戏。对此,笔者万难苟同;在笔者看来,他们之所以去看戏,正是发自内心的喜爱。即

第四章　戏曲电视栏目的定位

以陈寅恪为例，这位学贯中西、著述等身的国学大师，一生馨力于治学，勤勉非常，其唯一的业余爱好便是听戏。陈寅恪一生诗歌创作的产量并不高，但在20世纪五六十年代，仅因新谷莺等京剧名伶所引起诗兴而赋咏的诗作便不下十首，借此一端，足见陈氏对京剧的喜爱程度。① 至于陈寅恪为何会对京剧如此痴迷，笔者以为其实并不难理解——因为戏曲艺术是一种需要反复感受、深度体验的艺术；它的最大魅力与价值，就在于表达了我们内心最深层的、无法用其他方式来表达的体验与感受；我们必须通过深度体验，方能获得在其他地方所无法获取的情感体验与艺术享受。

反观今日，一大批在学术研究上成就相当突出的学者、教授，几乎从不光临剧场。他们的休闲方式，无非就是坐在家里看肥皂剧、情景剧与综艺栏目，几乎没有坐在剧场里欣赏戏剧的经验。这是非常可悲的——既然没有起码的戏剧欣赏经验，当然也就谈不上比较与鉴别。更可虑的是，一个民族中为数不少的精英分子，居然对本民族千百年积淀下来的戏曲文化遗产如此漠视，这无论如何是不正常的。在美国、英国、法国、德国，人均电视机的占有量远远超过我国，但他们照样有非常丰富的剧场艺术。像纽约、东京、悉尼这些大城市，都有几十个甚至几百个剧场，而且天天都有剧目在演出。纵观世界各国，很少有像我国这样，从知识分子到老百姓，有那么多的人对本民族的传统艺术如此漠视。

戏曲在衰落，同时也在蜕变，它在寻求新的载体、新的结合、新的形态。但无论怎样变化，最纯正、最质朴、最精华的东西不能被舍弃，戏曲的"本来面目"、传统韵味不能被忘记。从这个层面看，我们要充分重视名家名段——戏曲栏目中最"原汁原味"的戏曲形式。我们播放名家名段，不仅因为中老年人需要，不仅因为它是部分观众几乎唯一的娱乐样式。在电视文艺普遍倾向于"营造奇观""狂欢文化""娱乐

---

① 详见陆键东《陈寅恪的最后二十年》，生活·读书·新知三联书店1995年版，第284—295页。

至死""秀场炒作"的当下,戏曲的名家名段应作为一缕清风、一份坚守、一个信念、一种引领、一股精神力量,它是戏迷的精神必需品,更无时无刻不在提醒人们民族艺术的存在,至少,它在告诉所有人"戏曲还活着"。

二 时代特征

已故著名艺术家、词作家阎肃的代表作之一《说唱脸谱》,其歌词为人所熟知。阎肃先生巧妙利用祖孙二人的对话,生动地点出了戏曲继承与创新的问题。

> 说实话京剧脸谱本来确实挺好看,可唱的说的全是方言怎么听也不懂,慢慢腾腾咿咿呀呀哼上老半天,乐队伴奏一听光是锣鼓家伙,咙个哩个三大件,这怎么能够跟上时代赶上潮流,吸引当代小青年?
> 我爷爷生气说我这是纯粹瞎捣乱,多美的精彩艺术中华瑰宝,就连外国人也拍手叫好,一个劲的来称赞,生旦净末唱念做打手眼身法功夫真是不简单!你不懂戏曲,胡说八道,气的爷爷胡子直往脸上翻。
> 老爷爷你别生气,允许我分辨。就算是山珍海味老吃也会烦,艺术与时代不能离太远,要创新要发展。哇呀呀呀……让那老的少的男的女的大家都爱看,民族遗产一代一代往下传!

正如歌词中所描绘的那样,时至今日,人们接触的艺术样式空前多元,古今中外,异彩纷呈,年轻人对戏曲的"负需求"现象严重。所谓"负需求"是指"全部或部分消费者对某些产品不但不产生需要,反而对其持回避或拒绝的态度"。[①] 主要原因可归纳为以下两个方面。

---

① 李景泰:《市场学》,南开大学出版社1996年版,第36页。

其一，戏曲的题材内容与时代脱节严重，那些才子佳人、中举发迹、帝王将相、忠孝节义的故事主题与当今青少年生活距离甚远。其二，戏曲虚拟性、程式化的审美特性与年轻观众的审美取向背离。诚然，写意和写实都是一种艺术风格，但现在的观众尤其是年轻观众更偏向于那种直接的、更少消耗心理资源的艺术形式。许多人会说，戏曲的美就在于"似与不似之间"，我们不能以话剧、影视剧的真实代替戏曲的真实，不能以西方的真实代替中国的真实，这话固然没有错，但是现在年轻观众的审美倾向已由虚拟转向写实，他们的确更愿意接受贴近生活真实，亲切感强的艺术形式，尤其是近些年随着影视技术迅猛发展而成熟的3D效果，更令观众身临其境。如此，空荡荡的戏曲舞台应如何改变？千百年来戏曲艺术家总结提炼的程式化动作应如何展现上网、开汽车、坐飞机、发短信、刷微博的场景？本书并没有丝毫贬低戏曲艺术精华的意思，但也并没有理由指责当今观众的欣赏风格。这恐怕只能由戏曲电视栏目受众细分，分众传播的理念去解决，可以肯定的是，如果编创者故步自封、墨守成规、放任自流，抱有"小富即安"的心理，不在内容和形式上大胆突破，不在艺术价值和文化品位上精益求精，就不会赢得年轻观众的喜爱，若干年后戏曲电视栏目无人会看绝不是危言耸听。

我们也注意到，陕西省戏曲研究院演出的大型现代眉户戏《迟开的玫瑰》为何能连演百余场？为何能受到广大高校学生的热烈欢迎？因为它离我们，尤其是年轻人的生活很近。西安易俗社排演的秦腔现代戏《郭秀明》为何能在短短的几个月中成功演出120余场？因为它是我们身边发生的真实故事的艺术体现。因此，荧屏上的戏曲剧目、演员、情节都应随时代的变迁而发生改变，以更加积极的推陈出新，吸引更多观众，特别是年轻观众的目光。

七彩戏剧频道推出的网络题材青春越剧《第一次的亲密接触》（见图4-1），就进行了有益的尝试。该剧根据蔡智恒同名网络小说改编，以越剧的缠绵悱恻来演绎网络时代的爱情故事，主演分别由"越剧王子"赵志刚和优秀青年演员陈湜担当。该部越剧的音乐伴奏摒弃了民间乐器的清一色伴奏，加入了管弦交响乐、迷笛等现代元素，时尚且大气，给人耳目一新之感。在剧情上，小说中的痞子蔡和轻舞飞扬①约会于麦当劳、新年倒计时等富含现代生活特征的场景也都被保留起来。特别值得一提的是，在圣诞舞会中还出现了红魔舞的一场戏，其中甚至借鉴了电影定格等多种手法。整部越剧洋溢着浪漫与青春的气息，取得了良好的收视效果。

图 4-1　青春越剧《第一次的亲密接触》

笔者对观众的审美倾向也进行了调查，对于"您对诸如青春版《牡丹亭》之类的戏曲艺术形式态度如何？"这一问题，有 36.85% 和 33.27% 的观众选择"非常喜爱"或"比较喜爱"。由此我们不难看出，观众心中总会装着一扇热爱传统文化的窗，打开便可看到别样的景致。若要打开这扇窗，就需要加强创作者和接受者的对话，加强这两种身份之间的换位思考，这是戏曲与时俱进的要求，更是传承与创新的基础。

需要指出的是，戏曲的传统韵味与时代特征不是矛盾的，事实上也没有哪一出戏、哪一位演员是以抛弃传统而获得成功的。我们强调增强戏曲的时代感，决不意味着否定传统，否定"原汁原味"；我们力争打开年轻人心中那扇传统文化的窗，更不是以牺牲戏迷的感情为代价；我

---

① "痞子蔡"和"轻舞飞扬"均为网络小说《第一次亲密接触》中的主人公。

们为了吸引观众而进行的一切创新，都应以保持戏曲艺术精髓和神韵为前提。艺术的普及和提高是辩证互动的，在一个商业化的时代，任何艺术的生存与发展，都必须先走世俗化的路子，以普及性、贴近性为基础，以获得多数人的支持。"问渠哪得清如许，为有源头活水来。"戏曲要吸引年轻人的目光，让他们产生文化认同、坚守传统、"深度体验"的前提，就是要在内容上突出时代感，具有时尚味儿，以年轻人的视角和体验来诠释与演绎。

三 地方特色

一方水土养育一方人，每个地域的人们都有各自的语音、风俗、习惯，甚至神态、语调、动作、节奏都带有鲜明的地方特色。艺术来源于生活，我国三百多个地方戏剧种都是从各地的乡音乡情中生发、成长、壮大，以鲜明的地方特色在戏曲百花园中绽放异彩，争奇斗艳。"地方戏之地方性并不仅指语言和音乐，而是包括故事题材、叙事体裁、舞台风貌、语言声韵、唱腔韵味诸多因素综合而成的整体风格，这其中以语言及由语言而生的音乐（唱腔）的地方特色最为鲜明"[①]。毫无疑问，这些根植于民间，属于不同地域的地方戏剧种都免不了带有"土"味，但这恰是构成其艺术魅力的重要因素。有人建议把地方戏当中的"土"气拿掉，换上时尚的包装，语言也全部改成普通话，目的是让观众听懂、看懂，使其更适合电视传播。但事实上这无异于对地方戏"斩草除根"，失去了地方特色，还是地方戏吗？老百姓那份依赖和认同，也会荡然无存，这只能说明我们文化自信的严重缺失。兹举一例。

央视《叮咯咙咚呛》第二季，青年歌唱家张玮和长阳山歌（土家族民歌）传承人王爱华合作演唱了一首《绿光》，这首歌曲是以山歌形式，以当地方言演唱的流行歌曲。蔡国庆评委在演唱结束后与现场观众

[①] 陶成功：《浅谈戏曲的地方性》，《黄梅戏艺术》2001年第3期。

盘整与辨正

的对话引人深思：

> 我想问问我们现场的 100 位大众评审，年轻的孩子们，你们觉得长阳山歌"土"吗？（观众："不土！"）错了，它真的"土"！非常的"土"！但是，为什么我们不敢说它"土"？因为我们没有文化自信。习主席讲"我们当下的中国需要的是什么？"精神上的自信，文化上的自信！当有人说中国的有些传统的民歌太"土"了，我们应该理直气壮地说，我们就是唱最"土"的长阳山歌的人。（掌声）但是这个"土"，是中国文化的精华，我们敢于承认它"土"，说明我们对自己的文化，对自己的民族，拥有自信。（掌声）我们所有的人，当我们脚踩中华大地的时候，请问你的大地是什么组成的，是土。中华的黄土大地，让我们成为昂首挺立的中国人，体会这个"土"带给我们的尊严。（掌声）

演唱者——青年歌唱家张玮也接着说：

> 以山歌方言的元素演唱流行歌曲，开始想会不会"土"？后来觉得这是一件很"酷"的事，长阳山歌已经有三千多年的历史，到现在为止我们才第一次听到，岂不是我们大家很"土"？那怎么解决"土"的办法，就是接下来多听一听长阳山歌。（掌声）

这两段话道出了我们对地方文化、地方艺术应有的态度和自信。民族的和世界的，传统的和现代的，他们之间的界限本就不是泾渭分明。事实上，当我们越来越频繁和强烈地被全球化浪潮席卷，越来越多地接触外来文化的时候，我们也会渐渐地冷静下来，在热烈地"迎合""追捧"之后停下脚步，重新品味独具特色的地方文化。

民歌如此，戏曲更是如此。对戏曲电视栏目而言，我们应该大力弘扬地方特色，将异彩纷呈的地方戏剧种通过电视，传达到千家万户。让本地区的老百姓过足戏瘾，也通过电视无远弗届的传播力，促进不同剧种之间的交流。同时,这也是栏目深化分众化理念、实现差异性生存的现实需要。

事实上,老百姓对地方戏曲的热情之高,是一般人难以理解和想象的。浙江绍兴电视台《莲花剧场》栏目制片人丁志刚曾道出一个感人至深的故事:

> 郭虎友,他是一位极其普通的莲花落艺术爱好者和表演者。他在 2004 年元月的一天,突然风尘仆仆地出现在绍兴电视台《莲花剧场》栏目组,手里拎着一只极不显眼的包,包里装的是他毕生唱得最多的 10 部莲花落戏稿。他对我说出了想上一回荧屏的心愿,他说他等这一天太久了。我请他唱了一段,觉得比较专业,便答应了他的要求,谁知在演播室,摄录将近尾声时,我们突然发现他脸色苍白,大汗淋漓,手按肝部,呈难以支撑状。他对我说:"我是肝癌病人,已是晚期,无药可救了,要是身体好,真想把这 10 部戏全录下来。"这突如其来的话语,让在场的所有人无不愣住。这份对艺术的钟情,这份对艺术的痴迷,试问世上几人会有!这次录像后,郭虎友就此不起,癌细胞无情地吞噬着他的身体。尽管发作时痛苦不堪,但他仍以顽强的意志按时收看《莲花剧场》,盼望自己的节目早日与观众见面……直播那天,他那枯槁的脸上出现了久违的神采。郭虎友终于如愿以偿地走了,那天是 2 月 8 日,遗体前,他的《大堂团圆》播完了最后一集,《大堂团圆》成了他生命的绝唱。①

借此一端,足以表现百姓对家乡戏②的挚爱深情。那份打着鲜明地方烙印的文化认同感,以及对地方戏曲的坚守、执着,正是我们办好戏曲栏目的动力源泉。从这里,我们看到了戏曲电视栏目发展的动人前景。

---

① 杨燕:《电视戏曲文化名家纵横谈》,中国传媒大学出版社 2009 年版,第 87 页。
② 莲花落不是戏曲,但与戏曲相差无几。

四 娱乐本位

对于戏曲的文化定位问题，清代著名戏曲理论家和戏曲作家李渔有如下的明确界定，他指出：

> 总而言之，传奇不比文章。文章做与读书人看，故不怪其深。戏文做与读书人与不读书人同看，又与不读书之妇人、小儿同看，故贵浅不贵深。①

> 传奇原为消愁设，费尽枝头歌一阕；何事将钱卖哭声，反令变喜成悲咽？惟我填词不卖愁，一夫不笑是吾忧；举世尽成弥勒佛，度人秃笔始堪投。②

可见，戏曲是一种雅俗共赏、老少皆宜的大众"俗文化"形式，它之所以为社会各阶层观众所喜爱，就在于它让观众尽情地享受"视听之娱"。戏曲的本质和功能，就是娱乐消闲。而这一功能对电视而言更为重要，一项"观众收看电视栏目的动机是什么"的收视调查显示：选择"增广见闻"的占到了37.6%，选择"娱乐消遣"的占到了50.2%，选择"欣赏主持人"的占到了7.6%，选择"满足参与感"的占到了5.3%。③况且"趋乐避苦"，是人类本然自具的基本需求；从本质上讲，娱乐就是把生命游戏化，它悬置起痛苦、焦虑和一切与生命主体相关的价值观念，用感官愉悦的单一感受，去激发或释放潜藏于人们内心的"本真自我"，进而实现那种"我乐故我在"的生命自由和个性解放。在传播学的视野中，这种"娱乐"已然成为大众传媒的重要功能

---

① 李渔：《闲情偶记·词曲部·词采第二·忌填塞》，《中国古典戏曲论著集成》（七），中国戏剧出版社1980年版，第28页。
② 李渔：《李渔全集·第二卷》，浙江古籍出版社1992年版，第202页。
③ 参见张问道《电视看客》，安徽教育出版社2003年版，第44页。

之一。而电视作为普及率极高的大众媒介,"主要是一种娱乐媒体,在电视上亮相的一切都具有娱乐性"①。基于此,戏曲电视栏目若想在日益丰富的频道和节目资源中赢得受众,站稳脚跟,就必须满足广大观众对于消遣和娱乐的追求,在拓展栏目娱乐元素上下功夫。

反观目前的戏曲电视栏目,一个共性的特点是,片面追求艺术性,虽保留了戏曲的"原汁原味",但却忽视了现代都市快节奏的生活习惯和大众文化语境下观众的审美口味。这主要表现在以下几个方面:首先,从创作主体和传播对象看,这种本应来自民间,并被广大人民群众创造和改造的艺术形式已经几乎成为高雅文化的代表,民间戏曲的创作产量急剧减少,专业剧团和文化部门创作的戏曲往往"曲高和寡",脱离群众。其次,从传播内容看,戏曲的"俗文化"属性几乎荡然无存②,失去了其应有的平民性、贴近性、通俗性等特征,故事情节远离当今百姓的生活,内容陈旧,且晦涩难懂。最后,从传播目的看,在机械性的"挽救""振兴""保护"的口号下,戏曲的娱乐功能也远远低于其教化功能,"戏乐"本性未被充分挖掘,多数栏目板块设置和内容安排都面临着严重的"同质化"现象,甚至时长、板块、形式都完全一样,栏目的娱乐性主要体现在"擂台赛"环节,缺乏创新意识和个性色彩,也很难形成自己的品牌优势,受众的休闲放松的审美渴求未被满足,其对戏曲栏目的收视热情被大大削弱。

而与此同时,形式丰富、风格多样的电视娱乐栏目却充分引入各种娱乐元素,吸引广大观众的眼球。一些栏目以闯关、选秀、擂台、博彩

---

① [英]尼古拉斯·阿伯克龙比:《电视与社会》,张永喜等译,南京大学出版社2001年版,第6页。

② 戏曲本来就是极为普及的大众化文艺形式,造成由俗转雅这一现象的原因,本书试归纳如下:1. 当时戏曲的创作者为社会下层人士,且许多人胸无文墨;2. 戏曲班社活动以农村为主,主要观赏者亦为社会下层人士。在新中国成立前,戏曲是最适合的"全民消费"形式。新中国成立以后,1. 创作者变成以文人为主;2. 演出由以农民为主变为以中小城市为主,尤其是新时期以来,农村的"空心化"更是戏曲丧失"俗文化"属性的重要原因;3. 昔日戏曲演出娱乐成分较多,新中国成立后被当成"教育人民"的工具,"教化"承载多,要求整体上提高,逐渐由俗转雅。目前,好的现代戏创作难、投入大、周期长,不能"十年磨一剑",与现代社会盛行的"快餐文化"相比,更加重了危机现象的延续。

等元素为卖点，营造紧张刺激的氛围；有的邀请当红明星担纲主持或嘉宾，利用明星效应吸引了无数"粉丝"，极大提高了收视率。艺术发展离不开观念的碰撞和解放。正确定位戏曲电视栏目，广大戏曲电视工作者应该在坚守文化品格、抵制"泛娱乐化"倾向的前提下，积极主动地从其他艺术形式中汲取养料，丰富和拓展栏目的内容和空间，注重栏目娱乐形式的不断创新，追随时代发展潮流，以符合现代观众的审美、娱乐要求，进而制作出带有民族特色的文化艺术精品。因此，对当前戏曲电视栏目而言，最为重要的就是回归通俗、回归戏曲的"戏乐"本性。

从具体操作层面看，最为重要的是在选材和内容上，要贴近生活。戏曲电视栏目的受众群体，无论是出生年代还是成长环境，均较以往有了很大变化，若再以"才子佳人""中举发迹""鬼神仙道"等作为其主要取材内容，以传达一定的社会和政治观念作为其主要目的，势必会使戏曲与观众之间的距离感越发增大。"贴近实际、贴近生活、贴近群众"，这既是原则，也是方法论。就戏曲电视栏目节目而言，应当深入生活，结合本地群众喜爱的地方戏剧种，创作出具有浓厚地域特色、跟上时代潮流的作品；要发挥节目制作的创造性和主动性，洞察新时代群众关注的人物和事件，让戏曲唱的是生活中的事、反映的是生活中的人，拉近戏曲与群众生活的距离，让观众通过戏曲，感受到人们的社会观念、精神状态的变异和更新，从而彻底改变戏曲电视生涩难懂、与生活脱节的陈旧印象。另外，还应加强与观众之间的交流，了解观众的兴趣、倾听百姓的呼声，形成荧屏上下互动的良好氛围。从具体的操作层面看，应当既保留戏曲的精华和风味，又让普通百姓能接受、看得懂。在表演上，演员应尽可能摆脱戏曲程式化的虚拟动作，将旧的程式化动作加入生活的元素，让写意的元素在写实中自然流露出来；在语言和音乐上，可以保留具有地方色彩的方言和音乐，但方言对白应同时配以字幕，音乐也要加以创新，在保留地方特色的基础上加入流行的元素，如加入现代乐器伴奏；等等。北京军区战友京剧团创作排演的京剧《香江泪》，"在传统京剧唱念的基础上，调动了话剧、歌剧、电影、舞蹈、音乐、声效等多种艺术表现手段，突破了京剧程式化和脸谱化的人物形象，大胆引进西方戏剧和电影要素……在音乐设计上，它一改传统京剧只用中国民族器乐伴奏，加上了西洋乐器、电声乐器①。"这样的创新，改变了戏曲长歌曼舞的演述节奏、陈旧的动作和音乐程式以及固定的脸谱化塑造，给人以耳目一新之感，无愧于一出让"京剧盲"着迷的京剧。戏曲电视栏目所面对的受众群体是广泛的，他们中不乏戏曲专家、票友，但更多的是那些原本不懂戏曲甚至不爱戏曲的观众。为拓展栏目的受众群，我们应在不影响其传统韵味的原则下，使其尽可能地跟上时代的步伐，满足现代观众，尤其是年轻观众的审美口味。正如《梨园春》制片人蒋愈红所说："本着传统与现代交融、西洋与民族交融，戏曲与音乐、舞蹈、杂技、武术交融的艺术理念，在坚持戏曲为主的前提下，我们将为多种艺术形式的融入构筑大平台，各种欣赏性的唯美性的动感的艺术品，只要能使观众耳目一新，赏心悦目，包括芭蕾舞、交响乐、青春戏剧等，我们都会提供条件，让他们在《梨园春》构筑的大平台上充分展示。"② 此外，在表现戏歌、戏曲 MTV、戏曲歌舞等艺术形式的时候，编导也要充分运用视听语言和后期制作技术，打破舞台"三堵墙"的时空，采用特殊的拍摄技巧，多变的景别，光线、色彩甚至三维动画特技，充分发挥视听两方面的特长，以期强化戏曲"声""形""神""影"的表现力和感染力，从而吸引和打动观众，满足他们的审美需求。

五　多元融合

戏曲是一个多种艺术种类的综合体。它集诗、画、音乐、舞蹈、杂技、武术、说唱、戏弄等艺术之长于一体，具有鲜明的民族特色。当今社会，电视屏幕上可供观众选择的文艺品种极其繁多，对戏曲艺术造成了很大的冲击，而广大戏曲电视工作者，不应该只是一味用排斥和消极

---

① 王杨：《一出让"京剧盲"着迷的京剧——观京剧〈香江泪〉》，《中国戏剧》1997年第8期。

② 张艳红：《〈梨园春〉"唯美品格"的思考》，《新闻爱好者》2007年第3期。

的态度面对它们，而是应该积极主动地从各种文艺品种之中汲取养分，丰富和拓展戏曲电视栏目的内容和空间。具言之，可以致力于以下几个方面。

（一）栏目形态的借鉴

充分发掘借鉴其他栏目形态，可为戏曲电视栏目注入新的活力。根据本书调查的结论，戏曲教学类栏目受众流失了，但文化讲坛类栏目还有旺盛的生命力；戏曲访谈类栏目已经停办了，但演讲类栏目势头正旺；擂台赛不如以前火爆了，但真人秀正受到追捧。电视是动态的，文化也是动态的，传统不是凝固的山而是流动的河。在崇尚娱乐的大众文化语境下，我们完全可以将游戏、益智、表演、博彩等多种娱乐元素融入栏目之中，利用观众喜闻乐见的形式使戏曲潜移默化地赢得观众的认可和喜爱。比如，借鉴综艺娱乐栏目的元素，在戏曲表演中加入反串，就更易引发关注，营造娱乐氛围。反串本是中国传统戏曲演出中的一种演出方式，主要是指演出与自身本工的行当不同的戏的情形。现在其外延已十分丰富，主要目的是突出反差，形成"笑果"。我们可以进行跨性别、跨行当、跨剧种、跨门类等多种反串尝试。中央电视台2013年春节戏曲晚会上，花旦就演起了丑行，花脸也变身成娇娘。另外，我们可以借鉴"模仿秀"的娱乐形式，邀请观众喜爱的明星与一般观众一起模仿与戏曲有关的舞剑、水袖等基本动作，夸张的表演加上主持人恰到好处的点评，既丰富了栏目的内容，又巧妙地普及了戏曲知识。

（二）艺术品种的融合

另外，戏曲可以和多种艺术种类融合成新的类型，这类节目或得戏曲之"形"，或得戏曲之"影"，戏曲栏目便是这种艺术形式最好的温床。关于戏曲与其他艺术形式混搭而产生的艺术形式，目前比较成熟的有戏歌、戏曲小品、戏曲MTV等，这些艺术形式篇幅短小，内容精练，十分适合在戏曲栏目中播出。除了与上述流行歌曲、小品、MTV等艺术形式融合之外，我们还可以巧妙迎合当下的生活实际，将多种表现形式糅合，进行全新的戏曲综艺创造。比如，汉代的"乐舞百戏"中就已包含诸多精妙绝伦的魔术、杂技类型。表演者在高挂的悬木上可以倒挂翻越，大力士表演举重"力能扛鼎"。还有钻圈表演、高空走索、"飞丸""掷剑""吞刀""吐火""仙人驾雀"等幻术，以及"侏儒巨人"的滑稽表演和骑马驰射的射箭表演等。伴随着戏曲的发展，魔术、杂技元素的运用更加炉火纯青。京剧的"耍长水袖"、秦腔的"吐火"、川剧的"变脸"、二人转里的"转帕"，这些邻国戏剧所无法比拟的高难度动作在极大增强戏曲艺术感染力的同时，也为戏曲注入了许多"狂欢品格"，是我们应该充分肯定和发扬的。

苏联著名文艺学家、文艺理论家巴赫金在阐述他的"狂欢化理论"时说："一些笑谑的仪式和祭祀活动，小丑和傻瓜，巨人、侏儒和畸形人，各种各样的杂耍，种类和数量繁多的讽拟体文学，等等，都有一种共同的风格，都是统一而完整的民间笑谑文化、狂欢文化的局部和成分。"[①]"无笑不成戏"，戏曲艺术具有鲜明的笑谑文艺品格和狂欢化的文化色彩。魔术的奇幻色彩和杂技特殊的肢体语言结合，不断刺激观众的视听神经，可以产生别具一格、出人意料的效果，使观众捧腹大笑，兴奋不已。从这个角度看，这是戏曲表现形式"混搭"的突破，也会使戏曲一改往日呆板单一的印象，变得好看、好玩、时尚。

又如，在中央电视台"百花迎春"中国文学艺术界2009春节联欢晚会上，冯巩、郭达、蔡明等笑星用天津快板、陕西秦腔和河南豫剧等地方戏改编而成的戏歌《谁不说俺家乡好》就赢得了观众的一致好评，这个节目由著名笑星演唱具有浓郁地方特色的地方戏曲，表现的都是赞颂家乡这一通俗易懂的主题，加上幽默诙谐的语言和滑稽逗笑的表演，在无形中扩大了戏曲的影响力、吸引了观众的眼球。事实证明，一味坚持戏曲艺术必须一成不变地保持固有特色的观点，在当今社会只能视为一种短视行为，而应被我们坚决摒弃。而这些极具创新色彩的艺术形式，将戏曲这杯醇香的老酒装入了时尚的酒杯，极富新鲜感，它们的诞生虽然需要经历创意、策划、撰写、编排、制作、播出若干环节，需要

[①] 巴赫金、弗朗索瓦：《拉伯雷的创作和文艺复兴时代的民间文化导言》，《巴赫金集》，上海远东出版社1998年版，第134页。

大量的工作人员为之不懈努力，但这诠释了戏曲艺术的时代内涵，也将点亮戏曲艺术的未来之路，其过程虽然艰辛，但意义将是深远的。

的确，与保守继承相比，创新的风险要大得多，尤其是艺术的创新，似乎更难判断和评价，稍有不慎，"创新"就成了"创伤"。我国台湾的京剧演员吴兴国，曾在2014年演出了带有动漫、摇滚、街舞、COSPLAY（指利用服装、饰品、道具以及化妆来扮演动漫作品、游戏中的角色）等元素的摇滚京剧《荡寇志》（见图4-2）。该剧的上演引起观众极大兴趣，不仅梁朝伟、刘嘉玲等演艺明星竞相观看，普通观众更对其中摇滚京剧式的演绎方式给予"好玩""有意思"的评价。但是，该剧也激怒了部分观众，甚至令一些观众愤然离席，引起了极大的争议。事实上，"作为一名拥有极好传统底子的京剧演员，吴兴国应该知道这种'出格'带来的负面争论，但其仍然努力尝试，显示了一个演员试图与不同年龄观众进行艺术交流的渴望"①。正是以吴兴国为代表的戏曲艺术家持续不断地探索和尝试，才使戏曲能够与不同类型观众进行对话，也正是因为这种有意义的对话，才使戏曲不断探索新的表达，寻求新的可能。从这个意义上说，我们要对所有以尊重戏曲为前提的、饱含诚意的、非功利性的尝试，给予热情和宽容的掌声。

图4-2　摇滚京剧《荡寇志》

---

① 颜全毅、徐鹏飞：《人民日报争鸣：创新》，《与观众碰撞的结果》2015年1月6日。

(三) 演员嘉宾的跨界

戏曲艺术在漫长的发展历程中，涌现出诸如梅兰芳、程砚秋、尚小云、荀慧生、梅葆玖、奚啸伯等一大批德艺双馨的艺术家，他们精湛的表演水平使其成为一代人心中的偶像。但时至今日，如果将他们的唱段"原汁原味"地照搬于荧屏，恐怕很难吸引那些对戏曲艺术感到陌生的观众，尤其是青少年观众。戏曲电视栏目主创人员曾在栏目普及性上做了许多工作，以期提升观众的戏曲审美水平，如对戏曲程式化动作的讲解，名家表演风格的解读以及戏曲道具的象征用处，等等，但戏迷不看自明，普通观众又不感兴趣，结果往往徒劳无功。戏曲电视栏目承担着传承戏曲文化和丰富电视综艺样式的双重责任，栏目既要保证一定的文化品位和社会效益，还要兼顾收视率，实现一定的商业价值。在外来文化影响日甚、娱乐选秀栏目如火如荼的今天，影星、歌星、笑星已然成为相当一部分观众心中的偶像，且在短时间内具有难以撼动的地位。与其对这一现象嗤之以鼻，大加批判，倒不如自觉"降低门槛"，走通俗化、娱乐化的路子，寻求明星的跨界参与，借助他们的影响力，既可丰富戏曲电视栏目形态，又能缩短戏曲与观众的距离，带动年青一代对戏曲的兴趣。

北京电视台的元宵节戏曲晚会上，走上歌坛又对黄梅戏恋恋不舍的吴琼演唱黄梅戏歌《对花》，零点乐队演唱了一曲越剧《天上掉下个林妹妹》，以及谭晶演唱的戏歌《前门情思大碗茶》都令人难以忘怀；而在2015年初由江苏省演艺集团昆剧院的名角儿们为观众带来的新春昆曲大反串中，我们甚至可以看到1.85米的杜丽娘，1.75米的小春香，以及娇俏可人的林冲林教头，真可谓别开生面，令人捧腹。

上海东方卫视的戏曲明星竞赛类栏目《非常有戏》在跨界表演方面也为我们提供了诸多值得推广的经验。该栏目于2012年初开播，明确提出"戏剧载体、综艺模式"及"全国视野"两大主张。栏目吸引了由影视演员及歌手出身的明星们来参赛，横跨京剧、越剧、粤剧、昆曲等各大剧种及流派。值得关注的是，参赛的选手绝大多数都是从未接触过戏曲的各界明星以及各种选秀活动所涌现出的年轻群体。栏目邀请李金斗、殷秀梅、刘嘉玲、周杰伦、陶喆、王力宏、张信哲、李玟、梅婷等各界明星加盟,利用跨界明星所拥有的极高人气,积极推广戏曲,收到了良好效果。广大"粉丝"反响热烈,听戏、学戏成了年轻人的新时尚,众多年轻观众在网上发帖称:"原来中国戏曲真的很美!"据统计,《非常有戏》的收视率达到了东方卫视平均收视率的6—7倍,其中35岁以下的年轻观众占了近一半,创造了戏曲栏目的收视奇迹。

  必须指出的是,笔者所指的"降低门槛"和"跨界表演"并没有贬低戏曲或降低戏曲艺术品位之意。事实上,任何一门艺术,只有不断吸引外行加入,才能保持持久的生命力。正如音乐、电影等艺术形式,正是通过大众文化的定位,吸引普通百姓演唱、观影,始终保持旺盛的生机。艺术的欣赏和参与可以有阶梯,但不能设门槛。对于当下属于小众艺术的戏曲而言,尤其需要我们在"领进门"的方面大胆创新,寻求突破。

第五章 戏曲电视栏目的制作与包装

第一节 戏曲电视栏目的策划与改版①

在传播学领域里,传播效果有着双重含义:一是指带有说服动机的传播行为在受传者身上引起的心理、态度和行为的变化;二是指传播活动尤其是报刊、广播、电视等大众传播媒介的活动对受传者和社会所产生的一切影响和结果的总体,不管这些影响是有意的还是无意的,直接的还是间接的,显性的还是潜在的。②根据这一定义,我们应该从以下两个层面衡量戏曲电视栏目的传播效果。其一,戏曲电视栏目肩负着继承和发扬民族传统文化的重任,应使原本对戏曲疏远的受众转变对戏曲的态度,逐渐消除、修补现代社会审美观念与传统文化之间的裂痕;其二,应利用戏曲艺术的魅力及栏目的影响力,营造文明、健康、和谐的社会氛围,提倡真、善、美,拒绝假、恶、丑,充分发挥其更深层次的社会效益。这两层标准分别从受众需求和社会责任的角度衡量了戏曲电视栏目的传播效果,前者是后者的基础和条件,后者是对前者的拓展和深化。

如何才能达到这样的传播效果呢?笔者以为,若要增强栏目的竞争

---

① 本节部分内容曾以"电视戏曲综艺栏目策划手段及传播模式的创新"为题,发表于《南京师范大学文学院学报》2011年第4期。有改动。
② 参见郭庆光《传播学教程》,中国人民大学出版社1999年版,第188页。

力,扩大其影响,一个很重要并且有效的手段就是运用多元化的策划手段,在主题策划、特别策划和系列策划三个方面大做文章。另外,在精心策划的基础上,还应进行"动态与常态"的改版,使栏目历久弥新、长盛不衰,时刻带给观众强烈的新鲜感。

一 策划手段

(一) 主题策划

所谓主题策划,是"在栏目的既定模式下,以主题的方式将栏目的各个板块、环节统一成一个整体"[①]。主题策划的优势是显而易见的:作为常态的栏目,戏曲电视栏目大多每周播出一期,每期60—90分钟,经过一段时间以后,观众对栏目的板块、主持人、固有娱乐元素了如指掌,他们的审美期待降低,新鲜感也在逐渐丧失,容易产生审美疲劳。通过主题策划,在不打破栏目既有板块和结构框架的基础上,巧妙引入主题的概念,用一个观众感兴趣的主题作为线索,将栏目贯穿起来。比如,我们可以在梅兰芳先生诞辰纪念日之际推出一期或数期纪念主题的栏目。在不同板块中,分别安排播放梅兰芳先生的艺术生涯短片,以梅派代表剧目为内容的戏迷擂台赛,以梅兰芳先生生前演唱为范本的模仿秀,以梅兰芳先生本人以及梅派艺术特色为内容的知识竞赛和益智游戏。通过主题策划,我们以丰富而多元的表现形式深化了主题,既激发了观众的收视兴趣,又在潜移默化中让观众接受了戏曲知识,提高了栏目的品位和档次。

(二) 特别策划

特别策划主要是指针对特定的时间和地点而进行的策划活动。这对戏曲栏目的发展来说,意义重大。

所谓特定时间,主要包括重要的节日、假期和主题纪念日等,例如,从中央电视台到各地方台推出的春节戏曲综艺晚会和戏曲特别节

---

① 胡智锋:《电视节目策划学》,复旦大学出版社2009年版,第108页。

目，就属于这一类型。这段时间对于戏曲电视栏目来说，既是机遇，也是挑战。一方面，这一时期观众收视活动相对集中；另一方面，这一时期的观众，收视的选择面更宽，他们对戏曲栏目的期待和要求也成倍增加，加上各大媒体为吸引观众而使出的浑身解数，都使戏曲电视栏目的竞争压力大大高于平日。这就要求我们打破既有形式，充分整合与挖掘资源，打造与特定时期形成的氛围相符合的全新样式。

特定地点则是指特殊的国家、省市甚至是村镇。对戏曲这种独特的艺术形式来说，特定地点的特别策划主要包含了"延伸"和"回归"两个层面的意思。所谓"延伸"，就是指通过打造特别节目，使戏曲艺术走出国门，以其独特的艺术魅力吸引国外观众的眼球。所谓"回归"，就是指广大戏曲电视工作者，放下"高高在上，我播你听"的架子，深入农村，深入民间，与广大农民观众现场互动，传播地域文化的活动。通过围绕特定地点而进行的策划，使戏曲栏目的传受关系由被动变为主动，大大拉近栏目与观众之间的距离，增强栏目的贴近性、互动性、亲切感。从具体操作层面来说，深入基层，以广大村镇作为录制地点的栏目策划相对容易，而针对国外观众进行栏目策划要面对不同的语言环境、文化背景和思维方式，对栏目编导和主持人来说，构成了很大的挑战。对此，河南电视台的著名戏曲电视栏目《梨园春》的全体主创人员以"敢为天下先"的开拓精神，主动把舞台延伸到了巴西、委内瑞拉，甚至澳大利亚的悉尼歌剧院，他们积极进行开放性换位思考，"充分发掘戏曲本身能够超越语言障碍的艺术元素，把动作性、表演性、情趣性、互动性作为节目设计重点，精心挑选了《扈家庄》《闹天宫》《挂画》《巾帼英雄》及'变脸'等经典剧目和绝活儿，[①]"让戏曲艺术走出国门，使南美和澳洲观众理解中国戏曲的神韵，也使《梨园春》的栏目品牌更加深入人心。针对戏曲电视栏目的跨文化传播，笔者拟在下文中进一步论述。

---

① 蒋愈红：《〈梨园春〉的品牌发展之路》，《视听界》2008年第1期。

（三）系列策划

系列策划的运作方式与主题策划相似，所不同的是，一个系列策划通常要由多期栏目来完成，每期栏目之间的关系是并列平行的。与主题策划和特别策划相比，系列策划具有自身的独特优势：一是运作成本降低，对于周播栏目来说，一个精巧的选题可以持续4期以上，在一段较长的时间内，策划、编导、制作、主持都只要围绕着这一主题进行展开即可，大大节省了经费投入和劳动支出。二是巧妙避免了选题重复，使观众保持收视新鲜感。三是有利于巩固观众对于栏目的忠诚度，形成累积效应。

系列策划要求栏目主创人员积极寻找人们感兴趣的内容和戏曲艺术的契合点，比如关于"生、旦、净、末、丑"便可以形成一个关于戏曲角色的系列，"唱、念、做、打"和"手、眼、身、法、步"又分别构成了戏曲界的"四功""五法"。其实，人世间的喜怒哀乐、酸甜苦辣、悲欢离合都可以作为系列策划的线索，只要主创人员善于发现，勇于实践，系列策划是大有可为的。

二　改版创新

（一）调整板块

戏曲电视栏目通常包含诸多板块，需要强调的是，这些板块并不是一成不变的，而应随着栏目的成长不断调整。板块的调整取决于两个方面：一方面，要照顾到观众审美习惯日新月异的变化；另一方面，也要兼顾同类栏目的组成形式，尽可能与众不同，走"差异化生存"的路子，避免"同质化"。

板块调整主要是对强势板块进行重点打造，对弱势板块加以淘汰，对中庸板块进行必要的改造。具言之，重点板块经过时间和群众的检验，产生了较强的社会影响力和美誉度，形成了独特的风格，甚至代表了整档栏目的形象。正如《梨园春》栏目的"擂响中国——全国戏迷擂台赛"这样的精品板块一样，不光在河南省，甚至在全中国都有很强的影响力。对待这样的强势板块要在政策上重点支持，加大资金投入的力度，充实创作团队，必要时甚至可以将强势板块升格为独立的栏目。对于已经脱离时代、不符合广大观众审美口味的弱势板块要坚决撤换，以保证整档栏目形成统一的风格和错落有致的节奏。另外，对于中庸板块，特别是那些与同类栏目中的类似板块相比，并不具备明显优势和特色的板块，要进行必要的调整和改造，明确下一步的增长点，挖掘潜质，打磨细节，不断提升板块影响力和栏目的整体实力。

（二）改进环节

改进环节与调整板块有根本的不同。板块之间是相对独立的，可以被置换，而环节指的是板块内部各程序之间的先后承接顺序和有机联系。将板块内部各环节进行优化和改进，对于渲染现场气氛、吸引受众关注、扩大栏目影响具有重要意义。特别是对于竞赛类戏曲栏目来说，同样的内容、同样的比赛、同样的选手、同样的评委，如果在环节上精心策划，在细节上做足文章，将会产生截然不同的效果。兹举一例：同样是竞赛类戏曲栏目的比赛环节，在环节的设置上，《星光大道》和《超级女声》便大不相同。在面对比赛结果时，《星光大道》的选手背对屏幕，结果出来以后，他们采取直接扭头看大屏幕的形式获知自己是否被淘汰，淘汰者说出几句感言然后离场。而《超级女声》则充满了精细的策划，在比赛进入尾声时，场外观众选出一名得票率最低的选手，这名选手和评委选出的表现相对不佳的选手进行"PK"，再由大众评审进行现场投票，失败的选手再演唱一首歌曲，然后深情朗读事先写好的一封信，并感谢亲友团和观众的支持，最后挥泪离开。可以说，《超级女声》的做法悬念迭出，令人神往，随着比赛结果的揭晓，现场观众的呐喊、评委们的犹豫不决、主持人的即兴煽情，加上选手们紧张的神情，把现场气氛渲染到顶点。因此，《超级女声》在全国掀起了一股选秀的热潮，虽然栏目的火爆带给我们的思考有多个层面，但仅就其环节设置来说，是值得我们去研究和学习的。

多档戏曲电视栏目都设有"擂台赛"环节,但是大多还停留在"演唱+评委打分"或者"演唱+观众投票"的简单层面上,鲜有创新。这样简单的环节设置并不能达到预期的娱乐效果,仅仅停留在戏曲表演的层面,违背了板块设置的初衷。如果不在环节设置上加以改进,娱乐化、通俗化、平民化就是一个空口号,是无法落到实处的。改进环节,就是要求栏目主创人员运用多种娱乐方式,将比赛的过程做到既有信息量,又饶有趣味;既有内涵,又有悬念;既通俗娱乐,又饱含真情,要多从观众的角度考虑问题,不落窠臼。

可喜的是,在 2010 年末,《梨园春》的戏迷擂台赛环节进行了改进,可以说非常成功。具体形式是,20 名选手均出现在画面中,首先由电脑随机生成一个守擂者,守擂者自愿从其余 19 名选手中选择对手进行比赛,获胜者则可以选择继续挑战或者领奖放弃比赛,如此反复进行四轮后结束。选手的奖品包含冰箱、电视、家庭影院、洗衣机、数码相机、英语学习机等。这样的设置,增加了比赛的悬念,加入了博彩的元素,也给更多选手带来了参赛和出镜的机会。改版至今,各方好评如潮,栏目的收视率也有了明显的提升。

(三) 增加元素

增加元素是提升板块可看性的有效方式,对于戏曲栏目来说,意义尤甚。有的板块形式较好,在同类栏目中有自己的竞争力,只是因为存在时间较长,缺乏新鲜感。对于这样的板块,应该采用"植入"的方法,增加新的元素。对于戏曲电视栏目而言,增加了新的元素之后,在不改变原有板块设置的基础上,游戏有了新的玩法,比赛也会更具可看性。除了我们在本章第三节中谈到的方法之外,还有许多值得推广的新元素、新手段。比如,在擂台赛板块中植入网络视频连线的互动元素,通过网络、电话使场下观众参与到现场的比拼中来,或者将抽奖环节植入与《非常 6+1》中"砸蛋"相类似的娱乐元素,既活跃了现场气氛,又增加了互动效果,为既有板块注入了新的生机与活力。

三 传播与合作模式

（一）跨地域合作

中国戏曲剧种繁多，据统计有三百余种，每家电视台占有的资源是有限的，很难满足观众对栏目丰富性和多元化的要求。本乎此，省级卫视和市级媒体可以进行广泛而深入的协作，共享资源。比如，洛阳电视台就以智慧和毅力在夹缝中顽强生存，建立了"中原城市戏曲协作体"。"创意的灵感来源于战国时候纵横家采用的合纵连横的思路。开始的时候联合石家庄、邯郸、淄博、南阳、平顶山、焦作六个城市成立起来，后来发展到'中原三省十五家'，再发展到'五省二十一北方城市'，队伍越滚越大[①]"。栏目由各家电视台轮流主办，各成员台选出参赛者前往主办城市进行攻擂。这样的形式，使观众在尽享家乡戏的同时，又能饱览外地戏迷的风采。同时，通过这种"主客场制"，充分调动了观众的参与性和主人翁意识。

可见，"中原城市戏曲协作体"不仅丰富了栏目的内容和形式，实现了资源共享，还增进了栏目之间以及不同地区戏迷之间的友谊，为先进创作理念的交流提供了平台。可以说，这是戏曲电视栏目跨地区合作的成功典范。

（二）跨文化传播

中国戏曲是传统的、东方的、古典的；就文化价值而言，戏曲是中华民族文化的有机构成者，是人类文化百花园中一朵充满古老神韵的奇葩，是全人类共同的财富。

事实上，我国的戏曲已然"走向全球"；环顾今日，已有越来越多的外国人对于中国文化产生了浓厚的兴趣，而戏曲艺术独特的服饰、妆饰和动作让他们眼前一亮，无论是内容、形式还是思想，戏曲都包含着太多的中华民族源远流长的文化韵味。正因为戏曲所拥有的

[①] 杨燕：《电视戏曲文化名家纵横谈》，中国传媒大学出版社2009年版，第25页。

这种文化韵味，使人们在观赏戏曲时能领略和体验到中国文化的独特风采。

戏曲电视栏目是表现戏曲艺术的一扇窗口，是戏曲走向世界最方便的途径。我们要打造让外国人喜爱的戏曲栏目，首先要让外国人看得懂。我们不妨开设一些关于戏曲背景知识的外语讲座和访谈类栏目，拍摄外语配音的戏曲专题片，在这类栏目当中，可以介绍一些戏曲动作、脸谱和表演艺术，也可以访问一些著名的戏曲演员。其次，内容要新颖，要贴合外国人的生活。我们可以尝试着将国外经典的名著和当地人民生活中的故事改编成戏曲，这种新的表现形式必将使他们眼前一亮。最后，可以将当地的艺术品种融进戏曲之中，比如，在日本演出就可以借鉴日本的能乐元素，在意大利演出便可以融合意大利歌剧的成分。就像美国的百老汇音乐剧中经常见到中国戏曲的程式化动作一样。戏曲的全球化传播虽然充满挑战，但前方的道路却是清晰的，只要我们勤于思考，大胆创新，就可以为古老的戏曲艺术开创出一条灿烂的全球化传播之路。

（三）多媒体联袂

在大众传媒领域，戏曲艺术的传播媒介主要有电视、广播、报纸、网络。这四种传播媒介由于各自依托的载体不同，对戏曲艺术的表现各有利弊。电视是声画俱全的，但转瞬即逝；报纸可以反复阅读，但它是静态的；网络中的戏曲世界五彩斑斓，但从网络中欣赏戏曲需要观众主动索取，对其知识层次和电脑水平有一定的要求，因此受众面最窄。

除了各大媒介自身条件的限制之外，不同群体的观众也有各自的欣赏习惯。随着科技水平的迅猛发展，手机电视、手机报等移动媒体也越来越多地走入了人们的生活。因此，戏曲电视栏目应该借助多种媒体进行更为广泛的传播，最大限度地拓展其受众群体。

具言之，在戏曲栏目的普及与推广方面，我们可以利用网络播放戏歌、戏曲MTV、戏曲小品，以短小、精彩的内容吸引更多网民注意到这种独特的艺术形式，还可以利用广播播放一些戏曲广播剧，满足那些边远地区和经济条件较低群体对于戏曲的需要；在宣传上，对一些精心策划的特别节目和重大的演出活动，要利用报纸、网络和广播等异质媒介进行广泛宣传和造势，对于重要的比赛，可以采用网络投票和短信投票的形式，让观众来决定选手的去留，扩大栏目的知名度和影响力。此外，随着网民的不断增多，戏曲电视栏目应该建立自己的网站，播出的栏目应及时上传，以保证未能及时收看的观众能下载观看。还应充分利用网络媒介互动性强的特点，开设讨论版和微博，与观众进行及时的沟通与互动，使观众的意见和建议有一个良好的发表平台，也使主创人员更迅速、广泛地获得反馈。

第二节 戏曲电视栏目的主持艺术[①]

目前，以明星参与、闯关夺奖、才艺拼盘等为卖点的传统综艺栏目遇到了发展瓶颈，收视率不断下滑。这些栏目中，有的直接停播、有的内容转型、有的苦苦支撑。与此同时，越来越多的观众重新捧起戏曲艺术这杯醇香的美酒，观看既有传统文化色彩，又有现代娱乐气息的戏曲电视栏目。我们欣喜地发现，以河南卫视的《梨园春》、安徽卫视的《相约花戏楼》、陕西卫视的《秦之声》、山西卫视的《走进大戏台》和中央电视台的《过把瘾》等为代表的戏曲电视栏目收视率较高，备受瞩目。同时，也涌现出白燕升、陈爱美、庞晓戈等一批优秀的主持人。

"在电视事业化模式向产业化转型的过程中，电视节目主持人群体作为电视传媒的有机组成部分，最早被赋予品牌标志的色彩。一批极富个性的电视节目主持人，甚至成为某些栏目或某家电视台的'Logo'"。[②]正如赵忠祥所解说的《动物世界》，崔永元主持的《实话实说》，窦文

---

① 本节部分内容曾以"电视戏曲综艺栏目主持艺术探究"为题，发表于《四川戏剧》2013年第10期。有改动。
② 肖晓琳：《电视节目主持人的品牌打造》，《现代传播》2002年第3期。

涛主持的《锵锵三人行》等，他们如果离开主持岗位带来的收视率波动会是巨大的。事实上，我国广播电视"主持人媒体"时代已然到来，越来越多的观众是冲着主持人去收看节目的，他们身上有其他人所不具备的个性气质，这种个性和气质恰巧与栏目本身的整体风格相契合，这些主持人与栏目之间有着许多共生的定义性的内容。戏曲栏目自身的诸多特性要求其主持人具有较强的不同于一般综艺栏目主持人的个性化色彩。这对于评判主持人成功与否是重要因素，甚至决定了整档栏目的兴衰成败。比如，中央电视台戏曲栏目主持人白燕升，他熟谙戏曲艺术的相关知识，密切关注当下戏曲电视的发展动向，详细研究在近期戏曲大赛中获奖选手的成长背景和成功原因，另外，他出身戏曲世家，演唱也有板有眼，像这样独具特色的专家型加表演型的主持人，堪称戏曲电视主持界的典型代表。因此，白燕升所主持的栏目受到观众的喜爱也就不足为奇了，他在戏曲主持界的地位也很难被替代。

　　有专家曾将电视栏目主持人分为记者评论员型、专家学者型和演艺型这三种类型。① 但是，我们似乎很难将戏曲电视栏目的主持人简单归入某一种类型。与传统意义上的电视栏目主持人不同，戏曲栏目的主持人在来源、形象定位、文化内涵等方面有自身质的规定性。事实上，"综艺类节目是电视各种类型节目中最大的'杂家'，它具有很强的包容能力和极大的综合性，往往体现出来的特点是内容丰富、雅俗共赏、形态自如、灵活多样，同时能够带给观众较强的参与感"。② 他们既应该具有记者型主持人的新闻敏感，敏锐洞察戏曲领域的新动向、新变化，又不可缺少戏曲艺术的专业知识，同时，也最好有过戏曲表演经历，积累一定的舞台经验。可以说，戏曲栏目的主持人是一个对综合素质要求极高的职业。

　　如果说，我们对于一种既成事实的艺术现象进行研究是理论本身应该完成的任务，那么，将戏曲电视栏目的主持人作为一个群体进行研究

---

① 参见胡智锋《电视节目策划学》，复旦大学出版社2009年版，第192页。
② 刘洋、林海：《综艺娱乐节目主持概论》，中国传媒大学出版社2007年版，第1—2页。

就更为必要。因为它不仅具有理论价值,而且具有实践的意义。令人颇感遗憾的是,学界并没有给予其应有的关注,而业界的工作者们主要是凭借自己的经验和想象在进行艰苦的摸索。这就使我们对戏曲电视栏目主持人的研究尚处于起步和摸索的阶段。本节拟结合当下该栏目类型的实际情况,从戏曲栏目主持人的类型、来源、形象定位和主持能力的培养与提升几个方面展开探讨。

一 戏曲电视栏目主持人的类型

不同的主持人由于家庭背景、性格特质、教育环境的不同,个性气质会千差万别,即使是同一类型的栏目,其主持人的个性和气质也不尽然相同。真正具有鲜明特色的主持人会在激烈的荧屏大战中拥有自己的一席之地,是很难被复制和替代的。根据主持人的个体差异,本书将戏曲电视栏目主持人分为以下几种类型,并分别选取一位具有代表性的主持人进行分析。

(一) 表演型

表演型主持人应以中央电视台戏曲频道白燕升为代表,要求主持人掌握一定的戏曲表演技能,以满足广大观众对栏目的现场感和参与性需求。表演型戏曲栏目主持人可极大缩短与观众的距离,增强观众的收视期待。关于白燕升,本节开篇已经进行过分析,不再赘述。

(二) 专家型

正如前文所述的诸种原因,对于戏曲栏目主持人来说,成为一名专家型的主持人是个很大的挑战。有人也许会质疑,在大众文化盛行的今天,是否有必要打造一批专家型、知识型的主持人。笔者认为,解答这一问题,就应该从栏目设置的初衷去寻求答案。对于铁杆戏迷来说,由于他们已经具备了一定的戏曲知识,因此对于栏目的预期相对较高。他们渴望着通过主持人的精彩点评或背景介绍获取更多的知识,与之产生碰撞或者共鸣。同时,他们也不愿接受主持人所谓的"外行话"或者一知半解的敷衍。对于另一部分出于好奇偶然接触到戏曲栏目的观众,尤其是年轻观众来说，主持人更要通过自己深厚的底蕴，去引导和启迪他们，激发他们关注戏曲、热爱戏曲的兴趣，尽快由边缘受众转化成忠实受众，以拓展栏目的受众群体。如果只停留在浅层娱乐的层面，这部分受众必然会流失。所以，对于媒体、栏目和观众来说，培养和造就一批专家型的戏曲栏目主持人是十分必要的。

被广大观众称为"河南戏曲代言人"的河南电视台《梨园春》栏目的主持人庞晓戈可以称得上专家型的主持人。事实上，通过主持戏曲栏目而获得"中国播音主持金话筒奖"和"中国电视金鹰奖优秀主持人奖"的庞晓戈是半路出家，机缘凑巧地从事戏曲栏目主持工作的。被确定为《梨园春》栏目的主持人后，她每天都花大量的时间去学习戏曲方面的知识，一有时间就深入剧团，不光掌握了豫剧的艺术特色、代表剧目和演唱技巧，还主动拓展知识面，自学了黄梅戏、秦腔、眉户等剧种的知识，正是由于她对自己不断施加的压力，使得她驾驭起栏目越发轻松自如，也逐渐显示出深厚的积淀和底蕴，节目到高潮时，她还能即兴唱上几句，就这样，庞晓戈不知不觉地拉近了和观众的距离，拥有了一大批忠实的"庞迷"。

庞晓戈说过这样一段话，对于业界的同行应是种激励：

> 这几年工作很忙，不停地往外掏，补充的东西太少了。临时补充那是急就章，就像是输液，治的是急病，而看书就像吃馍喝汤过日子，看似没用，人却一点点长大了。……主持节目是个厚积薄发的过程，观众的眼睛是雪亮的，主持人有没有东西他们一看就知道。对主持人来说，知识是最重要的，拼到最后就是拼文化修养。[①]

这段话，正是庞晓戈获得成功的真谛，也是对专家型戏曲栏目主持人的共性要求。

---

① 《梨园春》官方网站：http://www.liyuanchun.net，2010年10月3日浏览。

（三）平民型

首先需要阐明一个观点，专家型主持人和平民型主持人并不是对立的。俗话说，"读万卷书，行万里路"，戏曲艺术的精髓、神韵和独特魅力，正需要主持人深入民间，深入基层，深入百姓的生活才能得到深刻的感受。更何况，戏曲是一种根植于民间的艺术，广大农村地区才是它最广阔的生存土壤。主持人若能深入广大百姓之中，了解他们的欣赏口味，汲取新鲜的创作素材，发现有一定代表性的戏迷人物，或者组织一定数量的现场演出，便是对"三贴近"原则的最好践行，形成荧屏上下互动的良好氛围，增强广大观众的归属感和主人翁意识，对于拓展戏曲栏目的受众群体是大有裨益的。

对于这一类型的主持人，原陕西电视台《秦之声》栏目的主持人陈爱美就是一个十分典型的例子。陈爱美尤其注重栏目上下的互动，她指出：戏曲栏目主持人要充分发挥自己生活经历和生活积累的优势，把生命融入人民群众之中。在此基础上，要贴近现实生活，积极发掘乡土风情素材，丰富主持内容，突出民间特色。① 在陈爱美主持《秦之声》栏目期间，几乎每次栏目之前，她都要亲自深入群众当中，交流想法，采集素材，采访演员和观众的基本情况。她跟戏迷一起吃饭，一起唱戏，一起聊天，一起被秦腔所感动……黄土高原上流传着这么一句话"哪里有陈爱美，哪里就有秦腔"。我们看到，舞台上的陈爱美驾驭栏目游刃有余，沟通采访恰到好处，总结点评一针见血，我们也应该想到，这一切，都来自她那份对《秦之声》的真挚情感，她把到过的每一个地方都当成自己的故乡，把遇到的每一位戏迷都当成了自己的亲人。这种平民姿态、情感投入、深层参与，对增强主持人驾驭能力，甚至提升栏目的整体质量都是大有裨益的。

值得指出的是，笔者所强调的主持人的个性化，并不能简单地等同于个人化。毕竟，主持人与演员的根本属性截然不同。主持人的个性发

---

① 参见陈爱美《情感投入　深层参与——主持电视戏曲专栏〈秦之声〉的体会》，《中国广播电视学刊》1996年第2期。

挥，不能摆脱他们所属的媒体、他们所属的栏目和整个创作团队。中国传媒大学张颂教授对此有鲜明和精辟的阐述："任何时候，我们都不能忘记自己的'公职身份'。我们出现在话筒前和屏幕上，不是一种个人行为，我们肩负着阶级的、历史的使命，是国家机器上的一个齿轮和螺丝钉。"① 主持活动是"戴着镣铐跳舞"，主持人作为媒体的"信息载体"在镜头前的言行举止，"都应该是为完成媒介要传播的内容为实现信息的最优化到达而作为"②。我们应该看到，部分电视综艺类栏目主持人对个性化的错误解读正在渗透到戏曲栏目当中，那种自我欣赏、奇装异服、哗众取宠、港台腔调和低俗情色等对个性的扭曲和狭隘的理解是应该被我们坚决摒弃的。

二 戏曲电视栏目主持人的选择

除了具有较好的嗓音条件、较强的社会责任感以及过硬的语言功力这些主持人的共同标准之外，戏曲电视栏目主持人的来源主要有以下几个途径。

（一）从高校毕业生中选拔

我国目前有近400所学校开设播音与主持艺术、戏曲表演和影视表演专业，这些专业的学生，每年毕业都会是一支庞大的求职大军，渴望通过各种选拔，实现自己的主持梦想。这些专业的学生大多有较为靓丽的外形和较好的声音条件，加上在校期间塑造的过硬的语言表达和表演技巧，如果他们自身对戏曲艺术感兴趣，积累过一定的专业知识，那就基本具备了做一名戏曲综艺栏目主持人的基本条件。

（二）从社会公开招聘中选拔

戏曲艺术的普及范围广泛，很多人才遍布在各行各业。因此，以公开招聘的形式，面向社会进行选拔，也是获取优秀主持人的良好途径。

---

① 张颂：《情声和谐启蒙录》，北京广播学院出版社2004年版，第79页。
② 胡智锋：《电视节目策划学》，复旦大学出版社2009年版，第208页。

现任陕西电视台播音指导,《秦之声》栏目的第一任主持人陈爱美,就是在1979年从3600名来自社会各界的应试者中脱颖而出的。

(三)举行专业主持人大赛选拔

自央视举办首届"荣事达"杯主持人大赛以来,各地出现了多种形式的主持人大赛,但专业化、类型化主持人比赛数量偏少。举办戏曲主持人大赛,指向性就更加明确,媒体完全可以根据自身的需要有所侧重地制定比赛项目和规则,从而选拔出知识面广、技能过硬、反应敏捷的戏曲综艺栏目主持人。同时,也可以让观众投票选出自己喜爱的主持人。

(四)从相关行业中选拔

在各大剧团、戏校等相关行业,活跃着众多既精通戏曲表演艺术、又熟谙戏曲专业知识的人才,他们或为演员,或为教师,已经在戏曲界有一定的名气和声望。利用双方的品牌效应,实现戏曲和电视的共赢,也是符合媒体运行规律的。像浙江卫视的戏曲栏目主持人亚妮和更生,都是京剧演员出身。

(五)跨界主持人的加入

跨界主持发轫于日本,后盛行于亚洲、欧美及我国的港台地区。自2000年至今,中国内地的电视节目越来越多地出现由演员、模特、作家、运动员、歌手跨界担纲主持人的现象。尤其是在电视综艺娱乐节目中,借助跨界主持人的明星、名人效应,在白热化的竞争中提升节目的知名度和收视率,已日益成为各大媒体的通行做法。比如何炅、戴军、林依轮等明星,除去其歌手和教师的身份外,在主持界也已"风生水起",甚至成为栏目的品牌"Logo"。

就戏曲电视栏目而言,跨界主持的优势至少可以表现在以下几个方面。首先,跨界主持人顺应了受众多元化的审美需求。当今的电视观众具有"求新求异"的审美倾向,跨界主持人的出现缓解了观众的审美疲劳,给予观众耳目一新的体验。其次,跨界主持符合戏曲电视栏目专业化的发展趋向。科班主持人虽接受过严格的语音、形体、表达训练,但对于戏曲专门知识的探究和掌握未必充分,如若起用拥有丰富戏曲知识积累、在戏曲艺术领域有专长的"跨界主持人",他们在媒介传播中则更易得到受众的支持和信赖,与节目的契合度也就更高。最后,跨界主持的名人效应可以吸引一批戏曲艺术的"潜在受众"。那些对戏曲生疏甚至排斥的观众,可能因为遇到了自己熟悉和喜爱的主持人而产生收视兴趣,逐渐培养起收视习惯。

我们对戏曲栏目主持人的来源可以进行多样化尝试,既可以由戏曲专家担任,增强戏曲传播内容的丰富性和延展性,也可以由歌手、影视演员及知名主持人担任,根据各自不同的艺术特长和个性特点,进行不同的角色定位,使栏目风格趋于多样。兹举一例:在天津卫视原创现代戏曲真人秀《国色天香》中,由国际影后宁静携手郭德纲的跨界主持就获得了观众的一致好评,成为拉动栏目收视率的一个增长点。二位跨界主持人在相声界和演艺界人气极高,而郭德纲草根、幽默、巧舌的特质与宁静那高贵、典雅、端庄的形象各具特色,相得益彰。首次主持时,宁静身着一袭性感典雅的晚礼服,脚蹬一双足有10厘米的"恨天高",这样的装扮与郭德纲形成了鲜明的对比。面对评委和观众"不般配"的调侃,郭德纲则笑称"我们这叫最萌身高差",引得众人捧腹。二人的主持语言个性十足,动作表情夸张诙谐,使戏曲回归了生活,拉近了艺术与观众的距离。事实上,戏曲栏目中的跨界主持人只要遵循戏曲艺术的特性,遵循大众传媒及电视观众对其角色的要求,承担起文化责任、社会责任及媒体责任,就完全可以在戏曲电视栏目的主持岗位上一试身手。

三 戏曲电视栏目主持人的形象定位

据统计,人类对于外部世界的感知,有七成是通过视觉器官进行的。而电视作为一种综合艺术,与其他文学艺术形式相比,其视觉成分占了很大的比重。

谈到主持人的形象定位,我们会很自然地将微蹙眉头的白岩松与新闻评论类栏目联系在一起;我们会认为,装扮时尚、能歌善舞、语言幽默的汪涵、何炅是综艺娱乐类栏目的专属；而王小丫的活泼伶俐、平易近人似乎成为《开心辞典》的收视保证。的确，主持人的形象定位与栏目本身的形式、内容和风格应该是和谐统一的。一方面，栏目的整体基调通过主持人传达出来；另一方面，主持人也在寻求适合自己形象和个性特征的栏目。可以说，主持人和栏目之间应该是一种互为依托、相辅相成的关系。从具体的栏目操作流程来看，便出现了先确定栏目后确定主持人和先确定主持人后确定栏目两种形式，无论哪种形式，主持人和栏目之间也总是在不断磨合的过程中寻求一种契合，从而使双方的优势得以最大限度的发挥。

主持人形象定位的外延十分丰富，在此，笔者拟从外在形象、言语表达方式和文化内涵三个方面着手，结合戏曲电视栏目的实际需要，探究该类型栏目主持人形象定位的运作原则。

（一）主持人外在形象与栏目的契合

主持人的外在形象是栏目给观众的第一印象，这种印象将带来强大的视觉冲击力，伴随着审美主体——广大观众的审美情感定格在审美期待的领域。叶朗先生在他的专著《现代美学体系》中说："伴随着审美注意，主体对行将到来的审美感觉有一种预期和憧憬，并由此产生一种朦胧的兴奋情绪。这种心理状态我们称为审美期待或审美超前反应。"[①] 从这个意义上来说，观众从见到主持人亮相的这一刻起，就对整档栏目产生了先入为主的印象，这种印象将影响观众继续观看栏目的热情。

戏曲电视栏目在分类上虽然属于综艺类的范畴，但它毕竟是将中国传统文化作为表现对象的，这就要求戏曲电视栏目的主持人应该既符合中华民族传统的审美标准，又能兼顾综艺类栏目的风格和定位，在努力塑造大气、端庄、成熟形象的同时，又不失轻松、活泼、青春的色彩。

从具体操作层面上来说，一般我们可以将男主持人打造得成熟、稳重一些；而对于女主持人，则可以倾向于清新靓丽的包装，使他们成为

---

① 叶朗：《现代美学体系》，北京大学出版社1999年版，第163页。

一个整体，产生"1+1>2"的效果。另外，在外在形象的设计上，应注意明暗色调的对比，突出东方特色，还应兼顾与舞台布景的融合。

河南卫视品牌栏目《梨园春》的主持人倪宝铎和庞晓戈就十分注重外在形象的塑造。这两个主持人一老一少，一个成熟一个青春，栏目组就为他们分别进行了"东方长者"和"东方娃娃"的形象定位。在服饰搭配上，倪宝铎经常穿着浅色礼服，显得轻松洒脱，而庞晓戈则身着深色中式服装，颇显清纯妩媚。"老倪"庄重而不拘束，"晓戈"俏丽而不浮躁，这样的外形塑造，较好地传达了《梨园春》栏目的宗旨和特征。在这里，栏目与主持人相辅相成，相得益彰。

（二）主持人言语表达方式与栏目的契合

与外在形象的塑造一样，主持人的言语表达方式也必须与栏目的整体风格相匹配。比如中央电视台《实话实说》栏目的主持人崔永元，他把自己定位成"邻居大妈的儿子"。他的语言诙谐幽默、轻松亲切、深入浅出，带给观众很大的想象空间，成为《实话实说》栏目的品牌标志。

戏曲电视栏目主持人的语言风格，应该在遵循综艺栏目共性要求的基础上加以区别，以符合戏曲爱好者的审美品位。

首先，应降低语速，控制节奏。这样可以照顾到年龄较大的戏迷群体，便于观众接受栏目当中所涉及的剧种、演唱者和唱词等戏曲知识，还可以与戏曲长歌曼舞的演述节奏保持协调和统一。

其次，应突出亲切感，加强贴近性。参与戏曲综艺栏目的选手年龄跨度很大，从孩童到耄耋老人，他们正是抱有一种对戏曲的热爱登上舞台的，他们中的很多人文化水平并不高，也并不关心闯关成功后的物质回报，主持人应该通过与选手的语言交流赞扬这份对戏曲艺术的执着、坚持的精神，并潜移默化地感动和鼓励更多的观众欣赏戏曲、参与比赛，培养起他们对戏曲艺术的兴趣。无论是和参赛者还是和嘉宾进行交流，主持人都应该放下架子，以普通观众的视角去看待舞台上下的所有人，特别是对待那些比赛失败、情绪低落的选手，更应该加强引导，及时调节气氛，突出人文关怀。

最后，语言应通俗易懂，诙谐幽默，富于生活气息。戏曲是一种根植于民间的艺术形式，无论是电视机前的观众，还是舞台上参与比赛的选手，他们的文化层次差异巨大，而且有相当一部分农村观众。这就要求主持人在串联或点评时尽可能使用通俗易懂的、富于生活气息的语言，以获得更好的沟通和交流的效果。

（三）主持人文化内涵与栏目的契合

如果说，制作一档栏目是一个整体的流程，那么，主持人就是这个流程的最后一环。戏曲电视栏目具有很强的特殊性，这便对主持人提出了更高的要求。首先，栏目编导的构思、团队的努力都要通过主持人表现出来，临场的变化、突发的情况，也都要依靠主持人来驾驭；其次，戏曲文化博大精深，历史跨度较大，展现人物众多。俗话说："唐三千，宋八百，唱不完的三列国。"的确，从周秦汉唐到宋元明清，千秋岁月、帝王将相、才子佳人、忠奸善恶、嬉笑怒骂，都被融进了戏曲的小小舞台，刻画得入木三分，淋漓尽致，令观众目不暇接，这一切，都迫切要求主持人具有一定的历史和文学知识；最后，戏曲的剧种、剧目、表演、程式、行当、唱腔等纷繁复杂，若不具备相应的戏曲专业知识，便会在栏目中讲出很多外行话，降低整档栏目的水准。因此，戏曲栏目的主持人如果仅怀着满腔的热情去背诵串联词，简单地将各大板块拼接在一起，则很难取得较好的传播效果。

另外，戏曲艺术是一门需要深度体验、反复感受的艺术。观众看戏，不只是单纯的艺术欣赏，更多地是通过戏曲去寻求一种心理呼应和人生感悟。"中国戏曲所传达的主题思想、情感倾向是符合中国传统道德规范的，是儒家思想形象生动的体现，是我们中华民族精神文化的根基，所以才会广受观众的欢迎与传承"。[①] 可见，广大戏曲电视栏目主持人除应具备与栏目相契合的外在形象和语言特质之外，文化内涵也是不可忽视的一个重要方面。

---

① 于辉：《电视戏曲节目主持人的角色定位》，《当代电视》2007年第5期。

四　主持能力的培养与提升

以上，我们讨论了戏曲电视栏目主持人所应具备的外在形象和内在素质，并在此基础上，对不同主持风格的个性化差异进行了较为细致的归纳和探究。随着主持人从业时间的增长和栏目影响力的扩大，主持人的整体素质也必须紧紧跟随时代发展的脚步和观众日益提高的审美要求而不断提升。

河南大学新闻传播学院赵建国教授在《中国电视主持人职业生涯规划》一文中，将主持人的职业生涯分为以下五个阶段：前期——进入业内之前；尝试期——从业三年之内（播音主持专业本科生在三年级到从业一年）；成长期——从业4—6年；拓展期——从业6—15年；后期——15年后。[①] 若根据这一划分，专业知识、文化内涵、现场掌控能力以及主持个性应该是主持人在主持生涯的前期和尝试期所追求的方向和应达到的要求。也就是说，成长期之前的经历都属于积累的过程。在这一过程中，主持人面对的往往是新的环境、新的栏目、新的挑战，难免出现力不从心和手足无措的感觉。一旦一档栏目在荧屏上存在三年之后，其风格和定位已基本形成，主持人也将自己个体气质与栏目风格不断磨合，初步形成了较为稳定的主持风格和鲜明的特色。进入成长期以后的主持人，伴随经历的增多，经验也不断丰富，容易滋生一种由"熟练工"的惯性带来的职业惰性。所以，主持人必须适时调整行为方式，完善自身的素养和技能，以寻求延展与超越，延长其主持生涯。

这种调整，我们称为整体性提升，其外延十分广泛。对于戏曲电视栏目的主持人来说，除了形象、角色、表述风格和服饰配件等显性和共性的层面，还必须着力于以下几点。

（一）亦演亦播，角色换位

电视栏目本身就具有综合性、参与性、随机性等特性，主持人倘若

---

① 详见赵建国《中国电视主持人职业生涯规划》，《现代传播》2002年第6期。

能学习一些戏曲"唱念做打"的基本技巧,在串联主持时可以即兴演唱,与观众或者嘉宾进行换位,一方面可以提升主持人的地位,树立观众主人翁意识,拉近传受双方的距离;另一方面也可以增加栏目的新鲜感,为栏目编排提供更多的选择。

(二) 知识拓展,游刃有余

马克思说过:"如果你想得到艺术的享受,你本身就必须是一个有艺术修养的人。"[①] 作为一名戏曲栏目的主持人,若要将自己所获得的艺术享受带给观众,首先就要具备相关的艺术修养,亲身经历艺术的欣赏—体验—感悟的过程。正如前文所述,为了驾驭栏目的需要,主持人应该在节目以外的时间做足功课,努力完善自身的知识结构,广泛涉猎文学、音乐、曲艺等相关门类的专业知识,掌握戏曲艺术的基本规律、特性、流派、著名演员、代表剧目等。

(三) 荧屏内外,尽显风流

中国播音学奠基人张颂教授曾指出:"社会生活与群众的感情是启发主持人情感萌动并使之升华的源泉。"戏曲是一门根植于民间的艺术形式,主持人只有深入民间,深入百姓的生活,才能更好地了解广大观众的审美需要,挖掘出更多的地方戏剧目,拉近传受双方的距离,从而受到群众的喜爱。上文谈到的原陕西电视台《秦之声》栏目的主持人陈爱美就是从群众中汲取营养,不断丰富栏目的形式和内容的,在此不再赘述。

目前,各电视台的现行体制大多为制片人制或者编导负责制,事实上,这样的体制在一定程度上限制了主持人在其应有的空间内发挥作用,使他们处于被动地位。现代的电视事业不断呼唤"全能型"的主持人,要求主持人不仅在栏目播出的最后一环起作用,而是应该将自己的思想融入策划、选题、编辑、制作的各个环节,在采、编、播各领域苦下功夫,成为复合型的"多面手"。唯其如此,才能充分体现出栏目的宗旨和精神,在栏目中居于核心地位,获得最佳的传播效果。这对于戏曲电视栏目的主持人来说,意义尤甚。主持人只有在对栏目的主题和

---

① 马克思:《1844年经济学哲学手稿》,人民出版社2000年版,第146页。

选材充分了解，对演员和嘉宾进行充分沟通的基础上，才能更好地操控整档栏目，通过亲自参与，亲身体会，表达出自己的真情实感，从而真正做到与栏目和观众融为一体。

第三节　戏曲电视栏目的外在包装

以上，我们主要从内容设置、编排策划和主持艺术三个方面对戏曲电视栏目的制作进行了分析。事实上，在栏目竞争日趋白热化的当下，若要使栏目特色鲜明，深入人心，仅从内在方面着力是远远不够的，还必须在外在包装上多动些心思，力求使栏目达到内外兼修、相得益彰的良好效果。所谓"'包装'，原指对产品进行包裹，以达到保护、装潢和美化产品的作用，使其具有审美和提示功能。如今这个词已经成为了电视台、电视节目公司和广告公司最常用的概念之一"。① 具言之，"电视栏目包装是对电视栏目进行外在形式的规范与强化，这些形式主要是将声音、图像和色彩等诸多要素进行综合，形成一档具有独特色彩与灵活形式的炫目的品牌栏目。电视栏目包装有利于栏目的宣传，建立并维护品牌的整体形象，对电视产品市场扩大营销打下了坚实的基础"。② 在注意力经济的时代，良好的外在包装不仅能够彰显栏目的个性气质与整体风格，引发收视关注，同时也可以刺激广告商的消费，对栏目的生存与发展意义重大。因此，我们在坚守内容为王、提升编导水平的同时，还应通过外在包装，根据栏目的宗旨、定位、风格、气质，为栏目度身定制一套特色鲜明的外衣。

电视栏目外在包装的外延主要包括栏目名称、形象标志、宣传口号、片头、片花、片尾等方面。下面，本书就从这几个方面入手，对戏曲电视栏目的外在包装进行探讨。

---

① 殷俊：《电视栏目学导论》，四川大学出版社2009年版，第197页。
② 李红：《浅谈电视栏目包装误区》，《新闻传播》2012年第11期。

一　栏目名称

中央电视台品牌顾问、著名品牌营销战略专家李光斗曾说，"世界已进入形象决定成败的时代，名正才会言顺。规划一个屹立百年的品牌，一个好名字是成功的第一步。"① 名称是事物给我们的第一印象，对电视栏目而言，一个好名称是观众认知栏目的开端，也是引发收视期待的前提，我们在为栏目命名时可围绕以下几个方面进行。

首先，栏目名称应简单大气，生动形象，方便记忆和人际传播。其次，应准确传达栏目的内容与宗旨。戏曲栏目的名称除了要打上戏曲的鲜明烙印之外，还要使观众直观地感受到这是一档怎样的栏目，并很快判断是否应该选择收看。例言之，同样是益智型娱乐栏目，《幸运52》与《开心辞典》从名称上就能感受到二者在内容和宗旨上的差异性：前者名称中"幸运"一词带有紧张刺激的博彩元素，而后者"开心＋辞典"则体现出娱乐与知识兼具的宗旨。同样，顾名思义，《戏苑百家》是一档以戏曲界名家为对象的访谈类栏目，《跟我学》是一档戏曲教学栏目，《九州大戏台》是以展现地方戏为主的剧场型栏目，而《梨园闯关我挂帅》则是一档由导师挂帅的戏曲竞技类栏目，等等。再次，应根据目标受众的特征设计栏目名称。比如《中国京剧音配像精粹》《CCTV空中剧院》等栏目名称直观而质朴，多面向中老年受众群体，而《一鸣惊人》《非常有戏》《越女争锋》《国色天香》则充满了刺激、挑战、娱乐的意味，这些正是栏目的目标受众——年轻群体的审美倾向。最后，对于地方电视台的戏曲栏目来说，其名称应突出地方特色，增强个性。目前，以地方戏剧种命名的有陕西电视台的《秦之声》、广东南方卫视的《粤唱粤好戏》、广东珠江频道的《粤韵风华》、云南电视台娱乐频道的《俏花灯》、浙江绍兴电视台的《莲花剧场》、运城和临汾电视台联办的《蒲乡红》等；以当地戏曲文物特色命名的有安徽

---

① 李光斗：《魅力：从芳名开始》，《广告导报—大市场》2007年第5期。

电视台的《相约花戏楼》①、山西电视台的《走进大戏台》② 等。

值得指出的是，我们在对戏曲电视栏目命名时，要避免模仿抄袭，千篇一律，力戒同质化倾向。仅以娱乐选秀类栏目为例便可见一斑：在《超级女声》火爆之后，《快乐男声》《快乐女声》便跟风模仿，缺乏创意，而从《中国好声音》《中国好歌曲》《我爱好歌曲》这些辨识度极低的名称中，观众也根本分辨不出栏目的特色与亮点，栏目名称的设计便失去了应有的意义。

二 栏目的形象标志

栏目的形象标志就是我们常说的"Logo"，通常由图形、文字和容易识别的物象构成，是栏目外在包装的重要组成部分。当前许多栏目只注重动态标识，而忽略了静态的"Logo"设计，这种认识是很肤浅的。栏目的形象标志不仅可以使栏目在观众心中形成直观的印象，同时也是演播室布景和LED屏幕的主要素材，更是栏目借助平面和户外媒体进行宣传的重要内容，所以，对栏目形象标志的忽视是栏目成长中的缺憾。

与其他类型的形象标志一样，电视栏目的形象标志应该具备直观、简洁、冲击力强的特征，此外还应与栏目的整体格调保持一致，在令人过目不忘的同时，增强栏目的辨识度。比如，CBS的社会实验类游戏真人秀栏目《老大哥》，一群陌生人集体入住一间布满了摄像机及麦克风的屋子，他们的一举一动都将被全程记录下来，经过后期剪辑处理之后在电视上播出，以满足观众的窥私欲望。这档栏目的形象标志是一双威严、深邃的男性眼睛，构成了一个要打开个体之门的象征性符号和隐喻，契合了栏目"Big brother is watching you（老大哥正在看着你）"的主题。在我国，很多电视栏目的形象标志也给观众留下了深刻的印象，

---

① "花戏楼"指安徽亳州花戏楼，又称山陕会馆、大关帝庙，始建于清康熙十五年（1676），因精湛的雕刻、绚丽的彩绘而驰名中外。

② 山西省被誉为"中国戏曲的摇篮"，现存元、明、清时期的古戏台三千多座，在全国排名第一。全国仅存的6座元代戏台，都在山西省。

比如我们一看到"星空+地球",就会联想起《新闻联播》,一看到那只由红绿蓝三色组成的眼睛图案,便会想起《焦点访谈》,不一而足。

戏曲电视栏目的形象标志除了要满足上述要求之外,还应该致力于以下几个方面。

(一)增强文化内涵,契合栏目宗旨

河南卫视《梨园春》栏目的形象标志(见图5-1)极为简洁明朗,只由两部分构成:"梨园春"栏目名称位于下方,是由著名书画家王成喜先生所题写,标识图像为《易经》八卦中的坤卦,居中位于文字上方。《梨园春》的坤卦标识,可谓寓意深刻。首先,坤即土,"土"是万物生长的根基,这就体现了《梨园春》乡土化、平民化的路线,寓意着栏目只有坚持深深扎根在坚实的土地上才能繁茂生长,焕发青春。其次,从色彩上看,纯正的红、绿、蓝代表色彩斑斓、丰富多彩电视屏幕的三原色,表明《梨园春》栏目是依托电视这一现代传媒来展示古老戏曲的风采。倘若进一步寻绎,从象形符号方面来讲,坤卦≡≡又恰似两军对垒,公平竞争,寓意戏曲打擂、比赛。这种精心设计,充溢着浓郁文化内涵的形象标志,与栏目的宗旨和内容融为一体,体现出设计者的匠心独运。借此一端,我们不难发现这档老牌栏目于细微处见精神,之所以被誉为"中国生命力最长的电视栏目之一",其成功绝非偶然。

图5-1 河南电视台《梨园春》栏目的形象标志

（二）突出戏曲特色，注重审美差异

在增强文化内涵的基础上，我们应该在构思创意时融入戏曲元素，凸显戏曲特色。同时，应根据目标观众群体的差异，设计符合他们审美特点的栏目形象标志。

中央电视台《快乐戏园》是一档面向少年儿童的戏曲栏目，其栏目形象标志（见图5-2）主要由人物和环境两部分组成。设计师充分发挥想象，将戏曲人物与动漫卡通相结合，并借助祥云图案，塑造了戏曲动漫人物腾云驾雾、穿梭于崇山峻岭之间的图景，在此基础上辅以浅色调为主的配色，充分体现了孩子们无忧无虑、轻松快乐的特点，充满了天真和童趣。此外，该栏目各板块的形象标志也都可圈可点。比如《名家开讲》板块，其标志就由书法和折扇的元素构成，《快乐我登台》板块则借助了戏台和灯光的图像。

图5-2 中央电视台《快乐戏园》栏目的形象标志

综上所述，可爱的玩偶、斑斓的色彩、活跃的节奏、开心的氛围，《快乐戏园》的形象标志仿佛一幅幅精美的儿童画，浸润其中的是栏目主创者们的殷切期盼：让传统的戏曲艺术以全新的方式，陪伴中小学生快乐成长。

（三）融入商业信息，吸引广告投入

除此之外，我们还可以将赞助商、广告商的信息融合栏目的形象标志，以吸引广告投入。比如中央电视台《叮咯咙咚呛》和山西电视台《走进大戏台》就分别将"蓝色经典·天之蓝"和"今麦郎一桶半"的商业品牌植入栏目的形象标志（见图5-3），取得了可观的经济效益。

图5-3 中央电视台《叮咯咙咚呛》和山西电视台《走进大戏台》栏目的形象标志

三　栏目的宣传口号

"栏目的宣传口号将栏目价值观演化而来的栏目精神，以口号形式稳定下来，将栏目信念、宗旨、特色、功能各要素融为一体，通过独特创意的口号，凸现栏目形象，展示栏目风采"[①]。简而言之，栏目的宣传口号就是用最精练的语言，将栏目的宗旨和特色向观众强化。宣传口号是栏目自己给自己打的广告，贴的标签，它烘托了栏目的定位，明确了栏目的内容，拉近了与观众的距离，统摄了栏目的方方面面，如果说它是整档栏目的灵魂，也算不上夸张。

相信每一位经常看电视的观众都难以忘怀那些准确、精练、新颖的栏目口号："《艺术人生》——用艺术点亮生命，用情感温暖人心，探讨人生真谛，感悟艺术精神"，"《焦点访谈》（曾用）——时事追踪报道，大众话题评说，新闻背景分析，社会热点透视"，"《焦点访

---

① 向飒：《电视频道整体包装的内涵及新走向》，《现代视听》2004年第1期。

谈》——用事实说话","《正大综艺》——不看不知道,世界真奇妙","《生活空间》——讲述老百姓自己的故事","《新闻调查》——正在发生的历史,新闻背后的新闻","《今日说法》——点滴记录中国法制进程","《天下足球》——最纯粹的足球,最高级的享受"等。足见,电视栏目的宣传口号应该贴近主题、准确凝练、直白易懂、朗朗上口、意味深长,此外还应体现出一定的亲和力,消除观众的陌生感和距离感,切忌华而不实、离奇夸张、重复雷同、高高在上。

  反观当前的戏曲电视栏目不难发现,宣传口号的重要性还未引起栏目主创者们足够的重视,我们在栏目的官方网站和微博、贴吧主页看到的多为栏目介绍,拥有明确宣传口号的数量很少,甚至若干档知名度较高、收视率较好的老牌栏目也一直没有响亮的口号,实为遗憾。栏目介绍从功能上说虽与宣传口号有重合之处,但一般篇幅较长、具体详尽,不易在观众心中留下鲜明的印象,因此不能取代宣传口号。以下几档栏目的宣传口号有可资借鉴之处:山西电视台《走进大戏台》栏目的宣传口号是"生旦净丑群英会,龙争虎斗大戏台","生旦净丑"凸显了戏曲主题,"大戏台"强调了栏目名称,"群英会+龙虎争斗"则指代了"名家名段+戏迷擂台"的形式与内容,体现出栏目比拼性、娱乐性、表演性、展示性、参与性兼具的风格。中央电视台戏曲频道《跟我学》栏目的口号是"跟名师,学好戏",简洁直白,"学▲好戏"与"学好▲戏"又颇有一语双关的作用。《戏曲采风》的宣传口号是"关注每晚《戏曲采风》,尽享日日梨园世界",句式工整,朗朗上口。此外,还有七彩戏剧频道《海上大剧院》的口号:"京昆越沪淮品评弹,汇聚最传统经典与舞台新作,让您不出家门,如临剧场",以及梨园频道《看大戏》的口号:"每周七部大戏,天天精彩不同",虽创意稍欠,但信息传达准确,语言贴切朴实,起到了应有的作用。

四　栏目片头、片花、片尾

（一）片头

"电视栏目片头是集科技、文化、艺术于一体的艺术创作，随着高新技术在电视节目制作领域的广泛应用，电视栏目片头的艺术创作发生了质的飞跃。电视栏目片头的创意与构思得到了淋漓尽致的展现，色彩与材质，构图与造型，音乐与节奏得到有机融合，技术与艺术达到了完美结合，构成和谐统一的整体，创作出美轮美奂的艺术作品，最大程度地满足人民群众对电视作品的审美需求"[①]。栏目片头的设计和制作与形象标志有某些相同的要求，诸如展现栏目主旨与特色，简洁明了，冲击力强，引发观众收视欲望等，不再赘述。在此，我们主要探讨二者的区别。栏目片头与形象标识最大的区别在于呈现形式和表现元素。与静态画面不同，片头是以动态视频形式呈现，这就使其能够充分展示电视的声画特征，表现元素自然也复杂得多，主要从图案、色彩、声音三方面来表现栏目的主题和创意。

与形象标识图案的设计相比，片头图案所用的元素更多，色彩的变化也更丰富。各种元素应在紧扣栏目主题的基础上，形成有机联系、运动的整体。兹举一例：中央电视台《青春戏苑》是一档展现青年戏曲演员风采的栏目，具有青春、时尚、张扬个性的特质，该档栏目的片头设计秉承"融合＋反差"的理念，从生活中收集素材，捕捉灵感，将全新的视觉形态融入戏曲元素，并将写实与写意元素巧妙结合，具有一定的启示意义。具言之，首先，主创人员从北京798艺术区废弃工厂的墙体涂鸦上寻找灵感，将广告牌、涂鸦墙、LOFT风格建筑等具有浓烈时尚前卫气息的元素融合在一起，作为图案背景，基色为老旧墙体所自然呈现的灰色；在此基础上，他们从传统戏曲"金木水火土"五行中提取出诸如山、云朵、花木等大量视觉元素，适当加入现代生活场景如

---

① 曾瑜、赵锦玉：《电视栏目片头的设计与创作》，《电视研究》2006年第5期。

霓虹灯、探照灯、舞台道具等内容，重新设计布局，将其覆盖于"墙体背景"之上，形成了具有浓郁戏曲风格和青春气息的墙体彩绘图案；在镜头剪辑部分，采用固定机位拍摄戏曲演员的表演，并在后期制作中加入镜头运动和随机晃动；最后，利用After Effect软件将栏目名称做成荧光灯管拼接的效果，并采用三维特技在视频中加入各种颜色的运动的箭头和黄色的腾龙，以增强片头的动态效果。总而言之，《青春戏苑》的片头虽只有30秒的时长，却给我们提供了颇多可资借鉴之处：无论电脑硬件和软件科技水平如何发达，其终究都只是一种技术手段，永远无法代替人类思维的创意。我们在栏目片头的制作中，应尽量避免对电脑特技的依赖，根据栏目的定位和主题，细心捕捉生活中的场景，挖掘与主题相关的素材，在增强独创性的同时，强化视听效果，缩小与观众的距离（见图5-4）。

图5-4 中央电视台《青春戏苑》栏目片头视觉素材及视频截图

在声音方面，主要包括语言、音乐和音响三类，起到烘托气氛、调节节奏、明确主题的作用。戏曲电视栏目的片头音乐多以戏曲音乐为主，也可直接选取能够代表栏目主题内容的地方戏，同时也配以适当的音响效果以强化片头的感染力，凸显栏目的个性特色。语言可视情况选择是否添加，范围也应限制在栏目名称或宣传口号，起到画龙点睛的作用，不可长篇大论，喧宾夺主。

（二）片花

片花在杂志型栏目中出现较多，一般用于不同板块之间，主要起到间隔和过渡的作用，也有承上启下、增强韵律、缓解疲劳、刺激收视的效果。某种程度上，片花就像微缩版的片头，其创作理念和技法也与片头相似。需要注意的是，为了避免观众流失，片花的持续时间不应过长，使用频率也不应过多，它只是栏目的点缀，所以应该高度浓缩，精彩而传神。

（三）片尾

栏目的片尾就是在栏目的最后以字幕的形式出现的栏目演职人员名单、版权信息和广告。目前，有些电视栏目片尾内容还包括节目预告、参与栏目方式、微信二维码、官方微博等信息，吸引观众对栏目的持续关注，或在栏目以外的参与。戏曲电视栏目的片尾与一般栏目一样，应短小精悍，给人以意犹未尽之感。一般来说，应尽可能简化字幕信息，因为那绝非观众的兴趣所在，现在很多栏目已经淡化了片尾的概念，即在即将结束的时候就将相关信息以拉滚字幕的形式播出，实为明智之举。

余论　戏曲电视栏目与新媒体的整合与互动[①]

2014年9月26日,刘奇葆同志在北京专程调研戏曲工作,在谈到戏曲艺术在当今文化语境下受到的冲击及对策问题时,明确指出要进行戏曲传播方式和传播手段的创新,以适应现代社会受众的欣赏习惯。他强调:"戏曲艺术受到新的文化样式和传播方式的冲击,生存发展遇到不少困难,有的剧种面临消亡的危险。要采取有力措施,推动戏曲艺术发展繁荣。要贴近现代人的欣赏习惯和生活方式,适应'微时代'传播特点,大力推动戏曲艺术创新发展,使之展现新魅力、焕发新光彩。"[②]

当前人们欣赏戏曲的基本环境不仅有电视,还有电脑、手机、平板电脑等移动终端构成的多屏阅读,其发展趋势已由单一向多元拓展,由传统向数字转换。数字传播带来的多媒体阅读、交互式阅读、解析式阅读、触摸式阅读给人们带来前所未有的丰富体验,改变了戏曲观众欣赏的习惯。网络超文本和超媒体也改变着人们对于艺术"静观"或"细察"的传统习惯,促使用户在快节奏的"冲浪"和"漫游"中享受艺术的审美愉悦和快感。而信息定制和推送的专属体验,网络媒体"原创"和"草根"的民间属性,手机、平板电脑等移动终端接收信息的空前便捷,更让戏曲拓展了新媒体传播的渠道,而这也为戏曲栏目的发

---

① 本部分内容曾以"数字化浪潮下戏曲受众的阅读变化及戏曲传播的创新"为题,发表于《中州学刊》2015年第8期,《新华文摘》2015年第22期"论点摘编"栏目转摘。有改动。

② 新华网:《刘奇葆在北京调研戏曲工作时强调　推动戏曲艺术活起来传下去》,http://news.xinhuanet.com/politics/2014-09/26/c_1112648122.htm,2014年9月26日浏览。

展带来了新的机遇。

首先，内容的"海量"和形式的"多样"构成了新媒体传播的显著特征和重要优势。文字、声音、图片、视频等传播符号同时作用于受众的感知器官，给人们带来形象生动、丰富多样的审美体验。在"后戏台"时代，人们可以通过电视、电脑、移动终端等多种平台欣赏戏曲，在文本、图像、声音之间自如选择，在深阅读与浅阅读之间任意切换，推动着戏曲栏目观众欣赏方式的革命性变革。

其次，是欣赏方式的交互性。互联网的交互性是指传受双方双向互动传播，当传播者将自己的信息在网上传播之后，接受者对信息马上作出反馈，并按自己的喜好进行增补、修改，并及时传送给信息的原传送者，这就实现了信息交流的双向互动。[①] 欣赏方式的交互性改变了传统意义上观众审美的习惯，就戏曲电视栏目而言，至少可以带来以下两方面的变革。

第一，交互性传播带来信息获取方式的变革，培养了观众超链阅读的逻辑思维方式和理念。随着信息传播由"推"到"拉"的转变和"受众本位"思想的不断确立，受众已不愿被动接受被推送到面前的线性的单向信息，他们更加重视欣赏的自主权和选择权，倾向于根据自身的兴趣和喜好从众多媒介的海量内容中"拉"取信息。戏曲的剧种和剧目繁多，且地域性极强，传统意义上电视栏目的单向推送往往很难具有针对性和指向性，而由受众根据自己的年龄、地域、文化程度选取不同的内容，可以大大增加信息传播的效率。从更深层的意义来说，交互性阅读是在多态链接中进行的跳跃式阅读，这种阅读方式带有探索性体验的色彩，在很大程度上拓展了受众的视野，使其对于戏曲的审美更自由、更全面。交互性阅读可以使戏曲背后有价值的资源逐渐显现，这样的阅读就是深阅读，由一个知识点到知识团，形成主题，然后是专题，再到社区阅读、协同阅读，从而粘住读者，引导、培育受众阅读优质内容的习惯。

---

① 参看邵培仁《传播学》，高等教育出版社2000年版。

第二，交互性传播打破了传受者之间的界限。传播的主体不再局限于官方媒体，博客、播客甚至微博、微信等公共社交平台均为戏曲栏目的观众提供了广阔的发布和交流平台。他们可以在线下发布戏曲新闻、预告名家演出资讯、转发栏目精彩片段的音、视频，或者热议栏目的形式及内容，及时反馈收视效果，还可以上传自己的唱段并接受网友的评论，甚至可以将自己创作改编的戏歌、戏曲动漫等内容在上述平台上一展身手。这样既满足了广大受众的参与欲求，强化了受众的主人翁地位，拓展了受众群体，同时，也便于具有相同爱好的受众在各自的互动平台上进行交流，逐渐形成"圈子"，稳固受众群体，实为戏曲栏目在电视荧屏以外的有效补充。

最后，是欣赏时空的随意性。戏曲是一门集时间艺术和空间艺术于一身的舞台艺术形式，通常需要完整的时间和特定的空间（如剧场等）进行欣赏。即便在电视媒介中，对观众欣赏时空的要求仍然较高。伴随生活节奏的加快和大众文化的渗透，人们对艺术的审美出现了通俗化、娱乐化、碎片化、浅层化的倾向。戏曲艺术的欣赏特性和受众的审美习惯之间的裂痕成为制约戏曲栏目发展的重要瓶颈。然而，新媒体传播将使这一瓶颈得到突破，移动终端，尤其是手机、平板电脑等"带体温的媒体"将为戏曲栏目的传播带来新的机遇，观众收看栏目不再受到客观条件的限制，外出、候车、乘车等零碎时间均成为移动媒体的黄金时间，人们可以随时随地在各种移动终端上欣赏戏曲栏目，极大地拓展了观众的收视时空。

在戏曲栏目与新媒体的互动中，栏目和内容是核心，也是互动拓展的策动力；新媒体传播的手段是基础，是互动实施的前提与保障。

就戏曲数字传播的多个媒介平台而言，可谓各具优长。随着移动接收设备的发展和智能电视的普及，互联网影音资源在不断朝着多屏、多终端的趋势发展，跨网、跨屏间的互动已经成为趋势。遗憾的是，当前所进行的尝试大多只是将不同平台的戏曲内容进行叠加或者"移植"，并未将戏曲的数字传播视作一个整体来运作，媒体间的互动协作明显缺失，合作机制尚未健全，运作模式未能理顺，宣传合力未有效发挥。当前，加强媒介融合，实现多屏联动，应是戏曲栏目与新媒体整合与互动的有效手段。

所谓"媒介融合"，指的是从内容资源出发，将不同媒介形态"融合"为一体，从而产生"质变"，形成新的媒介形态。在这里，我们首先要明确的是，对内容资源进行叠加和照搬均不是真正意义上的"融合"，融合的实质在于"质变"，即融合后新的平台可以兼具多个媒体平台的功能。从这个意义上来说，将戏曲电视节目放在网络平台直接播出或者将戏曲报刊放到移动终端上供受众点击阅读都不是"融合"。打造全新平台，共享资源，有效联动，各自发挥其优势，最终实现差异化传播才是媒介融合的不二法门。比如，电信网、有线电视网和计算机网进行技术改造，实现三网融合后，能够提供包括语音、数据、图像等综合多媒体的通信业务。高清晰度的电视画面、高保真的电视音响效果、个性化的电视节目内容、方便快捷的收看方式，让人切实感受到信息化、数字化带来的实惠。我们利用互动数字电视平台，赋予传统戏曲电视唱段点播、戏曲电视频道回看、戏曲音像产品下载和交易的功能，甚至可以登录戏曲网站，从而实现由"看电视"向"用电视"的转变。

在多屏联动方面，2012年中央电视台举办的第七届"CCTV全国青年京剧演员电视大赛（简称青京赛）"便很好地将电视、网络、微博、手机等平台联动，为我们提供了诸多可资借鉴的成功经验。比赛尚未开始，组委会便在中国网络电视台和微博平台上进行造势，以"亮点揭秘预告"方式进行图文并茂的宣传，以扩大影响力，还在微博等平台进行"约您到央视看大赛"的有奖转发活动，吸引了数千网友参与响应。比赛进行中，实况除了在中央电视台、中国网络电视台直播之外，还在新浪"CCTV戏曲频道"官方微博开辟专题板块，同步进行网络"微直播"，组委会还从网友的互动留言中精选独到、新颖的评论，通过主持人口播和横飞字幕的方式，与电视观众分享。组委会、选手、评委之间还利用网络和微博平台进行了有效的互动，组委会通过网络征集意见，采取了"评委回避制度"，并根据网友的投票结果产生了一位最受欢迎的"人气之星"。值得一提的是，在比赛结束后，一方面，组委会迅速将比赛视频集锦进行音像出版，发行 DVD，另一方面，利用网络媒体和微博平台开辟专栏，进一步深入挖掘大赛的幕后花絮，进行戏曲知识普及，增加戏曲传播的深度和广度。选手们精美的服装、考究的道具、鲜明的扮相，乃至伴奏席上功底厚重的"犀利鼓师"，都成了网友"围观"的热点。可以说，此次大赛将电视、网络、微博、音像出版等多个媒介进行融合互动，产生了"1+1>2"的效果，使多个媒体平台的功能得到了充分的发挥，调动了受众的积极性。广大受众，甚至部分很少接触戏曲的年轻受众热评大赛"给力""新潮"，取得了良好的传播效果。

媒介融合及多屏联动对传统媒体和新媒体的发展都是双赢的，对戏曲的数字传播而言，这种融合更为必要。具言之，戏曲的数字传播在借助传统媒体丰富资源优势的同时，可依托传统媒体在受众中的权威性、影响力，发挥网络、手机、微博、出版的大容量、丰富性、超链接、互动式、非线性的传播优势，对传统媒体的播出内容进一步补充、拓展、延伸，出版立意精审、丰富深刻的作品，吸引受众的关注和参与。还可以借助和依托部分知名度高、影响力大的名优栏目，创办戏曲电子期刊和专业网站，并带动音像出版物的发行。从另一个角度来说，网络、微博、博客等媒介中发布的由广大戏迷创作的剧本、戏歌、戏曲小品，也会受到广播、电视等传统媒体的关注，成为传统媒体新的增长点，反过来又可激发受众的参与热情，进一步丰富数字传播的内容。在这里，我们看到了数字化浪潮下戏曲电视栏目的动人前景。

二十余年来，中国戏曲艺术迅速复苏，重新步入良性发展的轨道。但传播形态的剧变、外来文化的冲击、影视浪潮的席卷又为新时期戏曲文化的传播与发展带来了新的矛盾和障碍，也同时提出了诸多值得学界深入探讨的新鲜命题。值得指出的是，当代戏曲文化的发展除了需要政策资金的支持、内在动力的推进、本体改革的努力之外，还需要先进传播手段的支撑。在"振兴戏曲"口号的感召下，必须利用先进的数字出版和新媒体手段，从内容、形式上进行革新和拓展，加速媒介融合的进程，并积极寻求与其他文艺样式的融合与借鉴，以期为戏曲的传播注入新的时代内涵。我们进行的上述探讨，就是要使戏曲借助数字传播的机遇，使其本身的调节机制恢复活力，通过自身的力量，变旧为新，使其适应时代与人民需要的步调，满足人民群众不断变化的欣赏习惯与不断增长审美需求。我们相信并期待，在新媒体的助力下，戏曲电视栏目会以新的开拓和创造，迎来更为璀璨的新局面。

生命的进化始于自然选择，艺术发展的方向则主要靠社会和观众的指引。在本书的结尾部分，笔者仍想重申强调的是，传统不是凝固的山而是流动的河，艺术可以有台阶，但不能设门槛。一方面，应妙用策划、改版、包装等手段，创新合作模式，拓宽传播渠道，巩固忠实受众群体；另一方面，应借助电视栏目的多样形态，积极移植娱乐元素，并调动混搭、跨界等手段，进行形式的综合改进，将戏曲回归通俗，回归大众，不断增强其对流动受众和潜在受众的吸引力，尤其应使年轻群体和高学历群体转变对戏曲的固有印象。如何让传统文化与现代观众的审美情趣完美融合，消除陌生感与距离感，创作出真正雅俗共赏的高品位作品，这是戏曲电视栏目的唯一出路和戏曲美学的永恒准则，同时，这也是戏曲和电视工作者所馨力追求的目标。要实现这一目标，决非一蹴而就的事情，仅凭某一种群体的力量，也是难以企及的，更不可能是本书所能够完全解决的。它需要更多的学界和业界人士的共同关注，需要戏曲电视工作者高度的历史责任感和艺术探索的精神，同时也需要一种持久的韧力与文化上的自信。

我们的自信来自源远流长、魅力无穷的中国戏曲文化本身。它不但是我国悠久历史的某种缩影，更是中华文化艺术宝库中一颗璀璨的明珠。需要强调的是，本书所做的一切努力，均力图使观众通过对戏曲电视栏目的欣赏，获得或恢复对戏曲艺术的兴趣，进而培养观众对剧场艺术的欣赏能力。作为现代戏曲电视工作者，必须充分意识到自己所肩负的振兴传统戏曲的历史使命，紧跟时代潮流，通过我们创造性劳动的涔涔汗水，让戏曲不仅在荧屏中深为广大观众所喜闻乐见，而且在剧场的舞台上完整呈现它的艺术魅力。

艺术的普及和提高是辩证互动的，审美的需求和信息的获取，也必然经历由简单到复杂、由单一到多维的过程而最终实现相互融合。最后必须强调的是,大众传媒已然塑造了人类生活的新空间,在当前的文化语境下,如何打造戏曲电视栏目,已经构成了审美文化的一个重要命题。伴随实践探索的逐步深入,它必然会呈现出不同于以往的新形态、新特征,也必然会产生各种偏颇与失误。唯其如此,才会给我们提供进一步思考的空间。但愿本书所做出的探讨,能对戏曲电视栏目的健康发展略有裨益。

参考文献

一 著作类

［苏联］巴赫金：《巴赫金集》，上海远东出版社1998年版。

［苏联］巴赫金：《巴赫金文论选》，佟景韩译，中国社会科学出版社1996年版。

［荷］C. A. 冯·皮尔森：《文化战略》，刘利圭等译，中国社会科学出版社1992年版。

蔡尚伟：《影视传播与大众文化：文化工业时代的影视方法论》，四川大学出版社2005年版。

陈力丹：《传播学是什么》，北京大学出版社2007年版。

［英］戴维·洛奇：《小说的艺术》，王峻岩等译，作家出版社1998年版。

［美］菲利普·科特勒：《营销管理》，上海人民出版社1990年版。

费泳：《戏曲电视研究》，上海古籍出版社2012年版。

高鑫：《电视艺术概论》，学苑出版社1992年版。

高鑫：《电视艺术美学》，文化艺术出版社2005年版。

郭庆光：《传播学教程》，中国人民大学出版社1999年版。

［德］黑格尔：《美学》第一卷，朱光潜译，商务印书馆1979年版。

胡正荣：《传播学总论》，北京广播学院出版社1997年版。

胡智锋：《电视传播艺术学》，北京大学出版社2004年版。

胡智锋：《电视节目策划学》，复旦大学出版社 2009 年版。

胡智锋：《内容为王：中国电视类型节目解读》，中国国际广播出版社 2006 年版。

金民卿：《大众文化论——当代中国大众文化分析》，中共中央党校出版社 2002 年版。

[英]科林伍德：《艺术原理》，王志元等译，中国社会科学出版社 1985 年版。

赖黎捷：《媒体奇观视域下的中国电视娱乐文化转型研究》，暨南大学出版社 2013 年版。

李景泰：《市场学》，南开大学出版社 1996 年版。

《李渔全集》第二卷，浙江古籍出版社 1992 年版。

廖奔：《中国古代剧场史》，中州古籍出版社 1997 年版。

刘习良：《中国电视史》，中国广播电视出版社 2007 年版。

刘徐州：《传统文化大众传播的模式与路径——戏曲电视传播研究》，中国书籍出版社 2008 年版。

刘洋、林海：《综艺娱乐节目主持概论》，中国传媒大学出版社 2007 年版。

陆键东：《陈寅恪的最后二十年》，生活·读书·新知三联书店 1995 年版。

[加拿大]马歇尔·麦克卢汉：《理解媒介——论人的延伸》，何道宽译，商务印书馆 2000 年版。

毛泽东：《毛泽东选集》第二卷，人民出版社 1991 年版。

梅兰芳：《舞台生活四十年》，中国戏剧出版社 1987 年版。

孟繁华：《终身狂欢：世纪之交的中国文化现象》，中央编译出版社 2003 年版。

孟繁华：《众神狂欢》，今日中国出版社 1998 年版。

孟繁树：《戏曲电视剧艺术论》，北京广播学院出版社 1999 年版。

苗棣、毕啸南：《解密真人秀——规则、模式与创作技巧》，中国广播影视出版社 2015 年版。

[英]尼古拉斯·阿伯克龙比：《电视与社会》，张永喜等译，南京大学出版社 2001 年版。

彭吉象：《中国艺术学》，高等教育出版社1997年版。

邵培仁：《传播学》，高等教育出版社2000年版。

施旭升：《中国戏曲审美文化论》，北京广播学院出版社2002年版。

史可扬：《电视栏目和频道辨析》，中山大学出版社2007年版。

史可扬：《电视栏目和频道辨析》，中山大学出版社2014年版。

隋岩：《当代中国电视文化格局》，北京大学出版社2004年版。

孙卫华：《媒体市场化与电视分众》，新华出版社2007年版。

王国维：《宋元戏曲考，王国维戏曲论文集》，中国戏剧出版社1984年版。

王国维：《戏曲考原，王国维戏曲论文集》，中国戏剧出版社1984年版。

谢耘耕、陈虹：《真人秀节目：理论、形态和创新》，复旦大学出版社2007年版。

徐立军：《中国电视收视年鉴2016》，中国传媒大学出版社2015年版。

杨桦：《戏曲电视剧美学》，四川大学出版社2004年版。

杨燕：《电视戏曲论纲——呼唤涅槃的火凤凰》，中国广播电视出版社2000年版。

杨燕：《电视戏曲文化名家纵横谈》，中国传媒大学出版社2009年版。

杨燕：《戏曲电视剧个案论析/戏剧戏曲学书系》，北京广播学院出版社2004年版。

杨燕：《中国电视戏曲研究·概览》，北京广播学院出版社2002年版。

杨燕：《中国广播电视文艺大系（1977—2000）电视戏曲卷》，中国广播电视出版社2008年版。

杨燕：《中国广播电视文艺大系（2001—2010）电视戏曲卷》，中国广播影视出版社2015年版。

［波］耶日·格洛托夫斯基：《迈向质朴戏剧》，魏时译，中国戏剧出版社1984年版。

叶朗：《现代美学体系》，北京大学出版社1999年版。

殷俊：《电视栏目学导论》，四川大学出版社2009年版。

尹鸿、冉儒学、陆虹：《娱乐旋风——认识电视真人秀》，中国广播电视出版社2005年版。

余秋雨：《观众心理学》，上海教育出版社2005年版。

喻国明：《解析传媒变局》，南方日报出版社2002年版。

［美］约翰·费斯克：《电视文化》，祁阿红、张鲲译，商务印书馆2005年版。

张凤铸：《中国电视文艺学》，北京广播学院出版社1999年版。

张颂：《情声和谐启蒙录》，北京广播学院出版社2004年版。

张问道：《电视看客》，安徽教育出版社2003年版。

郑世明：《权力的影像：权力视野中的中国电视媒介研究》，中国传媒大学出版社2006年版。

《中国古典戏曲论著集成》，中国戏剧出版社1980年版。

周华斌：《广播电视戏曲研究》，北京广播学院出版社1998年版。

周振甫：《周易译注》，中华书局1991年版。

［日］竹内郁郎：《大众传播社会学》，张国良译，复旦大学出版社1998年版。

二 期刊类

陈爱美：《情感投入 深层参与——主持电视戏曲专栏〈秦之声〉的体会》，《中国广播电视学刊》1996年第2期。

费泳：《是电视"救"戏曲还是戏曲"救"电视》，《戏剧艺术》2012年第3期。

关文彬：《继承与创新——从〈相约花戏楼〉谈电视戏曲栏目的包装》，《中国广播电视学刊》2003年第5期。

何晓燕：《真人秀如何更好地向传统国粹致敬——对〈叮咯咙咚呛〉深入创新的思考》，《现代传播》2015年第7期。

胡智锋：《中国电视节目生产"本土化"的战略目标与对策》，《当代电影》2001年第3期。

黄在敏：《戏曲MTV创意断想》，《中国电视戏曲》1995年第1期。

黄钊：《论先秦人文思潮及其深远影响》，《湖南社会科学》2009年第6期。

吉仙红：《优秀文化基因　弘扬中华美学精神——对戏曲文化节目〈走进大戏台〉的几点思考》，《当代电视》2015 年第 12 期。

贾丽君：《娱乐大众与大众娱乐——论〈梨园春〉戏迷擂台赛的美学效应》，《四川戏剧》2007 年第 5 期。

简·福伊尔、桑重：《类型研究与电视》，《世界电影》1990 年第 4 期。

蒋愈红：《〈梨园春〉的品牌发展之路》，《视听界》2008 年第 1 期。

焦福民：《后戏台时期戏曲传播论略》，《上海大学学报》（社会科学版）2006 年第 2 期。

焦晓军：《电视综艺节目娱乐性的误区》，《东方艺术》2004 年第 7 期。

靳梦琳：《电视戏曲栏目〈梨园春〉的创新模式研究》，《四川戏剧》2014 年第 8 期。

李红：《浅谈电视栏目包装误区》，《新闻传播》2012 年第 11 期。

李珍：《电视媒体与中国传统戏曲艺术的"新"结合——以〈叮咯咙咚呛〉为例浅谈中国电视节目的探索与创新》，《今传媒》2015 年第 9 期。

李蓁、王松：《电视频道品牌的建立和作用》，《中国广播影视》2004 年第 11 期下。

刘春梅：《"新媒体"时代的戏曲节目》，《现代传播》2005 年第 6 期。

李光斗：《魅力：从芳名开始》，《广告导报——大市场》2007 年第 5 期。

刘习良：《借电视荧屏之威力　扬民族戏曲之美名——在全国电视戏曲研讨会上的总结发言》，《中国电视》1995 年第 8 期。

马也：《大众文化包围中的艺术——兼谈作为国粹的中国戏曲的命运》，《文艺研究》2004 年第 2 期。

孟繁树：《戏曲与电视的结合是电视与戏曲的双向选择》，《艺术百家》1995 年第 4 期。

[美] 莫里·福曼：《电视类型出现之前的电视：流行音乐的个案》，《世界电影》2005 年第 2 期。

庞晓戈：《电视戏曲直播类节目主持人的个性化》，《新闻爱好者》2008 年第 5 期。

彭吉象：《试论电视专业化频道的营销策略》，《现代传播》2002年第4期。

钱骏、宋晓颖、姜玲：《浅谈戏曲晚会中大屏幕的应用》，《电视工程》2013年第1期。

乔慧斌：《〈戏曲小品〉教学实践与展望》，《艺术教育》2009年第12期。

邵迪夫：《电视——戏曲发展的新载体》，《戏曲艺术》2002年第3期。

沈静：《电视戏曲栏目的擂台赛策略》，《新闻爱好者》2006年第12期。

孙以森：《言有物 行有格 节目有个性——电视戏曲发展创新之我见》，《中国广播电视学刊》2004年第7期。

陶成功：《浅谈戏曲的地方性》，《黄梅戏艺术》2001年第3期。

王灏：《走向新的结合——戏曲电视化初探》，《戏剧艺术》1993年第1期。

王敏：《〈叮咯咙咚呛〉的文化精神与美学气韵》，《电视研究》2015年第9期。

王艳玲、谢美生：《电视戏曲：中国传统戏曲艺术嬗变的一种新形态》，《戏曲艺术》2002年第2期。

王杨：《一出让"京剧盲"着迷的京剧——观京剧〈香江泪〉》，《中国戏剧》1997年第8期。

王志峰：《戏曲与电视结缘的过渡性命运》，《山西师大学报》（社会科学版）2008年第3期。

王志军：《戏曲与电视文化资源的互为》，《中国戏剧》2003年第12期。

向飒：《电视频道整体包装的内涵及新走向》，《现代视听》2004年第1期。

肖晓琳：《电视节目主持人的品牌打造》，《现代传播》2002年第3期。

薛莹：《电视戏曲主持人的角色换位》，《中国广播电视学刊》2008年第8期。

杨燕：《电视戏曲栏目得失谈》，《现代传播——北京广播学院学报》1999年第6期。

叶长海：《案头之曲与场上之曲》，《戏剧艺术》2003年第3期。

叶龙：《浅谈电视戏曲综艺化》，《中国京剧》2006年第12期。

易前良：《电视类型与节目创新——电视节目同质化现象的理论透视》，《理论与创作》2006年第3期。

殷俊、陈维璐：《电视栏目个性化的实现途径》，《湖南大众传媒职业技术学院学报》2008 年第 3 期。

应斓：《论戏曲电视节目的主持艺术》，《戏文》2002 年第 5 期。

于辉：《电视戏曲节目主持人的角色定位》，《当代电视》2007 年第 5 期。

云海辉、杨燕：《中国戏曲互联网传播的受众及其需求》，《现代传播——中国传媒大学学报》2011 年第 8 期。

曾瑜、赵锦玉：《电视栏目片头的设计与创作》，《电视研究》2006 年第 5 期。

张红军、王瑞：《跨文化传播视域下电视真人秀节目的创新逻辑——以中央电视台〈叮咯咙咚呛〉为例》，《现代传播》2015 年第 7 期。

张文生、李宏斌：《试论市场经济条件下大众文化的人文提升》，《延安大学学报》（社会科学版）2002 年第 2 期。

张艳红：《〈梨园春〉"唯美品格"的思考》，《新闻爱好者》2007 年第 3 期。

赵建国：《中国电视主持人职业生涯规划》，《现代传播》2002 年第 6 期。

赵俊英：《戏曲与电视的整合趋势》，《晋阳学刊》2001 年第 5 期。

周华斌：《2006 年度北京广播电视文艺节目评奖活动的评述》，转引自王志峰《戏曲与电视结缘的过渡性命运》，《山西师大学报》（社会科学版）2008 年第 3 期。

周华斌：《当前戏曲专题节目走向》，《中国广播电视学刊》1997 年第 5 期。

周华斌：《关于"电视戏曲"的思考》，《现代传播——北京广播学院学报》1998 年第 1 期。

周华斌：《广场戏曲——剧场戏曲——影视戏曲》，《现代传播》1987 年第 1 期。

周华斌：《戏曲的记录、传播与再创》，《现代传播》2003 年第 1 期。

周华斌：《戏曲与载体》，《现代传播——北京广播学院学报》2000 年第 2 期。

周明清、胡远珍：《市场定位语境下文化类电视栏目的差别化运营——

以山西卫视〈走进大戏台〉为例》，《中国戏剧》2015 年第 11 期。

朱于越：《舞台戏曲电视拍摄初探》，《当代电视》2011 年第 5 期。

三　学位论文类

费泳：《戏曲电视研究》，博士学位论文，上海戏剧学院，2010 年。

郝彩文：《电视戏曲栏目创作与实践——以山西卫视〈走进大戏台〉为中心》，硕士学位论文，山西师范大学，2014 年。

黄跃鹏：《"梨园春现象"研究》，硕士学位论文，河南大学，2007 年。

焦福民：《后戏台时期戏曲传播研究》，博士学位论文，山东大学，2006 年。

李彦冰：《梨园花开春意闹——河南电视台〈梨园春〉栏目的文化传播学透视》，硕士学位论文，兰州大学，2006 年。

刘晓林：《电视戏曲综艺栏目〈梨园春〉的传播学研究》，博士学位论文，北京师范大学，2005 年。

王凯：《当今戏曲传播中的"泛娱乐化"现象论析》，硕士学位论文，中国传媒大学，2009 年。

王毅铭：《从〈梨园〉品牌塑造看电视戏曲类栏目的生存之道》，硕士学位论文，四川大学，2007 年。

王玉坤：《戏曲电视节目研究》，博士学位论文，山西师范大学，2014 年。

杨瑞：《发展传播学视角下电视媒体的地方戏曲传播研究》，硕士学位论文，西南政法大学，2009 年。

张波：《历史题材电视节目研究》，硕士学位论文，山东大学，2008 年。

张艳红：《论河南地方戏曲的繁荣与发展——来自"梨园春现象"的思考》，硕士学位论文，河南大学，2007 年。

周斌：《试论河南电视台〈梨园春〉栏目的设置理念》，硕士学位论文，中国传媒大学，2006 年。

周波：《〈梨园春〉的文化分析及模式批评》，博士学位论文，郑州大学，2006 年。

四 报纸文章类

龚和德：《从〈非常有戏〉的热播看戏曲的传统和时尚》，《中国艺术报》2007年5月22日第4版。

黄佐临：《梅兰芳、斯坦尼拉夫斯基、布莱希特戏剧观比较》，《人民日报》1981年8月12日。

金元浦：《定义大众文化》，《中华读书报》2001年7月26日。

习近平：《在文艺工作座谈会上的讲话》，《人民日报》2015年10月15日第2版。

习近平：《中共中央关于制定国民经济和社会发展第十三个五年规划的建议》，《人民日报》2015年11月4日第1版。

颜全毅、徐鹏飞：《人民日报争鸣：创新》，《与观众碰撞的结果》2015年1月6日。

易木：《剧场演出失宠 赠票观摩严重》，《中国文化报》2000年6月29日第7版。

五 网络资源类

《戏曲采风》官方微博，http://weibo.com/xiqucaifeng.

国家新闻出版广电总局：《关于加强真人秀节目管理的通知》，http://www.sarft.gov.cn/art/2015/7/22/art_113_27532.html.

梨园春官方网站：http://www.liyuanchun.net.

新华网：《刘奇葆在北京调研戏曲工作时强调 推动戏曲艺术活起来传下去》，http://news.xinhuanet.com/politics/2014-09/26/c_1112648122.htm.

附录 A 戏曲电视栏目受众调查问卷

A 部分　背景信息，共 7 题。

A1. 您的性别是_____【单选】

　　1. 男

　　2. 女

A2. 您的周岁年龄是_____【单选】

　　1. 15 岁及以下

　　2. 16—25 岁

　　3. 26—35 岁

　　4. 36—45 岁

　　5. 46—55 岁

　　6. 56—65 岁

　　7. 66 岁及以上

A3. 您的平均月收入是_____【单选】

　　1. 2000 元及以下

　　2. 2001—2999 元

　　3. 3000—3999 元

　　4. 4000 元及以上

A4. 您目前的文化程度是_____【单选】

　　1. 小学及以下

2. 初中

3. 高中/中专/技校

4. 大专

5. 本科

6. 硕士及以上

A5. 您的职业是_____【单选】

1. 各级政府部门、企事业单位、党政机关和公众团体的领导者

2. 专业技术人员（教师、医生、工程技术人员、作家等专业人员）

3. 产业工人

4. 商人/私营企业主

5. 第三产业服务工作者

6. 农业、牧业和林业工作者、渔民和猎人

7. 学生

8. 职员（从事一般性事务工作的人员）

9. 家庭主妇

10. 军人

11. 离退休人员

12. 无业

A6. 您的居住地在_____【单选】

1. 城市

2. 乡镇

3. 农村

A7. 您所在的省市为_____【单选】

1. 天津

2. 上海

3. 安徽

4. 山西

5. 陕西

6. 河南

7. 广东

8. 河北

9. 山东

B 部分　传播渠道，共 3 题。

B1. 您通过哪些渠道接触到戏曲_____【可多选】

1. 剧场

2. 电视

3. 广播

4. 网络

5. 手机、平板电脑等移动终端

6. 民俗节庆活动演出

7. 自娱演出

B2. 您是否通过网站、微信、微博、贴吧等关注或参与戏曲电视栏目？_____【单选】

1. 是

2. 否

B3. 您认为网络、手机等新媒体的发展会不会使戏曲电视栏目消亡？_____【单选】

1. 是

2. 否

C 部分　收视行为，共 4 题。

C1. 您是否收看戏曲电视栏目？_____【单选】

1. 是

2. 否

C2. 您平时收看戏曲电视栏目的频率如何？以下哪项最符合您的情况？_____【单选】

1. 平均每天 1 次或更多

2. 平均每周 1 次

3. 偶尔收看

4. 很少收看

5. 从不收看

C3. 您喜欢收看戏曲电视栏目的原因是_____【可多选，限选三个】

1. 足不出户，花费很少

2. 剧种丰富，选择性大

3. 名家名段

4. 形式多样

5. 时间自由

6. 对传统文化的兴趣

7. 其他【请注明】_____

C4. 您收看戏曲电视栏目的时段一般是_____【可多选】

1. 06:00—08:00

2. 08:00—10:00

3. 10:00—12:00

4. 12:00—14:00

5. 14:00—16:00

6. 16:00—18:00

7. 18:00—20:00

8. 20:00—22:00

9. 22:00—24:00

10. 24:00—06:00

D 部分　收视倾向，共 6 题。

D1. 您最喜爱/您最期待收看戏曲电视栏目的形式和内容是_____
【可多选，限选三个】

1. 戏曲欣赏（名家名段）类

2. 戏曲真人秀（明星、选秀）类

3. 戏曲竞赛（戏迷演出、擂台赛）类

4. 戏曲教学类

5. 戏曲人物访谈类

6. 戏曲新闻专题类

7. 戏曲综艺（戏曲小品、戏歌、戏曲 MTV 等）类

D2. 您最喜爱的戏曲剧种是？_____【可多选，限选三个】

1. 京剧

2. 昆曲

3. 黄梅戏

4. 川剧

5. 越剧

6. 豫剧

7. 秦腔

8. 评剧

9. 曲剧

10. 吕剧

11. 粤剧

12. 其他【请注明】_____

D3. 您是否期待看到更多影视、歌舞等明星跨界进行戏曲表演？_____【单选】

1. 是

2. 否

D4. 您是否期待在戏曲电视栏目中植入游戏、互动等娱乐元素？_____【单选】

1. 是

2. 否

D5. 您对《前门情思大碗茶》《说唱脸谱》《涛声依旧》《江南》等戏歌的态度如何？_____【单选】

1. 非常喜爱

2. 比较喜爱

3. 不喜爱

4. 不了解

D6. 您对诸如青春版《牡丹亭》之类的戏曲艺术形式态度如何？_____ _____【单选】

1. 非常喜爱

2. 比较喜爱

3. 不喜爱

4. 不了解

E 部分　收视评价，共 6 题。

E1. 您对当前的戏曲电视栏目的总体评价是_____【单选】

1. 非常满意

2. 比较满意

3. 感觉一般

4. 不满意

E2. 您认为制约您观看戏曲电视栏目的原因有哪些_____【可多选，限选三个】

1. 家庭成员不喜欢戏曲栏目

2. 形式老套，缺少娱乐元素

3. 剧目陈旧，脱离时代

4. 有更好的收视选择

5. 缺少所喜爱的剧种，不过瘾

6. 不是"原汁原味"的戏曲演出

7. 专业性强，看不懂

8. 播出时间不符合收视习惯

9. 过度娱乐，低俗倾向

E3. 下面是部分 CCTV－11 的戏曲电视栏目，请您根据您对平时收看栏目的频率及喜好程度进行评分，5 分为最高分，1 分为最低分。

序号	栏目	评分（1—5分，5分为最高分，1分为最低分）
1	《过把瘾》	
2	《九州大戏台》	
3	《中国京剧音配像精粹》	
4	《叮咯咙咚呛》	
5	《CCTV空中剧院》	
6	《梨园闯关我挂帅》	
7	《青春戏苑》	
8	《跟我学》	
9	《一鸣惊人》	
10	《戏曲采风》	

E4. 下面是部分省级电视台的戏曲电视栏目，请您根据您对平时收看栏目的频率及喜好程度进行评分，5分为最高分，1分为最低分。

序号	栏目	评分（1—5分，5分为最高分，1分为最低分）
1	河南：《梨园春》	
2	天津：《国色天香》	
3	上海：《非常有戏》	
4	陕西：《秦之声》	
5	安徽：《相约花戏楼》	
6	山东：《金声玉振》	
7	广东：《粤唱粤好戏》	
8	河北：《绝对有戏》	
9	山西：《走进大戏台》	

E5. 您认为一名优秀的戏曲电视栏目主持人最重要的特质是什么？_____ _____【可多选，限选三个】

1. 亲和力强

2. 形象气质与戏曲栏目定位吻合

3. 戏曲表演水平

4. 戏曲知识

5. 普通话水平、声音条件

6. 语言诙谐幽默，善于调动气氛

E6. 下面是部分颇具代表性的戏曲电视栏目主持人，请您根据您对他们的喜好程度进行评分，5 分为最高分，1 分为最低分。

序号	栏目	评分（1—5 分，5 分为最高分，1 分为最低分）
1	倪宝铎	《梨园春》
2	庞晓戈	《梨园春》
3	董艺	《叮咯咙咚呛》
4	关枫	《梨园春》
5	刘芳	《秦之声》
6	白燕升	《戏苑百家》
7	郭德纲	《国色天香》
8	赵保乐	《快乐戏园》
9	韩露	《相约花戏楼》
10	徐进	《相约花戏楼》
11	张靓婧	《走进大戏台》

衷心感谢您的回答。祝您身体健康，工作愉快，生活幸福！

附录B 历届电视文艺"星光奖"获奖电视戏曲栏目、节目名单

1987年首届电视文艺星光奖

特别文艺节目类
优秀节目奖:

《1987年元宵戏曲联欢会》 …………………………（中央电视台）

1988年第二届电视文艺星光奖

电视剧场类
三等奖:

《中国艺术节·越剧黄梅戏演唱会》

1989年第三届电视文艺星光奖

电视剧场类
一等奖:

《首届中国戏剧节开幕式》 ……………………………（中央电视台）

二等奖:

《银桥之声文艺晚会》 ……………………………（中央电视台）
《不知秋思在谁家》 ……………………………（中央电视台）

三等奖：

　　越剧《沙漠王子》……………………………………（上海电视台）

1990 年第四届电视文艺星光奖

电视剧场类

二等奖：

　　《金秋戏曲晚会》………………………………………（中央电视台）

三等奖：

　　《黄梅戏歌——1990 年元宵节》……（安徽电视台、中央电视台）

1991 年第五届电视文艺星光奖

优秀栏目外节目奖：

一等奖：

　　《菊苑花芳 200 年——纪念徽班进京 200 年晚会》
　　………………………………（文化部、中央电视台、安徽电视台）

1992 年第六届电视文艺星光奖

优秀栏目外节目奖：

三等奖：

　　《'91 年中青年京剧演员电视大赛》………………（中央电视台）

1993 年第七届电视文艺星光奖

优秀电视戏曲节目奖：

一等奖：

　　《梅兰芳金奖大赛旦角组》………………………（中央电视台）

二等奖：

 《中华舞台一绝——'92 中秋特别节目》 ……（上海电视台）

 《戏迷侃戏》 ………………………………（河南电视台）

三等奖：

 《万年欢——'93 春节戏曲精萃》 ………（中央电视台）

 《大观园开播晚会》 ………………………（浙江电视台）

 《西厢记》（越剧） ………………………（中央电视台）

 《椰花——海南地方戏曲》 ……（中央电视台、海南电视台）

1994 年第八届电视文艺星光奖

优秀电视戏曲节目奖：

一等奖：

 《梅兰芳金奖大赛》（生角组） …………（中央电视台）

二等奖：

 《戏曲欣赏·神净钟馗》（第 45 期） ……（中央电视台）

 《北京国际京剧票友大赛颁奖晚会》 ……（中央电视台）

 《满园春色——'94 春节戏曲晚会》 ……（中央电视台）

三等奖：

 《梨园春——'94 春节戏曲晚会》 ………（河南电视台）

 《血缘恩仇》（越剧） ……………………（上海电视台）

 《打金砖》（京剧） ………………………（中央电视台）

1995 年第九届电视文艺星光奖

优秀电视戏曲节目奖：

特别奖：

 《梨花飞雪庆吉祥——'95 春节戏曲晚会》 ………（中央电视台）

《梅兰芳金奖大赛——净、丑、老旦组决赛》
　　　　……………（文化部振兴京剧指导委员会、广播电影电视部、
　　　　中央电视台、中央人民广播电台、中国京剧艺术基金会）

一等奖：

《纪念梅兰芳、周信芳一百周年诞辰闭幕式晚会》 ……（上海电视台）

《国庆戏曲晚会》 ……………………………………（中央电视台）

二等奖：

《逼侄赴科》（川剧） ………………………………（四川电视台）

《蓦然又回首——茅威涛表演艺术专场》 …………（浙江电视台）

三等奖：

《百花争艳——'94"小百花"越剧节开幕式》 ……（浙江电视台）

《丑中美——高甲丑角艺术》 ……（福建电视台、泉州市文化局）

《狸猫换太子》（京剧） ……………………………（中央电视台）

《万古流芳——纪念梅兰芳诞辰100周年》 ………（中央电视台）

《河北'95春节戏曲晚会》 …………………………（河北电视台）

优秀栏目奖：

《百花戏苑》 ………………………………………（浙江电视台）

1996年第十届电视文艺星光奖

优秀电视戏曲节目奖：

1. 中直组

一等奖：

《春来了——'96春节戏曲晚会》 ………………（中央电视台）

二等奖：

《九州戏苑·献给周信芳诞辰100周年》（第26期）
　　…………………………………………………（中央电视台）

《95首届中国京剧艺术节开幕式》 ……（中央电视台、天津电视台）

三等奖：

《96 新年京剧晚会》················（中央电视台）

《九州戏院》（第 31 期）·········（中央电视台、河南电视台）

《山杠爷》（川剧）················（中央电视台）

2. 地方组

一等奖：

《牡丹亭·拾画记》（昆剧）······（江苏电视台、江苏省昆剧院）

二等奖：

《古韵金声梨园春——'96 元旦戏曲晚会》

·····················（浙江电视台、山西电视台）

《河北台'96 春节戏曲晚会》···········（河北电视台）

三等奖：

《粤韵新声——'96 穗港澳粤剧演唱会》

·····················（中央电视台、广州电视台）

《梨园群英会——'96 元宵戏曲晚会》·······（湖北电视台）

《包龙图·访阴铡判》················（天津电视台）

优秀栏目奖：

《观戏潮》·······················（河南电视台）

《闽海观剧》······················（福建电视台）

1997 年第十一届电视文艺星光奖

优秀电视戏曲节目奖：

1. 中直组

特别奖：

《中国京剧音配像精萃》

·············（中央电视台、天津市中华民族文化促进会）

《菊花颂春——'97 春节戏曲晚会》·········（中央电视台）

一等奖：

《'97 新年京剧晚会》

　　……（文化部、广播电影电视部、中直机关事务管理局、中央电视台）

二等奖：

《第二届北京国际票友大赛颁奖晚会》……（中央电视台海外中心）

《中国京剧名家名段演唱系列首场》……………（中央电视台）

三等奖：

《狸猫换太子》（京剧）…………………………（中央电视台）

《圣洁的心灵——孔繁森》……………………（中央电视台）

《德艺双馨——忆郝寿臣先生》………………（中央电视台）

《名段欣赏》（第 113 期）………………………（中央电视台）

《九州戏苑》（第 52 期）……………（中央电视台、河南电视台）

2. 地方组

一等奖：

《死水微澜》（川剧）……………………………（四川电视台）

二等奖：

《醉青天》（京剧）………………………………（江苏电视台）

《越坛春秋百花艳——纪念越剧诞生 90 周年晚会》

　　……………………………………………（杭州电视台）

《'96 羊城粤剧节开幕式晚会》…………………（广州电视台）

三等奖：

《明媒争娶》……………（上海电视台、港资大壮酒业有限公司）

《小女婿》（评剧）………………（辽宁电视台、沈阳评剧院）

《梦断萧墙》……………………………………（石家庄电视台）

《申曲之恋》（沪剧）……………………………（上海东方电视台）

《丑角世界——京剧表演艺术家艾世菊艺术生涯 70 周年专辑》

　　………………………………………（上海东方电视台）

《窦娥冤》（赣剧）………………………………（江西电视台）

优秀栏目奖：

《百花戏苑》 …………………………………（浙江电视台）

《秦之声》 …………………………………（陕西电视台）

《神州戏坛》 ………………………（中央电视台海外中心）

《九州戏苑》 …………………………………（中央电视台）

1998 年第十二届电视文艺星光奖

优秀电视戏曲节目奖：

1. 中直组

特别奖：

《中国京剧音配像精华》（1997 年度）

…………………（中央电视台、天津市中华民族文化促进会）

一等奖：

《金虎闹春——'98 春节戏曲晚会》 ……………（中央电视台）

《1998 新年京剧晚会》 ……………（文化部、广播电影电视部、中央电视台）

二等奖：

《中国京剧优秀青年演员研究生班汇报演出折子戏专场》

………………………………………………（中央电视台）

三等奖：

《九州戏苑》（第 77 期） ……………………（中央电视台）

《九州戏苑》（第 81 期） ……………………（中央电视台）

《名段欣赏·百花赠剑》 ………（中央电视台新影制作中心）

2. 地方组

一等奖：

《陕西地方戏荟萃》《九州戏苑》（第 77 期）

………………………………（陕西电视台、中央电视台）

二等奖：

《华东六省市春节特别节目·戏曲篇》

…………（上海、福建、浙江、山东、江西、安徽、江苏电视台）

《春到千万家——'98浙江春节戏曲晚会》 ………（浙江电视台）

《过大年唱大戏——'98河北春节戏曲晚会》 ……（河北电视台）

三等奖：

《中华儿女情，携手迎回归——'97沪港越剧义演》

……（中华全国妇女联合会、中华妇女发展基金会、上海电视台）

《'98河南春节戏曲晚会》

…………………………（河南电视台、河南省交通厅公路管理局）

《欢乐梨园——安徽'98元旦戏曲晚会》 ………（安徽电视台）

优秀栏目奖：

《梨园行》 ………………………………………（湖北电视台）

《九州戏苑》 ……………………………………（中央电视台）

1999年第十三届电视文艺星光奖

优秀电视戏曲节目奖：

1. 中直组

一等奖：

《第二届中国京剧节开幕式暨1999年新年京剧晚会》

………（中华人民共和国文化部、北京市人民政府、中央电视台）

二等奖：

《戏曲采风——远古遗风话傩戏》 ………………（中央电视台）

《'98金秋京剧电视演唱晚会》 …………………（中央电视台）

《吉祥九九——'99春节戏曲晚会》 ……………（中央电视台）

《中国京剧音配像精萃〈曹操〉》

…………………（中央电视台、天津市中华民族文化促进会）

《中国京剧音配像精萃〈白蛇传〉》
　　……………………（中央电视台、天津市中华民族文化促进会）

三等奖：

《梨园群英》（347）……………………………（中央电视台）

《琵琶行》（越剧）………………………………（中央电视台）

《九州戏苑——听戏、观景、话三国》…………（中央电视台）

《神州戏坛——评剧》……………………（中央电视台海外中心）

《戏曲采风——听戏黄龙洞》……………………（中央电视台）

《九州戏苑——春华秋实二十年》………………（中央电视台）

《中国京剧音配像精萃〈秦香莲〉》
　　……………………（中央电视台、天津市中华民族文化促进会）

2. 地方组

一等奖：（空缺）

二等奖：

《交响乐——〈红楼梦〉》………………（上海卫星电视中心）

《'99 新春戏曲精品演唱晚会》…………………（江苏电视台）

《收姜维》…………………………（中央电视台、河南电视台）

三等奖：

《梅花报春第一枝——大型越剧交响乐演唱会》……（杭州电视台）

《喜迎玉兔唱新春》………………………………（广东电视台）

《九九大拜年——'99 十省市春节戏曲晚会》
　　………（浙江电视台、北京电视台、天津电视台、辽宁电视台、
　　　　陕西电视台、河北电视台、河南电视台、山东电视台、
　　　　山西电视台、安徽电视台）

《宝莲灯》…………………………………………（河北电视台）

《潇湘戏苑——喜看湖南花鼓戏》………………（湖南电视台）

《黄梅戏选粹现场直播》…………（中央电视台、安徽电视台）

《古婺新声》………………………………………（金华电视台）

优秀栏目奖：

《神州戏坛》……………………………………（中央电视台海外中心）

《九州戏苑》………………………………………………（中央电视台）

《梨园群英》………………………………………………（中央电视台）

《说演弹唱》………………………………………………（北京电视台）

《秦之声》…………………………………………………（陕西电视台）

2000年第十四届电视文艺星光奖

优秀电视戏曲节目奖：

1. 中直组

特别奖：

《中国京剧音配像精萃》(《陈三两》《柳荫记》《碧玉簪》
　　《赤壁之战》《义侠记》)
　　………………（中央电视台、天津市中华民族文化促进会）

《盛世龙腾——2000年春节戏曲晚会》 …………（中央电视台）

一等奖：

《迎接新世纪——新千年京剧晚会》
　　………………（中宣部、文化部、国家广播电影电视总局、
　　中共中央直属机关事务管理局、中央电视台）

《庆祝新中国和人民政协成立50周年京剧和昆曲专场演出》
　　………………………………………………（中央电视台）

二等奖：

《国庆50周年献礼剧目——新编历史京剧〈贞观盛世〉》
　　…………………………………………………（中央电视台）

《'99中国地方戏曲名家名段演唱系列首场演出》
　　…………………………………………………（中央电视台）

2. 地方组

一等奖：（空缺）

二等奖：

《齐鲁梨园春——纪念德艺双馨演员方荣翔戏曲晚会》
………… （山东省委宣传部、山东省文化厅、山东省广播电视厅、
大众日报社、中央电视台、山东电视台）

《梅花情韵——2000年元宵戏曲晚会》
………………………………… （中国戏剧家协会、北京电视台）

《梨园风光好——'99中秋戏曲晚会》
………… （安徽电视台、北京电视台、天津电视台、湖南电视台、
浙江电视台、陕西电视台、辽宁电视台、山东电视台、
山西电视台、河南电视台、河北电视台）

优秀栏目奖：

《九州戏苑》 ……………………………… （中央电视台文艺中心）

《戏曲大观园》 ………………………………………… （河北电视台）

《梨园春》 ……………………………………………… （河南电视台）

《秦之声》 ……………………………………………… （陕西电视台）

《相约花戏楼》 ………………………………………… （安徽电视台）

2001年第十五届电视文艺星光奖

优秀电视戏曲节目奖：

1. 中直组

特别奖：

《2001年春节戏曲晚会》 ……………………………… （中央电视台）

一等奖：

《九州戏苑——京剧：世纪回眸》 …………………… （中央电视台）

《2001年新年京剧晚会》
………………… （中宣部、文化部、国家广播电影电视总局、
中共中央直属机关事务管理局、中央电视台）

附录B 历届电视文艺"星光奖"获奖电视戏曲栏目、节目名单

二等奖:

《家家月圆——中秋戏曲演唱会》……………（中央电视台）

《中国评剧音配像精萃》(《金沙江畔》)
……………（中央电视台、天津市中华民族文化促进会）

《九州戏苑——龙年忆凤》……………（中央电视台）

三等奖:

《中国京剧音配像精萃》(昆曲《单刀会》)
……………（中央电视台、天津市中华民族文化促进会）

《京剧：春草闯堂》………………（中央电视台）

《外国人学京剧》…………………（中央电视台）

《戏曲采风——三晋桃李情》……（中央电视台）

《西施与西施戏》…………………（中央电视台）

《神州戏坛——京剧中的兵器》…（中央电视台）

2. 地方组

一等奖:

《梨风新韵——十三省市2001年元旦戏曲晚会》
………（辽宁电视台、北京电视台、天津电视台、吉林电视台、
山东电视台、浙江电视台、安徽电视台、山西电视台、
河南电视台、湖南电视台、河北电视台、
陕西电视台、上海东方电视台）

二等奖:

《京腔京韵闹花灯——2001年北京电视台元宵戏曲晚会》
………………………………………………（北京电视台）

《越剧世纪行——江浙沪纪念越剧百年巡回展活动》
………………（嵊州市人民政府、江苏电视台、浙江电视台）

《2001年河南电视台春节戏曲晚会》………（河南电视台）

三等奖:

越剧舞台艺术片《梅花魂》……（上海虹口越剧团、上海电视台）

《洗净胭脂落落梅》………………………………（江苏电视台）

《明星荟萃耀红楼》 ……………………………（上海东方电视台）

《盛世欢歌——2001 北京电视台春节戏曲晚会》

………………………………………………（北京电视台）

黄梅戏《罗帕记》 ………（北京妙人影视有限公司、安徽电视台）

《盛世梨园第一春——河北电视台 2001 年春节戏曲晚会》

………………………………………（河北电视台）

《世纪之约》 ………………………………………（金华电视台）

优秀栏目奖：

《同乐园》 …………………………………………（北京电视台）

《相约花戏楼》 ……………………………………（安徽电视台）

《戏苑景观》 ………………………………………（辽宁电视台）

《秦之声》 …………………………………………（陕西电视台）

《梨园春》 …………………………………………（河南电视台）

《戏曲直播》 ………………………………………（中央电视台）

2002 年第十六届电视文艺星光奖

优秀电视戏曲节目奖：

1. 中直组

特别奖：

《第一届全国京剧戏迷票友电视大赛决赛》

…………………………（中央电视台、文化部社会文化图书馆司）

《2001 年度中国京剧音配像》

……………………（中央电视台、天津市中华民族文化促进会）

一等奖：

《2002 年新年京剧晚会》

………………………………（中宣部、文化部、国家广电总局、

中直机关事务管理局、中央电视台）

二等奖：

《2002 年春节戏曲晚会》……………………………（中央电视台）
《戏曲人生——李世济》……………………………（中央电视台）
《第三届中国京剧艺术节开幕式晚会》
　……………………（文化部、中央电视台、南京电视台）

三等奖：

京剧《瘦马御史》……………………（中央电视台、南京电视台）
《2001 年全国青年京剧演员电视大赛汇报联欢会》
　………………………………………………………（中央电视台）
《艺术之窗·戏曲采风》（2001 年第 25 期）………（中央电视台）
《九州戏苑——武生泰斗盖叫天》…………………（中央电视台）

2. 地方组：

一等奖：空缺

二等奖：

《言门三代——言派艺术漫谈与欣赏》……………（上海电视台）
《梅苑迎春——2002 年十五省市元旦戏曲晚会》
　…………（北京电视台、山东电视台、辽宁电视台、四川电视台、
　　吉林电视台、黑龙江电视台、陕西电视台、河北电视台、天津电视台、
　　　浙江电视台、安徽电视台、河南电视台、上海电视台、
　　　　湖南电视台、山西电视台）

三等奖：

新编历史昆剧《班昭》………………………………（上海东方电视台）
传统皮影戏《五锋会》
　……………………………（唐山电视台、唐山市皮影剧团）
《梨园花枝俏——河北电视台 2002 年春节戏曲晚会》
　………………………………………………………（河北电视台）
《梅开五福颂春晖——〈中华戏曲〉2002 春节特别节目》
　………………………………………………………（天津电视台）

优秀栏目奖：

《相约花戏楼》 ………………………………………（安徽电视台）
《梨园春》 …………………………………………（河南电视台）
《秦之声》 …………………………………………（陕西电视台）

2003年第十七届电视文艺星光奖

优秀电视戏曲节目奖：

1. 中直组

一等奖：

《春满神州——2003年春节戏曲晚会》 …………（中央电视台）

二等奖：

《明星贺岁大反串》 ……………（中央电视台、钓鱼台国宾馆）
《2003年新年京剧晚会》
　　………（中宣部、文化部、广电总局、中直机关事务管理局、
　　　　　中央电视台）
《盛世京剧情——庆祝京剧音配像工程胜利完成专题晚会》
　　……………………………………………………（中央电视台）

三等奖：

《京剧音配像：宋士杰》 …………………………（中央电视台）
《九州戏苑——海南戏曲览胜》 …………………（中央电视台）
《名段欣赏——京剧"夜奔"选段》
　　…………………………………（中央电视台新影制作中心、
　　　　　中央电视台戏音部）
《过把瘾——京剧旦角艺术中的男演员》 ………（中央电视台）
《艺术之窗·戏曲采风——广西彩调》 …………（中央电视台）

2. 地方组

一等奖：

《龙腾虎跃梨园风——2003年十六省市电视台元旦戏曲晚会》
　　……（上海东方电视台、安徽电视台、河南电视台、四川电视台、
　　　　北京电视台、辽宁电视台、浙江电视台、天津电视台、
　　　　陕西电视台、吉林电视台、湖南电视台、山西电视台、
　　　　河北电视台、黑龙江电视台、山东电视台、湖北电视台）

二等奖：

《赵韵燕风——2003年春节戏曲晚会》……………（河北电视台）
《月圆　梨园　情缘——2002中秋京剧世家大团圆》
　　　　………………（上海东方电视台、上海卫视中心、
　　　　上海今夜娱乐文化演出影视有限公司）
《河南电视台2003年春节晚会》………………（河南电视台）

三等奖：

《戏苑春韵——2003年新春戏曲大联欢》
　　……………（辽宁电视台、辽宁电台、沈阳市演出公司）
《大型情景沪剧〈石榴裙下〉》……………（上海东方电视台）
《南国红豆闹元宵》…（广州市电视台、广州市荔湾区委宣传部）
《〈走进大戏台〉百期庆典晚会》
　　……………………（山西电视台、山西戏剧职业学院）
《孔乙己》……………………（浙江电视台、浙江越剧团）

优秀栏目奖：

《秦之声》………………………………（陕西电视台）
《梨园春》………………………………（河南电视台）
《戏苑景观》……………………………（辽宁电视台）
《相约花戏楼》…………………………（安徽电视台）
《走进大戏台》…………………………（山西电视台）

2004 年第十八届电视文艺星光奖

优秀电视戏曲节目奖：

1. 中直组

一等奖：

《梨园盛世——2004 年春节戏曲晚会》 ……………（中央电视台）

二等奖：

《2004 年新年京剧晚会》
………………………（中共中央宣传部、文化部、广电总局、中直机关事务管理局、中央电视台）

《第二届全国京剧戏迷票友电视大赛》 ………（中央电视台）

三等奖：

《名段欣赏——豫剧〈穆桂英挂帅〉》
……………（中央电视台新影制作中心、中央电视台戏曲音乐部）

《CCTV 空中剧院——京剧〈锁麟囊〉》 …………（中央电视台）

《九州大戏台——京剧〈华子良〉》 ……………（中央电视台）

2. 地方组

一等奖：

《咤紫嫣红春满园——十五省（市）元旦戏曲晚会》
…………（吉林电视台、浙江电视台、天津电视台、山西电视台、湖北电视台、四川电视台、安徽电视台、辽宁电视台、黑龙江电视台、河北电视台、山东电视台、北京电视台、陕西电视台、河南电视台、上海东方电视台）

二等奖：

《彩练当空绕——天津电视台 2004 年春节戏曲晚会》
………………………………………………（天津电视台）

陕西商洛花鼓现代剧《月亮光光》
………………（中共商洛市委、商洛市人民政府、陕西电视台）

三等奖：

《东西南北唱大戏——2004年十家城市电视台戏曲联欢晚会》
　　……………（沈阳电视台、广州电视台、郑州电视台、
　　太原电视台、合肥电视台、济南电视台、杭州电视台、
　　西安电视台、苏州电视台、唐山电视台）
唐剧《人影》………………………………………（唐山电视台）
《燕赵乡音——河北电视台2004年春节戏曲晚会》
　　……………………………………………………（河北电视台）
《著名蒲剧表演艺术家任跟心和蒲剧〈土炕上的女人〉》
　　……………………………………………………（太原电视台）

优秀栏目奖：

《过把瘾》…………………………………………（中央电视台）
《中华戏曲》………………………………………（天津电视台）
《戏苑景观》………………………………………（辽宁电视台）
《相约花戏楼》……………………………………（安徽电视台）
《梨园春》…………………………………………（河南电视台）
《秦之声》…………………………………………（陕西电视台）

2006年第十九届电视文艺星光奖

优秀电视戏曲节目奖：

《金鸡颂春——2005春节戏曲晚会》……………（中央电视台）
《花好月圆春满园——十五省市2005年元旦戏曲晚会》
　　……………（湖北电视台、河北电视台、河南电视台、
　　浙江电视台、安徽电视台、辽宁电视台、北京电视台、
　　上海东方电视台、吉林电视台、天津电视台、山东电视台、
　　山西电视台、四川电视台、陕西电视台、黑龙江电视台）

2008年第二十届电视文艺星光奖

优秀电视戏曲节目奖：

《2006年中央电视台春节戏曲晚会》 …………（中央电视台）
《2007年中央电视台春节戏曲晚会》 …………（中央电视台）
《越女争锋——青年越剧演员电视挑战赛》
…………………（上海文广新闻传媒集团、中央电视台）
《龙腾盛世贺新年——2006年16省市元旦戏曲晚会》
……………（黑龙江电视台、北京电视台、上海东方电视台、
天津电视台、河北电视台、河南电视台、湖北电视台、
陕西电视台、安徽电视台、浙江电视台、山东电视台、山西电视台、
辽宁电视台、四川电视台、吉林电视台、深圳电视台）

优秀栏目奖：

《梨园春》 ………………………………………（河南电视台）

2010年第二十一届电视文艺星光奖

优秀电视戏曲节目奖：

《盛世梨园春——中央电视台2008年春节戏曲晚会》
………………………………………………………（中央电视台）
《梨园春潮——2009年十八省市地区元宵戏曲晚会》
………………（天津电视台、安徽电视台、北京电视台、
河北电视台、河南电视台、黑龙江电视台、湖北电视台、
吉林电视台、辽宁电视台、山东电视台、山西电视台、陕西电视台、
上海文广新闻传媒集团、深圳广电集团、浙江电视台、
香港亚洲电视有限公司、澳门有线电视有限公司、台湾八大电视台）

优秀栏目奖：

《梨园春》 ………………………………………（河南电视台）

《相约花戏楼》……………………………………（安徽电视台）

2012年第二十二届电视文艺星光奖

电视戏曲节目大奖：

《中央电视台2011年春节戏曲晚会》…………（中央电视台）
《中央电视台"连天红杯"首届全国戏曲院校京剧
　学生电视大赛颁奖晚会》………………（中央电视台）
《京津沪京剧流派对口交流演唱会》
　………………（上海新娱乐传媒集团有限公司、文化部、
　　北京市人大常委会、北京市政协、天津市人大常委会、
　　天津市政协、上海市人大常委会、上海市政协、
　　上海广播电视台、中央电视台）

电视文艺栏目大奖：

《梨园春》………………………………………（河南电视台）

电视戏曲节目提名荣誉奖：

《2011新年京剧晚会》
　………………（中央电视台、文化部、北京市人民政府）
大型现代豫剧《常香玉》………………………（河南电视台）
《南方百花盛典——盛世中华2010年春节戏曲晚会》
　………………（广东南方电视台、北京电视台、上海广播电视台、
　　深圳广播电影电视集团、黑龙江电视台、吉林电视台、
　　辽宁电视台、河北电视台、河南电视台、山东电视台、
　　山西广播电视台、湖北广播电视总台、浙江电视台、
　　安徽电视台、甘肃电视台、天津电视台、内蒙古电视台）

电视文艺专题片提名荣誉奖：

《中国豫剧》
　………（安阳市人民政府、安阳广播电视网络总台、中央电视台）

电视文艺栏目提名荣誉奖：

《走进大戏台》 ………………………………（山西广播电视台）

2014 年第二十三届电视文艺星光奖

特别奖：

《2013 中央电视台春节戏曲晚会》 ………………（中央电视台）

《功业千秋——庆祝"京剧音配像"播出 15 周年电视晚会》

………………………………………………（中央电视台）

优秀栏目成就奖：

《梨园春》 ……………………………………………（河南电视台）

《CCTV 空中剧院》 …………………………………（中央电视台）

电视戏曲节目大奖：

《海峡梨园情——2011 京昆交响音乐会》

……（福建省广播影视集团海峡电视台、台湾辜公亮文教基金会）

《万紫千红——戏曲演唱会》 ………………………（中央电视台）

《今夜戏满天——2013 全国十五省市电视台元宵戏曲晚会》

……（山西广播电视台、湖北电视台、河北电视台、河南电视台、
北京电视台、上海广播电视台、安徽电视台、天津电视台、
江苏省广播电视总台、中央电视台戏曲频道、甘肃广播电视总台、
深圳广播电影电视集团、香港星汇资源、华娱卫视）

中国电视文艺栏目大奖：

《大戏台》 …………………………………（甘肃省广播电影电视总台）

2016 年第二十四届电视文艺星光奖

电视戏曲节目大奖：

《中央电视台 2014 年春节戏曲晚会》

………………………………………（中央电视台戏曲和音乐频道）

电视戏曲节目提名荣誉：

《巅峰之战——秦晋之好·山陕眉户大赛总决赛暨颁奖晚会》
　　…………（陕西广播电视台、山西广播电视台、运城广播电视台）
《和谐家园——2014全国十三省市电视台新春戏曲晚会》
　　……………（新疆兵团广播电视台、新疆五家渠广播电视台、
　　安徽广播电视台、北京电视台、甘肃广播电视台、河北电视台、
　　河南电视台、黑龙江电视台、辽宁广播电视台、山西广播电视台、
　　上海电视台、深圳广播电影电视集团、浙江电视台）
《国色天香（2015年第7期）》　………………（天津广播电视台）

附录 C 历届电视戏曲"兰花奖"获奖名单

首届全国电视戏曲"兰花奖"获奖情况

第一部分 特别贡献奖

河南电视台文艺中心《梨园春栏目》

第二部分 一等奖

专题类

1. 辽宁电视台 《为国戏大师送行》
2. 吉林电视台乡村频道 《土色土香二人转》
3. 浙江电视台新闻综合频道 《戏曲红茶坊》——女小生吴凤花

电视剧类

1. 上海三九创新文化传播有限公司 《蝴蝶梦》（越剧）
2. 吉林电视台、中央电视台 《小白玉霜》（京剧）

晚会类

1. 上海东方台戏曲频道 《龙腾虎跃梨园风》——2003年全国十六省市电视台元旦戏曲晚会
2. 河南电视台影视文体频道 《梨园春》——2003年春节晚会第

200 期特别节目

3. 陕西电视台新闻综合频道 《天下名丑长安乐》

4. 淄博电视台 《2002 年中国戏曲名段演唱电视大赛颁奖晚会》

栏目类

1. 安徽台文艺电视剧中心 《相约花戏楼》——第 180 期

2. 山西电视台 《走进大戏台》——第 129 期

3. 辽宁电视台 《戏苑景观》——曹操与杨修

戏曲电视类

1. 绍兴电视台 《幽兰酬春》（昆曲）

2. 金华台 38 频道 《戏鼓》

3. 北京电视台戏曲音乐电视 《窦娥冤》（梆子）

第三部分　二等奖

专题类

1. 金华电视台 《古婺新声》

2. 安庆电视台 《黄梅留香、岁月留声》

3. 浙江电视台 《绍风绍韵》

4. 湖北电视台 《戏缘——记京剧演员刘薇》

5. 河北电视台文化娱乐频道 《梨园漫话——戏曲发展史》

6. 淮安电视台 《荀艺长荣》

7. 石家庄电视台 《寻梅》

8. 唐山电视台新闻综合频道 《生门调》

电视剧类

1. 安徽电视台、中共安徽省委宣传部 《木瓜上市》（黄梅戏）

2. 昆明电视台、中央电视台 《瘦马御史》（京剧）

3. 上海东方电视台戏剧频道 《班昭》（昆剧）

4. 绍兴电视台 《大年三十》（莲花落）

5. 四川电视台电视剧制作中心 《新乔老爷奇遇》（川剧）

晚会类

1. 北京电视台　《姥姥门前唱大戏》——2003年春节戏曲晚会
2. 山西电视台　《新声古韵世纪春》——2001年春节戏曲晚会
3. 绍兴电视台　《春约梨园》——春节晚会
4. 中央电视台　《戏迷俱乐部》——全国戏迷票友大赛

栏目类

1. 上海东方电视台戏曲频道　《绝版欣赏》——郝寿臣唱片上
2. 太原电视台　《说戏》——打金枝
3. 苏州电视台　《昆曲电视专场》——相聚《牡丹亭》
4. 中央电视台戏曲音乐频道　《戏曲人生》——李世济

戏曲电视类

1. 潮州电视台　《观灯》（潮剧）
2. 河南电视台　戏曲TV《红嫂》（豫剧）
3. 淄博电视台　《拐磨子》（五音戏）

第四部分　三等奖

专题类

1. 金华电视台38频道　《李渔》
2. 安徽电视台文艺电视剧中心、中央电视台　《悠悠黄梅》
3. 上海东方电视台戏剧频道　《百年振飞》
4. 甘肃电视台文艺部　《大戏台》《戏曲化妆系列之一——旦行》
5. 河南电视台　《现代戏的闯将》
6. 洛阳电视台（河济发展公司）　《我要唱戏》
7. 绍兴电视台　《话说绍兴鹦哥班》
8. 苏州广播电视总台　《长生殿》

电视剧类

1. 浙江越剧团　《乾嘉巨案》（越剧）
2. 浙江越剧团　《太平私盐案》（越剧）

3. 安徽电视台文艺电视剧中心　《鸳鸯配》（黄梅戏）

4. 安徽电视台　《潘张玉良》（黄梅戏）

5. 国家广播电影电视总局管理干部学院　《屠夫状元》（评剧）

6. 唐山电视台　《王峰会》（皮影戏）

7. 黄河音像出版社　《情系青要山》（豫剧）

晚会类

1. 邯郸电视台　《盛世春》——2003年春节戏曲晚会

2. 漯河电视台　《戏曲擂主颁奖晚会》

3. 陕西电视台新闻综合频道　《盛世秦声》——2003年春节戏曲晚会

4. 绵阳广播电视中心　《2003年科技之春戏曲晚会》

5. 宁波电视台　《第十九届中国戏剧梅花奖颁奖晚会》

6. 杭州电视台　《越苑芬芳》—新春越剧票友演唱会

栏目类

1. 河北电视台文化娱乐频道　《戏苑时光》——戏曲起源等

2. 上海东方电视台戏曲频道　《戏曲大舞台》——言门三代　言派艺术漫谈与欣赏

3. 山西电视台　《走进大戏台》第76期

4. 烟台广播电视台电视中心　《戏苑曲坛》——京剧票友的故事

5. 洛阳电视台　《戏迷擂台赛》

6. 洛阳电视台　《河洛戏苑》

7. 陕西电视台　《秦之声》（一）、（二）

8. 唐山电视台　《戏迷大世界》

9. 泉州电视台　《泉南大看台》

10. 湖北电视台都市频道　《百年老号——高洪太》

11. 石家庄电视台　《梨园春》——2001年春节特别节目

12. 中央电视台　《戏迷俱乐部》

戏曲电视类

1. 安徽电视台文艺中心　《春蚕到死丝不断——江姐》

2. 上海东方电视台戏剧频道　《击鼓》（京剧）

3. 柳州电视台　《王三打鸟》（彩调）

4. 辽宁电视台　《梁祝》（越剧）

5. 中央电视台　《共绘吉祥》

6. 陕西电视台　《十八相送》

7. 苏州广播电视总台　《赞秋香》

8. 扬州广电中心　《八怪传说》

第五部分　单项奖

优秀撰稿

空缺

优秀编剧

空缺

优秀改编

空缺

优秀编导

1. 辽宁电视台　《为国戏大师送行》邵缨

2. 上海东方电视台戏曲频道　《龙腾虎跃梨园春》——2003年十六省市元旦戏曲晚会　张文龙

3. 上海三九创新文化传播有限公司　《蝴蝶梦》张佩利　马克申

优秀摄像

1. 上海三九创新文化传播有限公司　《蝴蝶梦》夏琦

2. 金华电视台　《戏鼓》王永福

优秀音乐音响

1. 山西电视台　《走进大戏院》——第192期　张胜利等

2. 陕西电视台　《天下名丑长安乐》

3. 上海三九创新文化传播有限公司　《蝴蝶梦》陈建强

优秀舞美设计

1. 上海东方电视台戏曲频道
2. 《龙腾虎跃梨园春》——2003 年十六省市元旦戏曲晚会
3. 上海三九创新文化传播有限公司 《蝴蝶梦》刘福升

优秀电视剧男主角

1. 昆明电视台、中央电视台 《瘦马御史》耿其昌
2. 上海三九创新文化传播有限公司 《蝴蝶梦》中庄周的扮演者：钱惠丽

优秀电视剧女主角

1. 上海三九创新文化传播有限公司 《蝴蝶梦》中田秀的扮演者：王志评
2. 吉林电视台、中央电视台 《小白玉霜》中小白玉霜的扮演者：李艳秋

优秀电视剧男配角

1. 安徽电视台省委宣传部 《木瓜上市》中岳父的扮演者：陈小成
2. 上海东方电视台戏剧频道 《班昭》曹寿

优秀电视剧女配角

吉林电视台、中央电视台 《小白玉霜》中姥姥的扮演者：白晶

第二届全国电视戏曲"兰花奖"获奖情况

第一部分 一等奖

电视剧类

1. 山西广播电视总台京剧音乐电视剧 《哥哥你走西口》
2. 上海东方电视台戏剧频道 甬剧电视艺术片《典妻》

晚会类

1. 陕西电视台 中国秦腔——四大名旦、四小名旦折桂元宵晚会
2. 河南电视台 首届电视戏曲"兰花奖"颁奖晚会

3. 北京电视台 《共享团圆》——2005 元宵晚会

4. 中央电视台、江苏广播电视总台 《梅韵流芳》——纪念梅兰芳诞辰 110 周年京剧演唱会

专题类

1. 中央电视台戏曲音乐部 《最后的赵丽蓉》

2. 吉林电视台 《九腔十八调，七十二嗨嗨》

3. 唐山电视台 《呔韵奇葩》

短片类

金华电视台 《女吊》

第二部分 二等奖

电视剧类

1. 四川电视台电视剧制作中心、四川长富文化传播公司：川剧音乐电视剧《中国公主杜兰朵》

2. 中央电视台戏曲音乐部 《廉吏于成龙》（京剧）

3. 唐山电视台 新编评剧电视艺术片《刘姥姥》

晚会类

1. 河北电视台 《燕赵乡音》——2004 春节戏曲晚会

2. 中央电视台海外节目中心 《明星贺岁大反串——甲申版》

3. 洛阳电视台 《春约梨园》——2004 迎春电视戏曲晚会

4. 上海东方电视台戏剧频道 四大名旦（四红、四剑、四妃）主题京剧晚会

5. 山西广播电视总台 《红红火火二人台》晋蒙陕冀四省区二人台国庆晚会

6. 湖北电视台 《花好月圆春满园》2005 年十五省市元旦戏曲晚会

专题类

1. 中央电视台戏曲音乐部 戏缘——跟侯宝林听戏

2. 上海东方电视台戏剧频道 《从前有个小姑娘》——追忆沪剧

一代宗师丁是娥

3. 浙江卫视 《光语》——周正平舞台灯光艺术

4. 中央电视台海外节目中心 《六小龄童的猴缘》

短片类

1. 荆门电视台 《小戏迷》

2. 陕西电视台 《叹梅》

3. 上海东方电视台戏剧频道 京剧《赤桑镇》选段

第三部分 三等奖

电视剧类

1. 杭州电视台西湖明珠频道 《林则徐》（京剧）

2. 广东电视台 《范蠡献西施》（粤剧）

3. 山西广播电视总台 《村官》（眉户剧）

4. 山西省孝义市碗碗腔剧团 《婆媳情》（碗碗腔）

5. 杭州华文影视有限公司 《毛泽东和杨开慧》（越剧）

电视戏曲晚会类

1. 安徽电视台 《黄山、闽水、西子情》——2005年皖闽浙三省春节晚会

2. 安庆电视台 《春约梨园》——2005年中国文化名城迎春戏曲晚会

3. 杭州电视台西湖明珠频道 首届"明珠杯"全国电视越剧票友大赛颁奖晚会

4. 天津电视台 《彩练当空绕》——2004年春节戏曲晚会

5. 辽宁电视台 《粉墨关东情》东北三省京剧票友大赛颁奖晚会

6. 广东电视台 《宝墨飘香醉月圆》——2004年贺中秋迎国庆大型文艺晚会

7. 石家庄电视台 全国五省二十一城市台戏迷擂台赛（石家庄赛区）

8. 淄博、潍坊、临沂电视台　《2005年元宵戏曲晚会》

9. 甘肃广播电影电视总台　2004年度《大戏台》戏迷争霸总决赛

专题类

1. 九江电视台　《鄱阳湖绝响》

2. 湖北电视台文艺中心　《六世遗韵——昆曲探幽》

3. 唐山电视台、乐亭县委宣传部　《乐亭腔》

4. 东营电视台　《吕剧串串烧》

5. 中央电视台戏曲音乐部　《春天的约会》上海越剧西部行

6. 石家庄电视台　《此曲只应天上有》——江南戏曲与戏台

短片类

1. 河北电视台　戏曲小品——《蟠桃会》

2. 上海东方电视台戏剧频道　新编现代越剧《家·洞房泪烛》

3. 唐山电视台　皮影戏《熊猫咪咪》

4. 上海东方电视台戏剧频道　越剧《盘妻索妻·洞房》

第四部分　优秀栏目奖（等同于一等奖）

1. 陕西电视台　《秦之声》吉祥如意大叫板

2. 河南电视台　《梨园春》第267期——常派唱腔演唱会

3. 吉林电视台　《农村俱乐部》——红灯瑞雪闹元宵

4. 中央电视台新影制作中心　《名段欣赏》（2004年第283期）

5. 上海东方电视台戏剧频道　《百姓戏台》第43期

6. 山西广播电视总台　《走进大戏台》第172期

7. 河北电视台　《戏苑乡音》——金台擂主争霸赛

8. 辽宁电视台　《戏苑景观》——东北三省京剧票友大赛

9. 安徽电视台　《相约花戏楼》青春昆曲《牡丹亭》

10. 湖北电视台文艺中心　《周末舞台》——京剧《三寸金莲》赏析

第五部分　栏目入围奖（等同于三等奖）

1. 上海东方电视台文艺频道 《可凡倾听》红楼梦圆——越剧电影《红楼梦》的故事
2. 北京电视台　　《同乐园》
3. 绍兴电视台　　《莲花剧场》
4. 唐山电视台　　《戏迷大世界》
5. 浙江卫视节目二部　《戏迷擂台》第 200 期特别节目
6. 郑州电视台　《综艺新干线》——戏在中原
7. 上海东方电视台戏剧频道　《东方戏剧大舞台》津门绽红梅——记优秀评剧演员曾昭娟
8. 广东电视台　　《粤韵风华》——品味"花月影"
9. 北京电视台　　《梨园情》
10. 安庆电视台　　《黄梅阁》第 357 期

第六部分　单项奖

组织奖

（1）上海市文联、上海文广新闻传媒集团

（2）唐山电视台

（3）安庆电视台

（4）陕西电视台

创新奖

山西电视台　《哥哥你走西口》

优秀编剧（含改编）

（空缺）

优秀编导

（1）电视剧：山西电视台《哥哥你走西口》

（2）栏目类：安徽电视台《相约花戏楼》

（3）晚会类：北京电视《共享团圆》2005元宵晚会

（4）专题类：中央电视台戏曲音乐部《最后的赵丽蓉》

（5）短片类：金华电视台《女吊》

优秀摄像

（1）电视剧类：（空缺）

（2）栏目类：（空缺）

（3）晚会类：北京电视台《共享团圆》2005元宵晚会

（4）专题类：（空缺）

（5）短片类：金华电视台《女吊》

优秀撰稿

（1）专题类：中央电视台戏曲音乐部《戏缘——跟侯宝林听戏》

优秀音乐、音响

（1）电视剧类：山西电视台《哥哥你走西口》

（2）晚会类：河南电视台首届电视戏曲"兰花奖"颁奖晚会（梨园春第262期）

优秀舞美（含灯光）

（1）电视剧类：上海东方电视台戏剧频道《典妻》

（2）晚会类：北京电视台《共享团圆》2005元宵晚会

优秀创意

短片类：金华电视台《女吊》

优秀导播

晚会类：湖北电视台《花好月圆春满园》十五省市元旦戏曲晚会

优秀男女主角、配角

（1）电视剧优秀男主角：中央电视台、上海文广新闻传媒集团联合制的京剧《廉吏于成龙》中于成龙的扮演者尚长荣

（2）电视剧优秀女主角：四川电视台电视剧制作中心、四川长富文化传播公司联合摄制的川剧音乐电视剧《中国公主杜兰朵》中杜兰朵的扮演者刘萍

（3）电视剧优秀男配角：中央电视台、上海文广新闻传媒集团联合摄制的京剧《廉吏于成龙》中康亲王的扮演者关栋天

（4）电视剧优秀女配角：山西电视台摄制的京剧音乐电视剧《哥哥你走西口》中苦莲的扮演者袁惠琴

第三届全国电视戏曲"兰花奖"获奖情况

第一部分　一等奖

1. 《戏曲采风》——《藏书人家》中央电视台
2. 《大秦之声》——《四大名旦的产生、秦腔的传承与发展》陕西电视台
3. 《梨园春》版《红灯记》河南电视台
4. 九州大戏台——走进陈永玲的艺术世界 中央电视台
5. 《越女争锋——越剧青年演员电视挑战赛》中央电视台　上海文广传媒集团　杭州电视台　西湖明珠频道　绍兴电视台
6. 《海峡元宵乐》小陶阳京剧演唱会　福建海峡电视台
7. 《2006 相约梨园——欢聚淄博》迎春电视戏曲晚会　淄博电视台
8. 戏曲电视剧《宰相刘罗锅》北京电视台

第二部分　二等奖

1. 《中华神韵，放飞江苏》纪念梅兰芳诞辰 110 周年江苏广播电视总台
2. 《人民的艺术家宋长荣》淮安电视台
3. 《胡风汉月》石家庄电视台
4. 《"吉祥如意"大叫板——少儿组》陕西电视台
5. 《2005 萍乡市电视戏曲春节晚会》萍乡电视台
6. 《"奉献杯"全国戏曲梅花奖元旦电视戏曲晚会》安阳电视台

7. 《"大戏台"走进平凉大型戏曲晚会》甘肃省广播电影电视总台

8. 戏曲电视剧《秦香莲怒打包公》河南电视台

9. 《河洛戏苑》栏目"河南地方戏曲名家名段赏析"洛阳电视台

10. 《黄梅阁》特别节目　安庆电视台

11. 超级票友太原电视台

12. 《跟我学》霸王别姬　中央电视台

13. 《梨园春》FLASH《新月下相会》河南电视台

第三部分　三等奖

1. 《戏曲采风》——妇唱夫随　中央电视台

2. 新编历史京剧《大足》重庆渝中广电中心

3. 《乡村戏苑——二人转演员翟波专场》吉林电视台乡村频道

4. 《戏曲化妆系列》甘肃省广播电影电视总台

5. 现代淮海戏《豆腐宴》淮安电视台

6. 《大秦之声》中国秦腔四大名旦晋京演出　陕西电视台

7. 《擂台紧急风》第53期全国戏迷选拔赛邯郸站　河南电视台

8. 《爱我山河、强我中华》纪念抗日战争胜利六十周年大型评弹演唱会　苏州广播电视总台

9. 《相约菊城——电视戏曲晚会》开封电视台

10. 2005年《迎春戏曲晚会》石家庄电视台

11. 戏曲电视剧《二女争夫》广州电视台

12. 人圆月圆—元宵戏曲晚会　安徽电视台

13. 《农村俱乐部》——二姑爷拜寿　吉林电视台

14. 《戏迷乐园》许昌电视台

15. 《戏曲天地》菊坛新蕊　淮安电视台

16. 《梨园百花春》第62期　福建海峡电视台

17. 京剧《挡马》淮安电视台

18. 《梨园擂台》中央电视台

19. 《戏曲采风》——《陆游八百年》中央电视台

20. 燕赵戏韵闪亮荧幕舞台 石家庄电视台

21. 京剧《穷人的孩子早当家》、评剧《小女婿定情》沈阳电视台

第四部分 优秀栏目奖一等奖

1. 《梨园春》第 342 期 河南电视台

2. 《相约花戏楼》第 273 期 安徽电视台

3. 《秦之声》第 168 期 陕西电视台

4. 《南国红豆》粤剧新星等四个版块 广州电视台

5. 《名段欣赏》2005 年第 129 期 中央电视台新影制作中心

6. 《过把瘾》中央电视台

7. 《CCTV——空中剧院》——越剧《春香传》中央电视台

8. 《乡村戏苑》吉林电视台乡村频道

9. 《苏州电视书场》第 2782 期《弹词流派唱腔魏调的演变和发展》苏州广播电视总台

10. 《湖波大擂台》安阳电视台

第五部分 单项奖

优秀编导：中央电视台 孙宇铭（"戏曲采风"栏目）

优秀舞美：淄博电视台 2006 相约梨园——欢聚淄博

优秀制片人：

1. 河南电视台 蒋愈红（"梨园春"栏目）

2. 中央电视台 曹毅（"空中剧院"栏目）

优秀主持人：

1. 河南电视台 倪宝铎 庞晓戈（"梨园春"栏目）

2. 中央电视台 白燕升（戏曲频道）

3. 广州电视台 薛 莹（"南国红豆"栏目）

优秀摄像：（空缺）

优秀音乐音响：（空缺）

优秀男、女主角：（空缺）

优秀男、女配角：（空缺）

组织奖

福建海峡电视台　组织奖

第四届全国电视戏曲"兰花奖"获奖情况

第一部分　一等奖

短片节目类

空缺

专题类

1. 河南电视台《梨园飞歌》"梨园春"悉尼演唱会

2. 浙江电视台10集纪录片《百年越剧》

3. 邯郸电视台《豫剧名旦六大家之桑振君》

大赛类

河南电视台《擂响中国》——"梨园春"首届全国专业演员擂台总决赛暨颁奖晚会

晚会类

1. 福建海峡电视台《海峡情——2006年梨园百花春》大型曲艺晚会

2. 重庆渝中广电新闻中心《月光下的水仙》大型曲艺晚会

电视剧类

浙江电视台10集电视剧《杨乃武平冤记》

小品、短剧类

空缺

栏目类

1. 河南电视台　《沧海一生笑》——曲剧表演艺术家海连池专场

2. 天津电视台　《鱼龙百姓》鱼龙群侠欢乐剑——百戏众星大反串

3. 陕西电视台　《秦之声》——第 237 期

4. 中央电视台新影制作中心　《名段欣赏》——2006 年第 46 期

5. 吉林电视台　《农村俱乐部》——青松瑞雪映夕阳

6. 安徽电视台　《相约花戏楼》——"月圆人圆"元宵节晚会

7. 广州电视台　《南国红豆》——李丹红名曲赏析

8. 洛阳电视台　《河洛戏苑》中央电视台"过把瘾"走进洛阳特别节目

9. 河北电视台　《欢乐急急风》

第二部分　二等奖

短片节目类

1. 陕西电视台　《三月桃花》

2. 河南电视台　戏曲 FLASH《花打朝》——七奶奶出行

3. 桂林电视台　曲艺《宜人独桂林》

4. 段虹工作室　戏曲 TV《小二黑结婚》

专题类

1. 驻马店电视台　《简板声声》

2. 镇海电视台　《炮魂》

3. 福建海霞电视台　《滑稽戏演员严顺开》

4. 中央电视台　《程门冷艳——张火丁》

5. 广州电视台　《春到梨园百花香》——卢秋萍特辑

大赛类

1. 中央电视台"寻找七仙女"决赛——黄梅戏青年演员电视挑战赛

2. 天津电视台《鱼龙折桂》——（鱼龙百戏）观众最喜欢的十大擂主揭晓暨颁奖晚会

晚会类

1. 河南电视台《梨园春》第 379 期（卡通颁奖晚会）

2. 连云港电视台《春约梨园——相聚连云港》中国文化名城迎春电视戏曲晚会

3. 国家广播电影电视管理干部学院《山西四大梆子交响演唱会》

4. 河北电视台《我的家乡在河北》——超级戏迷大赛颁奖晚会

电视剧类

1. 河北电视台新版评剧《徐流水》

2. 江苏广播电视总台英语京剧《秦香莲》

小品、短剧类

陕西电视台《农家大嫂》

第三部分　三等奖

短片节目类

1. 河南电视台　　戏曲 FLASH《花木兰》

2. 安阳电视台　　戏歌《红旗渠连着中南海》

3. 济南电视台　　《荣辱观新唱》

4. 淄博电视台　　《赵芙蓉观灯》选段

5. 河北电视台　　新评书《亮兵》

专题类

1. 扶州电视台　　《村戏》

2. 桐庐电视台　　《影映富春——水样年华》

3. 中央电视台　　《电影百年——美丽越剧》

4. 江苏电视台东视文化传播有限公司　　《双女情缘》

5. 石家庄电视台　　《桑田俊鸟鸣》

6. 唐山电视台　　《牵情》

大赛类

1. 安庆电视台　　中国黄梅戏戏迷大赛决赛

2. 陕西电视台　　2006 年《秦之声》"班社大叫板"总决赛

晚会类

1. 抚州电视台 纪念汤显祖逝世 390 周年"戏乡抚州"专场晚会
2. 晋中电视台 《晋中票友喜迎春》
3. 新乡电视台 《菊苑芬芳》——豫剧表演艺术家苏菊艳个人演唱会
4. 甘肃广播电视总台 《大戏台唱响陇原——走进什川》
5. 邢台电视台 《开心大戏娃》——六一专场晚会
6. 太原电视台 《戏迷票友和新春》

电视剧类

无

小品、短剧类

1. 河南电视台 戏迷故事《背人》
2. 广州电视台 《都市粤剧小品——萍姨驾到》

第四部分 提名奖

1. 河南电视台 《擂台紧急风》
2. 安阳电视台 《湖波大擂台》
3. 福建海峡电视台 《梨园百花春》之"我的台湾朋友"
4. 甘肃广播电视总台 《大戏台》2006 戏迷冠军总决赛——八仙过海
5. 山西广播电视总台 《走进大戏台》2005 年度总决赛
6. 泉州电视台 《泉州讲古》
7. 吉林电视台 《乡村戏苑》吉林省二人转小品艺术节精品展播

第五部分 单项奖

优秀编导：河南电视台 郭晓东 李媛媛
　　　　　浙江电视台 钟冶平 王　欣 邱　珏 葛临镫 杨圆媛
　　　　　邯郸电视台 闫耀和 马俊安 秦保国

优秀摄像：浙江电视台　李虎国　张洪山　孔万杭　张克鑫　史鲁杭

　　　　　　浙江省越剧团　郑纪民

优秀制片人：河南电视台　蒋愈红

　　　　　　陕西电视台　王　锐

　　　　　　中央电视台新影制作中心　郑富权

优秀主持人：福建海峡电视台　林　艳

　　　　　　邯郸电视台　王志生

　　　　　　天津电视台　宋　东

优秀音乐音响：浙江省越剧团　李振波

　　　　　　　重庆渝中广电新闻中心　黄　智

优秀舞美：福建海峡电视台　吕金明　王月来

优秀电视剧男主角：浙江省越剧团　余少群（杨乃武）

　　　　　　　　　河北电视台　孟凡龙（村支书）

优秀电视剧女主角：浙江省越剧团　王滨梅（杨姐）

优秀电视剧女演员：浙江省越剧团　郭小璐（小白菜）

第五届全国电视戏曲"兰花奖"获奖情况

第一部分　一等奖

1. 深圳广电集团　《千秋华宴》——十六省市新年戏曲音乐会
2. 厦门电视台　专题片《歌仔戏》
3. 洛阳电视台　《河洛戏苑》"六一儿童节特别节目"
4. 中央电视台　《盛世梨园情·走进东营》电视戏曲晚会
5. 无锡电视台　《春约梨园·相聚无锡》戏曲晚会
6. 江西电视台　电视剧《况钟明断十五贯》（采茶戏）
7. 厦门音像出版社　歌仔戏《邵江海》

第二部分　二等奖

1. 山东有线电视中心　《大羽华裳》专题片
2. 福建海峡电视台　《梨园寻访》——走访京城"脸谱杨"
3. 河南电视台　"擂响中国"——第二届全国专业演员擂台总决赛颁奖
4. 安阳电视台　《七省二十一市戏迷擂台赛》
5. 安徽电视台　《寻找七仙女》——黄梅戏青年演员挑战赛颁奖晚会
6. 苏州电视台　《荧屏书场十三春》——庆贺《苏州电视书场》开播十三周年评弹晚会
7. 福建海峡电视台　《海峡2007梨园百花春》大型中秋戏曲晚会
8. 上海文广传媒集团　《心中的白玉兰》——第十七届上海白玉兰戏剧表演艺术奖颁奖盛典晚会
9. 郑州电视台　《周末大戏院》
10. 中央电视台　《跟我学》——2007年第29期
11. 洛阳电视台　《河洛戏苑之河洛欢歌消夏精选节目》
12. 烟台电视台　《戏苑曲坛》
13. 上海文广传媒集团　评弹综艺剧《雷雨》

第三部分　三等奖

1. 中央电视台　《跟我学》——2007年第74期
2. 河南电视台　《家家有戏》——明星擂主家庭擂台赛决赛
3. 中央新闻电影制片厂　《名段欣赏》——京剧反串专辑
4. 上海文广传媒集团　《绝版赏析》——利家班在上海
5. 上海文广传媒集团　《非常有戏》——明星百姓"同唱一台戏"
6. 太原电视台　《2007"超级票友"总决赛》
7. 厦门电视台　《寻访陈三故里》

8. 山东有线电视中心　《大羽华裳》北京纪行

9. 厦门电视台　戏曲专题《阿福师》

10. 甘肃广播电视总台　《京腔京韵、敦煌情》

11. 甘肃广播电视总台　《争霸2007戏迷冠军总决赛》

12. 淄博电视台　《第三届全国京剧戏迷票友电视大赛淄博赛区》

13. 安徽电视台　《寻找七仙女》——黄梅戏青年演员挑战赛决赛第四场

14. 甘肃广播电视总台　《大戏台走进赡养院》

15. 河北电视台　《寒梅群芳贺新年》——2007元旦戏曲晚会

16. 安阳艺术研究所　《洹水春》安阳市元宵节戏曲晚会

17. 安阳电视台　《乔长喜打击乐专场文艺晚会》

18. 江苏文艺广播电台　《江苏省2007中秋戏曲晚会》

19. 上海文广传媒集团　《2007维也纳中国交响京剧音乐会》

20. 晋中广播电视台　晋剧《齐王拉马》

第四部分　优秀栏目（等同于一等奖）

1. 河南电视台　《梨园春》——"校园先锋"全国戏校擂台赛、《擂台紧急风》第101期、第127期

2. 中央新闻电影制片厂　《名段欣赏》——粤剧《贵妃醉酒》

3. 安阳电视台　《湖波大擂台》

4. 太原电视台　《超级票友》

5. 上海文广传媒集团　《绝版赏析》——"后三鼎甲"汪、谭、孙专题

6. 福建海峡电视台　《梨园百花春·嬉笑看戏曲》

7. 厦门电视台　《看戏》

8. 上海文广传媒集团　《向大师敬礼》——"非常有戏"开幕式

9. 安徽电视台　《相约花戏楼》第391期、第419期

10. 邢台电视台　《牵手大戏楼》

第五部分　单项奖

优秀编导：

厦门电视台　《歌仔戏》专题片

2. 上海文广传媒集团《绝版赏析》"梨园往事"篇

优秀摄像：

厦门电视台　《歌仔戏》专题片

优秀灯光舞美：

深圳广电集团　《千秋华宴》——十六省市新年戏曲音乐会

优秀音乐音响：

1. 深圳广电集团　《千秋华宴》——十六省市新年戏曲音乐会
2. 厦门音像出版社　《邵江海》（歌仔戏）

优秀制片人：

1. 福建海峡电视台　吕舜玲
2. 河南电视台　郭晓东

优秀主持人：

1. 厦门电视台　李霖
2. 安徽电视台　马滢

第六届全国电视戏曲"兰花奖"获奖情况

第一部分　专题类

一等奖

1. 中央电视台　《寻找甘肃派秦腔》
2. 重庆渝中广电新闻中心　《丹青绘出川剧魂》
3. 江苏广播电视总台　《昆曲六百年》
4. 河南电视台　《梨园春之好戏天天看》张艳红

二等奖

1. 镇海广播电视台　《诺诺》
2. 上海文广新闻传媒集团　《回眸》——新编历史京剧"曹操与杨修"
3. 中央电视台　《山之悟》
4. 中央电视台、无锡电视台　《黄河戏话》
5. 海峡电视台　《梨园寻访·广西行》
6. 厦门广播电视集团　《四将开台》
7. 河南电视台　《梨园春之好戏天天看》杨帅学特辑

三等奖

1. 苏州广播电视总台　《戏坛兰苑》昆剧女小生——石小梅昆剧表演艺术欣赏
2. 海口电视台　《海南公仔戏》
3. 淄博电视台　《五音戏》
4. 杭州电视台明珠频道　《一个男人一台戏》
5. 江苏广播电视总台　《说唱三十年》
6. 黄河电视台　《椅子上的芭蕾》
7. 中央电视台　《挣扎中的二夹弦》
8. 中央电视台　《西北京剧人》
9. 海峡电视台　《梨园寻访·收藏宁海》
10. 海峡电视台　《与传说共舞》
11. 乐亭广播电视局　《乐亭皮影》
12. 上海文广新闻传媒集团　《红楼梦》情牵50载

第二部分　戏曲晚会大赛类

一等奖

1. 河南电视台　《兰花百家竞芳菲》——第四届兰花杯颁奖晚会
2. 苏州广播电视总台　《祥和牛年评弹春宴》

3. 上海文广新闻传媒集团　《盛世和风颂雅韵》——上海各界人士元宵节晚会

4. 上海文广新闻传媒集团　《香飘四海》——第 18 届"白玉兰"颁奖晚会

5. 天津电视台　《梨园春潮》——18 省市元宵节晚会

二等奖

1. 安阳艺术研究所　《梨园奇葩》——元宵节晚会

2. 邢台电视台　《欢乐家庭赛》

3. 郑州电视台　《梨园春来早》晚会

4. 山西广播电视总台　《盛世梨园群英会》

5. 沧州电视台　《"过把瘾"走进沧州戏迷挑战赛》

6. 安徽电视台　《黄梅戏新春演唱会》

7. 河南电视台　《"梨园春"2009 年春节戏曲晚会》

8. 海峡电视台　《海峡梨园情》——闽台京剧票友交流会

三等奖

1. 上海文广新闻传媒集团　《笑林大会——十大笑星评选活动》

2. 菏泽电视台　《"锦绣梨园"擂主总决赛》

3. 安庆电视台　《凤鸣声声》——纪念严凤英逝世四十周年黄梅戏演唱会

4. 南阳电视台　《2008 春节戏曲特别节目》

5. 安阳电视台　《唐派专场戏曲演唱会》

6. 上海文广新闻传媒集团　《评弹金榜》——江、浙、沪大赛颁奖晚会

7. 大连电视台　《京剧名家名段演唱会》

8. 云南电视台云南首届"俏花灯"灯谜演唱大赛颁奖晚会

9. 甘肃广播电影电视总台　《"大戏台"2009 大变脸》

10. 太原电视台　《"超级票友"擂主总决赛》

11. 厦门广播电视集团　《许亚芬戏迷见面会》

12. 开封电视台　《2008 年开封元旦戏曲晚会》

第三部分　戏曲电视剧类

一等奖

1. 中央新闻纪录电影制片厂戏曲艺术片　《新凤霞》
2. 云南电视台大型云南花灯戏　《孟获出山》

三等奖

晋中广播电视台　新编现代晋剧《妈妈》

第四部分　电视戏曲栏目类

特殊贡献奖

1. 中央电视台　《过把瘾》走进新昌
2. 河南电视台　《梨园春》——《永远的"朝阳沟"》《春天·初恋》

一等奖

1. 上海文广新闻传媒集团　《绝版赏析》——京剧票友系列
2. 中央新闻纪录电影制片厂　《名段欣赏》——戏曲知识小讲台
3. 河南电视台　《擂台紧急风》——戏曲茶楼擂台赛
4. 福建广播影视集团　《走南闯北》——河北梆子与河南豫剧

二等奖

1. 杭州电视台明珠频道　《莲花剧场》
2. 安阳电视台　《湖波大擂台》
3. 山西广播电视总台　《走进大戏台》
4. 上海文广新闻传媒集团　《非常有戏》——第二季寻根之旅
5. 甘肃广播电影电视总台（集团）　《大戏台》——名老艺人专场
6. 云南电视台　《俏花灯》
7. 海峡电视台　《梨园寻访》——第 50 期
8. 广州电视台　《南国红豆》——品茶话红派

三等奖

1. 安庆电视台　《黄梅之星》——潘启才
2. 洛阳电视台　《河洛戏苑》——第312期
3. 深圳广电集团　《粤唱越有味》
4. 安徽电视台　《相约花戏楼》——第441/460期
5. 邢台电视台　《牵手大戏楼》
6. 桐庐广播电视台　《农家越剧秀》
7. 上海文广新闻传媒集团　《戏剧大舞台》——《屈原·独吟》
8. 南阳电视台　《新梨园》——梨园花朵迎奥运
9. 深圳广电集团　《京剧咚咚锵》
10. 开封电视台　《戏曲大舞台》——走进尉氏

第五部分　单项奖

优秀编导：

1. 上海文广新闻传媒集团　《盛世和风颂雅韵》——上海各界人士元宵节晚会
2. 江苏广播电视总台　《昆曲六百年》

优秀摄像：

1. 中央电视台　《寻找甘肃派秦腔》
2. 上海文广新闻传媒集团　《盛世和风颂雅韵》——上海各界人士元宵节晚会

优秀音乐音响：

1. 重庆渝中广电新闻中心　《丹青绘出川剧魂》
2. 天津电视台　《梨园春潮》——18省市元宵节晚会

优秀舞美灯光：

1. 上海文广新闻传媒集团　《香飘四海》——第18届"白玉兰"颁奖晚会
2. 河南电视台　《兰花百家竞芳菲》——第四届兰花杯颁奖晚会

优秀主持人：

1. 中央电视台　《过把瘾》栏目主持人顾斌
2. 河南电视台　《擂台紧急风》栏目主持人关枫、朱冰

优秀制片人：

1. 苏州广播电视总台　《昆剧电视专场》栏目制片人殷德泉
2. 河南电视台　《梨园春》栏目制片人蒋愈红

第七届全国电视戏曲"兰花奖"获奖情况

第一部分　特等奖

河南电视台　《兰花赋》——第六届电视戏曲兰花奖颁奖典礼

第二部分　一等奖

1. 河南电视台　《梨园春》栏目
2. 内蒙古电视台　《西口风》栏目
3. 山西广播电视台　《走进大戏台》栏目
4. 福建海峡电视台　《梨园寻访》栏目（魏海敏·吴汝俊·歌仔戏）
5. 安徽电视台综艺频道　《盛世黄梅》——2009黄梅戏新春演唱会
6. 福建海峡电视台　《海峡梨园情》大型中秋戏曲晚会
7. 上海广播电视台综艺部　《姹紫嫣红白玉兰》——第19届上海白玉兰戏剧表演艺术奖颁奖晚会
8. 北京电视台文艺节目中心　《国粹生香》——2009北京京剧票友段位评授季
9. 河南电视台文艺部　《风流儒雅写春秋》
10. 天津电视台　《拾遗保护》
11. 温州市广播电视总台　《舞得袖满园春——瓯剧》

12. 上海广播电视台　《记忆：上海戏曲三十年拾萃》

13. 张家港市人民政府、中央电视台、无锡广电集团　《长江戏话》（上篇）

第三部分　二等奖

1. 安徽电视台综艺频道　《相约花戏楼》
2. 中央新闻纪录电影制片厂　《名段欣赏》
3. 天津电视台　《中华大戏院》
4. 陕西电视台　《秦之声》
5. 福建省广播影视集团　《走南闯北》
6. 河南电视台　《好戏天天看》
7. 上海广播电视台　《戏剧长廊》
8. 抚州电视台　《戏曲人物》
9. 苏州广播电视总台　《戏坛兰苑曲友盛会》——昆曲曲友演唱会
10. 安阳电视台　《2010 安阳市元宵节戏曲晚会》
11. 中央新闻纪录电影制片厂、天津市宝坻区广播电视台　《评剧百年》——"名段欣赏"走进评剧之乡宝坻大型戏曲晚会
12. 天津电视台　《和谐盛世·福满天津》——天津电视台元宵节戏曲歌舞晚会
13. 绵阳广播电视台　《梅花香自苦寒来》——蒋淑梅川剧从艺三十年专场演出
14. 洛阳电视台　《2009 年中青年专业戏曲演员大赛颁奖晚会》
15. 山西广播电视台　《向祖国汇报》——庆祝国庆 60 周年第三届全国地方戏优秀剧目展演闭幕式戏曲晚会
16. 上海广播电视台　《越女争锋第Ⅱ季》总决赛第一场"龙飞凤舞"
17. 苏州广播电视总台　《寻访汤显祖与"牡丹亭"》

18. 上海广播电视台　《连丽如：醒木一方》

19. 上海广播电视台　《杨明坤：乖乖咙嘀咚》

20. 山东电视台　《天津卫的名小孩》

21. 上海广播电视台　《光阴》

22. 中央电视台戏曲频道　《走进大弦戏》

23. 中央新闻纪录电影制片厂、湖北省地方戏曲艺术学院　戏曲连续剧《英子》

24. 上海广播电视台新编京剧　《成败萧何》

25. 浙江宁波鄞州越剧团动漫越剧　《孔雀西南飞》

第四部分　三等奖

1. 温州广播电视总台　《温州曲艺场》

2. 南阳电视台　《新梨园》

3. 安徽电视台　《外国人唱中国戏》

4. 安阳电视台　《湖波大擂台》

5. 河南电视台　《笑满中原》

6. 中央新闻纪录电影制片厂　《越剧小生》

7. 陕西电视台　《少儿大叫板》

8. 内蒙古电视台　《我是风》

9. 温州广播电视总台　《温州大剧院》

10. 山西广播电视台　《走进北大寺》

11. 南阳电视台　《庆祝祖国六十华诞》

12. 安阳电视台　《湖波大擂台下半年》

13. 福建省广播影视集团　《京剧武戏》

14. 甘肃广播电影电视总台　《"大戏台"十年大汇演》

15. 山东电视台　《山东省戏曲小梅花颁奖晚会》

16. 南阳电视台　《2009年春节戏曲晚会》

17. 太原电视台　《超级票友》总决赛

18. 甘肃广播电影电视总台 《大戏台》

19. 安徽电视台 《舞动长江歌唱祖国》——长江流域青年戏曲演员大赛

20. 石家庄电视台 《60年艺苑奇葩》

21. 苏州广播电视总台 《四岁么儿学昆曲》

22. 中央新闻纪录电影制片厂戏里戏外 《沙家浜》

23. 上海广播电视台 《文化主题之夜——昆三班的水磨年华》

24. 河南电视台 《朱音兰韵五十载》

25. 福建海峡电视台 《豫剧——城市的流行歌》

26. 上海广播电视台 《戏闻大点击——梅花群芳谱》

27. 河南电视台 《别样童年》

28. 天津电视台 《越剧艺术》

29. 天津电视台 《中国昆曲》

30. 福建海峡电视台 《这些爱戏的孩子》

31. 上海广播电视台 《大众剧场和上海越剧》

32. 威海市广播电视台大型情感吕剧 《李亚仙》

33. 江苏省淮安市广播电视台 淮剧《韩信》

34. 浙江宁波鄞州越剧团新编越剧 《孔雀西南飞》舞台版

35. 江苏省淮安市广播电视台 京剧《缇萦救父》

36. 中央新闻纪录电影制片厂 秦腔神话剧《劈山救母》

第五部分 单项奖

优秀编导

1. 福建海峡电视台 《海峡梨园情》大型中秋戏曲晚会

2. 上海广播电视台 《姹紫嫣红白玉兰》——第19届上海白玉兰戏剧表演艺术奖颁奖晚会

优秀摄像

1. 温州广播电视总台 《舞得袖满园春——瓯剧》

2. 福建海峡电视台 《海峡梨园情》大型中秋戏曲晚会

优秀撰稿

天津电视台 《拾遗保护》

优秀音乐音响

1. 安徽电视台 《盛世黄梅》——2009黄梅戏新春演唱会
2. 河南电视台 《兰花赋》——第六届电视戏曲兰花奖颁奖典礼

优秀舞美

福建海峡电视台 《海峡梨园情》大型中秋戏曲晚会

优秀灯光

上海广播电视台 《姹紫嫣红白玉兰》——第19届上海白玉兰戏剧表演艺术奖颁奖晚会

优秀主持人

1. 孔洁（北京电视台）
2. 董艺（中央电视台）

优秀制片人

1. 蒋愈红（河南电视台）
2. 吕舜玲（福建海峡电视台）

第八届全国电视戏曲"兰花奖"获奖情况

第一部分 特别奖

1. 河南电视台 兰花赋——第七届中国电视戏曲"兰花奖"颁奖晚会
 电视戏曲大赛晚会类
2. 太原电视台 中国（山西）少儿戏曲春节晚会
 电视戏曲大赛晚会类

第二部分 一等奖

1. 安徽广播电视台 《相约花戏楼》第 546 期 电视戏曲栏目类
2. 河南电视台 《梨园春》第 584 期——梨园一家亲河南、上海专场
 电视戏曲栏目类
3. 北京电视台 庆祝京剧成功入选世界非遗暨《2010 北京京剧票友段位评授季授段大典》 电视戏曲大赛晚会类
4. 福建广播影视集团 2010 中秋戏曲晚会《海峡梨园情》
 电视戏曲大赛晚会类
5. 广东电视台 青春·梦·足迹——倪惠英从艺四十年艺术专场
 电视戏曲大赛晚会类
6. 上海新娱乐传媒有限公司 2010 年上海各界人士元宵联欢晚会
 电视戏曲大赛晚会类
7. 天津电视台 《拾遗保护》川剧艺术 电视戏曲专题类
8. 上海新娱乐传媒有限公司 《光影留声》之奇花初胎
 电视戏曲专题类
9. 福建海峡电视台 《老北京的味道》 电视戏曲专题类
10. 中央电视台、安阳市人民政府 《中国豫剧》20 集
 电视戏曲专题类
11. 禹州市大涧工贸（集团）有限公司 河南豫剧《山里的汉子》18 集 戏曲电视剧及舞台剧类
12. 乐亭广播电视台、唐山演艺集团公司 皮影戏《沉香救母》
 戏曲电视剧及舞台剧类

第三部分 二等奖

1. 中央新闻纪录电影制片厂（集团） 《名段欣赏》——梅花飘香·越地雅音系列越剧 电视戏曲栏目类

2. 临汾市广播电视台 《梨园堂》——挂画 电视戏曲栏目类
3. 河南电视台 《好戏天天看》——"梅花奖"得主张春玲艺术特辑 电视戏曲栏目类
4. 洛阳广播电视台 《河洛戏苑》第 420 期 电视戏曲栏目类
5. 太原电视台 《超级票友》第 255 期 电视戏曲栏目类
6. 云南电视台 《俏花灯》春节特别节目 电视戏曲栏目类
7. 南阳电视台 《新梨园》六年年度金奖擂主争霸赛
电视戏曲栏目类
8. 无锡市广播电视学会、无锡市李桂英文化艺术有限公司 《太湖雅韵》锡剧流派演唱会 电视戏曲大赛晚会类
9. 甘肃广播电影电视总台 《大戏台第七届戏迷冠军总决赛暨颁奖晚会》 电视戏曲大赛晚会类
10. 常熟市广播电视总台 《春满江南》戏曲文艺晚会
电视戏曲大赛晚会类
11. 泉州电视台 泉州市第二届南音演唱演奏电视大赛总决赛
电视戏曲大赛晚会类
12. 邯郸广播电视台 晋冀鲁豫苏皖鄂七省二十九城市电视台戏迷擂主对抗赛第 402 期 电视戏曲大赛晚会类
13. 上海新娱乐传媒有限公司 《评弹天地》——凌云仙曲书中后第一集 电视戏曲大赛晚会类
14. 抚州电视台 抚州乡傩——神圣·神往·神韵 电视戏曲专题类
15. 莆田市广播电视台 朱石凤：戏里人生戏里情 电视戏曲专题类
16. 上海广播电视台 艺术人文频道 《名家》——红粉佳人·史依弘 电视戏曲专题类
17. 上海新娱乐传媒有限公司 《绝版赏析》——言慧珠的粉墨人生
电视戏曲专题类
18. 福建海峡电视台 《梨园寻访》——老上海的新时尚与旧风情
电视戏曲专题类

19. 中央新闻纪录电影制片厂（集团）　《海纳百川》特别节目八

　　　　　　　　　　　　　　　　　　　　　　　　电视戏曲专题类
20. 中国传媒大学影视艺术学院　《情定三生》　电视戏曲专题类
21. 中央电视台戏曲音乐频道　《翰墨戏韵》——沈鹏

　　　　　　　　　　　　　　　　　　　　　　　　电视戏曲专题类
22. 温州广播电视总台　《古歌旧曲长风在》——永嘉昆曲

　　　　　　　　　　　　　　　　　　　　　　　　电视戏曲专题类
23. 抚州电视台　临江版《牡丹亭》　戏曲电视剧及舞台剧类
24. 云南电视台　花灯单本剧《悲情莲花落》

　　　　　　　　　　　　　　　　　　　戏曲电视剧及舞台剧类
25. 宁波鄞州越剧团　新编醒世传奇越剧《富贵荣华》

　　　　　　　　　　　　　　　　　　　戏曲电视剧及舞台剧类
26. 淮安市广播电视台　大型淮海戏《秋月》

　　　　　　　　　　　　　　　　　　　戏曲电视剧及舞台剧类
27. 上海广播电视台　沪剧《雷雨》　戏曲电视剧及舞台剧类
28. 中共介休市纪检委、介休市电视台　现代廉政晋剧《母爱》

　　　　　　　　　　　　　　　　　　　戏曲电视剧及舞台剧类

第四部分　三等奖

1. 南阳电视台　《新梨园》南阳戏曲六剧种戏迷擂台赛

　　　　　　　　　　　　　　　　　　　　　　　　电视戏曲栏目类
2. 上海新娱乐传媒有限公司　《评弹天地》——醒木春秋

　　　　　　　　　　　　　　　　　　　　　　　　电视戏曲栏目类
3. 太原电视台　《超级票友》第 260 期　电视戏曲栏目类
4. 安徽广播电视台　《相约花戏楼》第 545 期　电视戏曲栏目类
5. 临汾市广播电视台　《梨园堂》——净风流　电视戏曲栏目类
6. 临汾广播电视台　《梨园堂》——扇子功　电视戏曲栏目类
7. 中央新闻纪录电影制片厂（集团）　《名段欣赏》——评剧凤

还巢　　　　　　　　　　　　　　　　电视戏曲栏目类

8. 河南电视台　《梨园春》第 592 期——梨园春色别样红常香玉
　　　　　　　　　　　　　　　　　　电视戏曲栏目类

9. 洛阳广播电视台　《河洛戏苑》第 410 期　电视戏曲栏目类

10. 河南电视台　《好戏天天看》——抱朴蕴华彩之王善朴、杨华瑞夫妇专辑　　　　　　　　　　　　电视戏曲栏目类

11. 上海新娱乐传媒有限公司　《评弹天地》——凌云仙曲书中后第四集　　　　　　　　　　　　　　电视戏曲栏目类

12. 厦门卫视　《看戏》——台湾第一苦旦见面会 电视戏曲栏目类

13. 郑州电视台　《春满梨园吐新芳》——郑州 2010 春节戏曲晚会
　　　　　　　　　　　　　　　　　电视戏曲大赛晚会类

14. 云南电视台　2010 云南省花灯艺术周闭幕式晚会
　　　　　　　　　　　　　　　　　电视戏曲大赛晚会类

15. 广东电视台　《中华之声》——2010 年名家名曲广东演唱会
　　　　　　　　　　　　　　　　　电视戏曲大赛晚会类

16. 淮安市广播电视台　《谷艺流芳》——纪念淮海戏著名艺术家谷广发先生百年诞辰文艺演出　　　　电视戏曲大赛晚会类

17. 南阳电视台　《新梨园》特别节目——内乡宛梆专场晚会
　　　　　　　　　　　　　　　　　电视戏曲大赛晚会类

18. 安庆市广播电视台　第二届黄梅之星全国黄梅戏青年演员大赛颁奖暨 2011 年元旦戏曲晚会　　　电视戏曲大赛晚会类

19. 云南电视台　2010 年云南省花灯艺术周青年花灯演员演唱比赛
　　　　　　　　　　　　　　　　　电视戏曲大赛晚会类

20. 邯郸广播电视台　晋冀鲁豫苏皖鄂七省二十九城市电视台戏迷擂主对抗赛第 401 期　　　　　　电视戏曲大赛晚会类

21. 莆田市广播电视台　《挺枪立马闯戏院》——张挺
　　　　　　　　　　　　　　　　　电视戏曲专题类

22. 上海广播电视台艺术人文频道　文化主题之夜《百年沪剧，百年曹禺》　　　　　　　　　　　　电视戏曲专题类

23. 上海新娱乐传媒有限公司　《城市情缘》——绍兴小百花上海演出侧记　　　　　　　　　　　　　　　电视戏曲专题类
24. 临汾市广播电视台　《追忆筱兰香》　　电视戏曲专题类
25. 福建海峡电视台　《梨园寻访》——"贫"在北京 电视戏曲专题类
26. 中国传媒大学戏曲影视艺术学院电视戏曲工作室　《那山、那人、那戏》　　　　　　　　　　　　　电视戏曲专题类
27. 中央电视台戏曲音乐频道　《法国人学评剧》 电视戏曲专题类
28. 苏州市广播电视总台　《中国最美的声音》——苏州评弹
　　　　　　　　　　　　　　　　　　　电视戏曲专题类
29. 天津电视台　《拾遗保护》豫剧艺术　电视戏曲专题类
30. 福建海峡电视台　《梨园寻访》之问君安　电视戏曲专题类
31. 福建海峡电视台　《梨园寻访》之年傩　电视戏曲专题类
32. 福建海峡电视台　《梨园寻访》之临川神雕坊 电视戏曲专题类
33. 中央电视台戏曲音乐频道　《聊城剧院下乡记》 电视戏曲专题类
34. 上海广播电视台　《弦梦人生》——淮剧音乐家程少樑自述
　　　　　　　　　　　　　　　　　　　电视戏曲专题类
35. 石家庄广播电视台　京剧《白帝城》　戏曲电视剧及舞台剧类
36. 石家庄广播电视台　京剧《挑滑车》　戏曲电视剧及舞台剧类
37. 镇海广播电视台　京剧《大登殿》　戏曲电视剧及舞台剧类
38. 巩义市豫剧团　豫剧《九鼎歌》　戏曲电视剧及舞台剧类
39. 云南电视台　花灯单本剧《三访亲新传》戏曲电视剧及舞台剧类
40. 厦门卫视　《看戏》——老吕的八月　电视戏曲专题类

第五部分　单项奖

优秀编导

1. 上海新娱乐传媒有限公司
2010年上海各界人士元宵节联欢晚会　汪灏、王昕轶
　　　　　　　　　　　　　　　　　　电视戏曲大赛晚会类

2. 中央电视台、安阳市人民政府

《中国豫剧》20 集李颖、楼建军　　　　　　　电视戏曲专题类

优秀摄像

1. 广东电视台

青春·梦·足迹——倪惠英从艺四十年艺术专场 电视戏曲大赛晚会类

2. 中央电视台、安阳市人民政府

《中国豫剧》20 集　　　　　　　　　　　　　电视戏曲专题类

优秀撰稿

1. 河南电视台

《梨园春》第 584 期——梨园一家亲河南上海专场　杜竹敏

　　　　　　　　　　　　　　　　　　　　　　电视戏曲栏目类

2. 北京电视台

庆祝京剧成功入选世界非遗暨《2010 北京京剧票友段位评授季授段大典》　张巍　　　　　　　　　　　电视戏曲大赛晚会类

优秀音乐音响

1. 福建广播影视集团

2010 中秋戏曲晚会《海峡梨园情》　　　　　电视戏曲大赛晚会类

2. 禹州市大涧工贸（集团）有限公司

河南豫剧《山里的汉子》18 集赵国安、张一兵 戏曲电视剧及舞台剧类

优秀舞美

1. 北京电视台

庆祝京剧成功入选世界非遗暨《2010 北京京剧票友段位评授季授段大典》李军等　　　　　　　　　　　电视戏曲大赛晚会类

2. 淮安市广播电视台大型淮海戏《秋月》边文彤

　　　　　　　　　　　　　　　　　　　　戏曲电视剧及舞台剧类

优秀灯光

1. 广东电视台

青春·梦·足迹——倪惠英从艺四十年艺术专场秦立运

　　　　　　　　　　　　　　　　　　　　　电视戏曲大赛晚会类

2. 河南电视台

兰花赋——第七届中国电视戏曲"兰花奖"颁奖晚会程万里、郜昕晔 　　　　　　　　　　　　　　电视戏曲大赛晚会类

优秀制片人

1. 河南电视台　《梨园春》第 584 期——梨园一家亲河南上海专场　蒋愈红　　　　　　　　　　　　　电视戏曲栏目类

2. 上海新娱乐传媒有限公司《光影留声》之奇花初胎　王昕轶
　　　　　　　　　　　　　　　　　电视戏曲专题类

优秀主持人

上海新娱乐传媒有限公司 2010 年上海各界人士元宵节联欢晚会叶惠贤　　　　　　　　　　　　　　电视戏曲大赛晚会类

附录D 若干优秀戏曲电视栏目台本

之一 《走进大戏台》

——2016年元旦特别策划"爱要看得见"新年戏曲公开课·传统篇

【时　　间】2016年1月1日

【时　　长】45分钟

【制作单位】山西电视台

【制作人员】总策划：白燕升

　　　　　　项目负责：赵文军

　　　　　　主　编：赵　强　董　悦

　　　　　　戏曲导演：贾宝宝

　　　　　　导演组：于广德　郝彩文　贾广钊　王圣洁

　　　　　　导　播：晓　丽

　　　　　　摄　像：谈江山　马　涛　李　榕　张一雄　周　毅

　　　　　　灯　光：张祚强

　　　　　　后期制作：范　婷　范　燕　李志勇　贾丽芳

　　　　　　剧　务：高　峰

　　　　　　化　妆：柴江燕　闫小红　刘月音　刘小平

　　　　　　制　片：王　航

技术主管：吴　燕　杨　林　石和明　高　伟
技术监制：张　谦
节目统筹：吉仙红
监　　制：陶亿笑
总 监 制：张敬民　王云飞

【栏目片头】
【演 播 室】
【节目】京歌：《卜算子·咏梅》
【字幕】京歌《卜算子·咏梅》　编导：贾宝宝　演唱：管波
【拉滚字幕】接下来您将欣赏到的是河北梆子名家王洪玲为我们带来的河北梆子《大登殿》。她以细腻传神的表演、高亢激越的唱腔、沉稳娴熟的身段而得到观众的高度好评。王宝钏苦守寒窑十八年，终于等来了自己的丈夫薛平贵，登上金殿，共庆团圆。王洪玲所演绎的王宝钏，举手投足、一颦一笑之间，让我们深刻体会到了王宝钏当上皇后的喜悦、幸福心情。

白燕升：现场和电视机前的观众朋友们，大家新年好！亲爱的朋友们，您现在看到的是由"今麦郎一桶半"冠名播出的2016新年戏曲公开课"爱要看得见"，欢迎大家的光临，欢迎大家！

【字幕】主持人：白燕升

白燕升：可能有的朋友要问了，这戏曲和爱到底有什么关系呢？我相信，通过今天的公开课，让我们一起来寻找到这个答案。刚才我们欣赏的是京剧名家管波为我们演唱的戏歌《咏梅》，大家是不是知道，这首《咏梅》是毛泽东同志在20世纪60年代初填的一首词。"风雨送春归，飞雪迎春到。已是悬崖百丈冰，犹有花枝俏。俏也不争春，只把春来报。待到山花烂漫时，她在丛中笑。"其实这首词，它是有出处的，时间很早了。大概在八百多年前，宋朝的大词人陆游，也曾经写了一首《咏梅》。陆游大家知道，命运坎坷，但是品质高洁。他的《咏梅》是这样写的，我们不妨一起来回忆一下。"驿外断桥边，寂寞开无主。已是黄昏独自愁,更著风和雨。无意苦争春,一任群芳妒。零落成泥碾作尘,只有香如故。"我在想,这不就是文化的传承,这不就是那份看得见的,传统的爱吗?大家认同吗?(掌声)说到爱,我其实特别的庆幸。我爱戏曲爱了四十多年,一直到现在,我庆幸自己初衷不改,尤其是对我的家乡戏河北梆子,所以接下来,我首先要为大家推荐的,就是我的家乡戏河北梆子《大登殿·金牌调来银牌宣》。我把这一段献给现场所有的观众朋友,也要把这一段献给《走进大戏台》,献给中国的戏曲,祝福中国戏曲在新的一年里登高望远,更上层楼!

【节目】河北梆子《大登殿·金牌调来银牌宣》 王洪玲

【字幕】河北梆子 大登殿选段 演唱:王洪玲

白燕升:谢谢!谢谢河北梆子名家王洪玲带给我们的气贯长虹、大气磅礴的《大登殿》。你们说过瘾吗?(喝彩声、掌声)这就是最美的乡音,也是最美的乡情。我相信许许多多的朋友都有那份来自内心深处的乡音乡情,甚至是爱。说到爱,我想起了琼瑶《梅花三弄》里的两句歌词:"问世间情为何物,直教人生死相许。"如果我再问你,出处是哪儿呢?来自三晋大地,金元时期的文人元好问,赴试并州,到并州去考试,并州是哪儿?就是山西的太原。看到了一个猎人射下了空中盘旋的一只大雁,另一只大雁在空中,久久悲鸣盘旋,不忍离去。当空中的那只大雁确定自己的伴侣已经死亡,它直接冲向地面抢地而亡。猎人非常高兴,打下了一只,又得到了一只。这一切的一切,被元好问看在了眼里。他非常的感伤,于是走过去,从猎人手里买回了这两只大雁,在汾水边用石头垒丘,埋葬了这两只大雁,于是写下了一首千古绝唱《雁丘词》,词中说,"问世间情是何物,直教人生死相许。"我想说的是,我们对于传统的那份爱,那份情,其实埋藏于我们每一个人的内心,在当今物化浮躁的生态环境下,我们应该把它激活,应该把内心的那份美好释放出来。接下来我要为大家推荐的这个节目,同样是来自心底的爱,这位演唱者是山西卫视《走进大戏台》推出的一位人气很旺的选手,他是一个老生演员,叫郝文龙。他今天为大家演唱的是他的家乡小戏——祁太秧歌《偷点心》。

【节目】祁太秧歌《偷点心》郝文龙

【字幕】祁太秧歌《偷点心》选段演唱：郝文龙

【拉滚字幕】接下来您将欣赏到的是河北梆子老生演员计晨为我们带来的《走雪山》选段。他同样是《走进大戏台》舞台上的优秀选手。他曾经做过电台的主播，跟着郭德纲学过相声，但最后还是选择了回归河北梆子舞台，他对戏曲有着怎样的爱？

郝文龙：大家好！我是来自太原市晋剧艺术研究院的郝文龙，是我们单位的老生演员。今天不光为大家送上了我的表演，还给大家带来了我们家乡的点心。大家要吗？（观众：要！）我给大家发到手里。

白燕升：来来来！龙龙！不错嘛，还真的带来了家乡的点心。还有我的吗？

郝文龙：没了，完了我再带。

白燕升：这个坏人。（望着其中一位观众）哎哟，姑娘你慢点吃。真棒！今天大家真的算是来着了，我们可爱的郝文龙不光为大家反串表演了他的家乡戏祁太秧歌，还给大家带来了家乡的点心，有眼福，有耳福，也有口福，再次谢谢人家吧！（掌声）一个阳光青少年，本来是唱潇洒飘逸的老生行当的，大家看看今天，丑成这样子。其实我相信大家的笑声和阵阵掌声告诉我，这个丑，丑中见美，对不对？（观众：对！）对了，你这身衣服从哪儿弄的？

郝文龙：这是这次来录节目，我们单位的晋剧丑角演员梁忠威老师，在北京珠市口为我定做的。

白燕升：刚刚在北京定做的？梁老师给你定做的？梁忠威老师，来了吗？

郝文龙：来了！

白燕升：有请梁老师！

（梁忠威登台）

白燕升：我跟各位讲啊，郝文龙唱老生啊，他是有老师的，他的老师大名鼎鼎，三晋大地家喻户晓，那是一代老生名家——武忠老师。这个丑，从头到脚的反串，这同样是同行的，丑角的前辈，梁忠威老师给打造的。我想问问梁老师,他一个唱老生的,您给他这么打扮,并且打扮得这么丑,您居心何在?

梁忠威: 白老师,说实话,其实我对郝文龙啊,特别喜欢。郝文龙身上有两点:一个他有我们当演员的灵气,再有一个,郝文龙有一颗感恩的心。他时常在感恩,他感谢所有教过他的老师,这点对我特别感动。所以说,我作为郝文龙的大师哥,我有这个责任去帮助他。

白燕升: 我相信在座的很多观众没看过梁老师的丑角戏,但是您听到梁忠威老师的这样一份谈吐和表白,您一定相信这是一位有品位的演员。所以我也相信,艺术样式之间,不管表面上有多么的不同,但是好的境界是相通的。谢谢龙龙,谢谢梁老师!谢谢!

(梁忠威、郝文龙离场)

白燕升: 这不就是爱吗?这就是一份看得见的爱!接下来,我依然要为大家推荐一位《走进大戏台》推出的一位"90后"的选手。他来自河北,京韵大鼓、评书、快板,样样在行。他八岁学戏,十四岁考进了河北艺校,后来毕业以后因为嗓子倒仓,他就改行了。做起了电台的主播、记者,后来还学了相声,老师是郭德纲。后来,自己的嗓子慢慢地变好了。师傅郭德纲就问他:计晨,好好想想,是学相声还是唱河北梆子?计晨几乎想都没有想。"老师,我还是想从北京回到河北,继续唱我的家乡戏河北梆子。"今天,这位"90后"的河北梆子演员,要在这个舞台上为大家献上一出河北梆子的传统老戏《走雪山》,有请!

【节目】河北梆子《走雪山》计晨
【字幕】河北梆子《走雪山》选段　演唱:计晨

【栏目片花】
【演　播　室】

白燕升: 亲爱的朋友们,山西不光有晋剧,根据地域的不同,每个地域都有戏迷喜爱的剧种。比如山西有晋剧,有北路梆子,有上党梆子,还有蒲州梆子也就是蒲剧,是以这四大梆子为主的一个戏曲大省。说到上党梆子,在上党地区流传着这样一句话:"高不过太行山与天同党,美不过家乡戏五大声腔。"可见上党梆子在当地是多么的受人喜爱。说到上党梆子,有一位上党梆子的声腔女状元是不得不提到的,她的名字叫张爱珍。她鼎盛时期的一个代表作是《两地家书》。这个戏说的是卓文君和司马相如的爱情,面对丈夫的背叛,满腹才华的卓文君写下了一首《白头吟》,表达了自己的坚韧。接下来,我们就有请上党梆子名家张爱珍为我们带来《两地家书》,有请!

【节目】上党梆子《两地家书》张爱珍

【字幕】上党梆子《两地家书》选段　演唱:张爱珍

【拉滚字幕】接下来您将欣赏到的是黄梅戏名家吴琼为我们带来的黄梅戏《女驸马》选段。她是"五朵金花"之一,她被誉为"黄梅歌后"。她动听的声音,富有激情的演唱,俊美的扮相,给我们留下了深刻的印象。通过这段脍炙人口的唱腔,她为我们展示了一个善良、勇敢、聪慧的少女形象。

白燕升:谢谢!谢谢上党梆子名家张爱珍荡气回肠的演绎!好了,亲爱的朋友们,您现在看到的是"今麦郎一桶半"独家冠名播出的2016新年戏曲公开课"爱要看得见"。其实在中国的所有戏曲剧种当中,我想了想,流行度最高的大家想想是哪个剧种?(观众:京剧……黄梅戏……豫剧)我个人觉得,黄梅戏流行度最高,很多唱段几乎就是流行歌曲,你到了KTV也都有。说到黄梅戏,我们应该感谢两位前辈:严凤英、王少舫。这两位艺术家为代表的一个群体,创造了黄梅戏的第一个艺术高峰。那么,第二个艺术高峰,我们应该感谢20世纪80年代涌现出的,以马兰、吴琼、杨俊、吴亚玲、袁玫为代表的"五朵金花",创造了黄梅戏的第二个高峰。今天,在2016新年戏曲公开课的现场,我们为大家请到了"五朵金花"之一,有着"黄梅歌后"美誉的黄梅戏名家吴琼,带给大家耳熟能详的《女驸马》。

【节目】黄梅戏《女驸马》吴琼

【字幕】黄梅戏《女驸马》选段　演唱:吴琼

【拉滚字幕】接下来您将欣赏到的是京剧老旦名家袁慧琴为我们带来的京剧《对花枪》选段。她被称为"全面老旦",她能文能武,能唱能跳，她对戏曲的爱与痴是看得见的。为了将戏曲人物刻画得淋漓尽致，她曾经上百次尝试不同的演绎方式，直到自己满意为止。她塑造的诸多人物形象，都一改一直以来老旦本来的悲苦、年迈的传统形象。让我们共同感受"老旦"的魅力吧！

白燕升：谢谢！谢谢黄梅名家吴琼欢快热情的演唱。这一段可以说是老戏新唱了，大家喜欢听吗？（观众：喜欢！）刚才我们听了黄梅戏，也说了黄梅戏，刚才我问大家流行度最高的剧种的时候，这边的朋友说是豫剧，没错，接下来豫剧就来了。豫剧不光在中原大地，沿着河西走廊，那些豫剧迷、豫剧观众我算是见证了。有一年，我们到新疆的乌鲁木齐演出，乌鲁木齐的那个大礼堂，很大，3000人，作为剧院来讲是很大的一个剧场了。我们连演三场，场场爆满，只唱豫剧这是我没有想到的。远在新疆，还有那么多豫剧迷。今天我们说，提到豫剧，大家想到的还是"常陈崔马阎桑"六大名旦，尤其是常香玉，几乎成了豫剧的代名词了。如果我问大伙儿，常香玉最具代表性的豫剧的剧目叫什么？（观众：《花木兰》。）还有呢？（观众：《挂帅》。）《挂帅》不是她的。俗称"红白花"，"红"指的是《拷红》，"白"指的是《白蛇传》，"花"指的是《花木兰》。也就是说，常香玉大师为我们塑造的红娘、白素贞还有花木兰的形象，成了中国艺术宝库中的经典形象。提到常香玉，还有一位豫剧大师是不能不提到的。她的名字叫马金凤，有着"洛阳牡丹"的美誉。说到马金凤，我跟老先生多次同台演出，我想跟大家讲一讲马金凤老师。她今年90多岁了，眼不花，耳不聋，非常的硬朗。一张口，位置和方法……你说她有什么位置和方法，难说，一张口，就是那样的声音。我曾经问过她："马老师，您有什么秘诀吗？"她说："我哪有什么秘诀啊，我告诉你，我这个小嘴儿啊受点委屈没关系，但是嗓子啊，是我的命，是我的武器。"我就不懂了，我说："什么意思啊？"她说："我这一辈子，甜的、酸的、辣的、咸的、冷的、热的都不能尝。酒，我只是闻一闻，从来不敢喝一滴。"我说："那您吃什么啊？""就吃那个面汤，无滋无味的面汤，保护这条嗓子。"大家想一想，这是一位90多岁，"常陈崔马阎桑"六大名旦硕果仅存的老艺术家，告诉我的成功秘籍。我听了以后特别感慨。我就在想，老艺术家，用自己人生的长度和厚度告诉我们，健康地活着才是硬道理。我再问大家，梅兰芳先生生前最后一出代表作《穆桂英挂帅》从哪儿来的？就是从马金凤老师的《穆桂英挂帅》那儿移植改编过去的。马金凤老师有很多代表作：《花打朝》《穆桂英挂帅》《对花枪》，接下来我再告诉大家，京剧的《对花枪》也是从豫剧马金凤老师这儿移植改编过去的，就这么了不起！所以，接下来，我要为大家请出的，是国家京剧院的当红老旦名家袁慧琴为大家献上京剧《对花枪》！

【节目】京剧《对花枪》袁慧琴

【字幕】京剧《对花枪》选段　演唱：袁慧琴

【拉滚字幕】接下来您将欣赏到的是裴艳玲为我们带来的昆曲《林冲夜奔》选段。她是一位女性艺术家，却把男人演透了。年近七十，却依旧活跃在舞台第一线，依旧演绎动作繁难的唱段，并乐在其中。她对于戏曲发自心底的热爱让我们由衷地敬佩。让我们期待她的精彩演绎！

白燕升：谢谢！谢谢老旦名家袁慧琴带给我们苍劲嘹亮的演唱。亲爱的朋友们，您现在看到的是由"今麦郎一桶半"独家冠名播出的2016 新年戏曲公开课"爱要看得见"。接下来我们要请出的这位艺术大家，我想说，我们能见证她的艺术，能跟她生活在这样的一个时代，是我们的幸福。她今年已经 69 岁了，一直活跃在舞台的第一线，到现在还演整本的大戏，各位，两三个小时的戏。我问她："你不累啊？""多好玩儿啊！"乐在其中，发自心底的爱。这是一位女性艺术家，女演男的杰出代表。我曾经讲过这么一段话，如果梅兰芳把女人演透了，那么这位艺术家就是把男人演透了，这就仿佛女人的柔只有男人最懂，而男人的刚也只有男人最爱。不多说了，接下来，我们用热烈的掌声请出戏曲大家裴艳玲为我们献上《林冲夜奔》！

【节目】昆曲《林冲夜奔》裴艳玲

【字幕】昆曲《林冲夜奔》选段　演唱：裴艳玲

白燕升：谢谢！谢谢亲爱的裴老师！相信很多朋友都被裴艳玲老师气贯长虹的表演和演唱折服了，对吗？（观众：对！）"爱要看得见"，我相信大家都看到了，我们艺术大家对于戏，对于舞台那份深深的爱和敬畏。不管是戏曲还是戏曲人，他们总是以不同的方式、不同的途径给我们很多营养，我们当然要了解、喜欢并传播出这份爱。我也一直觉得，包括戏曲在内的传统艺术，不是它需要大家，而是在大家的成长和生活当中，需要传统艺术的滋养。那就让我们爱人、爱这同一片天地、爱这同一个舞台。

【节目】歌曲《同一个舞台》白燕升
【字幕】歌曲《同一个舞台》编导：贾宝宝　演唱：白燕升
【栏目片花】
【栏目片尾】

之二 《戏苑百家》
——惊才绝艳裴艳玲·抒怀

【时　　间】2011年12月31日
【时　　长】60分钟
【制作单位】中央电视台
【制作人员】总　策　划：白燕升
　　　　　　主　　　编：刘学忠
　　　　　　导　　　播：刘湉
　　　　　　撰　　　稿：李晶
　　　　　　助理编辑：范韬鲜
　　　　　　舞美设计：张冬彧
　　　　　　灯光设计：徐波
　　　　　　化妆设计：刘艳
　　　　　　灯　　　光：崔海巍
　　　　　　化　　　妆：袁红红
　　　　　　摄　　　像：张威　宋云哲　靳凯
　　　　　　包装制作：徐哲

合　　成：高　莹
剧　　务：顾月英
制　　片：冯建启
监　　制：曹　毅　李纯博
总 监 制：郎　昆

【栏目片头】

【解说词】裴艳玲，京邦昆乱不挡，唱念做打俱佳。分明一个女儿身却能将一个个好男儿演绎得威武阳刚，豪迈潇洒。六十载粉墨春秋，一辈子钟情舞台生涯。始终将戏看得比命还大。当年一段《人鬼情》曾令世界惊诧。如今虽已年逾花甲，但雄风未减，依旧英姿飒飒。一曲《响九霄》将戏剧大师的情怀抒发得淋漓尽致。壮哉，熠熠生辉的剧坛瑰宝，美哉，好一朵燕赵奇葩。

【预告片】

【演播室】

【字幕】主持人　白燕升

　　　　播出时间　周六 15∶05

白燕升：裴老师，您在说自己每一个戏、每一个角色的时候，就跟说自己的孩子一样那么激动，您是一个特别能感染我们的人。我特别相信，您也是一个被别人感染的人。就拿我来讲，我觉得您毫无疑问，不光是在我的家乡，在我们的河北家乡，在我们的河北沧州的家乡，我都是以您为骄傲和自豪的。真的，我无数次地跟很多的同行也好，跟很多的年轻的朋友也好，讲到您，我觉得您是我的偶像。我特别想问问裴老师，您有偶像吗？

裴艳玲：偶像很多很多，我随时都会碰到我喜欢的东西。

白燕升：或者说，在您的演艺生涯当中，您最感激的人是谁？

裴艳玲：最感激的……最感激的应该是我的启蒙老师，他叫李崇帅。这个人说起来呢，没有名气，也不是大角儿。按照过去，他在戏班子里面就是一个戏包袱，什么戏都会，好底包，好二簧里子，什么戏，每一派的戏他全会，我跟他学的戏真不少。这个人我为什么特别感激他呢？因为作为一个初学者，特别像我这个出身，我父亲是武生演员，一般武生演员，不是名门之后，太好的角儿他也够不着。而且作为一个初学者来说，不可能说你刚开始学戏，就把一个好老师给你，没那个。人家好老师得看你是不是那坯子。看看你学到了什么程度，人家只是给你比画比画，说一说，调整调整完了，人家也没那工夫。这个老师啊，我先说他的人性，也是我最崇敬的，也是我最怕的。我没怕过人，包括我父亲，虽然他那么打我，踹我，我不怕他，这个老师我一看他，吓得我浑身"筛糠"。他练功太狠，狠啊！他用的招都是狠招、毒招。跟着他会的东西太多太多了，特别是像我们那个环境，又没钱，他人品好到什么程度呢？学了文武戏几十出，我是老生坐科，我是老生戏多，过去我自己挑班子唱戏，我以老生戏为主。我这老师他本身也唱老生的，没吃过我们家一顿饭，没喝过一杯茶，最困难的时候，只要过我十五斤全国粮票，就好到这样。那个一坐，就两个腿上来了，一个腿一个小时，扳腿、担腰，先那一套。这个完了之后拧旋子。说我旋子那么好，谁帮我拧出来的，那就是他帮我拧出来的。

【演出录像】

【字幕】 旋子是这样练成的

【画外音】

裴艳玲：四个小时啊！早上起来，四点钟，蒙蒙亮就起来了。

【演播室】

裴艳玲：这个老先生还在吗，早走了，脾气大，脾气重。脾气大到什么程度，他年轻的时候脾气耿直，他年轻的时候，阎锡山的一个马弁去看戏，没买票，他生气。他说："你看戏你掏钱啊！"那个马弁啪一鞭子，把他的眼给抽瞎了，安了个假眼，玻璃球。他心里不服，说你阎锡山怎么了，你打我就不对，你把我眼抽瞎了，我告你去。那会儿国民党政府在南京啊，他愣是走到南京，沿着铁路走，兜里也没钱，要着饭走到南京。静坐，"他把我眼抽瞎了，你看着办吧！"（脾气）就大到这个份儿上，这是我听我父亲讲的。我为什么怕他，我就是怕他这个眼。我父亲管他叫哥，说："大哥，我这孩子就交给你了。"我一看，哎哟！

他不会乐！一个眼睛睡觉，一个眼睛合着，一个睁着，就把我给吓着了，我说这怎么把我给他，这还不得吃了我。一上午，四个小时，这几千个旋子都是他拧的。

【演出录像】

【字幕】京剧《活捉潘璋》片段　裴艳玲饰　关兴

【演播室】

白燕升：恨过他吗？

裴艳玲：那会儿恨，那会儿恨！练得太苦啊！

白燕升：我们真的应该记住这位老艺人、老前辈——李崇帅。

裴艳玲：所以呢，很多人访问我、采访我，也要写我师父，我先把他放前面。名师，什么李少春、侯永奎，我说把他们放后头，把我爹也得放后头，我说这个人是我的第一恩师。我说这个人是我一辈子不能忘的。

白燕升：所以我想到了很多前辈的老师，他们遇到的老师跟您遇到的老师，跟您遇到的这位李崇帅老先生，不是"名气"的"名"的名师，恐怕应该用"明白"的"明"。我觉得做一个明白的老师，比做一个有名气的老师，更加可遇而不可求。

裴艳玲：我跟你讲，都是"明白"的明。就跟李崇帅似的，他一看这个孩子是个料，非常讲义气，很多戏都跟我说。连《长坂坡》《一箭仇》，还有像《一捧雪》《辕门斩子》《斩黄袍》《追韩信》《跑城》《借东风》，包括始终陪伴我一辈子的那些《伐东吴》，黄忠、关兴、刘备、哭灵牌、火烧七百里……都是他给我说的，你说他会多少戏，包括这些大曲牌戏，你像现在演的这些《闹天宫》，都是小闹了，过去叫《安天会》，打一套，下一场，天王得唱一段。我这个师父就陪我来天王，那时候我在灵寿京剧团，"唱死天王累死猴"嘛，《水帘洞》《弼马温》《安天会》《十八罗汉斗悟空》，这猴戏我全唱了。要不我凭什么我一个月挣人家八百块钱啊。

【演出录像】

【字幕】京剧《闹天宫》片段　裴艳玲饰　孙悟空

【演播室】

【字幕】戏曲名家　裴艳玲

裴艳玲：先唱了一大堆这些戏，《龙潭鲍骆·四杰村》，就是不唱《花蝴蝶》，就是不唱《挑滑车》，就是不唱《伐子都》。

白燕升：为什么？

裴艳玲：我师父说了："累。唱他干吗？不上品。"《界牌关》这戏我唱，史文恭我唱，《长坂坡》我唱，《挑滑车》不让我唱，说女孩子用不着唱畜类戏。《花蝴蝶》不是人戏，《三岔口》的更不能唱，这个戏他不让我唱。他这个人很有选择，很有品位。而且教了我终身受用的，你像《一捧雪》一直到我重返了京剧，还是一声雷我就能把你唱（迷）倒了。高派戏他给我说，麒派戏他给我说，马派戏他给我说，没有他不会的。

【演出录像】

【字幕】京剧《一捧雪》选段　演唱　裴艳玲

【演播室】

白燕升：裴老师，我一直在想，李崇帅老先生，找老师找对了，这多重要啊！

裴艳玲：所以，名人啊，你千万别忘了你的启蒙老师。哪怕他不好，哪怕他教你的东西不好，你别忘了他，你为什么不能忘了他，因为你那时候还什么都不是，你还是个孩童呢，他能够从一张白纸上给你画出一个模样来，所以你不能轻视他。你说后来我要拜这个拜那个名人指导啊，帮助啊，当然这也是需要的了。所以，不管是名不名也好，他把你教得怎么样，不一定都像李崇帅会的这么多了。他是第一把扶你上战车的人，不能把他忘了，不能说哪个名气大我就说谁。他名气大我先说他，我是他入室弟子，干儿子、干女儿，那都没有用。

【字幕】主持人　白燕升

　　　　　播出时间　周二　19:20

白燕升：裴老师，您聊到戏，聊到自己的老师您都很感激。我也特别好奇，也特别想问，大半辈子过去了，您觉得特别愧疚，最对不起的人是谁，有吗？

【字幕】戏曲名家　裴艳玲

裴艳玲：最对不起的人，父亲。

白燕升：没赶上你好时候？

裴艳玲：应该赶上了一点点。他应该说留了一个遗憾，后来我给他补上的时候，他已经不在了。因为我父亲他知道自己的这个女儿是个什么材料，特别是他是一分一厘这么积攒起来的，用他的话说："我带着我这孩子是东颠西跑，掷色子押宝。"他闯过码头，受过挤兑，给人家打擂台啊，得把人家打下去，他有过这样的磨难。而且，他闯荡过，他是把一辈子的心血都给我了。我小时候皮，皮孩子就冲啊，爆发力特别强，不知道什么叫累，就跟男孩子一模一样，就拿我当男孩子养，文的武的。正在红的时候，你想我周岁九岁吧，我在山东乐陵京剧团，就那人家月薪八百块。那时候他觉得他的女儿，目标至少应该像李少春那样，李万春那样，至少是一个大角儿吧。正在辉煌的时候，河北省要扶持河北梆子，就唱了河北梆子了。

白燕升：坐科京剧，挑班唱京剧，为了响应政策，调到了河北省跃进河北梆子剧团。

裴艳玲：不是响应政策，我到了之后三天没打开行李卷，就不想待。我三月到的河北梆子剧团，五月就唱了一个《闹天宫》，毛泽东一看，他又喜欢，又唱了一段《借东风》，那更走不了了。那省委说你走，我们怎么交代？

白燕升：您是哪一年给毛主席演出？

裴艳玲：1960年啊，1960年5月。

白燕升：在哪里？

裴艳玲：在天津啊，俱乐部啊。你看啊，我们1955年就唱了大把的京剧老生，这变成河北梆子了，我跟弦就说不了话。那多高啊，我根本就够不着。就光唱武生戏，光唱《闹天宫》，你说有多苦恼啊。

白燕升：于是在很长的时间里，很多的观众都认定，您是个河北梆子演员。

裴艳玲：河北梆子，而且还是个女武生。阴差阳错。

白燕升：那父亲后来呢？

裴艳玲：后来他老挑唆我，我不安心，老想走。你看我到了梆子剧团，光唱《宝莲灯》，给人拧旋子，光唱《八大锤》，扳腿，光唱《闹天宫》，唱昆曲，《探庄》也是昆曲。没有艺术那根弦说话了，成了武生演员了。越红越走不了，到北京唱，北京红，毛主席接见，到上海，上海红，到天津卫红。因为这个，人家领导也不放心，调动我父亲工作，我父亲说我哪儿也不去，你想开我就开我吧，我就回家种田去。结果他脾气也不好，不服从调动。

白燕升：您父亲对您特别看重。

裴艳玲：他看得准，他知道我是什么材料。

白燕升：您在梆子剧团待了多少年？

裴艳玲：就这么稀里糊涂也大半辈子了，二十多年吧。我父亲就跟人吹，说我女儿老生唱得好啊！我跟她做做工作，让她给你们唱老生。他做我的工作，唱《南北和》老生戏，一唱，人家都说我唱得好，还都学我这个样。我说你们别学，我唱的不是梆子味。后来我红遍世界，我那么红，我一出现，别人就跟他说："你看你女儿那么优秀，那么好！"可他心里边难过，"什么时候让我那闺女唱回去京剧我才高兴，你们唱的这什么啊。"他还是觉得我在那个圈是大材小用。

白燕升：所以说，您在知天命的年纪又回到京剧，是为了完成父亲的梦。

裴艳玲：对了。

【演出录像】

【字幕】京剧《战太平》选段　演唱：裴艳玲

【演播室】

白燕升：裴老师，我知道您在舞台上给我们带来大开大合、大悲大喜的那样一种形象，那样的一种张力。其实我今天懂了，我曾经用十五年的时间来解读您，您在我心中一直是个谜，今天跟裴艳玲老师做了如此有深度、有长度、有深度的访谈之后，裴老师解开了我心中很多的谜团。我也没有别的祝愿，我祝福我所喜爱的，我这么多年来敬重的裴艳玲老师能够坚持自己，继续在舞台上陶醉自己，感动喜欢的我们。裴老师，祝福您！

【演出录像集锦】

【画外音】

戏是我的天，戏是我的魂。戏是我的梦，戏是我的根。

【演出录像】

【字幕】京剧《闹天宫》片段　裴艳玲饰　孙悟空

【栏目片尾】

之三 《梨园春》

——2016擂响中国年度总决赛

【时　　间】2017年2月5日

【时　　长】75分钟

【制作单位】河南电视台

【制作人员】总制片人：庞晓戈

制　片　人：齐　柯

主　　编：王　衡

撰　　稿：李　凡　艾　楠

导演组：赵　涛　金　鑫　松柏劲　陈云霞　王　鑫
　　　　胡　静　周　媛　王若愚　和振雄　姚　远
　　　　邵　娜

导　　播：刘应志

摄　　像：王晓东　马胜军　黄晓芳　席庆罡
　　　　宋军辉　李国光　田济铭　邵天姿

技　　术：杜保欣　刘　超　张牧原　齐　航
　　　　冯建民　晁大凯　张　鑫

录　　音：全明霞　焦刚宁　马媛媛

音　　响：刘　宇　王真子　唐建峰　黄　朔　白　泉
化　　妆：马　兰　徐红菲
制　　片：高贯磊
字　　幕：周　媛　胡　静
宣传推广：雷静团队
新媒推广：龙涛团队
形象包装：张霞团队
制作保障：廖璐团队
研发统筹：马宇团队
制作监制：殷利国
监　　制：李　波
总 监 制：王少春
播出时间：周日 19：30

【片头】

【演播室】

【字幕】主持人　庞晓戈

庞晓戈：亲爱的观众朋友们，大家晚上好！今天是大年初九，在这儿我们要再次给大家拜个年，祝大家新春快乐！朋友们，您现在收看的是"郎牌特曲杯"《梨园春》2016 擂响中国年度总决赛成人组的比赛。

【字幕】主持人　赵靓

赵　靓：朋友们，今晚一共有六位选手走进我们的总决赛，今晚的比赛将要分为两轮进行。

【字幕】主持人　程成

程　成：在今晚的舞台上，我们将要决出金奖、银奖和铜奖。所以，我们也希望所有的选手今天能够有不俗的表现。

【字幕】主持人　刘雯

刘　雯：各位在收看精彩节目的同时，千万不要忘记打开您的微信，点击"发现"，选择"摇一摇"，来参与我们的"摇电视"互动。

一会儿我们将有大奖在等着各位，还等什么呢？3——2——1——摇起来！

庞晓戈：朋友们，让我们通过短片，认识今晚出场的第一位选手。

【选手介绍片】

【解说词】

程海维，从燕赵大地冉冉升起的一颗豫剧新星。她唱腔圆润，吐字清晰，表演沉稳，扮相俊美。从小跟姐姐学习戏曲的她，经过多年的摸索实践，最终形成了自己独特的风格。曲过燕赵生春色，花开梨园气更新。

【选手打擂】

【字幕】1号　程海维　26岁　河北省邯郸市　豫剧《破洪州》选段

（1号选手程海维演唱结束）

【字幕】主持人　关枫

关　枫：1号选手程海维来自河北邯郸，虽然是一位来自外省的选手，但是来到《梨园春》的舞台上，依然是主场，知道为什么吗？因为她带来了一个非常庞大的亲友团，今天来到现场了，咱们是不是掌声欢迎他们登场？（掌声）

赵　靓：掌声有请！

（往期明星擂主登台助威）

关　枫：来来来，这几位大家都是再熟悉不过了。

赵　靓：这过年了，大家在我们的舞台上团圆了。

关　枫：那这样好不好，要怎样给他们拉票呢？

助威团：那今天咱们就——唱起来！

【即兴演唱】

【字幕】《梨园春》明星擂主　杨松慧

杨松慧：大家伙都来啦，咱们说说知心话。

【字幕】《梨园春》明星擂主　李新伍

李新伍：大家伙都来啦，咱们随便拉一拉。

【字幕】《梨园春》明星擂主　周雷达

周雷达：《梨园春》的总决赛，选手各个顶呱呱。

【字幕】《梨园春》明星擂主　张艳红

张艳红：海维登台来打擂，咱一起帮她把票拉。

助威团：戏曲艺术魅力大，《梨园春》就是咱们的家！

关　枫：海维啊，在这样一个大家庭当中，什么心情？

程海维：家人们的到来让我非常地激动，他们不仅给了我温暖，更是给了我力量！

关　枫：所以说刚才的表现不一般吧？

赵　靓：加油加油！加油海维！

关　枫：我们来听一听评委的意见。

【评委点评】

【字幕】评委　闫学晶

闫学晶：我真是开了眼了，上了深深的、很重要的一课。我唱二人转已经有30年了，今年工作了整整30年。我能体会到东北二人转在东北黑土地上那种家喻户晓、喜闻乐道、寓教于乐。今天来到河南，在这个舞台上，在《梨园春》的赛场上，无论台上台下，都让我感觉到艺术的魅力，还有《梨园春》办得这么好，让我深深的感动。刚才小妹在台上的表演，我没有评价的资格，我只有学习的资格。无论从扮相、嗓音、身段各个方面，我都觉得很完美。当然后面还有很多优秀的选手，所以在这里我不加评价，我只祝福妹妹能够越表演越好，像在座的各位老师和台上为你助阵的亲友团们。希望你能有一个好的心态，无论是输是赢，能够站到这个《梨园春》的舞台上展示自己喜欢的豫剧，这已经是非常成功了。希望你珍惜机会，好好表现，也祝福你有更好的名次，将来在豫剧的舞台上大放光彩。谢谢大家！

关　枫：现场的大众评审大家做好准备，请打分——

（大众评审为1号选手程海维打分）

赵　靓：我们祝贺程海维获得了观众支持率是375分！

关　枫：祝贺！祝贺海维！我们通过短片，来了解下一位。

（第2—6位选手依次进行比赛，略）

附录 D　若干优秀戏曲电视栏目台本

【片花】

【演播室】

【第一轮比赛结果】

庞晓戈：观众朋友们，第一轮的比赛就全部结束了，让我们关注一下刚才比赛的 6 位选手在一轮之后的排名。

关　枫：我们看一下，排在第一位的胡锡安 401 分，后面依次是王二震、张丽、孟世坤、杨进军、程海维。

庞晓戈：接下来，我们要叠加场外的打分，我们一起来关注一下。

关　枫：好了，场外的 App 打分呢，总共是 300 分，现在杨进军和张丽在场外得分比较高，现在统一叠加场内（应为外）打分。现在排名有了变化，排名第一的张丽，紧接着：杨进军、胡锡安、王二震、孟世坤、程海维。

庞晓戈：接下来要请我们的七位评委投票了，您可以选择 3 位您认为可以进入第二轮比赛的。

（评委为选手投票，评委举牌支持三位选手，获支持者每次加 50 分）

关枫：好了，第一轮的最终排名已经出来了，排在第一的张丽 837 分，第二杨进军 727 分，第三胡锡安 634 分。我们祝贺他们顺利进入第二轮比赛当中！

庞晓戈：同时我们也恭喜其他三位选手！

【片花】

【演播室】

庞晓戈：欢迎大家回到"郎牌特曲杯"《梨园春》2016 擂响中国全国戏迷擂台赛总决赛的直播现场。下面是我们第二轮的比赛，经过本轮，我们就要产生本年度成人组的金奖和银奖。接下来，我们要请现场的 500 位大众评审为 3 位选手投票。

（现场大众评审为获得前三名的选手投票，得分分别是：3 号张丽 382 分，4 号杨进军 396 分，6 号胡锡安 360 分）

庞晓戈：好了我们看一下关注打分的排名。接下来我们要请艺术家评委来投票，每人选择一位您认为今天最应该获得金奖的选手，请表决。

关　枫：支持3号的有两位。

庞晓戈：为张丽加20分。

关　枫：有7位评委支持4号。

庞晓戈：为杨进军加上70分。

关　枫：还有一位评委支持的是6号。

庞晓戈：为胡锡安加上10分。

关　枫：再来看一看，现在的排名已经发生了变化，排名第一的是杨进军466分！张丽排在第2位，紧接着是胡锡安。

【片花】

【演播室】

庞晓戈：欢迎大家回到"郎牌特曲杯"《梨园春》2016擂响中国全国戏迷擂台赛总决赛的直播现场。

关　枫：亲爱的朋友们，经过大半年的激烈鏖战，马上我们2016擂响中国全国戏迷擂台赛总决赛成人组的金奖就要诞生了。接下来我们要看看我们七位明星评委将如何表决，这一次首先从范军评委开始。

（明星评委为第二轮晋级的三位选手投票，每获得一票加50分）

关　枫：最后的结果出来啦！祝贺杨进军排在第一位716分，他是我们2016成人组的冠军，祝贺杨进军！

庞晓戈：祝贺张丽，祝贺胡锡安，获得本年度的银奖擂主！亲爱的朋友们，到这里，"郎牌特曲杯"《梨园春》2016擂响中国全国戏迷擂台赛总决赛就要圆满地落下帷幕了，我们要向所有获奖的选手表示祝贺。在这里，再次恭祝大家新春快乐，万事如意！朋友们，再见！

【片尾】

之四　《百花迎春》

——2016十省市春节戏曲晚会

【时　　长】120分钟

【制作单位】中国戏剧家协会、安徽广播电视台、河北电视台、北京电视台、天津广播电视台、河南电视台、山西广播电视台、上海广播电视台、广东广播电视台、辽宁广播电视台、甘肃广播电影电视总台

【制作人员】制 片 人：李　季
　　　　　　主　　编：胡明明
　　　　　　导 演 组：李　鹏　李大磊　秦时月　刘羽真　裴　勇
　　　　　　　　　　　赵国栋
　　　　　　导　　播：戴蔚安　马　骏
　　　　　　摄 像 组：崔子豪　曹胜枫　刘航凯　陈　成　陈　敏
　　　　　　　　　　　张丙根　厉夕昌　吴　磊　吴大鹏　陈　辉
　　　　　　　　　　　杜　斌　鲍　涛　许　琨　裴世健　赵灿灿
　　　　　　发型设计：吴家慧
　　　　　　制　　片：谢丽雅
　　　　　　服　　装：何　云
　　　　　　舞美设计：李　伟
　　　　　　灯光设计：李小龙
　　　　　　化妆设计：李　朕
　　　　　　化　　妆：沈亚玲　王　宇　韩　韬
　　　　　　现场统筹：鲁　岩　王力平　李云光　许修环　汪大胜
　　　　　　特种设备：丁海林　杨　杰　李新坤
　　　　　　音　　频：王　照　谢文革　包爱萍　杨　错
　　　　　　　　　　　吴彦翔　钱朝春
　　　　　　视　　频：宗永怡　王先磊　聂亚星　周　仪
　　　　　　　　　　　杨晓华　葛　晓　叶　宁　宋超英
　　　　　　场　　务：王力平　田洪彬
　　　　　　剧　　务：张美娣　吴丽萍
　　　　　　技术监制：李伟中　潘效军　蒋　蓓
　　　　　　监　　制：王玲梅　葛　晓
　　　　　　总 监 制：禹成明

【片头】

【演播室】

【开场】《金猴闹春》

【字幕】《金猴闹春》作曲：刘礼民　伴舞：苏根树　王小明　冉金钊　表演：河北省河北梆子剧院演员

（主持人登场）

【字幕】主持人：白燕升

白燕升：尊敬的各位来宾、各位朋友，现场和电视机前的戏迷朋友、观众朋友们，大家过年好！亲爱的朋友们，您现在看到的是由中国戏剧家协会，河南电视台、河北电视台共同主办，河北电视台承办的"百花迎春"——2016年十省市春节戏曲晚会。

【字幕】主持人：妙然

妙　然：北京电视台、天津广播电视台

【字幕】主持人：程成

程　成：上海广播电视台、安徽广播电视台

【字幕】主持人：方琼

方　琼：广东广播电视台、甘肃广播电影电视总台

【字幕】主持人：王晋宁

王晋宁：山西广播电视台、辽宁广播电视台

【字幕】主持人：赵靓

白燕升：过去的2015年，对于广大的文艺工作者尤其是戏曲人来讲，至关重要，非常地难忘。因为在2014年10月，习近平总书记在北京主持召开了文艺工作座谈会，并发表了重要讲话，可以说为新时代的文艺工作指明了方向。

妙　然：没错，在2015年国务院颁发了支持戏曲传承发展的若干政策，为戏曲的传承与发展提供了保障。

方　琼：今晚，来自十省市的戏曲艺术家们将与我们的普通百姓同台演唱，共同为大家奉献一场异彩纷呈的戏曲盛宴。首先让我们来欣赏黄梅戏《天仙配》选段。

【节目】黄梅戏《天仙配》选段

【字幕】黄梅戏《天仙配》选段

演唱：赵媛媛　余　顺　钱博秀　杨思益

伴舞：安徽省黄梅戏剧院小梅花剧团

白燕升：说到《天仙配·树上的鸟儿成双对》，几乎成了一个时期的流行歌曲了，可见黄梅戏的音乐流传度之广。安徽不光有黄梅戏，还有徽剧，徽汉合流形成了京剧。在京剧界有这么一句话："千旦百生一净难求"，是说花脸人才的难得。

妙　然：没错，接下来我们要有请的是裘派传人邓沐玮以及他的两位得意门生石维、赵隆基为我们带来经典唱段《铡美案》。

白燕升：有请！

【节目】京剧《铡美案》选段

【字幕】京剧《铡美案》选段

　　　　演唱：邓沐玮　石　维　赵隆基

　　　　鼓师：吴　勋

　　　　琴师：王铁柱

赵　靓：谢谢！非常精彩！晋宁，你来自山西，我来自河南，今天我们来到河北，我想我们两个怎么能错过地地道道的河北梆子呢？

王晋宁：那必需的，来一趟不容易，一定要过足了这河北梆子的戏瘾啊！

赵　靓：对，我特别喜欢听，而且每每听到河北梆子的时候，我总是觉得，它不仅唱出了河北人民豪迈的气概，更是唱出了我们燕赵大地宽广无私的胸怀。

王晋宁：其实特别地爽是吧！

赵　靓：没错！

王晋宁：好！接下来呢，我们就有请河北梆子的著名表演艺术家吴桂云和票友于杏恩联袂为大家表演河北梆子《长剑歌》选段，大家说好不好？掌声欢迎二位！

【节目】河北梆子《长剑歌》选段

【字幕】 河北梆子《长剑歌》选段

演唱：吴桂云　于杏恩（票友）

白燕升： 谢谢！谢谢名家名票带给我们慷慨激昂的演唱。可以这样讲，河北梆子就是我的乡音乡情。无论走到哪，只要河北梆子的旋律响起，我就浑身舒坦，耳热心酸。

妙　然： 那就是一声乡音带来一缕乡情。

白燕升： 当然了，我经常跟年轻的朋友讲，无论大家是否喜欢戏曲，我们首先要从心里尊重它，因为它太"中国"了。我还跟年轻的朋友讲，你不了解中国的戏曲，你不了解中国的传统文化，你也未必懂得什么是真正的时尚。

妙　然： 其实对于艺术工作者来说，推陈出新就是时尚。也正是因为一代又一代的老艺术家不断地推陈出新，才让我们的国粹，才让我们千年精彩的文化焕发出勃勃的生机。那么接下来，我们就要有请梅花大奖的获得者，著名的评剧表演艺术家，花派传人冯玉萍为我们带来新编的剧目《孝庄皇后》。

白燕升： 有请！

【节目】 评剧《孝庄皇后》选段

【字幕】 评剧《孝庄皇后》选段

演唱：冯玉萍

表演：河北省河北梆子剧院演员

赵　靓： 移植和改编经典剧目是戏曲艺术的优良传统。《牡丹亭》是昆曲的经典之作，以此为蓝本改编的粤剧《金石牡丹亭》，保留了原本的故事，重写了全部的词曲，更是融入了西方的歌剧元素，让人耳目一新。

王晋宁： 接下来呢，我们就有请广东的李淑勤老师为我们带来粤剧《金石牡丹亭》。

赵　靓： 有请！

【节目】 粤剧《金石牡丹亭》选段

【字幕】 粤剧《金石牡丹亭》选段

演唱：李淑勤

表演：广东佛山粤剧院

程　　成：其实说到我们中国的戏曲，朋友们可能会首先想到京、评、梆、豫这四大剧种，其实我们中国的戏曲呢，资源非常的广博，据统计一共有370多种地方戏曲。

方　　琼：没错！就拿我们河北来说吧，土生土长的地方小戏就有26种。我们今天现场的观众朋友，有没有谁会唱地方小戏的，有没有啊？

程　　成：这么多啊！（移步观众席）来来来，这位观众，唱两口啊！

方　　琼：唱得真好听啊！但是观众朋友们，我们这些地方小戏种啊也面临着传承的困境。在我们河北石家庄，就有这样一位老人，为了戏曲的传承，坚守了60年，我们来看记者的采访。

【播放乱弹传承人——张小梅专题片】

【解说词】在河北省会石家庄，藁城周边的村子里，流传着一种独特的民间剧种，其高亢的"吼"腔，曾经在这片土地上盛行了200多年，这个剧种就是河北省非物质文化遗产——乱弹。这个老人叫张小梅，她今年76岁了，是藁城北周卦村乱弹剧种的传承人。从16岁开始唱戏，到今天她已经在乱弹的舞台上唱了整整一个甲子。

【字幕】张小梅　河北省非物质文化遗产"乱弹"传承人

张小梅：（剧团）最兴旺的时候，我们这村里乱弹人人喜欢，出去演唱的场数特别多。我们村里个顶个的，有三千多口子人都会唱乱弹。我们大队里去（剧团）报名的人，那屋子盛不下。

【解说词】两百多年来，一代代乱弹艺人根植于大众民间，活跃在街头乡野，为庄稼人带来了难得的精神食粮。然而现在，曾风光无限的乱弹，已不见当年盛况，甚至面临灭绝的危险。

【字幕】张小梅　河北省非物质文化遗产"乱弹"传承人

张小梅：年轻的人们都不愿意学（乱弹），现在我们剧团里最年轻的都40多岁了。老艺人们平均都70多岁，我就是怕我们村这乱弹灭了。我就到了晚上，去找这孩子们，"孩子们去跟我学吧，谁跟我学一晚上，我给他一块钱！"这，孩子们还不愿意学呢。

【解说词】张小梅口中最年轻的演员，其实就是她的女儿和儿子。

【画外音】张小梅：我就说，别人的孩子我管不着，你们是我的儿女，你们得听我说。你们来学戏，劝你们同学都来学，这乱弹有人学了就灭不了！

【解说词】尽管面临着失传的困境，张小梅仍然没有放弃。

张小梅：我这腿不行了，他们就拿三轮驮着我，挨家挨户地我去找人，找十户，有一户学来，我这心里就特别高兴。暂时啊，有四五个孩子跟着学了，我这心里特别高兴。这乱弹，灭不了了。

【片花】

【演播室】

程　成：现场的观众朋友们，我们先要把最热烈的掌声送给这位可爱的老人！

方　琼：这就是我们刚才在片子中看到的张小梅张奶奶。奶奶您好！先来跟我们大家打个招呼。

张小梅：大家好！我是石家庄藁城北周卦村乱弹剧团的负责人，是乱弹非物质文化遗产的传承人，我叫张小梅，今年76岁了。

方　琼：您听张奶奶说话这声调，这气势，这都是唱乱弹唱的吧？

程　成：当然，包括张奶奶这说话的时候这一起势，这一看身上就有功夫。其实刚才看到的这个小片，让我们所有的人都非常感动，张奶奶自己拿钱找人学乱弹。

张小梅：俺们村啊，这年轻的人们都不学这了。我师父对我说："老祖宗传下来的，不要让这乱弹灭了！"我就找这孩子们去学，跟我学一晚上我给一块钱，有了这些孩子们呢，我说这乱弹灭不了了，我这心里头特别的高兴！

（掌声）

方　琼：刚才张奶奶说的这话多好啊："老祖宗传下来的，不要让这乱弹灭了！"我想这也是每一个戏曲人不可推辞的一份责任，让我们再次向张奶奶致敬，谢谢您！也祝您身体健康！

【节目】京歌《美丽中国》

【字幕】京歌《美丽中国》

　　　　　编舞：霍丽娟

　　　　　演唱：管波

　　　　　表演：河北省石家庄市歌舞剧院

【字幕】主持人：白燕升

白燕升：现场和电视机前的观众朋友们，您现在看到的是由中国戏剧家协会、

【字幕】主持人：妙然

妙　然：北京电视台、天津广播电视台

【字幕】主持人：程成

程　成：上海广播电视台、安徽广播电视台

【字幕】主持人：方琼

方　琼：广东广播电视台、甘肃广播电影电视总台

【字幕】主持人：王晋宁

王晋宁：山西广播电视台、辽宁广播电视台

【字幕】主持人：赵靓

河南电视台、河北电视台共同主办，河北电视台承办的"百花迎春"——2016年十省市春节戏曲晚会。

白燕升：是啊，在东西南北中各大剧种荟萃的戏曲盛宴上，我想当然离不了发源于浙江嵊州、发祥于大上海的越剧了。所以接下来，我们为大家推介的就是越剧《梁山伯与祝英台》选段"十八相送"，有请！

【节目】越剧《梁山伯与祝英台》选段

【字幕】越剧《梁山伯与祝英台》选段

　　　　　演唱：斯钰林　俞景岚

（中间部分节目略）

白燕升：观众朋友们，戏曲有着绵延八百年不断的历史，足以证明它的源远流长，它的魅力永恒。

妙　然：没错，只要坚持以人民为中心的创作导向，并且大力弘扬社会主义核心价值观，展现真善美，弘扬正能量，我们相信，戏曲的春

天一定是百花齐放、百家争鸣。

程　成：新的一年，是十三五规划的开局之年，全面建成小康社会进入决胜阶段。

方　琼：让我们用文艺凝聚中国精神，用戏曲凝聚中国力量。

王晋宁：让我们在实现中国梦的道路上，

赵　靓：在实现中华民族伟大复兴的道路上，勇往直前，奋发图强！

妙　然："百花迎春"——2016年十省市春节戏曲晚会到这里就全部结束了，我们来年再见！

附录 E 诸种戏曲电视综艺形态

之一 戏歌《前门情思大碗茶》

前门情思大碗茶

独唱

阎肃词
姚明曲

我爷爷小的时候 常在这里玩耍,
如今我海外归来 又见红墙碧瓦,

盘整与辨正

高高的前门　　仿佛挨着 我的家，
高高的前门　　几回梦里 想着它，

一蓬 衰草　　几声蛐蛐儿叫，
岁月 风雨　　无情任吹打，

伴随他度过了　那灰色的年　华。
却见它更显得　那英姿挺　拔。

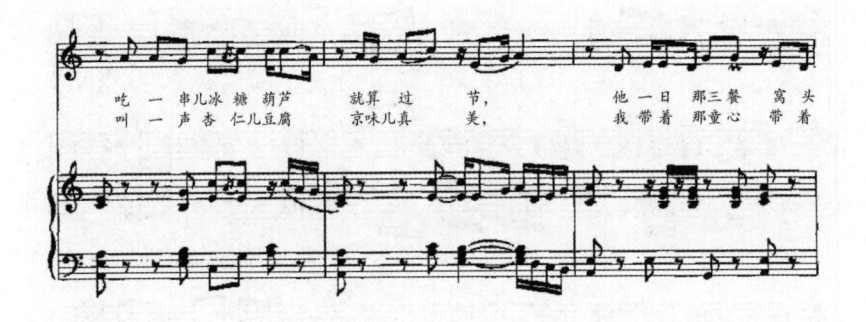

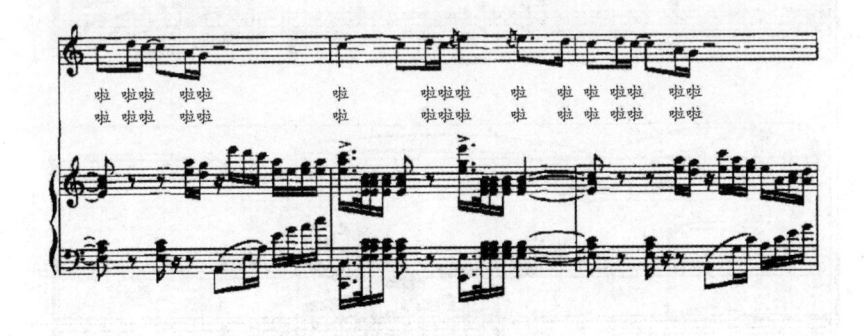

附录E 诸种戏曲电视综艺形态

吃一串儿冰糖葫芦　就算过节，　　　　　他一日那三餐窝头
叫一声杏仁儿豆腐　京味儿真美，　　　　我带着那童心带着

咸菜么就着一口大碗儿茶。　　　　　　啦　啦啦啦　啦　啦
思念么再来一口大碗儿茶。　　　　　　啦　啦啦啦　啦　啦

啦 啦啦 啦啦　　　啦　啦啦啦　啦　啦 啦啦 啦啦
啦 啦啦 啦啦　　　啦　啦啦啦　啦　啦 啦啦 啦啦

盘整与辨正

世上的饮料有千百种　也许它最廉价，　　可谁知道　谁知道
世上的饮料有千百种　也许它最廉价，　　可为什么　为什么

谁知道它醇厚的香　味儿　　　　饱含着泪　花。
为什么它醇厚的香　味儿　　　　直传到天　涯。

它饱含着泪　　　　花。
它直传到　　　　

天　　　涯。

之二　戏曲小品《群丑争春》

【时　　间】古代

【编　　剧】魏明伦　徐城北

【导　　演】王永昌

【人　　物】朱世慧　寇春华　牛得草　张寄蝶　刘异龙　林继凡
　　　　　　李笑非　伍廷芳　王道正　刘淑萍　纪亚福　吴建平
　　　　　　汪永龙　汤碧清　郎石林　王守一　廖红军　庞祖元
　　　　　　阎韵喜　宋久明　朱宏志　刘国庆

【演出时间】1993年春节联欢晚会

【锣鼓声起，群丑上台亮相，在舞台中央分为两组，各居一边】

群丑【唱】：除夕夜大联欢聚会群丑

（群丑分散在舞台中穿插而行，锣鼓声中，两两对视）

群丑【唱】：白豆腐豆腐白堆上鼻头，唱南腔说北调各显身手。我很丑，但我很温柔。我很丑，我很丑，可是我很温柔。

小和尚（昆曲）：我说，光有温柔还不够。我很丑，可是我很风流。

蓝衣丑：我很丑，我很宽厚。

《连升三级》（高甲戏）：我很丑，我很自由。

阮　妈（评剧）：我很丑，我丑而不保守。

贾　桂（京剧）：我很丑，我丑而不下流。

王　英（京剧）：我很丑，我矮而好斗。

紫衣丑：我很丑，我穷而不偷。

红衣丑（川剧）：我很丑，我内秀而不内疚。

蓝衣丑：我很丑，我多思而不多愁。

芝麻官（豫剧）：我很丑，我丑而不臭。

群　丑：……

芝麻官（豫剧）：俯首甘为孺子牛。

娄阿鼠（沪剧）：我们都很丑，丑得各有千秋。

皇　　帝：表面看百般丑陋，细欣赏美不胜收。

群　　丑：对，美不胜收！

【群丑或蹲或站在舞台中央，齐声说道】

群　　丑：京剧　川剧　昆曲　豫剧　评剧　高甲戏

【高甲戏以方言说道】

群　　丑：哎……

阮　　妈（评剧）：哎，请讲普通话。

红衣丑（高甲戏）：福建高甲戏，《连升三级》。

群　　丑：好！红衣丑（川剧）：公爷跑马。

皇　　帝：皇帝登基。

娄阿鼠（沪剧）：老鼠偷油。

紫衣丑：花子扯皮。

小和尚（昆曲）：和尚下山。

【小和尚表演水袖功】

王　　英（京剧）：矮子娶妻。

【王英拉着王婆走到台前，被王婆用手中的拐杖敲了一下头】

红衣丑（川剧）：木偶游戏。

贾　　桂（京剧）：太监溜须。

阮　　妈（评剧）：阮妈说媒。

王　　婆：王婆骂鸡。

群　　丑：住口！

王　　婆：不不……王婆夸鸡。

群　　丑：对了——

贾　　桂（京剧）：今春正逢鸡年，我说各位丑兄丑弟……

群　　丑：哎！

贾　　桂（京剧）：丑姐丑妹……

群　　丑：哎！

贾　　桂（京剧）：来一段众丑夸鸡。

群　丑：对，众丑夸鸡。准备……您来。

皇　帝：起个调。

贾　桂（京剧）：雄鸡……预备，唱！

群　丑【唱】：雄鸡，雄鸡，高声叫。叫得新年红双喜，红呀么红双喜。

皇　帝：向日迎春报晓鸡。

蓝衣丑：恋乡守园稼场鸡。

芝麻官（豫剧）：能征惯战大公鸡。

阮　妈（评剧）：下蛋孵仔肥母鸡。

武　丑：高耸高耸芦花鸡。

王　英（京剧）：矮墩矮墩来杭鸡。

红衣丑（昆剧）：美男子，凤头鸡。

王　婆：丑婆子，吐绶鸡。

芝麻官（豫剧）：河南道口元宝鸡。

娄阿鼠（沪剧）：上海还有三黄鸡。

紫衣丑（川剧）：四川土产怪味鸡。

小和尚（昆曲）：西餐大菜咖喱鸡。

贾　桂（京剧）：外国传来肯德基。

蓝衣丑：北京流行荣华鸡。

绿衣丑：快餐竞赛鸡斗鸡。

芝麻官（豫剧）：看得是彩色电视机。

……丑：听的是双卡收录机。

蓝衣丑：打的是电子游戏机。

娄阿鼠（沪剧）：玩的是傻瓜照相机，咔嚓咔嚓咔嚓嚓。

贾　桂（京剧）：打火机，打字机。

娄阿鼠（沪剧）：洗衣机，BP机。

贾　桂（京剧）：程控电话机。

娄阿鼠（沪剧）：直播电话机。

贾　桂（京剧）：录音电话机。

娄阿鼠（沪剧）：磁卡电话机。

贾　桂（京剧）：移动电话机。

娄阿鼠（沪剧）：可视电话机。

贾　桂（京剧）：可视电话机。

贾　桂（京剧）：巩俐主演《霸王别姬》。

红衣丑（川剧）：川剧名丑刘成基。

……丑：大唐天子李隆基。

王　婆：巾帼女子蔡文姬。

娄阿鼠（沪剧）：苔丝姑娘金斯基。

蓝衣丑：波音飞机。

……丑：波丝小姬。

蓝衣丑：波姬小丝。

……丑：波丝小姬。

贾　桂（京剧）：嘿，电影明星不是机。

小和尚（昆曲）：奥运大战洛杉矶。

贾　桂（京剧）：嘿，洛杉矶也不是机。

【群丑在舞台中间散开，分为两组】

群　丑：轰轰隆隆推土机。拖拉机，升降机。起重机，压路机。激光电唱机，数码录音机。电脑打字机，投影放像机。激光照排机，电子计算机。自动售货机，自动数钞机。自动翻译机，自动卷烟机。

小和尚（昆曲）：一次成相机。

贾　桂（京剧）：万吨水压机。

小和尚（昆曲）：核能发电机。

贾　桂（京剧）：电子对撞机。

小和尚（昆曲）：垂直起飞战斗机。

贾　桂（京剧）：无人驾驶侦察机。

群　丑：盖了帽喽。

芝麻官（豫剧）：无机不成现代化，万事不能离开机。

群　丑：对！无机不成现代化，万事不能离开机。鸡年吉祥献绝技,闻鸡起舞各争奇,闻鸡起舞各争奇。

川　　剧：看我的。

【川剧变脸表演】

【皇帝表演辫子功】

【王英表演扫长腿】

【时迁翻跟头上台】

群　　丑：你是谁？

时　　迁：鼓上骚时迁。

群　　丑：啊,梁山好汉。

时　　迁：我要偷……

群　　丑：偷什么？

时　　迁：时迁鸡年不偷鸡,献上一只丑——小——鸭！

群　　丑：……

时　　迁：对,一群丑小鸭！

群　　丑：好！

之三　昆曲MTV《牡丹亭·皂罗袍》（分镜头稿本）

【制作单位】苏州电视台

镜号	景别	技巧	字幕	画面
1	中景	推成远景		苏州园林,凉亭一角（鸟鸣声声）
2	特写	叠画		桌面上《牡丹亭》线装书一册
3	特写	叠画		《牡丹亭》翻开的书页
4	特写		昆剧MV 《牡丹亭·皂罗袍》	《牡丹亭》翻开的书页
5	远景			杜丽娘临窗眺望
6	远景			杜丽娘从房中走出
7	远景			杜丽娘穿过长廊
8	中景		演唱　孔爱萍	杜丽娘房中起舞

续表

镜号	景别	技巧	字幕	画面
9	中景		伴奏　江苏省昆剧院乐队	杜丽娘园中起舞
10	近景		导演　殷德泉	演员生活中的状态
11	特写	叠画	摄像　王洪生	杜丽娘凝视前方
12	特写	叠画	化妆　姜曙红 剧务　赵兵	杜丽娘手持折扇，翩翩起舞
13	近景	叠画	特技　孟丹	演员生活中的状态
14	特写	叠画	制片人　薛晓	杜丽娘以扇子遮脸，渐渐拉开
15	特写	叠画	监制　赵发生	杜丽娘在林中环顾四周
16	远景	镜头推	原来姹紫嫣红开遍	杜丽娘穿行园中
17	近景	叠画		杜丽娘停下，伫立于小树前
18	近景	叠画推特写		杜丽娘在楼中凝望远方
19	特写	叠画		杜丽娘闻香于花丛中
20	中景	叠画镜头推		杜丽娘手持折扇，园中起舞（转身）
21	远景	叠画	似这般都付与断井残垣	楼下园中，杜丽娘独自轻歌曼舞移步至井边
22	近景	叠画		杜丽娘望井中影像，梳理妆容
23	特写	叠画		水中映出杜丽娘的容貌
24	全景	叠画推近景	良辰美景奈何天	杜丽娘楼中观赏园中景色
25	全景	叠画		杜丽娘楼中穿行，移步向前
26	特写	叠画	便赏心乐事谁家院	杜丽娘以扇遮脸，轻吟浅唱
27	全景	叠画推远景		园中树木郁郁葱葱
28	全景	叠画	朝飞暮卷	杜丽娘在戏台上起舞
29	全景	叠画		杜丽娘在戏台高层上起舞
30	中景	叠画	云霞翠轩	杜丽娘在戏台上起舞
31	全景	叠画		从门帘后望去，杜丽娘翩翩起舞
32	全景	叠画仰拍	雨丝风片	树木挺拔，苍翠浓密
33	近景	叠画	雨丝风片	杜丽娘园中赏景
34	特写	叠画	烟波画船	杜丽娘园中起舞，眼神流转
35	全景	叠画	锦屏人忒看的这韶光贱	杜丽娘推开窗，眺望远方
36	特写	叠画		杜丽娘观赏园中景色，背影
37	全景	叠画		杜丽娘独步前行，园中流连

续表

镜号	景别	技巧	字幕	画面
38	特写	叠画	遍青山啼红了杜鹃	杜丽娘穿着红色绣鞋，园中流连
39	近景	叠画		杜丽娘园中起舞，顾盼春色
40	近景	叠画		杜丽娘娇羞欲语
41	近景	叠画	那荼蘼外烟丝醉软	杜丽娘房中抚琴，几许沉思
42	特写	叠画		杜丽娘房中抚琴
43	近景	叠画镜头推		杜丽娘房中抚琴，几许沉思
44	特写	叠画镜头推	那牡丹虽好	杜丽娘园中清唱
45	远景	叠画	他春归怎占的先	杜丽娘长廊中起舞
46	全景	叠画推近景	闲凝眄	长廊一角，杜丽娘观赏美景
47	近景	叠画镜头推		杜丽娘独坐园中，凝神沉思
48	全景	叠画	兀生生燕语明如剪	园中树木郁郁葱葱
49	近景	叠画		窗外树木苍翠，杜丽娘窗边手捧书卷，细细阅读
50	特写	叠画		杜丽娘笑脸盈盈，明艳动人
51	近景	叠画	听呖呖莺声溜的圆	窗格后，杜丽娘走过
52	中景	叠画		杜丽娘穿行长廊中
53	近景	叠画		杜丽娘转身走进园中

附录 F 全国戏曲电视栏目一览表[①]

表 F–1　　　　　　中央电视台戏曲电视栏目一览表

电视台	栏目名称	播出时间	栏目介绍
中央电视台	CCTV 空中剧院	周三、六 19:20	《CCTV 空中剧院》栏目是 2003 年元月开播的戏曲栏目。该栏目是以"百花齐放、继承创新、强强联合、德艺双馨"十六字方针为宗旨,以播出经典大戏或折子戏为主体,以京剧艺术家和中国京剧优秀青年演员研究生的联合演出,通过现场直播或录播方式呈现给广大戏曲观众
	地方戏之窗	首播:周一 18:55 周一、二、三、五、日均有重播	戏曲频道于 2006 年 1 月 18 日开办的一个新栏目。新栏目本着推介名家名剧、铸造戏曲精品的原则和宗旨,从地方剧种中挑选、录制一批具有较深的思想性、较高的艺术性、较强的欣赏性的节目,保留了一批具有一定历史价值和文献价值、艺术欣赏价值的剧目

---

① 说明:

1. 本表所列资料来源于电视台网站、相关文献材料汇总、部分电视台调查采访。

2. 表格中标明停播的栏目均已停播,因部分电视台信息收集困难,或者未成功取得联系,故未注明停播的栏目中可能存在少量停播,以地市、县级为主。

3. 有的栏目改版更换了新的名称,笔者能够掌握的材料,均已注明,但不免遗漏。

4. 由于条件和经费的限制,全国现正播出的戏曲栏目未能全部囊括在内,特此说明。此外,有些栏目信息不全,也一并收录,以求相对完整。

5. 调查数据完成于 2017 年 3 月。

续表

电视台	栏目名称	播出时间	栏目介绍
中央电视台	点播时间	首播：周三 19:55	戏曲频道 2004 年 8 月 2 日改版后新开办的一档戏曲欣赏类节目。栏目根据观众点播要求，播出京剧和地方戏各剧种经典剧目、名家名剧名唱段
	电视剧场	隔周三播出　时长 120 分钟（已停播）	戏曲直播栏目。开播以后，现场直播了大量的优秀剧目。还播出了一些折子戏专场和名家、新秀个人专场。此外，每年还录制两到三部戏曲片
	叮咯咙咚呛第一季	周日 21:00（季播，第一季已完结）	《叮咯咙咚呛》是中央电视台推出的一档原创戏曲真人秀栏目，由董艺担任固定主持人，该栏目将戏曲与娱乐相结合，时尚流行的明星嘉宾与戏曲大师共同完成融合创新任务，让栏目变得非常有趣
	跟我学	每天 9:20	跟名师，学好戏。《跟我学》栏目以普及戏曲艺术、弘扬传统文化为己任，是中央电视台戏曲频道唯一一档以教授京剧和地方戏为宗旨的电视节目。以名家名师教授经典唱段为主，2006 年 5 月 3 日增加教授京剧和地方戏身段的内容。栏目口号：趣谈梨园多少事，戏里戏外有春秋，菊坛名家教名段，票友戏迷跟我学
	过把瘾	周日 19:20	是一个戏曲类综合性栏目，创办于 1999 年 8 月，原为 CCTV-3《新视听》栏目中的一个主要板块。2001 年 7 月 9 日戏曲频道开播后，扩展成一个独立的栏目，成为戏曲频道的主要栏目。该栏目的宗旨是弘扬民族文化、传播戏曲知识、活跃群众文化生活、满足戏迷需求、真诚为戏迷服务。它以知识性、参与性、娱乐性为主，节目风格轻松、活泼、欢快、有趣，强调场内场外互动，注重台上台下交流参与，内容贴近戏迷、贴近观众，给广大戏迷票友朋友们提供一个充分展示自己的舞台，让观众在观赏中得到快乐，在笑声中增长知识。《过把瘾》栏目坚持"走出去办栏目"的原则，深入戏迷中间，给全国各地的戏迷朋友提供展示才艺的机会，并深度挖掘发生在戏迷身上的感人故事。坚持不断创新，不断提高栏目品位，使《过把瘾》成为戏曲频道的名牌栏目和品牌栏目
	锦绣梨园	首播：周四 19:35　重播：周五　上午：10:30　下午：17:10（已停播）	戏曲文化专题栏目，每期 50 分钟，曾是戏曲频道黄金时段主打栏目之一。栏目定位：一个戏曲版图上的人文地理节目。栏目特点是文化感较强，缺点是与观众的交流不够。栏目口号：古典的神韵、地域的风情、时代的精神

续表

电视台	栏目名称	播出时间	栏目介绍
中央电视台	精彩回放	周一——周日 6:40 10:00 18:00	经典戏曲回放节目，历届春节戏曲晚会、新年京剧晚会、京剧演员大赛、京剧票友大赛、戏曲艺术片等精彩片段回顾
	九州大戏台（京剧版、地方戏版和影视戏曲版）	每天分三个时段播出 每个时段时长为100—200分钟 上午：07:45 下午：14:35 晚间：20:35	为进一步弘扬民族文化，振兴戏曲艺术，《九州大戏台》把黄金的时段、丰富的剧种、多彩的剧目奉献给观众，伴您共度美好的时光。该栏目是戏曲频道2004年8月2日改版后的栏目，分上午、下午和晚间三个时段，京剧、地方戏和影视戏曲三个节目种类。上午从7:45开始，每周一到周日均播放地方戏精选，时长100—200分钟。下午从14:35开始，每周一、三、四、五、六播放，以京剧为主，其中，周一为影视戏曲，周三为京剧音配像选萃，周四、周五、周六为有关京剧的板块。时长分别为100—200分钟。晚上从20:35开始，每周二、三、四、五、日播出，其中周二为京剧音配像选萃，周三、五为地方戏，周四为京剧，周日为影视戏曲。时长分别为100—200分钟
	九州戏苑	首播：周三19:35 重播：周四 上午：09:55 下午：16:35（已停播）	综合性栏目。原名《戏曲欣赏》，创办于1985年，1993年改版，是当时中央电视台第一套节目中唯一的戏曲栏目，2003年3月28日因栏目调整，进入戏曲频道，栏目自创办至今，多次荣获全国电视文艺星光奖"优秀栏目奖"。2003年第7期开始又进行了较大改动，开办了《与戏结缘》专题，邀请不同艺术门类的名家，畅谈与戏曲结缘的小故事，并回答和评述观众提出的各类问题，同时也强化了对戏曲活动的新闻报道
	快乐戏园	周一——周日 6:06	《快乐戏园》是一档日播少儿戏曲节目，以娱乐为基础，通过趣味性的节目形态，让传统的戏曲艺术以一种全新的方式，陪伴中小学生们快乐成长，也让更多的成年人通过孩子们天真烂漫的视角，发现戏曲艺术中独特的魅力，快乐地接受戏曲，爱上戏曲。激励孩子们在爱戏、学戏的过程中，让这古老而绚丽的艺术薪火相传，后继有人

续表

电视台	栏目名称	播出时间	栏目介绍
中央电视台	梨园闯关我挂帅	周五 20:30	《梨园闯关我挂帅》是中央电视台戏曲频道（CCTV-11）2011 年全新重磅推出的一档 60 分钟游戏闯关类戏曲综艺节目，节目宗旨是以轻松愉快的趣味答题、幽默爆笑的创意表演、紧张新颖的闯关游戏以及各路跨界明星的鼎力加盟，融汇多种综艺、益智等另类的方式吸引年轻人全方位多角度接触中国戏曲艺术，并慢慢发现戏曲的魅力，真正在寓教于乐中推广弘扬中国传统戏曲文化。节目从舞美设计、音乐设计、包装设计、游戏设计等各环节各方面都突出轻松、愉快、时尚的特点，而又不失戏曲的形式感
	梨园擂台	首播：周五 19:55	戏曲频道 2004 年改版后新推出的一档互动性、娱乐性的栏目。每期节目分 3 个环节，每个环节又分几个小的板块，分别是比赛环节（自我介绍、现场演唱、才艺展示、知识测试）、互动环节（押宝、梦想成真）、欣赏环节（示范演唱、优秀青年演员表演、精彩时分）。节目以比赛环节为主，每期 6 名选手参加擂台比赛
	梨园群英	10:20（已停播）	一档戏曲人物专题栏目。主要介绍各剧种的名角，包括历史上和当代一些久负盛名的戏曲名星
	名段欣赏	CCTV-11 每天 7:45	栏目选段以京剧、昆剧为主，同时兼顾全国上百个剧种，运用影视艺术手段，向观众介绍戏曲界著名艺术家和新秀演唱的脍炙人口的经典唱段，以及演员精湛的表演技艺，让观众在艺术享受之中，领略戏曲艺术的独特神韵，并介绍有关戏曲的文化知识，弘扬我国的优秀民族文化
	青春戏苑	CCTV-11 周日 19:20（季播）	《青春戏苑》栏目以大胆创新的风格力推梨园新星，借青春时尚的形式传承古典厚重的戏曲文化艺术。节目以综艺戏曲晚会、新人新秀演绎的形式每周呈现一期，内容主要涵盖京剧、昆曲、越剧、豫剧、黄梅戏、评剧等中国几大历史悠久影响深远的剧种以及其他极具特色的地方戏

续表

电视台	栏目名称	播出时间	栏目介绍
中央电视台	戏迷园地	11:20（已停播）	原CCTV-3频道播出的一档反映戏迷业余练戏、演戏的专题性栏目
	戏曲采风	CCTV-11 周一——周日 17:48	CCTV《戏曲采风》是一档集新鲜戏闻，丰富资讯，深入报道于一体的新闻专题类综合节目，及时更新的《剧院风云》带您领略《CCTV空中剧院》台前幕后，随时报道的《梨园快递》网罗戏曲界第一手新鲜猛料，海量讯息的《戏曲地图》探索藏匿戏曲的大街小巷，精致写意的《翰墨戏韵》解析书画艺术与戏曲的深厚情缘，更有专题特写的《戏曲长镜头》深入剖析梨园里新鲜人事，《今日我上镜》尽显爱戏者百态人生，关注每晚《戏曲采风》，尽享日日梨园世界
	戏曲人生	首播：周日 19:35 重播：下周一 10:50 下午 17:30 （已停播）	戏曲频道开播时推出的以当代著名戏曲表演艺术家人生经历为主线、展示戏曲文化的现场访谈类节目。栏目着力于透过戏曲表演艺术家们辉煌的舞台艺术成就，感悟他们幕后各自不同的生存状态和极富个性的心灵世界。既"评戏"，又"说人"，沟通台前台后，让戏曲明星与电视观众面对面。观众还可以通过网络在线收看、申请现场参与、给艺术家留言。栏目口号：小舞台，大世界，演绎五千文明台上角，台下人，尽显人生精华
	戏曲欣赏	原每周播出1次，后改每天播出1次，重播1次，时长50分钟（已停播）	戏曲集锦节目。1984年7月6日开播，在《戏曲常识》的基础上改版而成，后又改名为《名段欣赏》。专门播出受众喜欢的全国几大戏曲剧种的剧目选段、折子戏
	戏曲影视剧场	CCTV-11 每天 11:15 21:35	影视剧场栏目主要播出不同剧种的戏曲艺术片、电视剧及与戏曲有关的电影、电视剧，同时还有观众喜爱的热播电视剧等节目
	戏苑百家	首播：周二 20:00 （已停播）	戏曲访谈栏目。节目通过主持人对嘉宾的倾心访问，使观众走近"当红名角""梨园常青"以及其他领域的与戏有特殊渊源的人士。栏目口号：熟悉的人物，不同的声音，陌生的面孔，一样的情怀

续表

电视台	栏目名称	播出时间	栏目介绍
中央电视台	戏中有戏	首播：周日20:05 重播：周一上午：09:00 下午：17:30 时长30分钟（已停播）	服务性栏目。设有《一同聊戏》《一同赏戏》《戏里戏外》《好戏在后》等板块。栏目宗旨：宣传、推广戏曲频道，服务广大戏迷观众，引导观众视听，当好戏迷的向导。把栏目办成戏曲频道具有权威性的"收视指南"和"信息发布站"。让栏目真正成为戏迷、戏曲人与电视人沟通思想、交流心声的荧屏之家
	一鸣惊人	CCTV-11 首播：周五19:30 重播：周三16:36	《一鸣惊人》是中央电视台2013年强力打造的大型戏曲团体竞技类节目。2015年《一鸣惊人》全新改版，改版后以名家名票组团战的模式，携全球戏曲爱好者的舞台梦想重磅来袭。全年4个季播活动，每个季播以一个剧种为主题。由6位戏曲名家担任战队队长，每位队长从选手中选出6位最强选手进入各自战队。选拔结束后，36位名票将追随本战队戏曲导师集中训练，继而出征《一鸣惊人》团队战。组团结束后，6支团队以组合表演的方式进行排位赛，最终决出金、银、铜奖团队。整个过程，名家名票携手进退，荣辱与共，开启《一鸣惊人》全新的戏曲艺术之旅
	越女争锋	周二、五20:30（季播，第二季已完结）	由中央电视台戏曲频道、上海文广新闻传媒集团综艺部主办，杭州电视台、绍兴广电总台共同承办，在本次大赛所覆盖的上海、浙江、江苏、福建四省（市）同步开赛
	知识库	周一至周日18:05（已停播）	知识介绍类栏目。以专家讲解和知识要点分析并重的专题讲座形式，介绍戏曲知识。对涉及的知识要点用图像或片段加以阐释。栏目宗旨：力争让戏迷和普通观众看得懂，同时也能使戏曲从业人员受益，并指导他们的艺术实践
	中国京剧音配像精粹	CCTV-11 周一、四19:20	《中国京剧音配像精粹》是一项文化工程，为祖国的文化事业留下了一份宝贵财富。录制京剧音配像的主要目的是京剧艺术的抢救、传留和振兴。京剧音配像的剧目大部分是20世纪40年代后期到60年代前期京剧舞台上的艺术珍品，有的还追溯到20世纪初，涉及京剧各个行当、各个流派，基本包括了近代京剧黄金时代大部分名家的代表作

续表

电视台	栏目名称	播出时间	栏目介绍
中央电视台	神州戏坛	首播：周日 7:00 时长 30 分钟 （已停播）	自 1993 年创办以来，不断地调整和探索节目内容和表现形式，力图做到在乡土、乡音、乡情上打动海内外的观众，办出海外栏目的特色。2005 年 8 月开始，栏目全面改版，将经典与时尚、传统与现代相结合，突出板块的灵活多样
中国教育电视台	艺术鉴赏·戏曲	首播：周一 19:40 重播：周五 11:05 （已停播）	集戏曲鉴赏与美育于一体的艺术类专题栏目。设有《精彩剧目鉴赏》《戏曲名家》《特别节目》等板块，以百姓喜闻乐见的听书看戏形式，通过表演艺术家声情并茂、引人入胜的表演，吸引广大观众，做到雅俗共赏。栏目宗旨是要通过传统优秀剧目，培养观众对戏曲的兴趣和爱好，学习并了解一些戏曲的基础知识、表演手法，学唱一些精彩唱段。栏目内容涉及京剧和部分地方戏。栏目定位：面向大众，普及美育

表 F-2　　　　　　　省级电视台戏曲电视栏目一览表

电视台	栏目名称	播出时间	栏目介绍
安徽电视台	黄梅戏经典唱段欣赏	周一至周六22:41（已停播）	该栏目旨在弘扬黄梅戏经典唱段的原生态魅力，表现其传神写意的身段程式、清新质朴与委婉流畅的唱腔旋律以及活泼生动的安庆官话道白
	相约花戏楼	首播：周五08:07（卫星频道）重播：每日20:00（综艺频道）	一档以戏曲为主的综艺节目，1999年开播。安徽电视台卫星频道首播、文体、公共频道重播，每周日15:15播出。是一档以戏曲为主的综艺节目，立足安徽黄梅戏、辐射全国各大剧种。栏目特色：弘扬民族文化，将传统的戏曲与时尚对接。用现代舞美、灯光包装传统戏曲节目，向观众展示戏曲艺术的魅力。该栏2004年获中国电视文艺奖"星光奖"、首届电视戏曲"兰花奖"一等奖，全国"百佳电视栏目奖"
北京电视台	北京大剧院	BTV-2 周六14:00首播，次周五14:30重播	一档综艺性栏目。栏目包容东西方艺术，内容丰富，常有不同剧种的戏曲节目在栏目里播出
	菊苑乐	每周播出1次，每次半小时	《菊苑乐》是北京电视台1993年4月7日开办的融欣赏性、趣味性、知识性和参与性为一体的新栏目。其内容有脍炙人口的京剧名段欣赏、单弦、大鼓、戏剧小品、地方戏、口技、杂技、歌剧、舞剧、话剧片断等。同时还介绍观众关心的演员生活。根据北京剧迷较多的特点，《菊苑乐》特别开辟了《戏迷园地》小栏目，以展示他们的艺术才华，活跃普及京剧活动。自《菊苑乐》播出以来，受到社会各界，特别是戏剧、曲艺界的欢迎
	梨园情	BTV-2 每周二22:35首播，周三两次重播，周四16:15再重播	2004年4月推出。以喜欢戏的名人为主角，采用口述实录、跟踪拍摄及情景再现等多种电视手法，向观众讲述戏曲爱好者与戏曲之间的精彩故事，尤其是演艺界明星和社会知名人士痴迷于戏曲的鲜为人知的故事

续表

电视台	栏目名称	播出时间	栏目介绍
北京电视台	同乐园	首播：BTV-1 每周五 20：50 重播：BTV-1 每周二 08：05	1999 年初推出的一档 50 分钟综艺类栏目。栏目以戏剧（戏曲、话剧、歌舞、舞剧等）为包装对象，节目形式以竞猜、抢答、游戏、抽奖等娱乐方式为主，辅之以名家绝技表演、戏剧小品欣赏，追求轻松、欢快、热烈的氛围。每期栏目均邀请4 位各界名人、明星为领衔带领现场观众共同闯关、竞赛。2006 年，新版《同乐园》口号为："你来我来、同乐同台"，让戏曲爱好者自愿报名登台亮相
	戏迷天地	每天早间在 21 频道播出一集，时间 30 分钟	为振兴京剧艺术，北京电视台于 1995 年 10 月 16 日开办了《戏迷天地》栏目，每天早间在 21 频道播出一集，时间 30 分钟。内容分为两段：上半段由京剧名家结合名段讲戏，使爱好者对京剧的唱念做打和各流派的艺术特点有所了解，便于学习和掌握。下半段由京剧爱好者演唱
北京电视台文艺频道	欢天戏地	周六 14：25	《欢天戏地》是在前两季《国粹生香——北京京剧票友段位评授季》的基础上，推出的一档定位为戏曲综艺的周播栏目，以京剧和其他戏曲种类为依托，用综艺的形式展示国粹魅力，推广戏曲知识
福建电视台	闽海观剧	（已停播）	
福建综合频道	梨园百花香	（已停播）	于 2004 年 10 月在综合频道开播的一档戏曲栏目
福建海峡电视台、东南电视台、台湾中视	梨园百花春·嘻笑看戏曲	周六晚 23 点	戏曲类。2007 年 10 月开办，福建海峡电视台、东南电视台、台湾中视每周六晚 23 点播出，时长 70 分钟。以品评两岸经典名家剧作为主线，两岸主持人联袂，以轻松娱乐的形式谈天说地，品茶看戏。融戏曲表演与文化解读于一炉，古典与时尚为一体，趣味娱乐与知识传播为一脉。广受海峡两岸观众以及业内人士的赞赏。根据台湾中视提供的收视率调查，该节目收视率一直稳居同段节目前茅。2008 年 12 月获中国广播电视协会第五届兰花杯电视戏曲节目评选优秀栏目一等奖

附录 F　全国戏曲电视栏目一览表

续表

电视台	栏目名称	播出时间	栏目介绍
甘肃卫视	大戏台	周六 22：17 时长 60 分钟	2001 年 1 月开办，甘肃卫视周六 22：17 播出，时长 60 分钟。以宣传甘肃的地方剧种为主，着重发展甘肃文化产业，振兴戏曲艺术。先后举办了"首届甘肃戏剧红梅奖大赛""情系陇原"等活动，收视率高，社会反响热烈。栏目相继获得 2004 年全国广电学会电视戏曲"兰花奖"，第三届全国电视台优秀电视专栏节目三等奖，2006 年中国视协新春好节目奖，甘肃省广播影视奖电视文艺一等奖
广东电视台	南国艺苑	周日：14：50（已停播）	播出潮剧、琼剧、粤剧、汉剧及广东省内的其他剧种，以粤剧为主
	南粤戏曲		对戏曲的编、导、演各方面作专题介绍
广东电视台珠江频道	粤韵风华	周日 20：05 时长 40 分钟	广东电视台的老牌戏曲栏目，是独具岭南文化特色和粤韵风味的品牌栏目。内容包括：精品粤剧、粤曲艺术（包括：电视外景粤剧、舞台录制粤剧剧目、折子戏、粤曲、电视谐趣粤剧短剧、小品）；观众参与的粤剧粤曲游戏；粤地民俗文化、粤语相声、小品、歌曲；以及舞蹈、杂技、绝活、电视动画粤剧等。近年开设的板块有：笑话连篇、励志剧场、红豆至叻星、齐齐过戏瘾、一曲定五关、动画粤剧系列、开心戏中戏、梨园花讯等。栏目定位：以创新的编导手法，观众喜闻乐见的形式经营栏目，以轻松愉悦、谐趣逗乐、精彩纷呈的节目，面向广大珠三角、粤西、广西地区以及海外的粤剧、粤曲观众。栏目宗旨：弘扬岭南民族文化，推动粤剧粤曲发展，建设广东文化大省，使之成为广东电视台珠江频道宣传广东优秀民族（民俗）文化、促进社会主义精神文明建设的窗口。栏目特色：岭南特产、粤韵风味、生动活泼、老少咸宜
南方电视台综艺频道	阿湘讲戏	周日 14：10 时长 50 分钟	以介绍粤剧名伶经典剧目及其个人艺术特色的谈话类节目。节目以李池湘（即阿湘）为主要主持人，每次邀请知名粤剧评论家、粤剧名家作为客串主持人，使戏迷观众更深入、更全面地了解粤剧名伶的艺术特色，满足他们了解更多粤剧幕后故事和背景的需求。互动方式：以观众的来信为主。节目口号：听《阿湘讲戏》，享受戏曲人生

续表

电视台	栏目名称	播出时间	栏目介绍
南方电视台综艺频道	好戏连台	周一至周五 13：25 时长 130 分钟	是南方电视台的王牌戏曲栏目。2001 年 10 月开播。在 40—85 岁的中老年戏迷观众中拥有较为稳定的收视群体。2004 年 7 月 19 日栏目进行了全新包装，特邀粤剧名伶李池湘为节目主持。2005 年 3 月 28 日扩版，在原节目的基础上，将栏目的内容扩充，并增添新的节目形式，由原来每天 80 分钟扩版为 130 分钟，再到 160 分钟，每天为观众送上一部完整的大型古装粤剧。主要以游戏、来信、抽奖为主要互动方式。节目口号：好戏连台，精彩不断
	私伙局	首播：周五 13：25	是以挑战赛为主体，兼具互动性、娱乐性的戏曲栏目。为参赛的选手提供展示才华和切磋技艺的机会。大赛全年决出 12 名月冠军，将参加年度总决赛暨颁奖礼，胜出者还将参加第二年的春节戏曲晚会
	粤唱粤好戏	首播：周一至周五 09：15 时长 60 分钟	南方卫视粤曲类综合性栏目，创办于 2003 年初，原为一档粤剧欣赏栏目。2004 年 7 月 28 日南方卫视开播后，扩展成一个杂志栏目，成为南方卫视弘扬岭南民族文化、传播戏曲知识、满足戏迷需求的一个重要窗口。《粤唱粤好戏》的理念是"让青年人、小朋友都喜欢，让看戏就像看电视剧一样精彩"。它融欣赏性、知识性、娱乐性为一体，有讲述戏行戏事的"讲古"；有新派粤剧欣赏环节的"影视歌舞剧"，有经典重温的"笑话百出"，节目风格轻松、活泼、欢快、有趣
	戏迷点播	周六：14：50 时长 50 分钟	粤剧、粤曲欣赏类互动节目。节目根据戏迷观众的点播要求，播出粤剧、粤曲经典剧目和优秀折子戏，以及从中精选出名人名段，并充分运用电视手法，突出电视戏曲特色，以精良的电视制作技术手法包装名家名剧名唱段，让古老的岭南粤剧文化艺术焕发出新的生机和活力，为戏迷朋友展开一道粤韵风景线。节目口号：名家名剧名唱段，生旦净丑任你点

附录 F　全国戏曲电视栏目一览表

续表

电视台	栏目名称	播出时间	栏目介绍
广西电视台	家乡戏		广西电视台的《家乡戏》节目开办于1989年1月6日，每周播出一次。这个节目荟萃京剧、外省地方戏、广西地方戏、杂技等，采取"拼盘"式结构，以观众点播的形式，把一个个短小精彩的节目串联起来，让观众品尝不同的风味。7月，《家乡戏》增设《优秀剧目点评》栏目，每次播出一个艺术水平较高的剧目，主持人采取夹叙夹议的方式进行讲解评论。剧目中的一些高难度动作，则使用电视特技手法进行重放、定格，让观众加深了解、细心欣赏。《家乡戏》播出后，深受观众的欢迎
河北电视台	大戏台	农民频道首播：周日7:00　时长65分钟	栏目宗旨：弘扬戏曲文化，满足戏迷票友戏瘾。整场播出各类优秀剧目，以河北观众喜爱的京剧、豫剧、评剧、昆曲、黄梅戏、丝弦、梆子剧目为主。口号是："戏曲的盛宴，戏迷的朋友"
	欢乐急急风	河北卫视周日19:40　时长50分钟	《欢乐急急风》是一档戏曲综艺节目。收视群体以戏迷票友、戏曲爱好者、青年学生为主。整个栏目由戏曲文化知识问答、戏曲演唱绝活比赛、精彩节目欣赏三方面的内容组成。旨在弘扬燕赵文化、传播河北地方戏曲、普及中华戏曲知识、让戏迷票友自娱自乐。板块有《登台比才艺》《戏曲百科猜》《看戏说门道》《娃娃来助兴》《快乐小什锦》
	绝对有戏	周日19:00	《绝对有戏》是河北省唯一一档大型戏曲综艺节目。大赛以戏迷票友展示个人魅力和戏曲唱功为主，名家点评、示范为辅，形成良好的现场互动效果
	戏曲集锦		《戏曲集锦》节目创办于1985年。这个节目以介绍河北省的地方戏曲为主，选编广大观众喜闻乐见的戏曲选场、折子戏、优秀演员的精彩唱段和表演，帮助观众提高对戏曲艺术的欣赏能力，普及戏曲知识。栏目中播出的剧目，例如河北梆子《钟馗》、老调《忠烈千秋》、传统落子戏《借髢髢》等，受到了观众的普遍欢迎。《戏曲集锦》采用节目主持人形式，主持人介绍剧目的内容、演员、剧种等背景情况，讲解戏曲知识，回答观众的问题。这种形式便于与观众交流，使观众感到亲切

续表

电视台	栏目名称	播出时间	栏目介绍
河北电视台	戏苑时光	每周六 11:20 首播，每周日 16:15 重播	《戏苑时光》是河北电视台文化娱乐频道于 2001 年 7 月 16 日创办的栏目。栏目宗旨：弘扬中华民族文化，展示地方戏曲精华，透视名家多彩人生，放送经典名家唱段。板块有《梨园漫话》《粉墨春秋》《名段欣赏》。每个板块时间长度为 10 分钟。该节目以中老年人为基本收视群体，同时兼顾有一定文化层次的青年人
	戏苑乡音	首播：周日 19:45 重播：周六 15:15 （已停播）	栏目把戏苑唱乡音作为主导，以河北梆子为主打剧种。设有《票友打擂》《行家助兴》《嘉宾风采》《戏迷同乐》等板块
河南电视台	梨园春	周六 21:33	《梨园春》是以豫剧为主、汇集全国各地不同戏曲剧种，以戏迷擂台赛方式呈现的一档戏曲综艺旗舰栏目。它已成为中国电视界戏曲栏目的第一品牌。1994 年在河南卫视推出，至今已有 20 年的历史，是中国生命力最强的电视节目之一
	观戏潮	（已停播）	1996 年荣获全国优秀栏目奖
	擂台紧急风	首播：周日（1 套）18:00	是《梨园春》改版后推出的新栏目，于 2005 年 8 月首播。该栏目时长 50 分钟。栏目定位：平民化戏迷擂台，以海选形式选拔选手
	乡音剧场	新农村频道每天 10:25（已停播）	收视率曾高达 21.6%。在 1997 年至 1999 年，名列河南电视台收视率前三名。栏目口号："每天一档戏曲大餐，戏迷一饱眼福"
梨园频道	好戏天天看	每日 10:40 16:40 22:40	戏里戏外的精彩故事
	绝版赏析	每日 10:29 16:29 22:29	绝版戏曲欣赏与解析
	看大戏	每日 02:02 04:48 08:02 10:39 14:02 16:39 20:02 22:39	我们不仅为观众朋友安排有京剧、豫剧、评剧、越剧四大全国著名剧种，还安排了昆曲、川剧、秦腔、黄梅戏等其他经典的曲目；既有优秀传统剧目的展播，也有现代戏曲的展映。每周七部大戏，天天精彩不同

续表

电视台	栏目名称	播出时间	栏目介绍
湖北电视台	多彩时光		
	黄鹤楼戏苑	都市频道首播：周六 16:50 重播：周日 16:50	《黄鹤楼戏苑》是湖北省内唯一一档专业性戏曲栏目。通过现场看戏、赏戏、学戏、教戏、猜戏、评戏，增强栏目的娱乐性、参与性和可看性
	戏曲大看台	每周四约 50 分钟	《戏曲大看台》是湖北电视台戏曲节目的窗口，开办于 1990 年 7 月，每周四播出，每期约 50 分钟。《戏曲大看台》的内容包括三个方面：一是观众喜爱的戏曲选段、选场，适当安排全出大戏、戏曲影片、新近录制的戏曲电视剧、舞台艺术片；二是对戏曲演员编导进行介绍，报道本省市戏曲创作、演出的动态情况；三是根据观众要求，适当增加戏曲基本知识的讲解。该节目旨在弘扬祖国的传统戏曲艺术，为戏曲爱好者在短时间欣赏到戏曲演员的演唱提供舞台，吸引更多的青年观众喜爱民族艺术。节目具有欣赏性，又具有知识性。节目开办后，受到广大戏曲爱好者的热烈欢迎
湖南电视台	聚艺堂	首播：22:19 重播：3:40 时长 90 分钟	1998 年推出，是一档以戏曲节目为主的综艺节目。栏目以"新、奇、特"为宗旨，巧妙融合戏剧、现代歌舞、曲艺、民间绝技绝活等多种艺术形式为一体，以"无艺不聚、精品一流"为标准，靠欣赏性、趣味性、知识性吸引观众。设有 4 个板块：聚艺堂、老调新弹、一道湘菜、南腔北调
吉林卫视	好戏登场	周六 21:15	一档全新的二人转栏目，将具有浓郁关东风情和深厚群众基础的传统艺术形式进行重新包装编排，既别出心裁又雅俗共赏。幽默欢快的节目风格将让您一饱眼福、耳福
吉林电视台乡村频道	乡村戏苑	首播：周日 20:45 重播：下周日 10:35 时长 30 分钟	《乡村戏苑》是乡村频道开办的一档戏曲文艺类节目。立足于展现本土戏曲二人转、吉剧的独特风采。以对一位演员的介绍和多位演员同戏迷的交流等多种形式引出一台精彩的节目表演。由于大多采用实景拍摄，所以观众在获得艺术享受的同时也能欣赏到乡村的自然景致，倍感亲切

续表

电视台	栏目名称	播出时间	栏目介绍
江苏电视台	大舞台	15：50（已停播）	
	TV 大戏院	05：30（已停播）	音乐戏曲类栏目
	戏曲大观园	（已停播）	主要转录社会公演的戏曲节目。包括本省、外省、中央及外国来南京的演出，每年转录约 48 场。为丰富节目来源，还在全省各地录制有地方特色的文艺节目，包括江苏各主要剧种，既有传统戏，也有现代戏
江西电视台	相聚今宵		
	共度好时光		《小戏台》（戏曲欣赏）
辽宁卫视	戏苑景观	首播：周二 21：00 文艺·影视频道 时长 50 分钟	栏目大体上分为两个部分。"听书"和"看戏"。听书即听故事；看戏即欣赏戏曲名家名段。两种表现形式巧妙搭接，书文戏理融会贯通，是电视文艺中的精品。主要涉及的剧种有京剧、评剧、豫剧、吉剧等，有时话剧在这个栏目里也有展示的空间。其中"知音空间"中"学一招"板块很有特色，一般请录制现场的各方阵代表学习并表演戏曲"程式化"的表演。为了增强观众的参与，栏目也适时推出了"戏迷擂台赛"板块使节目更加多姿多彩，有声有色
	戏剧景观	隔周一期	1996 年 5 月首播，隔周一期。是以中国戏曲为主体，集中国戏剧之大成的杂志性栏目。内设五个小栏目，各有千秋。《谈戏说角》注重知识性、趣味性、戏剧性和人物性；《知音空间》注重参与，密切戏剧与大众的联系；《百戏绝活》纳戏剧名家一生心血，展中国百家戏剧绝技之精华；《戏苑扫描》注重新闻性，关注戏剧动态，透视戏剧热点，有报道、有综评；《野芳流韵》品味戏剧的"原汁原味"
山东电视台	金声玉振	周日 21：10（已停播）	《金声玉振》是山东卫视 2012 年荣誉出品的大型戏曲文化秀，栏目形态为周播。是一档融经典戏曲演唱、名家访谈、戏曲知识、人物故事等内容，立足山东，面向全国，服务群众，具有经典文化内容和时尚文化品位的高端戏曲栏目。运用时尚元素，将传统与现代，戏曲与综艺融为一体，承继并张扬传统艺术的时尚表达

续表

电视台	栏目名称	播出时间	栏目介绍
山东电视台	五彩剧坛	隔周播出每期长约40分钟	山东电视台的《五彩剧坛》创办于1992年8月3日。该栏目是为了满足不同层次电视观众对各种传统戏剧、地方戏剧的了解、学习和欣赏的需要，而开办的一个兼容欣赏性、知识性、趣味性、群众性的栏目。每期长约40分钟，隔周播出，该栏目采用小板块式结构。其中：《戏迷乐》主要表现全省各地、各个层次的业余群众性戏曲活动，戏迷和票友可在屏幕上展现他们自娱自乐的风采，群众性和参与性是这个栏目的主旨。《戏曲入门》属于知识性小栏目，主要介绍戏剧常识、剧种的产生、发展、行当、板式等。丰富观众的戏曲知识，提高欣赏能力。《戏曲一绝》向观众介绍各种身怀绝技的艺人。《新人新戏新曲》表现戏曲舞台上新人新作和有影响的曲子、唱腔，并融舞台上下为一体，既让观众欣赏演员的艺术风采，又了解演员的台下生活。《新笑林》由戏曲小品和曲艺节目组成，注重其娱乐性。《名家名唱》则重欣赏性，以各戏曲名家的名唱段为主，各个小栏目既独自成章，又浑然一体
山东综艺频道	好戏连台	首播周四 20：00 重播：周五 10：00 时长60分钟	1999年8月16日开播，2000年1月6日实现现场直播，是一档以戏曲爱好者参与为主的大型戏曲直播栏目。设有板块：《名家时间》《精彩小戏》《观众参与》《戏迷擂台》
山西电视台	伶人王中王	周日 21：15（季播，第一季已完结）	《伶人王中王》是山西卫视推出的一档戏曲竞技类真人秀节目，该节目由白燕升主持。节目主打内容是传统戏曲，邀请不同剧种的戏曲名家重返竞技场，代表自己的剧种进行展演，争夺"伶人王中王"的冠军称号
	戏剧大观园	每天 10：30（已停播）	《戏剧大观园》是山西电视台公共频道2002年推出的一档介绍和展示山西省晋文化精粹——四大梆子，舞剧、话剧、曲艺等戏剧节目为主的栏目，以播放山西省四大梆子及地方小剧种的传统经典和新创精品剧目为主，也播出全国的优秀剧目。每天10：30播出。是营造民族艺术氛围，建设特色鲜明的戏曲文化精品栏目。也为戏曲人才搭建起展示才华的平台

续表

电视台	栏目名称	播出时间	栏目介绍
山西电视台	戏剧人生	每周六19:10分播出,周一11:30重播,每次播出时长为30分钟。(已停播)	《戏剧人生》是山西电视台公共频道2002年改版后推出的一档融知识性、趣味性于一体的访谈栏目。以曾获得中国戏剧"梅花奖"和我省戏曲"杏花奖"及在群众中有影响的演员为主,兼访著名编剧、导演、作曲、美工等各行艺术家,通过与观众的交流,展示他们的星路历程
	戏曲舞台	星期一20:00 时长40分钟(已停播)	为弘扬中华民族文化,推动戏曲事业的发展,满足城乡广大戏曲观众的要求,山西电视台于1992年8月17日推出《戏曲舞台》栏目。该节目融知识性、欣赏性和参与性于一体。辟有《名家唱腔》《选段荟萃》《特技奇功》《各抒己见》《票友之窗》《剧坛人物》《票友信息》《点戏台》《戏曲幽默》等小栏目。自《戏曲舞台》开播以来,受到观众的一致好评
	走进大戏台	周日21:10	《走进大戏台》是山西卫视精心打造的一档融知识性、娱乐性、艺术性为一体的大型综艺类戏曲栏目,节目立足山西戏曲艺术这片沃土,通过比拼、打擂、才艺、民俗的展示,吸引不同受众,利用现代传媒优势,广泛挖掘、推出、展示各路戏曲精英。设有《开锣见彩》《群芳荟萃》《戏迷擂台》《乡情乡韵》板块。栏目风格:比拼性、娱乐件、表演性、展示性、参与性。栏目口号:生旦净丑群英会,龙争虎斗大戏台
山西电视台公共频道	周末名段欣赏	周日晚21:00播出。栏目时长20分钟	《周末名段欣赏》是山西电视台公共频道2002年改版后推出的一档戏曲赏析节目。本栏目在播放名人名家精彩唱段的同时,邀请戏曲名家或专业人士与主持人进行评析。通过讲解名曲名段,剖析更深层次的戏曲艺术内涵

续表

电视台	栏目名称	播出时间	栏目介绍
陕西电视台	民乐园	隔一周周三播出，节目长1小时	陕西电视台1994年7月开办的《民乐园》是戏曲综艺性电视栏目，强调知识性与趣味性结合，演员与戏迷结合，突出现场观众参与感，自娱自乐，栏目内容由多个板块组成，其中有：新秀踊跃展示，专家当场评述的《乱弹》；昔日街头聚乐、今朝登台表演的《自乐班》；介绍戏曲界著名艺术家舞台生涯的《花开一枝》；优秀唱段推荐，名家精彩表演的《名段欣赏》；现场观众参与，以戏曲知识为题做游戏的《戏迷乐》等。陕西电视台一套节目隔周周三播出，节目长1小时。自《民乐园》开办以来，20多次观众收视率调查列陕西省电视台各类栏目收视率之首
	秦之声	新闻综合每日15：37 公共政法每日10：00、21：11	陕西电视台开办多年的戏曲栏目，1979年7月1日开播，至今已有三十多年的历史，播出节目1700多期。《秦之声》分为周末的综合晚会，周一至周四的秦之声大叫板，周五到周日的周末百戏汇
	陕西乱弹		《陕西乱弹》是陕西电视台于1988年开办的一个戏曲专栏节目。每周逢一播出，每次10—15分钟。开办《陕西乱弹》节目的目的，一是让戏曲爱好者在短时间内欣赏到戏曲演员的精彩演唱，二是通过主持人对戏曲知识和演员演唱特色的介绍吸引更多的青年观众喜爱民族艺术。因此，这个节目既具有欣赏性，又具有知识性。该节目内容丰富，题材广泛，既有名家的示范表演，又有新秀的出色演唱，还有训练班学员和业余爱好者的戏曲学唱。《陕西乱弹》开播以后，受到广大观众的热烈欢迎。该节目促进了戏曲艺术的普及和发展，既向社会推出了一批戏曲新人，又为戏曲艺术培养了一批新的观众
	长安大戏园	首播：周日08：10 后改为14：50播出	多播出秦腔折子戏专场、名家专场
陕西有线电视台	戏曲大观	周二、四晚首播，周三、五重播，每期40分钟	1998年3月27日推出的一个戏曲知识性栏目。该栏目以探索戏曲发展之路、普及戏曲知识、关注戏曲热点为宗旨，集知识性、欣赏性和娱乐性于一体。内设《戏曲欣赏》《戏曲常识》《新戏推荐》《院团之窗》等子栏目

续表

电视台	栏目名称	播出时间	栏目介绍
上海电视台	大舞台	周日晚播出时长1小时（已停播）	1984年4月9日开播。与《大世界》是上海电视台综合性文艺栏目的一对姐妹花。以弘扬民族优秀戏曲文化为宗旨，集欣赏性、娱乐性、知识性、教育性于一体。设有板块：《舞台信息》《舞台集锦》《剧场实况》《每周一曲》
	非常有戏	东方卫视2007年1月12日—4月20日每周五晚黄金时段播出，时长85分钟	《非常有戏》节目真人秀，2007年1月开办，综艺部制作，东方卫视2007年1月12日—4月20日每周五晚黄金时段播出，时长85分钟。先后有刘晓庆、王刚、李光羲、汪明荃、罗家英、张信哲、徐帆等60多位影视明星以参赛选手或表演嘉宾的身份登场，尚长荣、袁雪芬、梅葆玖、艾世菊、傅全香、杨华生、王盘声等100多位戏曲名家参与节目当场献艺。在观众中引发了对传统戏曲的关注热潮，在戏曲圈树立了良好的口碑。实现传统与时尚、文化与娱乐、社会效益和收视率的双赢。在民族戏曲处于低潮的今天，有分寸地吸收流行元素，借助偶像的力量感召年轻观众，为今后电视戏曲类节目的制作提供了新的方案。《人民日报》《光明日报》载文予以高度评价
上海有线广播电视台	戏曲人	周五19:25 次日12:25重播。时长30分钟	《戏曲人》是戏剧频道1999年5月推出的一档人物专题类栏目。该栏目以资料串编和人物采访相结合的形式，每期介绍一位我国戏曲界的知名演员，并穿插其表演的精彩片段
上海文广新闻传媒集团（电视）	同唱一台戏	每月一集每集片长为70分钟	《同唱一台戏》节目2005年5月至12月，东方电视台戏剧频道播出每月一集、每集片长为70分钟的特别节目。该节目在录制期间，把戏台设在社区或农村，例如六、七月在上海奉贤、闵行等区县的演出引起了轰动。著名沪剧演员杨飞飞、陈瑜，著名京剧演员尚长荣，著名滑稽演员吴双艺、翁双杰等都为观众献上了精彩节目。尤其是著名越剧演员钱惠丽、张咏梅与全场观众齐唱"天上掉下个林妹妹"，把演出现场推向了高潮

续表

电视台	栏目名称	播出时间	栏目介绍
SMG 戏剧频道	百姓戏台	文艺频道周四 19:00 时长 60 分钟（已停播）	一档戏曲综艺节目。栏目不仅邀请沪上及国内戏曲名家、著名演员担任嘉宾，而且广泛挖掘观众喜欢的平民笑星，让明星贴近百姓，与百姓同乐，同时也让百姓走近明星，一睹明星风采。《百姓戏台》融传统与现代、戏曲与娱乐为一体，节目内容丰富多彩，受到观众青睐和追捧，曾是文艺频道收视率第一的主打栏目。栏目以草根阶层为主要收视对象，力求通过时尚化、娱乐化的节目包装吸引年轻观众和白领观众。通过以家庭为单位的打擂台方式，为戏剧爱好者和有戏剧天赋的朋友提供一个展现个人才华的舞台
	海上大剧院	每日 03:00 08:00 14:30 21:00	京昆越沪淮品评弹，汇聚最传统经典与舞台新作，让您不出家门，如临剧场
	东方戏剧大舞台	周六 19:20	沪上唯一一档文艺和娱乐相结合的戏曲综艺节目。栏目以弘扬民族优秀戏剧文化为宗旨，借助现代理念挖掘戏剧史、戏剧文化，用戏剧元素做老百姓喜闻乐见的娱乐节目。综合了《戏剧大舞台》和《东方戏剧》节目的精华，深度介绍和展现上海舞台的优秀戏剧节目。设有4个板块，第一板块介绍戏剧新人，展示他们的艺术才华；第二板块《山海经》，实景拍摄，讲述戏曲小典故；第三板块展示明星才艺；第四板块《唱戏闻》，说唱明星轶闻趣事以及戏剧舞台的新人新事新气象
	东方之韵精品剧场	周三至周日下午时长 120 分钟（已停播）	各种有艺术水准的舞台剧（完整大戏）录像
	东方之韵戏剧长廊	首播：周一至周四 12:00 重播：当日 16:00 次日 06:45	2004 年开播，2005 年改版命名为《东方之韵戏剧长廊》。节目宗旨：看戏、读戏、品戏。节目中既有名家名剧的欣赏，也有名家诉说台前幕后的梨园人生
	非常有戏	每日 05:30 10:30 11:00 17:00 18:30 23:30	《非常有戏》是一档明星竞赛类真人秀节目。《非常有戏》提出"戏剧载体、综艺模式"及"全国视野"两大主张，由影视演员及歌手出身的明星们来参赛，横跨京剧、越剧、粤剧、昆曲等各大戏种及各大流派

续表

电视台	栏目名称	播出时间	栏目介绍
SMG 戏剧频道	粉墨春秋	周三 20:00 时长 30 分钟	戏剧人物专题片。从戏剧界著名人士和非戏剧界、有戏剧因缘的人士的经历沧桑、生命断面，透视和挖掘其中的历史感悟、人生况味、世俗百态、风土民情，寻找戏剧、历史、社会、文化、生命的内在律动
	绝版赏析	周六 10:30 时长 30 分钟（已停播）	戏曲专题类栏目。由戏剧频道原《走进京剧》改版而成。以绝版唱片配像为线索，结合折子戏的复排录制，还原一批不同风格的京剧骨子老戏。节目力求通过专家对剧目来龙去脉、演出趣闻轶事以及唱片背后故事的讲述，完成一部史无前例的多媒体京剧鉴赏大典
	梨园绝版	（已停播）	节目以戏曲老唱片等音像资料为核心，以专家讲述为线索，对相关的梨园背景、剧目演变、流派发展、演员风格、舞台特色等内容进行深入挖掘
	梨园星光	周一至周六时长 20 分钟（已停播）	一档向戏剧观众和爱好者推介戏剧（曲）新人的栏目。用一系列被介绍者的经历和成绩来表现戏剧领域的佼佼者和具有发展潜力的新人
	每周金曲	每周滚动播出 23 次，节目时长 7 分钟（已停播）	戏剧 MTV 或著名唱段的精选包装，做到唱腔美、画面美、人物美，以通俗的方式传播戏曲文化
	名家名段任你点	周一至周六 21:00 时长 40 分钟（已停播）	以观众来信点播名家名段为基本内容，通过主持人深入浅出的点评，寻找新的欣赏点，带领观众赏析，增加节目与观众的互动性
	品戏斋夜话	周一 20:10（已停播）	戏剧谈话与表演综合节目。以名家、名角、名票三人组合构成谈话主体，以边谈边演、观众介入的形式表现谈话主题，做到艺术性与趣味性的有机结合
	戏剧大舞台	每日 01:00 04:33 09:33 11:30 19:00	汇聚各地剧种的戏曲综艺剧，为戏剧艺术增添一道独特的风景，搭建起一个广受瞩目的大舞台。当红戏剧曲艺名家的倾情演绎，让观众在熟悉的故事中感受不一样的滋味

续表

电视台	栏目名称	播出时间	栏目介绍
SMG 戏剧频道	戏剧影院	首播：周日 21:00 重播次日 13:45 时长 150 分钟（已停播）	各种戏曲电视剧、电影的播出窗口
	戏文大点击	首播：周日 11:26 重播：周一 19:00 时长 15 分钟（已停播）	2003 年 1 月 1 日推出，是全新戏剧新闻类节目。立足上海舞台、辐射华东地区，第一时间报道戏剧界、剧场演出的资讯。栏目全方位、多角度地报道发生在上海乃至全国的戏剧事件，成为广大戏剧爱好者和戏剧从业人员的一个重要的信息咨询窗口。周末推出戏剧人物的访谈节目《周末聊天室》
	戏闻趣谈	周五 20:00 时长 30 分钟（已停播）	以一周内上海或各地发生的戏剧新闻为由头，选取其中趣味性较强的部分，通过主持人生动、有趣的播报方式，报道戏剧（曲）圈内各种动态，展示梨园众生相
	戏游记	周二 20:00 时长 30 分钟（已停播）	戏剧风光纪录片。与各地旅游部门合作，依托人文地理景观，结合戏剧历史故事，演绎地域文化风情，点化潜在的人生思考
四川电视台	川剧欣赏	每月播出一次 时长 40 分钟	为了弘扬民族文化，振兴川剧，四川电视台于 1989 年 1 月开办《川剧欣赏》节目。该节目注意将欣赏性、趣味性和知识性结合起来，从不同的角度介绍川剧表演艺术，既注意介绍优秀的传统剧目，也注重向观众推荐新创作的剧目和整理改编的剧目；既介绍著名表演艺术家的表演特色，也让观众熟悉川剧的后起之秀。《川剧欣赏》节目每月播出一次，时长为 40 分钟左右
四川卫星电视	川剧苑		一档具有较高品位的戏曲综艺性栏目。深受老年观众喜爱，为老年观众和戏曲爱好者提供了很好的休闲空间
天津电视台	国色天香	周六 21：10（季播，第二季已完结）	《国色天香》是由天津卫视原创的一档全部由明星参与竞赛的季播真人秀节目。该节目以普通人也能唱戏曲曲艺的概念，对完全没有接触过戏曲曲艺的明星进行训练以及竞赛。节目将邀请包括音乐界、演艺界、文化界等热爱戏曲曲艺、渴望实现自我挑战的一线明星参与进来，每一期节目还会请来某一戏曲曲艺行当的大家担任导师，对明星艺人进行专业辅导

续表

电视台	栏目名称	播出时间	栏目介绍
天津电视台	金世戏曲	隔周在12频道首播 每期50分钟（已停播）	《金世戏曲》是在《戏曲大观园》基础上改设的栏目。该栏目采取以录像播出为主的方式，一年中进行数次现场直播。主要小栏目及其内容有《撷蕊轩》报道文艺信息、动态；《沁馨园》播出欣赏性节目并请专家讲解；《五味斋》以文艺沙龙形式，对当前文艺热点、难点、疑点进行探讨，开展正确的文艺批评；《点将台》解答观众问题，满足观众点播要求；《畅音阁》观众及企业事业单位直接参与，在屏幕上一展风采。该栏目于1993年11月7日开播，以后与《黄金20点》栏目隔周交替在12频道首播。每期50分钟
	曲苑梨园	二套首播 周二至周五15:55（已停播）	栏目以弘扬民族文化为己任，力求满足老年广大电视观众对戏曲、曲艺艺术的欣赏需求。栏目宗旨：让戏迷、曲迷在这里过足瘾
	戏曲欣赏	半月播出一次 周一晚首播（已停播）	1991年春节期间开播，由文艺部创办。《戏曲欣赏》是一个综合性的戏曲专栏，它以介绍京剧艺术为主要内容，兼顾评剧、河北梆子等各地地方剧种，指导观众更好地欣赏优秀剧目、优秀演员的表演、介绍有关戏曲知识、剧坛掌故、剧情人物、表演艺术等。融知识性、趣味性于欣赏之中，使之成为弘扬优秀民族文化的窗口和园地。在宣传名剧目、名唱段、名艺术家的同时，也注重扶植新剧目、新演员
	戏曲之花		
	中华大戏院	二套首播：周六14:18	与中国大戏院联合策划创办推出的大型现场直播戏曲专栏节目。节目立足于制播京、评、梆、越、黄等名剧种完整的精彩大戏及折子戏，为广大观众提供一个"原汁原味"的民族艺术荧屏舞台
	中华戏曲	每两周一期，每期50分钟，周日20:15在12频道首播，下周二2:30在17频道第一次重播，周四13:35在12频道第二次重播（已停播）	《中华戏曲》是1995年12月30日由《金世戏曲》改版的栏目，该栏目宗旨是弘扬民族优秀文化，扶植振兴戏曲艺术。栏目力求贴近时代、贴近生活，追求轻松、明快的风格，采取以录像播出为主的方式，一年中搞数次现场直播。主要栏目有：《撷蕊轩》《沁馨园》《名家名段》《五味斋》《点将台》《畅音阁》《中华戏曲》。每两周一期，每期50分钟，周日20:15在12频道首播，下周二2:30在17频道第一次重播，周四13:35在12频道第二次重播

续表

电视台	栏目名称	播出时间	栏目介绍
新疆电视台	戏曲欣赏		新疆电视台自办的戏曲栏目
云南电视台	俏花灯	周六晚21：30播出，时长50分钟	《俏花灯》栏目（综艺益智类）云南电视台娱乐频道2009年6月18日改版，每周六晚21：30播出，时长50分钟。是云南唯一的一个戏曲栏目，也是全国唯一一个以地方戏曲"花灯"为内容的戏曲栏目。该栏目展播花灯经典节目，品鉴传统花灯艺术，介绍花灯名角，举办各类花灯大赛，在业界有很高的影响力和较好的口碑，赢得了一批忠实度很高的观众，成为一档收视红火的周末强档戏曲节目
浙江卫视	百花戏苑		板块或杂志型电视戏曲栏目。根据"知识、欣赏、人物、参与"的分类，设置了《戏曲入门》《精品榜》《南腔北调》《名角素描》《台前幕后》《艺苑传真》《戏曲论坛》《戏迷》等十多个栏目。《百花戏苑》追求创意新颖、制作精良、节奏明快、信息丰富，既保持戏曲艺术的高雅文化品质、又充分运用电视化手段努力创新，体现了现代传媒艺术与民族传统戏曲结盟之后，具有的风格清新、雅俗共赏的艺术品格。1997年12月，《百花戏苑》栏目获第十一届电视文艺"星光奖"优秀栏目奖
	卫视戏院	周一至周五 16：00—17：00	以越剧为主，涵盖京、昆、婺、黄梅及省内外各地方剧种
	戏曲版	周一至周五 14：00—16：55 周六、周日 5：20—6：20	是浙江卫视唯一以介绍、欣赏越剧为主，兼顾其他剧种的综合性戏曲栏目。设有板块：《戏曲红茶坊》《戏迷擂台》《卫视戏院》。栏目口号：看浙江卫视戏曲版，五千年文明奔来眼底。品戏曲江南天上音，八万里神州如沐春晖
	戏曲红茶坊	每周一下午14：00	从其前身的《百花戏苑》《戏曲大观园》算起，栏目已近十余年。2001年1月改版为《戏曲红茶坊》。栏目分为：名角名团、名段名唱、梨园采风、精品赏析几个板块

续表

电视台	栏目名称	播出时间	栏目介绍
浙江卫视	戏迷擂台	周五14:00 时长50分钟	浙江卫视的主要戏曲栏目之一。立足浙江，面向全国。立足越剧，观照各大剧种。具有"平民化，娱乐化，时代化"的节目风格。栏目面向广大戏曲爱好者开展系列擂台赛。每期节目中另有嘉宾演唱和戏曲游戏等穿插进行。"弘扬戏曲文化，提供戏迷舞台，渗传戏曲知识，透视戏迷人生"为其宗旨
台湾公视	传统戏曲	周一至周五05:00—06:00	主要播出电视歌仔戏或剧场转播录像

表 F-3　　　　　地市级、县级电视台戏曲电视栏目一览表

电视台	栏目名称	播出时间	栏目介绍
安庆电视台县共频道	黄梅阁	首播周六19:35 重播周日10:13 新闻综合频道次周二 12:54 时长47分钟	戏曲综艺栏目。该节目不仅经常邀请黄梅戏名家登台献艺，同时依托各县市区成立的戏迷俱乐部，开展广泛的互动活动。2006年《香满园》更名《黄梅阁》
宝坻电视台	开心双休日	每期80分钟，每月两期	2001年7月开办，以弘扬优秀传统文化、提高群众文化品位、活跃荧屏和丰富群众业余文化生活为己任。栏目以评剧为主，吸引群众广泛参与，形成了宝坻独特的文化现象。开办以来，栏目到乡村、学校、文化广场、企业和部队，举办大型文艺演出
宝鸡电视台	西秦戏苑	周日	2005年5月开播，被誉为"宝鸡的《秦之声》"
福州电视台	榕城风	首播：周六18:54 重播：周一 8:45、12:50 时长30分钟	2002年1月5日开办，以反映地方文化艺术、民俗民风为主的综艺栏目。栏目兼容各种文艺形式，其中《戏迷俱乐部》板块播放闽剧大戏（每期节目播出一部分）、折子戏，并组织戏迷票友参与
佛山电视	粤剧大观	周一至周日14:45 新闻综合频道播出	主要播出粤剧经典剧目。每期一般播出两台粤剧大戏
广州电视台	南国红豆	周日19:05（已停播）	播放都市系列粤剧小品
哈尔滨电视台	铿锵二人转	首播：周日19:05 重播：周三14:55 时长30分钟	前8期由主持人、嘉宾主持人和特约专家对二人转相关知识、经典剧目进行评论介绍，并结合经典节目的欣赏，向观众全面展示二人转的源流、发展和艺术魅力。从第九期节目开始，改为二人转小剧场形式，着力营造热闹火爆的剧场气氛，和观众零距离接触，还原了二人转最本真的魅力
杭州电视台	莲花剧场	周三、四、五 19:00 时长30分钟	2005年12月开办，西湖明珠频道周三、四、五19:00播出，时长30分钟。主要有绍兴的戏曲演唱，模仿明星样、才艺表演、游戏互动等节目

续表

电视台	栏目名称	播出时间	栏目介绍
菏泽电视台	锦绣梨园	（已停播）	一档以戏迷打擂为主的戏曲栏目。栏目开办之初就确定了"振兴地方戏曲"的主题，主要板块有《名家名段》《全攻全守》《名剧欣赏》等。是鲁西南地区一个叫得响的戏曲栏目。至2004年，栏目时长延长至110分钟，并向现场直播过渡
	荧屏剧场	周日 20:00 时间为15分钟	《荧屏剧场》是菏泽电视台于1992年4月推出的文艺性专题节目。每周日20时播出，时间为15分钟。《荧屏剧场》是应广大中老年人的强烈要求而开设的。节目内容有京剧、越剧、豫剧等，融知识性、娱乐性、教育性于一体，使广大戏迷在15分钟的文艺欣赏中得到良好的艺术享受
呼和浩特电视台	戏曲百花园		1986年2月7日正式开播，用4频道播出自办节目《戏曲百花园》
淮安电视台	戏曲天地	首播：周六 20:00 重播：周日 16:00	2006年元旦推出的一档以推广普及戏曲、培育戏曲市场为宗旨的戏曲节目，融艺术性、知识性、观赏性、参与性为一体。设有7个子栏目：《戏曲风采》《名段欣赏》《折子戏》《舞台神韵》《台前幕后》《票友会》《戏曲论坛》
济源电视台	戏曲茶座	首播：周六 20:15 重播：12:45 22:15	栏目旨在为戏迷观众提供名家名段欣赏、戏曲知识了解、戏曲人生展示等。地方特色浓郁，风格活泼清新。栏目口号：走进《戏曲茶座》，品味梨园风情
焦作电视台	梨园风	一套：周六 20:45 二套：周一、三、五 12:30	2002年8月开播，从介绍、普及豫剧，逐渐扩展为鉴赏、欣赏全国各地方剧种的戏苑说戏。以"弘扬中华传统文化，尽显民族艺术瑰宝"为宗旨，是焦作电视台的名牌栏目之一。先后荣获全国电视文艺"兰花奖"、河南省电视文艺"牡丹奖"等奖项
金华电视台	婺剧漫谈	（已停播）	1997年3月创办，初期以婺剧为主，受到当地群众的热情欢迎和鼓励，当年的收视率曾达到17.57%，居金华电视台文艺节目首位。1998年开始改版，内容从婺剧扩展到浙江全省范围的其他地方戏曲。介绍、鉴赏越剧、绍剧、甬剧等众多地方戏曲的优秀演员及其代表作品
金山电视台	点播大舞台	每周五、日 19:45（已停播）	1993年12月开播。点播内容有歌曲、戏曲和曲艺等

附录 F　全国戏曲电视栏目一览表

续表

电视台	栏目名称	播出时间	栏目介绍
晋城电视台	缤纷广场戏曲版	首播：周三 重播：周六	1999年4月1日开播。栏目宗旨：弘扬地方剧种、推出梨园新秀、欣赏地方戏曲，介绍梨园界最新动态。设有板块：《说唱戏谱》《戏迷包厢》《梨园亲朋秀》《戏里戏外》
开封市电视台	戏曲大舞台	首播：周六 15:15 重播：20:20　周日 09:40　13:25 下周日 09:40　13:25	建台以来开办的第一个大型自办戏迷类品牌栏目。栏目以"丰富戏曲知识、欣赏戏曲、名角登台献艺、戏迷参与其中"为宗旨。以"戏曲大舞台，名角走上来，剧种大荟萃，戏迷乐开怀"为目的。设有板块：《跟我学》《露一手》《戏曲知识有奖问答》《戏迷擂台赛》等
乐山电视台	文艺天地	每周播出4次，每次15分钟左右	为了提高观众的审美情趣，丰富观众的文化生活，四川乐山电视台于1989年开辟了综合性专栏节目《文艺天地》。《文艺天地》节目的主要内容有中外歌曲、舞蹈、杂技、戏曲、小品精华等。每期节目中各类文艺形式都会出现，以满足观众的不同需要。节目开办后，深受观众的喜爱
临汾电视台	梨园堂	周六 20:00 时长50分钟	《梨园堂》于2009年9月12日开办，临汾电视台公共频道每周六20:00播出，时长50分钟。主要以山西晋南的蒲剧、眉户为主，还有活跃在临汾市其他县市的一些小剧种，如碗碗腔、道情、琴剧等地方小戏，还涉及京剧、豫剧、晋剧、黄梅戏等其他剧种。以这些剧种的名家名段、特技绝活等作为节目的亮点。栏目分四个板块：《梨园名段》《梨园百科》《梨园名家》《梨园采风》。主持人在演播室访谈嘉宾，节目中加戏曲资料。多次获全国、山西省电视艺术、电视戏曲奖项
漯河电视台	周末戏苑	首播：周五 21:00	2005年元旦漯河电视台全新改版后新推出的一档戏曲栏目。以弘扬地方戏曲文化，吸引社会各界广泛参与，不断推出戏曲新人为栏目目标
洛阳电视台	河洛戏苑	首播：周六 20:46 重播：周一 9:41	自1999年开办以来，长期居全台自办节目收视率前茅，被当地观众昵称为自家的"梨园春"。栏目努力打造洛阳地区最具实力的演艺平台，以群众文化为基础，集参与性、娱乐性、互动性、竞技性和情感性于一体，倡导主旋律。栏目承办的《春约梨园》获2004迎春电视戏曲晚会二等奖。栏目定位：吸纳"平民造星""互动参与"等时尚元素，为普通民众提供展现自我的舞台

续表

电视台	栏目名称	播出时间	栏目介绍
南京电视台	金陵风·戏曲版		设有名家名段、戏曲小辞典、戏迷乐宫、谈曲说戏、台前幕后等板块
南京有线台	戏曲天地	周一至周五 09：40 周六、周日 08：40	栏目融娱乐性、欣赏性、知识性、权威性为一体，将现代生活与古典艺术相结合，是连接戏曲演员和戏曲爱好者的桥梁。设有《每周一曲》《经典欣赏》《百花园》《梨园学苑》《TV 票房》《戏迷信箱》《走进沙龙》7 个板块
南阳电视台（一套）	新梨园	首播：隔周周五 20：50 重播：隔周周日 13：30	2004 年 3 月 12 日改版，实现了节目现场直播，成为南阳电视台首开先河的直播栏目。2005 年再改版。打破曲种限制，除着力宣传本地四大曲种外，积极吸纳全国各地优秀曲种，多种艺术门类；打破本地演员本地节目为主的格局，加大外请戏曲名家、名段力度；打破戏曲节目一唱到底的老传统，采取大戏台小综艺相结合，在戏曲节目中，灵活融入歌曲、舞蹈、小品、器乐、才艺展示等优秀综艺节目，使之交相辉映。演播现场实现场内场外真情互动。收视率一直名列前茅。设有《梨园擂台》《欣赏》等板块
平顶山电视台	乡音大舞台	一套　周五	以戏曲擂台赛为主打内容的一个戏曲栏目。近年来，该栏目不断创出精品，走出演播厅，送文艺下基层，并吸引众多戏迷参与戏曲擂台争霸
莆田电视台	莆仙戏剧场		莆田电视台开设《莆仙戏剧场》是贯彻党中央关于文化下乡的精神，弘扬乡土文化，促进精神文明建设的重要举措。《莆仙戏剧场》每周播出一部莆仙戏。这些深受农村广大观众喜欢的莆仙戏，是近年来本台与莆田、仙游一些艺术水准较高，有一定代表性的专业剧团合作拍摄的。自栏目开设以来，观众反响很好，收视率高

续表

电视台	栏目名称	播出时间	栏目介绍
商丘电视台	梨园春——商丘戏迷擂台赛	首播：周五 20:00	1999年商丘电视台创办的第一个戏曲栏目。集知识性、趣味性、欣赏性、挑战性于一体，以戏曲擂台赛为桥梁，以丰富群众生活，弘扬戏曲文化，推动当地文艺、经济事业发展为目的
	木兰戏苑	周六：19:45 周三：20:45 周四、五、日：13:20	2005年开播，其前身是《梨园春——商丘戏迷擂台赛》，是依托木兰品牌发展地域文化的一项重要举措。设有《好戏连台》《艺苑撷英》《戏迷擂台》《戏曲词典》四大板块。宗旨是弘扬木兰精神，传承戏曲文化；品味乡音乡情，展示戏迷风采
上饶电视台	荧屏欣赏		上饶电视台的《荧屏欣赏》节目于1990年3月3日正式开办。播出内容以歌舞为主，辅以曲艺、杂技、戏曲、小品等多种形式的精彩文体节目，时长5—10分钟，播出后深受观众欢迎。该节目的主要特点是打破单纯歌曲欣赏的模式，不拘一格，最大限度地满足不同层次观众的需要，而且每期内容不同，新颖活泼，适合现代社会人们求新的欣赏心理
绍兴电视台	兰花艺苑	首播周六 18:33（三套）周日 21:21 重播（二套）时长 50 分钟	《兰花艺苑》是一档戏曲文艺类栏目，以弘扬民族文化、服务广大戏曲爱好者为目的，以贴近生活、贴近百姓，追求乡土韵味为特色，着重宣传绍兴地方戏曲文化。栏目以绍兴丰厚的地方曲艺为源，播出戏剧、电视小品、莲花落MTV等节目，内设《咸亨书场》《新人新戏》《名角访谈》《戏曲沙龙》等小栏目，并为新人新戏提供舞台
	莲花剧场	每晚：18:00 时长 30 分钟（已停播）	以地方曲艺为主的戏曲文艺栏目。节目以本土化、市场化为前提，以连续剧的编播方式，每晚播出一集，曾是绍兴电视台的名牌栏目
石家庄电视台	梨园春	一套首播：周一 14:55	创办于1995年5月29日。栏目的开播结束了石家庄电视台没有录制过戏曲晚会和没有举行过电视京剧票友大赛的历史
苏州电视台	昆曲	（已停播）	主要播出昆曲剧目

续表

电视台	栏目名称	播出时间	栏目介绍
太原电视台	超级票友	首播：21：30（周六）重播：8：35（下周一） 17：10（下周一）	《超级票友》是百姓频道开办的一档戏曲节目。是戏迷票友展示技艺的舞台。场景多是戏迷票友活动的场所，唱戏的是票友，伴奏的是戏迷乐队。节目形式力求市井化、平民性、乡土味、原创感，贴近百姓生活、贴近群众心理。节目致力于增进戏迷票友之间的沟通和交流，着眼于提高表演技艺，提升欣赏水平，愉悦身心，丰富生活
唐山电视台	戏迷大世界	每隔周六20：00—22：00直播。每隔周一和周日13：50—15：20重播	《戏迷大世界》是唐山电视台新闻综合频道中一档戏曲现场直播节目。2001年4月改版。每隔周六20：00—22：00直播。每隔周一和周日13：50—15：20重播。内设栏目有"名家名段""评剧擂台赛"，涉及京剧、评剧、皮影、唐剧、乐亭大鼓、河北梆子和黄梅戏等。除邀请全国著名戏曲专家亲自来唐山登台演唱外，还吸引上千名戏迷票友积极参与，并通过擂台形式不断发现新人，积极推动地方戏曲文化健康发展
铁岭电视台	锦绣荧屏	每周1次，每次40分钟	《锦绣荧屏》是铁岭电视台1992年初开办的综合性文艺类主持人节目。每周1次，每次40分钟。节目设《星桥歌声》《热线点播》《先睹为快》《影视窗》《家庭演唱会》等栏目，荟萃歌舞曲艺、杂技、戏曲、影视片段，卡拉OK，时装表演、精彩体育比赛等节目。该节目以满足观众多方面的艺术欣赏为宗旨，并注重节目的愉悦性，鼓励观众积极参与
铜川有线电视台	戏剧荟萃	每周一期，每期30分钟	1998年6月1日开办的综合性戏曲节目。内容以陕西地方剧、豫剧为主，兼容京剧、评剧和黄梅戏精彩唱段，介绍各种剧流派及唱腔特点，为戏曲爱好者服务。内设《名家唱段欣赏》《折子戏》《戏迷乐》等小栏目。每周一期，每期30分钟
武汉电视台	都市茶座	首播：周六01：01 重播：文艺频道 13：17	栏目以茶馆为舞台背景形式，以湖北评书、小品、独角戏等为艺术样式，以电视为传播载体，将武汉的人文历史、地理风情、发展变迁细致入微地说给武汉人"听"，演给武汉人看。力求有娱乐、有知识、有趣味、有回味

续表

电视台	栏目名称	播出时间	栏目介绍
武清电视台	富强戏苑	每周一20:00 每次时间30分钟左右	《富强戏苑》节目是武清电视台与富强纺织集团公司联合开办的戏剧文艺节目。节目从1995年7月1日开播,每周一20:00播出。每次时间30分钟左右。《富强戏苑》节目内设有两个小专栏。其中《戏迷天地》专栏主要播放本台录制的本县戏剧爱好者演唱的戏剧片段。《名戏欣赏》专栏主要播放全国戏剧名家演唱的戏曲片段
芜湖有线电视台	梨园撷英	周五19:50播出。次日中午11:40重播1次	芜湖有线电视台的《梨园撷英》栏目于1993年2月开办。每周1期,周五19:50播出。次日中午11:40重播1次。该栏目主要介绍我国传统剧种和优秀剧目,满足广大戏曲迷对戏曲欣赏的要求;弘扬祖国优秀传统文化,吸引更多的人热爱祖国传统戏曲
无锡电视台	综艺大看台	周二20:00 时长40分	《综艺大看台》是江苏省无锡电视一台1994年5月开设的文艺大板块栏目。其中子栏目《缤纷舞台》集戏曲、相声、小品、曲艺、舞蹈、魔术、杂技之大成。《四季韵律》是对电视诗歌、电视散文、电视报告文学的介绍与欣赏。《今日时尚》展示国内外流行的时装、发型和家居装潢;新款新潮的工艺品和艺术品;家庭收藏;等等。《综艺大看台》每期40分钟,每周二20:00播出
西安电视台	梨园大擂台	音乐综艺频道首播:周日21:30 重播:周一10:20 23:40 周三18:00 时长60分钟	栏目打破单一模式,集娱乐、学术、教育于一体。以秦腔戏曲文化为主体,以本土文化为根基,娱乐与学术并重,立体式、全方位地推广秦腔艺术,推动本土文化艺术的发展。设有板块:《欢乐剧场》《笑在梨园》《大擂台》《精英采萃》《偶像擂台》《戏迷擂台》《戏校擂台赛》等
厦门卫视	看戏	首播:周一至五20:00 周六、日19:25 重播时间周一:15:50 周二至周日16:30 时长30分钟	以播放舞台大戏或折子戏为主体,通过主持人介绍或现场专家访谈,全方位展现地方传统戏曲精华

续表

电视台	栏目名称	播出时间	栏目介绍
邢台电视台	牵手大戏楼	（一套）周六 21:31 周日 09:56、21:14（二套）隔周播出	大型互动式戏曲娱乐栏目。弘扬主旋律，注重多元化。本着贴近群众，贴近生活，重在参与的原则，形式新颖，气氛活跃，内容精致、喜闻乐见，给广大观众提供了一个欣赏戏曲、展示才艺、宣传自我的大舞台。设有板块：《名段欣赏》《戏曲擂台赛》《才艺大比拼》
许昌电视台	戏迷乐园	首播：周五20:07 重播：周六08:28 周日13:55 周一02:32 时长90分钟	一档集知识性、趣味性、参与性于一体的互动式栏目。栏目宗旨：弘扬民族戏曲文化，展现戏曲之乡深厚的文化底蕴。特色是贴近戏迷，贴近观众。戏迷乐园分为擂台赛、名家名段、曲艺天地等多个板块
许昌教育电视台	戏曲大舞台	隔周播出	1997年开办，既有名家出场，又让戏迷登台，重点是戏迷们登台献艺。设有《热线点播》《戏迷风采》《闪亮登场》三个板块
烟台电视台	戏苑曲坛	首播：周日20:00 节目时长30分钟	戏曲综艺栏目。栏目定位：面向广大戏迷，精选经典戏曲佳作，介绍戏曲特点，推介本地戏曲精英。栏目风格：通俗易懂，雅俗共赏。栏目构成：《专家讲评》《精品回放》《演员心声》
烟台电视台	中华戏曲荟萃	首播：一套每日08:56 重播：每日15:30 四套：周一06:00	一档以播放舞台录像为主的戏曲栏目。主要播出京剧和其他各种剧种
阳泉电视台	戏曲欣赏	周五20:15 时长20分钟	山西省阳泉电视台于1993年10月1日新开了《戏曲欣赏》栏目。旨在适应本市部分中老年观众的文化需求，弘扬民族传统文化。本栏目除播出戏曲选段之外，还采用主持人形式来评价戏曲的思想意义、艺术风格、演员的艺术功底、唱念做打等。每周播出1期，于周五20:15播出，时间为20分钟
运城电视台、临汾电视台	蒲乡红	首播：周六20:45 重播：周日08:15	《蒲乡红》栏目是运城电视台与临汾电视台联合播出的融欣赏性、参与性、竞技性、娱乐性为一体的戏曲栏目。栏目以蒲剧、眉户戏迷擂台赛为主。每期还有蒲剧、眉户、豫剧、秦腔等剧种名家表演，并与戏迷同台互动，使栏目趣味无限。观众方队与演员、主持人共同参与，场面热烈，气势宏大，能充分满足戏迷参与欲望、企业展示需求，充分满足晋南及周边地区观众的需求。栏目每期90分钟，每周首播一次、重播三次

续表

电视台	栏目名称	播出时间	栏目介绍
运城地区电视台	梨园春秋	周三播出 时间为45分钟	山西省运城地区电视台于1993年8月推出探讨、评论、欣赏、娱乐相结合的《梨园春秋》栏目。其宗旨是弘扬民族文化，让群众更加了解传统剧目，为普及戏曲知识起积极作用。设有《梨园群英》《剧目选段》《戏讯传递》和《舞台与人生》等小栏目。每周三播出，时间为45分钟
永济电视台	蒲源春	周五	2004年开播的一档以戏迷演唱为主的戏曲节目。剧种以当地地方戏蒲剧、眉户戏为主。口号：相约蒲源春，戏迷大荟萃
郑州电视台	周末大戏院	周六20:00首播	文艺类，2007年12月1日开办，文体频道每周六20:00首播。以河南地方戏种为主，荟萃戏曲名家。它区别于其他戏曲电视栏目戏迷打擂的形式，由专业演员演出，让戏迷足不出户在家看名家名角演出，过足戏瘾，也为专业戏曲演员提供了一个展示与交流的平台。收视率在自办栏目中名列前茅，为繁荣中原戏曲文化起到了积极的作用
郑州电视台	戏迷总动员	文体频道周四20:00播出，时长90分钟	戏曲类观众参与节目，2007年5月25日开办，文体频道周四20:00播出，时长90分钟。这是郑州电视台与郑州广播电台联袂推出的一个没有门槛、重在戏迷参与的戏曲类互动节目。栏目由"戏迷秀场""乐在戏中""名家名段"三大板块组成，为郑州地区的广大戏迷提供了一个展示才艺、分享快乐的舞台，收视效果良好
驻马店电视台	天中大擂台	首播：周六20:40 时长80分钟，隔周播出	2000年8月15日开播，是一档以歌曲、戏曲打擂为主的综艺型节目。栏目宗旨：通过竞技形式展示参赛选手各种才能，满足观众娱乐需求；同时兼有发掘文艺新人、培养演艺后备军的作用。栏目定位：弘扬天中文化，挖掘文艺新人，繁荣文化生活

后　记

　　2014年秋，在我硕士毕业三年之后，重回母校攻读戏剧与影视学博士学位。悠悠三载，千多日夜，我总在山西和安徽两地奔波，在学生和教师这两种身份间频繁转换。博论驻笔之际，我站在大钟楼的平台上，俯瞰北方这座我学习、生活的小城，景色依然。当生命的积淀洗尽浮尘铅华，岁月的打磨让我越发深刻和沉稳。这里，磨炼着我的意志，沉淀着我的思想。学海无涯，我的每一点进步和成长都离不开老师、亲人、同事、同学给我的指导和帮助，在此表示我诚挚的谢意！

　　从2008年9月至今，我有幸与山西师范大学一同走过了九年的时光。九年中，母校的戏剧与影视学科排名不断提升，师资队伍日益壮大，知名度和影响力更逐年提高。我庆幸当初的选择，有幸能融入其中，更会永远铭记，是这里培养了我，成就了我。我将带着山西师大戏剧与影视学院的深刻烙印，用自己新的行动和创造，延续与母校的缘分。九年相守，我好幸运。

　　师生是一种缘，九年前，承蒙车文明先生不弃，我拜入门下攻读硕士，恩师谦逊儒雅，高山仰止，博古通今，学识渊博，是学界的佼佼者。是车老师将我正式领上了学术的道路，而他对我精神上的鼓舞，更如春风化雨，给我颇多教益。早在我硕士毕业之际，车老师就鼓励我进一步深造，并在我考博过程中给予巨大的支持和指导。博士入学之后，先生与我交流甚多，犹记得在先生寓所，他和师母现身说法，与我分享博论撰写的过程，并详细讲述那段岁月的艰辛。先生嘱咐我"你是要吃这行饭的，一定要抛却功利心,踏实做学问"。先生给予我的精神营养是我前行的动力,而他的勤奋和坚守,更为我树立了人生和职业的榜样。感谢车先生!

三年前,我有幸拜入王星荣先生门下攻读博士,成为先生的关门弟子。三年间,我接受着知识的浸润,感悟着做人的道理。导师深邃的思想、严谨的学风、一丝不苟的治学精神,令我钦佩和尊敬。他谦逊的品格、宽容的情怀、乐观的人生态度,无不潜移默化地感染着我,而那慈父般的关爱,更令我沐浴恩泽。因工作和家庭的关系,我未能时刻相伴左右,为老师分忧,但我所发表过的每一篇文章,获批的每一个项目,都凝结着老师的心血和汗水。从博论的选题、内容到形式,王老师更是细心指导,认真敲定,并提出了许多宝贵的建议。而在我论文的初稿上老师眉批圈点的墨迹,那将是我永远珍存的文字。"饮其流者怀其源,学其成时念吾师"。在论文尘埃落定之时,我要对王老师表示最衷心的感谢!他的言与行,都将是我一生的楷模。

在攻读学位和论文撰写过程中,我得到了延保全先生的关心和帮助。延老师温文尔雅,学者风范,甘为人梯,奖掖后学,有巨大的学术和人格魅力。我人生中第一篇C刊,就是在延老师的鼓励下完成的,感谢延老师!

感谢曹飞先生,曹老师平易近人,幽默风趣,极富智慧,他像一块磁石,总能吸引大家与他探讨、交流。曹飞先生是我硕士论文的主审评委,当我以优秀的成绩通过答辩,沾沾自喜的时候,他对我说:"你以为这个题目说完了?还早呢,要继续做。"在他的鼓励和帮助下,我一直未曾间断对戏曲电视领域的研究,感谢曹老师!

在博士论文开题会上,我还得到了周华斌、麻国钧、胡克、张天曦、亢西民、范春义等博导们的指导,他们宽阔的视野、独到的见解和精辟的点评使我在撰写过程中少走了许多弯路,保证了研究的正常推进。感谢导师们!

感谢黄竹三、冯俊杰、王福才、吕文丽、王志峰、孙俊士、许江娥、曾德元、姚春敏、郭文顺、杨飞、孔美艳、陈美青、杨慧、闫春朱瑶、甄洪永、郝成文、姜亚萍、刘于峰、卫云亮、王潞伟、王姝、陈继华、牛刚花等老师。在多年的学习、生活中，都得到你们的帮助和关怀，襟短师恩长，恕我不再一一详述，但我将永远铭记于心。

感谢中国传媒大学周华斌先生拨冗为本书作序。感谢台湾大学李隆献老师，南京师范大学朱洁老师，安徽师范大学朱家存、杨柏岭、张师帅、胡靖、沈正赋、宋静、周伍、马梅、赵昊等老师，他们对本书的思路、框架、观点提出了宝贵意见。感谢张军辉博士在网络与新媒体领域给予我宝贵的启示，感谢吴浚和卞祥彬老师在数据分析和视频分析方面给予的建议。

感谢安徽师范大学新闻与传播学院的领导对我攻读博士的大力支持，尤其感谢朝夕相处的徐丽娜、张荻、昌毅、方圆、孙炜峰、王恒乾、高郡隆、王霞霞、纪婉茹等老师，他们替我承担了很多额外的工作，保证了各项工作的正常运转，为本文的撰写创造了宽松的环境。

友情是一种缘，感谢王鹏、付炜炜、李依伦、李梓郡、段金龙、段飞翔、艾炬、苏翔、鲁小艳、李霞、刘二永、李言实、王琳等博士同窗，感谢三年来对我的关照、帮助、支持，那撩人的青春气息，灼人的友情，与日俱增，令我不再孤独。

亲情是一种缘，感谢我的亲人，他们用善良和宽容帮助我度过了这段特殊的转型期。感谢我的父母对我的支持和理解，感谢岳父母挑起了照顾外孙的重担。感谢我的妻子吴亦文。还要感谢我的儿子，新生命的到来带给我扮演多重角色的挑战，但这更让我兴奋、努力、坚强：做更好的自己，做孩子的榜样。

文字是生命的缘，当我将影视艺术作为研究方向时，也许更因为我喜欢影视这样一种语言载体，视听合一，时空融合，逼真性与假定性相互依存，艺术感性与思维理性都变成了直观的声像符号；而且，影视艺术由于它将公众仪式、商业消费和审美快感的功能合为一体，与社会的政治、经济、文化甚至时代风尚、流行趣味都密不可分，这一切对于我来说都是一种诱惑，带给我一种品尝、阅读、阐释和介入的乐趣。

为我的老师、亲人、同事、同学、朋友祈祷和祝福，好人一生平安！